法理学九论

司春燕　著

山东大学出版社

图书在版编目(CIP)数据

法理学九论/司春燕著. 一济南:山东大学出版社,2016.11

ISBN 978-7-5607-5667-7

Ⅰ. ①法… Ⅱ. ①司… Ⅲ. ①法理学 Ⅳ. ①D903

中国版本图书馆 CIP 数据核字(2016)第 296343 号

责任编辑:李艳玲
封面设计:张　荔

出版发行:山东大学出版社
社　址　山东省济南市山大南路 20 号
邮　编　250100
电　话　市场部(0531)88364466
经　销:山东省新华书店
印　刷:济南景升印业有限公司
规　格:720 毫米×1000 毫米　1/16
18 印张　333 千字
版　次:2016 年 11 月第 1 版
印　次:2016 年 11 月第 1 次印刷
定　价:45.00 元

前　言

本书是作者在山东省党校系统面向在职研究生多年讲授法理学课程的心血结晶。自从中共山东省委党校自2006年招收法学专业在职研究生以来，笔者一直承担着法理学课程的教学任务。起初，学校配发的是中共中央党校政法教研部张恒山教授的专著《法理要论》一书，由于大多数学员之前未接触过法学，试用两年后，学员普遍反映《法理要论》的内容过于艰深晦涩；后来，改用北京大学沈宗灵教授主编的《法理学》，辅之以对外经济贸易大学鲍禄教授的专著《法理学与比较法》。前者是一本本科生学习用书，后者虽然是一本研究生教材，但是该书主要是结合"国际经济法"专业研究生教学的特点而设计的，并且特意引入了许多比较法学的内容。而党校系统针对在职研究生都开设了比较法学课程，参考教材中也选用了鲍禄教授的《法理学与比较法》，很多学员对此表示不解。作为法理学课程的任课教师，我早就计划撰写一本适合党校系统在职研究生使用的教材，前几年由于攻读博士学位，精力有限，教材撰写之事一再拖延。如今，博士毕业已三年有余，又值2016级新生即将入学，我觉得自己实在无理由再继续偷懒下去。

鉴于党校系统在职研究生来自党政各部门、专业背景不一、面授时间短等特点，本书在以下方面有所创新：(1)体例上没有刻意追求全面系统，是由若干不同专题集结而成；(2)内容上注重理论性和实践性的结合，特别是侧重于党政机关工作人员需要了解的法理学知识，回应学习者实践中遇到的一些法理困惑；(3)语言风格上采用通俗易懂的口语化表达，使之前未接触过法学专业的学习者不至于望而却步，增强其学法、懂法、守法、用法的兴趣和积极性。

通过本课程的学习，旨在使学员了解和掌握法理学的基本理论、基本观点和基本方法，进而为更好地学习和研究其他法学专业课程奠定坚实的理论基础，同时积淀必备的法理学知识，提高法律思辨能力，能够根据所学的法理学理论知识分析、解释和解决法律实践问题，促使学员更好地运用法治思维和法治方式开展工作、解决问题，促使新型复合的应用型人才和研究型人才的成长，从而为大力推进法治中国建设提供合格的人力资源和必要的智力支持。

党校系统有一箴言："理论研讨无禁区，讲坛课堂有纪律。"本书的许多观点、论证以及分析得出的结论，是作者多年来在法理学领域的研习所得。既为个人心得，就难免存有缺点、不足和错误之处，敬请专家指正。

本书虽是专为党校系统法学专业在职研究生而作，但在法学领域也具有一般意义上的可读价值，希望能够得到社会读者的关注和赐教。

司春燕

中共山东省委党校彩石校区

2016 年 3 月

目　录

第一章　法理学导论

法理学是党校系统法学理论专业在职研究生三年学习中接触到的第一门专业课程。这是一门什么样的学科？这门学科的主要研究对象是什么？法理学在整个法学体系中处于什么地位？为什么要开设这门课程？学习这门课程的有效方法有哪些？这些问题既是法学的初入门者容易困惑的地方，也是本科阶段修习过法学的学习者需要深入思考的方面。

一、法理学的概念和研究对象

法理学属于理论法学范畴，它是从总体上研究法的一般规律，包括法的产生、本质、特征、作用、价值、形式和发展等基本问题，以及法的创制和实施的一般理论，特别是中国社会主义法的基本原理的一门理论学科。

新中国成立以来，法理学的名称经历了三次演变，从 20 世纪五六十年代的“国家与法的理论”，到七八十年代的“法学基础理论”，再到 90 年代以来的“法理学”。这一演变不仅仅是名称上的简单改变，更体现了这门学科在法学研究领域得到了越来越多的重视。

法理学的研究对象是法及其客观规律性。它与法学其他学科的区别在于：法理学并不涉足全部法律现象及其所有规律，而是仅仅关注其中具有一般性、共同性和基础性特点的法律现象及其规律。具体内容可以概括为三个核心概念和三个基本问题。三个核心概念是指法学、法律与法治，分别对应着观念的、制度的和实践的三个层面的法。三个基本问题具体是指：

第一，法律是什么？

这一问题在国外法学界被称为法学中的"斯芬克斯"之谜①。美国律师约翰·梅西·赞恩在《法律的故事》一书的开头发出这样的感叹:"法律"这个词几乎对所有具有普通常识的人来说都不陌生,可是倘若要给它下一个明确的定义,那即便是最博学的法理学家也会感到困难重重。迄今为止,法理学在为"法律"下定义时常常不得不使用暗含或直接表达的法律的概念作为定义的一部分。人们公认这个词暗含一整套总的原则和一整套特定规则。我们所说的"正确"是建立在法律的基础上的,根据法律,"错误"是被禁止的。然而,要是我们问一问"正确"和"错误"这两个术语的含义,得到的回答往往是:"正确"是在法律上得到承认的正确,"错误"是法律定义的错误,如此一来我们只不过是在绕圈子。最后我们又回到了原来的起始点。② 美国综合法理学派的代表学者博登海默认为,法律与正义有着剪不断的联系,而"正义有着一张普罗透斯似的脸,变幻无常,随时可呈不同形状并具有极不相同的面貌。当我们仔细查看这张脸并试图解开隐藏其表面背后的秘密时,我们往往会深感迷惑"③。

在现代汉语中,"法"与"法律"两个概念之间既有联系,又有区别,两者的关系可谓错综复杂。④ 国内法学家常见的"法律"定义是:法律有广义和狭义之分。广义的法律(亦可称为"法"),是指法律的整体,是由一定物质生活条件所决定的,由国家制定或认可并由国家强制力保证实施的具有普遍效力和严格程序的整套行为规范体系;狭义的法律,仅是指专门的特定立法机关(在中国是指全国

① "斯芬克斯"之谜源于一则古希腊神话故事:传说底比斯城的人民得罪了天神。天神震怒,在底比斯的土地上降下一个名叫斯芬克斯的女怪。她背上长着翅膀,上半身是美女,下半身却是狮身。她向底比斯城的过路人提出一个谜语:"在早晨用四只脚走路,正午用两只脚走路,晚上用三只脚走路。在一切生物中这是唯一的用不同数目的脚走路的生物。脚最多的时候,正是速度和力量最小的时候。"对于这个奥妙费解的谜语,以往的过路人没有一个猜中的,全被斯芬克斯吃掉了。于是,底比斯城的人们陷入一片恐惧之中,因为他们随时都有被女妖吃掉的可能。之后,底比斯城人发誓:谁破了这个谜语,谁就是底比斯城的国王。正在这时,科仁托斯国王波里玻斯的养子俄狄浦斯听太阳神阿波罗说,他将会有大难临头,因此他不敢回家,逃往底比斯城避难。底比斯人告诉他,斯芬克斯是一个残忍、吃人不眨眼的妖魔。于是,聪明勇敢的俄狄浦斯会见女妖,猜中了女妖的神秘奥妙之谜。俄狄浦斯回答:"是人。在生命的早晨,他是个孩子,用两条腿和两只手爬行;到了生命的中午,他变成壮年,只用两条腿走路;到了生命的傍晚,他年老体衰,必须借助拐杖走路,所以被称为三只脚。"斯芬克斯听了答案,就大叫了一声,从悬崖上跳下去摔死了。俄狄浦斯猜中了斯芬克斯之谜,其实就是人的谜、人的生命之谜。后来,即公元前342年,亚历山大率领一支军队东征到达埃及。他们在雄伟壮丽的金字塔前面,赫然发现了一座巍然耸立的狮身人面像。这些希腊人被惊得目瞪口呆,他们立即把这座狮身人面像命名为"斯芬克斯"。

② 参见[美]约翰·梅西·赞恩:《法律的故事》,孙运申译,中国盲文出版社2002年版,第1页。

③ [美]E.博登海默:《法理学:法律哲学与法律方法》,邓正来译,中国政法大学出版社1999年版,第252页。

④ 对法与法律关系的详细论述,可参见司春燕:《马克思恩格斯法正义观研究》,人民出版社2014年版,第122~126页。

人民代表大会及其常务委员会)制定的规范性文件。全国人大及其常委会制定的法律,其效力和地位仅次于宪法,而高于行政法规、地方性法规及其他规范性文件,处于"一法之下,万法之上"的地位。由于中国约定俗成的语言表达习惯,法与法律在很多场合被人们不加任何区分地混用。本书中对此也不作特别区分,即有时称作"法",有时称作"法律";有时作广义解,有时作狭义解。

"法律是什么"的问题,可以从若干不同的视角切入。本书试图从历史的、静态的、动态的、比较的四个视角去解答这一亘古难题。

第二,人类社会为什么需要法律?

法律的作用有哪些?法律的价值何在?俗话说,"家有家规,国有国法";"没有规矩,不成方圆"。法律,为社会提供了一套权威性的行为规范体系。中华民族几千年的文明发展史证明,有国必有法,无法必乱国。国无法而不治,民无法而不立。春秋时期政治家管子曰:"有道之君,行治修制,先民服也。"[①]战国时期政治家韩非言:"明主之道,必明于公私之分,明法治,去私恩。夫令必行,禁必止,人主之公义也。"[②]战国时期另一位政治家吕不韦也说:"治国无法则乱,守法而弗变则悖,悖乱不可以持国。"[③]西方有位法学家极富智慧地洞察到,法律是人类迄今为止最伟大的发明,因为别的一切发明不过使人类学会了驾驭自然,而法律却使人类学会了如何驾驭自己。在现代社会,法律日益成为最为重要的社会治理方式,其原因是显而易见的。在一个高流动性的社会中,如果没有法律,后果不堪设想。摒弃法律,很有可能最终导致社会本身的解体。因此,法律于社会虽不是万能的,但没有法律却是万万不能的。本书的"价值论"一章便是对这一法理学基本问题的思索。

第三,如何使法律更好地为人类社会服务?

孟子曰:"徒善不足以为政,徒法不能以自行。"[④]中国亚圣在这里强调的应该是充分发挥人的智慧和主观能动性。因为无论是"善"还是"法",最终都要靠人去推动。厘清人类社会自身的现实问题,把准问题的关键和症结,寻求解决问题之正途良策,是本书的实践论、方法论和传承论三章写作的意图所在。

---

① 《管子·法法》。

② 《韩非子·饰邪》。

③ 《吕氏春秋·慎大览·察今》。

④ 《孟子·离娄上》。

二、法理学在法学体系中的地位

(一)法学体系

法学是中国国务院学位委员会和教育部设置的13大学科[①]门类之一。广义上的法学(业内常谓之“大法学”),包括法学、政治学、社会学、民族学、马克思主义理论和公安学共六个一级学科。作为一级学科(学科大类)的法学(业内常谓之“小法学”),包括法学理论、法律史、宪法学与行政法学、刑法学、民商法学(含:劳动法学、社会保障法学)、诉讼法学、经济法学、环境与资源保护法学、国际法学(含:国际公法、国际私法、国际经济法)和军事法学共十个二级学科(学科小类或专业)。

法学体系,即法学的学科体系,通常是就“小法学”而言的,是由法学(一级学科或学科大类)的各分支学科构成的具有内在有机联系的统一整体。法学的各分支学科虽互不相同,但又有联系。因为法律调整的社会关系是多种多样的,所以研究社会的各种法律现象及其发展规律的法学所涉猎的范围也就十分广泛,从而形成若干分支学科。这些分支学科构成的一个有机联系的知识系统就是法学体系。按照中国教育部对全国普通高等教育法学专业的设置,中国的法学体系由法学理论、法律史、宪法学与行政法学、刑法学、民商法学(含:劳动法学、社会保障法学)、诉讼法学、经济法学、环境与资源保护法学、国际法学(含:国际公法、国际私法、国际经济法)和军事法学共十个分支学科构成。

对于法学分支学科的划分,并不止上述一个版本。在国内外法学著作中,对法学分支学科的划分可谓五花八门,并无共识。划分的标准或角度不同,结论就迥然各异。例如,北京大学的沈宗灵教授认为,法学体系可分为九个独立分科:国内法学、国际法学、法律史学、比较法学和外国法学、立法学、法律解释学、法律社会学、理论法学和法学的边缘学科。[②] 中国人民大学的朱景文教授则将法学的学科划分为六大类,分别是理论法学、法律史学、部门法学、外国法学、国际法学和交叉学科。[③]

(二)法理学的理论基石地位

法理学是中国法学体系中处于基础理论地位的理论学科,属于法学体系中

---

① 中国的学科划分:中国高等学校本科教育专业按学科门类、学科大类(一级学科)、学科小类(二级学科或专业)三个层次来设置。学科门类,是对具有一定关联学科的归类,是授予学位的学科类别。根据国务院学位委员会、教育部印发的《学位授予和人才培养学科目录设置与管理办法》(学位[2009]10号)的规定,学科门类由国务院学位委员会和教育部共同制定,是国家进行学位授权审核与学科管理、学位授予单位开展学位授予与人才培养工作的基本依据。

② 参见沈宗灵主编:《法理学》,北京大学出版社2014年版,第6页。

③ 参见朱景文主编:《法理学》,中国人民大学出版社2008年版,第6～7页。

的法学理论(或称“理论法学”)范畴,是法学理论的主干,在整个法学体系中具有理论基石作用,是“法学的法学”。在整个科学体系中,哲学具有独一无二的地位,我们常谓之“科学的科学”;在一个国家的法律体系中,宪法具有至高无上的地位,我们常谓之“法律的法律”;与此同理,为了形容法理学在法学体系中的地位,我们可谓之“法学的法学”。

法理学在法学体系中的理论基石地位,在法理学与其他法学分支学科的关系中可见一斑。

1. 法理学与法律史是“论”与“史”的关系。法律是人类社会发展到特定历史阶段的产物。法理学的基本结论是从历史和现实的法律现象的发展与演变中抽象出来的,离开对法律史的研究,包括法律制度史和法律思想史的坚实基础,法理学的任何结论都是没有根据和不负责任的。任何历史研究都以这样或那样的理论为基础,法律制度史和法律思想史绝不仅仅是史料的堆积,研究者的任务就在于从中发现各种史料之间的内在逻辑联系,不借助法理学,法律史研究就会事倍功半。法律史研究的创新通常有两个路径:一是发现新史料;二是提出新观点。任何研究都是一个“去粗取精、去伪存真”的过程,法律史研究也不例外,其间法理学对推进法律史研究的深入起到了关键作用。当然,史论结合即实现新史料与新观点的巧妙结合,同样也是法理学自身发展的一条重要路径。

2. 法理学与部门法是“抽象”与“具体”的关系。法理学的结论不是基于对个别部门法的研究,而是涉及一个国家整个法律体系的全局性、普遍性、一般性问题,这些问题不可能只通过某个具体的部门法的研究得出,但是必须有部门法研究作基础,从部门法的研究中提炼、抽象、升华出一般性的规律。法理学是从比较抽象的层面上对法律现象进行把握,它的优点是比单独的部门法站得更高,看得更远,能够统揽全局性的问题。但是,这种抽象、统揽应该建立在对部门法内容和原则的详细了解和把握的基础上。这就要求法理学者能够了解部门法所提出的问题,深入到部门法的研究领域中去。一个好的部门法学家应该具有法理学的思维。如果部门法学者只局限在部门法的字句、条文中,跳不出部门法的框框,极易把自己变成一个教条主义者,只能对法律条文进行机械的、工匠式的解释,不会对自己学科的发展提出开创性的真知灼见。同样,一个好的法理学家也应该同时是部门法学家。如果法理学家只把自己的研究停留在抽象的层次上,对部门法研究中提出的新问题知之甚少,这样的研究成果是不可能对法律现实有任何指导意义的。按照哲学中抽象与具体的辩证关系,思维的抽象并不是认识活动的终点,只有从抽象返回到具体才可能深化对真理的认识。

3. 法理学与国际法学是“纲”与“目”的关系。国际法与国内法的关系问题一直是法理学关注的一个领域。随着经济全球化和区域一体化进程的发展，法律全球化的趋势也已渐露端倪。国际法问题再也不是只在国际法学者书斋中讨论的主题，而是进入了寻常百姓家，成为与国家、社会组织、企业和普通公民密切相关的事务，因此，对国际法的研究必将受到越来越多法理学家的重视。

三、学习法理学的意义和方法

(一)学习法理学的意义

1. 有助于树立马克思主义法律观。当今世界，资本主义和社会主义两种制度长期并存，马克思主义中国化在实践中也面临诸多悖论和难题。马克思主义法学不仅是无产阶级认识和批判资本主义世界的思想武器，也是我们分析和解决当代社会诸多社会矛盾和法律问题的理论指南。作为法学学人，我们必须始终不渝地坚持真正的、原汁原味的马克思主义，与各种教条的或扭曲的伪马克思主义划清界限，推动马克思主义法学的中国化，实现马克思主义法学在中国的创造性发展。

2. 为学习法学其他学科奠定必要的专业理论基础。法理学是以全部法律为考察对象，即把法律现象作为一个整体，来研究其产生和发展的一般规律。法理学为学习法学其他学科提供了立场、观点和方法。另外，法理学所阐述的基本概念、基本原理和基本知识，对法学其他学科的学习也有指导意义。

3. 有助于培养合格的法学人才和法律工作者。学习法理学，有助于提升学员运用法治思维和法治方式认识和解决问题的能力。法治思维是以合法性为起点，以公平正义为中心的一个逻辑推理过程。具体来讲，是指人们在法治理念的基础上，运用法律规范、法律原则、法律精神和法律逻辑，对所遇到的问题进行综合分析、推理判断和形成决定意见的思想活动的过程，法治思维强调思想转变，突出法治的理念和态度。而法治方式作为方法论，是一种行为准则，是法治思维在实践中的具体体现，是对执行层面提出的明确要求。法治思维和法治方式从思想和行动两个方面为全面推进依法治国指明了具体路径。

(二)学习法理学的方法

“工欲善其事，必先利其器。”[①]对于理论学习者而言，掌握一套科学有效的学习方法是决定学习活动成败的关键因素。正因为如此，自近代科学产生以来，关于科学方法的研究日益引起人们的关注。可以这样说，在揭示法律现象的本质与规律方面，与各种非马克思主义法学流派相比，马克思主义法学之所

---

① 《论语·卫灵公》。

以具有明显的理论优势，主要在于其方法的科学与有效。

“方法”一词，是人们在日常生活、科学研究和社会实践中经常使用的一个术语，同时，也是一个具有重大理论意义的哲学概念。据考证，在古希腊语言中，“方法”一词是由“沿着”和“道路”两个词组成的，意即接近某物的途径。在汉语中，则用“法”“术”“道”等词来表达类似的意思。方法是与人类有意识、有目的的活动相联系的。由于人类活动的复杂性，在人类活动的不同领域中有不同的方法，但所有的方法又都具有内在的共同之处，因而，从一般意义上讲，方法就是人们为了解决某种特定问题而采取的特定的活动方式，既包括精神活动的方式，也包括实践活动的方式。[①] 把某一领域分散的各种具体方法按一定逻辑关系有机组织起来，在理论上给予说明，就形成了方法论。在西方许多民族的语言文字中，方法论一词都具有两种基本的含义，既指关于方法的理论，又指关于方法的体系。

法学方法论就是由各种法学研究方法所组成的方法体系以及对这一方法体系的理论说明。一般来说，法学方法论的内容可分为两个基本层次或方面：第一个层次是法学方法论的原则，它构成了法学方法体系的理论基础，并对其他方法的运用发挥着整体性的导向功能；第二个层次是研究的具体方法，它构成了法学体系的主干部分，在解决具体的法律问题方面发挥着广泛的作用。[②]

在法学研究的方法体系中，方法论原则占有特别重要的地位。方法论原则是认识和解决问题的根本出发点和基本思路，也是关于如何运用具体方法的一种根本方法。以马克思主义为指导的法学必须以唯物辩证法作为自己的根本方法。

1. 哲学的一般方法

哲学作为“科学的科学”，对一切自然科学和社会科学都具有方法论的指导作用。当代中国法学是以马克思主义为指导的，因而它的方法论是建立在马克思主义哲学基础上的。马克思主义哲学是以往所有哲学的集大成者，其唯物论和辩证法包含着丰富的内容，这些内容不是一种积木式的组合，而是以不可分割的方式有机地结合为一个整体。有时，出于理解上和表述上的需要，人们通常把它们分解成若干条具体的方法论原则。只要我们能够避免以教条主义的态度把它们当作僵死的、孤立的“条条框框”来对待，这样做还是有益的，因为它能够帮助我们从中抓住最关键、最重要的东西。对于法学研究而言，坚持唯物辩证法，就是要坚持以下几条基本方法论原则：

---

① 参见许春清：《新型民族关系论》，兰州大学博士学位论文，2008 年。

② 参见吴国贵：《环境法学研究方法论》，http://www.riel.whu.edu.cn/article.asp?id=25919。

(1)坚持实事求是的思想路线。在认识和研究对象世界(包括法律现象)时,是从实际出发,还是从观念出发?是坚持具体问题具体分析,还是坚持用抽象的概念和原则来衡量一切?是坚持主观与客观、理论与实践的统一,还是割裂这种统一的关系?这几种不同的研究方法和态度代表着马克思主义和非马克思主义两条根本对立的思想路线。前一种研究方法和态度是马克思主义的唯物主义思想路线。"实事求是"是马克思主义思想路线的中国式表达,是马克思主义中国化的重要体现,它属于根本的方法论原则,规定着思维活动的根本出发点和总方向。这也就是说,一切本质上合乎科学的方法(包括唯物辩证法的其他原则),只有在实事求是的基础上加以运用并用实事求是来统帅,才会使人们的认识和研究沿着正确的方向前进。也正是在这个意义上,我们才称"实事求是"是马克思主义的"活的灵魂"。中国现代法学发展和法治建设的实践证明,当遵循着实事求是的思想路线时,我们的法学研究和法治建设就能够健康、顺利地前进,即使期间出现了挫折和失误,也能比较容易地克服;反之,当偏离了这一思想路线时,就会犯方向性的大错误。

(2)坚持社会存在决定社会意识的观点。在几千年的人类思想史上,法作为一种社会现象,一直是各个时代的思想家们所着重研究的重大课题之一。但是,在马克思主义诞生之前,人们总是力图从所谓宇宙理性、上帝意志、人类理性、绝对精神或民族精神出发去说明这一现象。针对这种历史唯心主义的错误方法,马克思和恩格斯表明了自己的态度:"'物质生活的生产方式制约着整个社会生活、政治生活和精神生活的过程',在历史上出现的一切社会关系和国家关系,一切宗教制度和法律制度,一切理论观点,只有理解了每一个与之相应的时代的物质生活条件,并且从这些物质条件中被引申出来的时候,才能被理解。'不是人们的意识决定人们的存在,相反,是人的社会存在决定人们的意识'。"[①] 因此,法的关系既不能从它们本身来理解,也不能从人类精神的一般发展表象来理解。对于历史上曾经出现过的一切法律制度,我们只有理解了每一个与之相应的时代的物质条件,并且从这些物质条件中把它们引申出来的时候,才能真正理解这些法律制度。在法学研究中,必须坚持社会存在决定社会意识,也即社会物质生活过程决定社会精神生活过程的观点。具体说来,就是要在深入考察社会物质资料的生产、交换、分配和消费的基本条件和方式的基础上,来说明法的产生、发展和更替,说明法的本质、内容和作用。法作为社会的上层建筑,是由经济基础决定的,是经济关系的记录,法定权利和义务的内容及其分配状况当然要通过人类的理性、观念和意志来确定,而归根结底,最终的决定力量

① 《马克思恩格斯选集》第2卷,人民出版社1995年版,第38页。

则存在于社会物质生活的现实过程之中。总之，社会物质生活条件决定着与之匹配的社会意识占据统治地位，决定着法定权利和义务的基本内容和分配状况。只有坚持这种彻底的唯物主义观点，我们才能够避免犯唯心主义的错误，才能建立起科学的法学理论体系。

(3)坚持社会现象的普遍联系和相互作用的观点。马克思主义认为，物质生活的生产方式从根本上决定着社会发展的基本面貌。但是，人们往往由此把马克思主义历史观简单地归结为经济决定论，认为在唯物史观中，唯有经济因素才是历史发展的积极的起推动作用的因素，而非经济的因素则是被动的，进而认为，只要了解了社会存在决定社会意识、经济基础决定上层建筑这一基本观点，就是掌握了历史唯物主义，就可以正确地说明历史的发展。这种看法是错误的。实际上，经济决定论仅仅是对历史唯物主义的一种片面化、庸俗化的理解，其实质是以形而上学的机械唯物论代替了马克思主义的历史辩证法。历史唯物主义不仅是唯物的，也是辩证的，它对社会现象的分析不是线性的单值分析，而是多元的多变量的分析。恩格斯在著名的《致约·布洛赫》一信中曾严厉批评了以经济决定论代替历史辩证法的做法。他说："根据唯物史观，历史过程中的决定性因素归根到底是现实生活的生产和再生产。无论马克思或我都从来没有肯定过比这更多的东西。如果有人在这里加以歪曲，说经济因素是唯一决定性的因素，那么他就是把这个命题变成毫无内容的、抽象的、荒诞无稽的空话。""青年们有时过分看重经济方面，这有一部分是马克思和我应当负责的。我们在反驳我们的论敌时，常常不得不强调被他们否认的主要原则，并且不是始终都有时间、地点和机会来给其他参与交互作用的因素以应有的重视。……可惜人们往往以为，只要掌握了主要原理，而且还并不总是掌握得正确，那就算已经充分地理解了新理论并且立刻就能够应用它了。"①显然，在法学研究中，如果我们仅仅强调经济因素的作用而忘记了社会现象间的普遍联系，忘记了非经济因素尤其是法对经济因素的反作用，同样是不可能建立起正确的法学理论体系的。

(4)坚持社会历史的发展观点。按照马克思主义的世界观，整个世界都处于运动和发展的过程之中，人类社会也是如此，而唯物辩证法正是"关于自然、人类社会和思维的运动和发展的普遍规律"的科学，是"最完整深刻而无片面性弊病的关于发展的学说"。用发展的观点观察和分析法律现象，世界上根本没有什么超时空的法律制度，任何法律体系都不能不具有时代特征，它必须与自己时代的社会条件相适应并随着这些社会条件的变化而变化；法律的发展过程

---

① 《马克思恩格斯选集》第 4 卷，人民出版社 1995 年版，第 695～698 页。

始终与社会基本矛盾的运动过程紧密相关，历史上出现过的种种法律制度中，最后只有那些能够准确反映社会发展主题和基本趋势的才能为推动社会繁荣进步贡献力量，并且在自身的运动和发展过程中获得强大的生命力和无限生机。用发展的观点指导法学研究，对于一个改革的时代而言显得尤其重要，它是克服因循守旧的传统和教条主义思想的强大精神武器。

2.法学的特有方法

研究法学的具体方法是多种多样的。在林林总总的具体研究方法中，有一些研究方法对于揭示法律现象的矛盾特殊性发挥着特别重要的作用，或者在法学的各分支学科中具有普遍适用性，这些方法就构成了法学研究的特有方法。对于马克思主义法学来说，其基本的特有的研究方法有两类，即价值分析方法和实证分析方法。

(1)价值分析方法

实践性是马克思主义哲学的一个显著特点，它始终强调“哲学家们只是用不同的方式解释世界，而问题在于改变世界”。而人类为什么要改变世界？应当如何改变世界呢？这些问题一经提出，我们就从实践领域来到了价值判断领域。实践活动从来与价值问题不可分割，之所以如此，就在于价值揭示了实践活动的动机和目的。正如张文显先生所言：“在人类的实践活动中，外界事物与人不仅仅是存在与感知的关系。外界事物作为人类所改造的对象，与人类建立了新的关系即价值关系。在政治理论和法学理论的文献中，价值经常被定义为值得追求的或美好的事物。例如，安全、福利、知识、声誉、德行等都是一般人所希望得到的，因而，它们便被视为价值的存在形态。广义的价值概念还包括人们心目中关于美好事物和理想状态的观念以及关于什么是‘正当’的评价标准即价值准则。运用一定的价值准则去评判、衡量某种事物或状态就形成了价值判断。从价值关系的角度来看，任何社会规范都是一种价值准则，因为它作为一种规范必然会要求人们做出某种行为或禁止做出某种行为。在这里，前一种行为被认为是正当的，有价值的，后一种行为则被认为是非正当的，无价值的或负价值的。法作为调整社会生活的规范体系，它的存在本身并不是目的，而是实现一定价值的手段。也就是说，社会中所有的立法和司法活动都是一种进行价值选择的活动。当立法者们为人们确定权利义务的界限时，他们实际上就是力图通过保护、奖励和制裁等法律手段来肯定、支持或否定、反对一定的行为，从而使社会处于一种在立法者看来是正当或理想的状态。当一个法官在解决法律纠纷时，他实际上就是使用法律所提供的价值准则在冲突的利益中做出权威性的选择，因此，他可以用减少或剥夺某些人的财产、自由、安全和生命的办法来增加或保护另一些人的财产、自由、安全和生命。"[①]正因为法与价值间有着这种不可分割的联系，所以，价值分析就不能不成为法学研究的重要方法。

在科学研究中是否允许有价值判断，这在当代西方社会科学界仍然是一个争论不休且尚无定论的问题。实证主义者认为，科学只能研究事实而不能涉及价值，因为一旦涉及价值，科学就不成其为科学；为此，在科学研究之前必须进行价值祛除，以防止因为研究者的好恶而减低或丧失观察的客观性和陈述的可靠性。以此种观点为指导，西方的实证主义法学家认为法学是"价值中立"之学。例如，纯粹法学的代表人物凯尔森即主张：法学作为科学，必须陈述它的对象实际上是这样的，而不是从某种特定的价值判断的观点出发来规定它应当或不应当这样。但是，在马克思主义的实践哲学看来，在社会科学中完全排除价值因素是不可能的。对于法学来说尤其如此。"法作为调整社会利益关系的规范体系，其本身就是一定价值观念的体现。法之所以要对一些行为予以保护而对另一些行为予以制裁，就是因为法之中隐含着一套价值准则，凡是被这种价值准则所肯定的行为，就得到法的保护；反之，则受到制裁。因此，法学理论的一个首要任务就是对各种利益进行评价并确定它们在价值序列中的相应位阶，当发生利益冲突时，还要提供一种在其中进行取舍的原则。也就是说，法学理论必须回答在利益关系中，哪些利益应当受到保护，应当保护到什么程度，哪些利益应当受到限制，应当限制到什么程度。如果一个社会的法学理论不能承担起这一任务，那么，立法就成了立法者个人的随意活动，这对于任何人都是极危险的事情。"[②]

(2)实证分析方法

实证分析方法的主要特点是通过对经验事实的观察和分析来建立和检验各种理论命题，这也是法学研究的一种基本方法。所谓经验事实，是指可以通过人们的直接或间接观察而发现的确定的事实因素。就法学研究中的实证方法而言，经验事实既包括与法律的制定和实施有关的一切社会事实，也包括法律文本中的词语、句法和逻辑结构等事实因素。在法学研究中，可资运用的实证分析方法有许多具体形态，其中常用的有以下六种：

社会调查方法。社会调查是法学进行实证研究的最基本的方法。为了使我们的法学研究摆脱理论脱离实际的不良学风，大力开展社会调查是非常必要的。法学开展社会调查的内容是极其广泛的，诸如治安状况的调查、社会组织的调查、法文化的调查、法行为的调查、法实效的调查、法角色的调查和风俗习

---

① 张文显：《部门法哲学引论》，http://www.fatianxia.com/paper/28777/。

② 郑成良：《法学方法论问题论略》，《吉林大学社会科学学报》1989年第3期。

惯的调查等等。社会调查的方式也是多种多样的，一般可分为普遍调查、抽样调查、典型调查和个案调查四种。为了使社会调查达到预期目的，法学工作者在选择一种调查方式（如典型调查或抽样调查等等）之后，还必须学会熟练地运用一些接触事实、收集资料的技术性方法，如观察法、实验法、参与法、访谈法和问卷法等等。这些技术性方法只有经过专门的学习和训练才能准确地掌握。调查者如果不具备这方面的知识，则调查结果的可靠性和根据调查结果所做出的推论的科学性就很难保证。①

历史考察方法。一切社会现象都有其产生、发展和消亡的历史。如果抛开历史的联系，那么，人类社会的许多现象，无论是经济现象、政治现象、宗教现象还是法律现象，都不可能得到正确的理解和把握。进行历史考察可以使我们从总体上把握法与经济、政治、文化相互作用的历史脉络，加深我们对历史唯物主义法律观的理解，并为研究现实问题打下坚实的理论基础。

规范研究方法。规范，是与规律相对而言的。规范是约定的、人为的，而规律是不以人的意志为转移的；规范性的标准是善与恶、公正与偏私、合法与非法，它是一种价值判断，而规律性的标准是真与假，它是一种事实判断。

比较研究方法。对法律现象的比较研究一般可分为两种形式，一种是横向的国别或地区比较，一种是纵向的历史比较。横向比较是法学中最常用的比较方法，其中国别间的法律比较已发展成为法学的一个独立分科，被称为“比较法学”，由此足见比较方法在法学研究中的重要地位。当然，国别间的比较并不是横向比较研究的唯一形式，对国内不同地区的法律现象也可以进行比较研究，如比较研究不同地区的治安情况，比较研究城市和农村地区法的实效，比较研究沿海发达地区和内地不发达地区的法律意识等等。纵向比较是按照法律现象的时间顺序进行比较研究。通过对不同历史类型的法以及同一历史类型中不同时期法的比较研究，我们可以从中得到很多具有启发性和实用性的知识。这无论对于法治建设的推进还是法学理论的完善都大有裨益。

逻辑分析方法。任何科学理论的建立都必须借助于逻辑推理，法学自然也不能例外。例如，法学研究者可以用演绎法从法的原则中推论出具体的法规则，可以用分类法来划分法的部门，可以用科学抽象法提炼法学的基本范畴等等。

语义分析方法。语义分析方法在法学研究中发挥着十分重要的作用。这

① 参见郑成良：《法学方法论问题论略》，《吉林大学社会科学学报》1989 年第 3 期。

是因为，法律语言与日常生活语言的主要功能不同，不是一般性的思想或情感的交流。立法、执法和司法机关正是通过法律语言来明确各种法律关系主体权利与义务的界限，从而宣告和推行国家意志。在此，语言成为传达国家意志和指令的载体，立法过程、执法过程和司法过程本身都伴随着语言的操作过程。因而，如何正确地使用和解释法律语言，就直接与秩序和人们的切身利益联系在一起了。如果不能对法律用语进行合理的解释，或者法律本身就是语义混乱和前后矛盾的，那么，法律就难以承担起自己的使命。这时，法律就不能充分地保护它所应当保护的利益，也不能有效地制裁它应当制裁的行为。在利益关系高度复杂化的现代社会，就更是如此。另外，在阐述法学理论、表达法学观点的各种学术交流活动中，如果不能准确和合理地使用法律概念和术语，也会引起思想交流的障碍和理论的混乱。因此，近现代法学十分注重语义分析方法的运用。当然，西方某些法学派别过高地估计了语义分析方法的地位和作用，甚至将其视为法学研究最根本的和首要的方法（概念法学），这是值得商榷的。但是，必须充分承认语义分析方法的独特功能，对这一方法的运用，对于法学研究和法治实践都是十分有益的。

【拓展阅读】

[1]蒋立山：《法理学研究什么——从当前中国实践看法理学的使命》，《法律科学》（西北政法学院学报）2003 年第 4 期。

[2]葛洪义：《法理学基本问题的形成与演变——对法理学知识谱系的一种考察》，《法制与社会发展》2004 年第 2 期。

[3]强世功：《迈向立法者的法理学——法律移植背景下对当代法理学的反思》，《中国社会科学》2005 年第 1 期。

[4]刘作翔：《法理学的定位——关于法理学学科性质、特点、功能、名称等的思考》，《环球法律评论》2008 年第 4 期。

[5]程燎原：《“中国法理学”的“发现”——“中国法理学史”在近代的创建》，《法制与社会发展》2009 年第 3 期。

[6]陈金钊：《法治时代的中国法理学——政治修辞下的法理学解放》，《学习与探索》2011 年第 3 期。

[7]石丹丹：《我国未来法理学的发展方向》，《改革与开放》2011 年第 12 期。

[8]石伟：《论中国法理学的实践转向——三十余年法理学学术史考察》，

《现代法学》2012 年第 4 期。

[9]陈景辉:《法理论为什么是重要的——法学的知识框架及法理学在其中的位置》,《法学》2014 年第 3 期。

[10][美]E.博登海默:《法理学——法律哲学与法律方法》,邓正来译,中国政法大学出版社 1998 年版。

[11]张恒山:《法理要论》,北京大学出版社 2009 年版。

[12]沈宗灵:《法理学》,北京大学出版社 2014 年版。

第二章　起源论

在唐朝，在贤臣魏征去世之时，唐太宗于朝堂之上说了一段被后人奉为圭臬的至理名言："以铜为镜，可以正衣冠；以史为镜，可以知兴替；以人为镜，可以明得失。"[①]伟大的无产阶级先驱列宁也曾指出："对于任何一种科学研究来说，为了解决社会科学问题，为了真正获得正确处理这个问题的本领而不被一大堆细节和各种争执意见所迷惑，为了用科学的眼光来观察这个问题，最可靠、最必需、最重要的就是不要忘记基本的历史联系，考察每个问题都要看某种现象在历史上怎样产生，发展中经过了哪些阶段，并根据它的这种发展去考察这一事物现在是怎样的。"[②]法学研究也必须遵循这一基本方法。在法学研究中，无论是把法作为一个整体加以研究，还是研究法的其中一个部门或一个方面，都不能与法的历史脱节。不过，法理学研究法的历史及其发展阶段，不是为了考古而考古，其目的在于通过研习法在历史上的产生及演变脉络，揭示法的产生及发展的历史规律，说明社会主义法与前社会主义法的本质区别与历史联系，以此论证社会主义法在本质上的优越性以及对前社会主义法、特别是资本主义法实行继承和移植的必要性与可能性，指引社会主义法的健康发展，进而推动社会主义法治现代化。

第一节　历史的法

法是怎么产生的呢？观念层面的法与制度层面的法产生的时间并不同步，西方法和东方法的演变过程也不同步。

一是观念层面的法。在中国漫长的封建社会时期，统治者一直这样教导臣

---

① 《新唐书·魏征传》。

② 《列宁选集》第 4 卷，人民出版社 1990 年版，第 43 页。

民:皇帝是真命天子,法自君出,君主金口玉言,帝王言出法随。而在西方,古代和中世纪流行君权神授、法自神意的观点。就是说,不管在东方国家,还是西方国家,最古老的法起源观念是基本一致的,即法起源于神、天或上帝的意志。在那个对一切都深信不疑的年代,人们对于法的起源没有任何概念,因此教士或巫师很自然地把它归之于上帝的发明。他们认为,法是由具有神秘力量的人,把得之于上帝的古老习俗予以改动以适应于后来的情况而形成的。从来没有人产生过要修改神学法规的念头。直到17~18世纪,资产阶级法学家还认为法起源于人或人性的需要,并断言人类在进入国家以前的自然状态中就有法,即"自然法",而且它是永恒不变的。19世纪出现了"民族精神论",认为法来自民族精神或历史传统。这一时期人类认识上最大的进步是:法从天上降临到人间。但直至现在,绝大多数西方法学家和人类学家仍然主张国家产生以前就有"原始法"。原始社会到底有没有法?法是在什么历史条件下产生的?这是有关法的产生理论应当回答的问题。这一问题在西方法学界曾引发了一场广泛的争论,不过现在看来,这一争论并没有任何实际的意义。因为争论双方对法概念的适用语境不同,如果我们把法理解为泛义的规则,那么原始社会肯定是有法的;如果我们把法界定为国家实在法,那么法就是在国家之后产生的。应当说,法律最初表现为习惯或习俗,习惯或习俗就是法的萌芽形态。然后,随着一定社会历史条件的成熟,主要是生产力的发展,生产关系的变化,私有制、阶级和国家的产生,语言文字的发展等,法才在一定的社会阶段出现的。当文字开始被使用时,习俗被记载下来,成文法得以出现。

二是制度层面的法。在西方,在公元前2250~前2000年,就有了刻在闪长岩上的《汉谟拉比法典》。石碑的上部雕刻着汉谟拉比王从端坐的神手中接过法律的雕像。《法典》的开篇是汉谟拉比的话:我在这块土地上创立法和公正,在这时光里我赋予人类幸福。此时已经有了关于合同、书面婚约等的规定。公元前6世纪,梭伦来到雅典,为雅典制定出了法律。后来雅典大会出现了,法律可以通过市政集会投票的形式来通过,以此表达全体公民的意志。罗马人沿袭了古希腊由全体公民制定法律的做法,然而他们对原来法律所具有的特性作了一些改变,他们打了一个折扣,发明了间接民主,将法律视为代议机构对全体公民或平民百姓意志的认可,或者是全体公民对代议机构拟定规则的默许。他们声称代议机构的立法权来自于人民的授权。在中国,成文法的出现是在春秋战国时期,此时的邦国陆续兴起了一场成文法运动。春秋时期较早制定成文法的国家是楚国,此后晋国、宋国也相继制定了成文法。以上成文法虽然制定于春秋早期,但是没有公之于众。到春秋后期,成文法的公开性和透明度进一步增强,公布成文法的活动以郑、晋两国最有代表性。公元前536年(郑简公三十年),郑国执政子产"铸刑书于鼎、以为国之常法"[①]。这是中国历史上第一次公布成文法的活动,史称"铸刑书"。公元前530年,邓析刻竹刑,公元前513年晋国赵鞅铸刑鼎。战国时期,魏国李悝所著的《法经》是中国历史上第一部最为系统、完整的成文法典。

通过梳理法在观念和制度两个层面的演变过程,我们可以归纳出西方法和东方法在奴隶制时期的不同特点。西方法从立法形式上开始从神秘走向公开;本质上是从君主立法走向专家立法,然后到全民立法或代议立法。而东方法仅从形式上打破了"刑不可知,威不可测"的法律神秘主义,法开始从秘而不宣、因人因事设制走向公之于众、开始注重"王子犯法与庶民同罪"[②]的普遍性约束;但关于法的本质问题的思想认识和制度设计并没有多少创新,仍停留于"法自君出"的王法阶段。

一、法的起源

关于法的起源,我们从西方一则古老的民间传说——阿布多国的故事谈起。

在古代西方,有一个国家,叫"阿布多国";在阿布多国里,有一座山叫"阿布多山"。相传这是一座圣山,因为山里每隔一百年,就会长出一颗圣果,只要吃了它,不但可以延年益寿,还能医治各种疾病。这天,有两个猎人——阿布和阿多来到了山上。

阿布用手擦去额头上的汗,疲倦地说:"阿多,你不是说要找圣果什么的,为什么已经上山半个月了,什么都没找到?传说中百年出现一次的圣果,到底是真的还是假的呀?"

"当然是真的,我爹说吃了圣果,不但想活多久就能活多久,而且还能医治你身上的任何疾病,就连动物吃了都能学会说话呢!"阿多回答。

两个人努力地往前走,不知道又走了多久,来到一处他们未曾到过的深山里。正当他们俩都想要放弃的时候,阿布大叫一声:"圣果!"两个人匆匆忙忙地跑到前面。果然,金光闪闪的圣果就在眼前,他们两个人非常开心地互相拥抱着,感叹着多日来的辛苦没有白费。突然,他们两个同时想到一个非常重要的问题——圣果究竟是谁的?

---

① 《左传·昭公六年》。

② 《史记·商君列传》:令行于民期年,秦民之国都言初令之不便者以千数。于是太子犯法。卫鞅曰:"法之不行,自上犯之。"将法太子。太子,君嗣也,不可施刑,刑其傅公子虔,黥其师公孙贾。明日,秦人皆趋令。行之十年,秦民大说,道不拾遗,山无盗贼,家给人足。民勇于公战,怯于私斗,乡邑大治。秦民初言令不便者,有来言令便者,卫鞅曰:"此皆乱化之民也。"尽迁之于边城。其后民莫敢议令。

阿多首先抢着说:“当然是我的啊！是我先说要来找圣果的啊!”阿布也不甘示弱:“你少废话！是我先发现的呢!”两人互不相让,吵得不可开交。于是,他们决定到山下的阿布多神庙去求那里的巫师裁决。

巫师是一个年纪很大的老太婆,但是她看起来好像是有那么点法力。两个人请求巫师祭告上天作出决断,裁定谁才是圣果真正的所有人。巫师听了他们的话,就用法器来占卜。她念了一些大家都听不懂的咒语,然后指着阿布说:“你就是圣果的主人!”

阿布非常开心,得意地对阿多说:“看吧看吧！我才是圣果的主人!”

阿多很不甘心,对着巫师抱怨:“巫师！巫师！我不相信！你再占卜一次啦!”

巫师又再次念起了那听不懂的咒语,结果,她居然又指着阿多说:“喔！神的旨意不一样了！你阿多才是圣果真正的主人!”

阿多对着阿布哈哈大笑:“看吧！哈哈！神只是一时被你蒙蔽罢啦！真相终究会大白的！现在你这个冒牌主人可以滚啦！圣果是我的!”

这次轮到阿布不满了:“喂！巫师啊！你根本都不准啦！一下说是他的,一下又说是我的。喂！巫师,你到底行不行啊?”

三个人就在神庙中吵了起来,谁也不服谁,恰巧这时国王来了,看到三个人扭打成一团,不禁感到奇怪。于是,国王就派人上前盘问:“你们三个是怎么一回事啊?”三个人就把事情一五一十地告诉了国王。国王听完整件事后,说:“那么圣果现在究竟在哪里呢？还不快拿来献给本王!”

阿布颤抖着声音说:“可是国王,圣果是我们两个好不容易找到的啊!”国王捋着胡须笑着说:“我知道,我知道,我不会亏待你们的。”于是,国王手一挥,叫来了侍卫长吩咐道:“给他们两个每人五块钱吧。”

阿多一听国王只肯给他们5块钱,忍不住大怒:“国王啊！圣果是我们好不容易找到的,怎么会只值五块钱啊！国王你有没有搞错啊!”国王一听就不高兴了:“钱都给你了,废话还这么多！侍卫长！把这个不知好歹的家伙拖下去痛打一顿!”结果,阿多被打得奄奄一息,并且身上所有的钱也被国王的手下抢走了。

第二天,全国人民都知道了国王强夺圣果的暴行,都聚集到王宫前面抗议。国王平时的所作所为已经为大家所不齿,现在居然又与民争利,一时之间,王宫前面沸沸扬扬。

于是,国王召见了人民代表,人民代表对国王表达了他的意见:“阿布多国王,我们实在受不了你的暴政了！全国不管什么事情你都说了算,要罚谁就罚谁,我们实在忍受不了啦！无论什么事都要随你的意思,我们实在是无所适从,而我们人民的意见又根本无法表达。”

国王一时也没了主意，就转头询问一旁的老宰相："老头，你说该怎么办好呢?"宰相语重心长地说："依我看，事到如今，只有召开人民代表大会，依大家的意见来制定法律，如此一来便有一套公正的规范来让大家遵守。而且这套法律是由多数人决定的，相信大家必定愿意遵守!"

国王没有其他台阶好下，只好顺水推舟说："好吧，好吧！就这么办吧!"所有人听到国王做了这么正确的决定，都一起欢呼："国王英明！国王万岁!"

这就是西方民间关于法起源的一种说法。而学界关于法起源的认识更是五花八门，不一而足。

(一)关于法起源的各种学说

1.非马克思主义的学说

(1)神创说：即法是由神创造的，如自然法、神法；认为人定法源于自然法，或是从神法派生出来的。例如，在西方古罗马时期的西塞罗看来，作为最高理性的自然法来自神的理性，人定法源于自然法；中世纪神学家奥古斯丁也提出，人间的秩序和各种社会安排是基于上帝永远的正义和永恒的法律，即神法；人法是从神法派生出来的，必须服从神法。中国古代也有类似的认识，根据《尚书》中的记载，法源于上天，通过圣人之口表述出来，法是上天意志的体现。

(2)冲突说：即法是社会冲突的产物。如中国古代法家代表韩非子认为：人民众而财货寡，事力劳而供养薄，故民争。因为社会总会有冲突，所以才需要有解决冲突的规则。

(3)契约说：该说认为在人类进入政治社会之前有一个自然状态，无国家亦无法律，但存在一些危及人类发展的因素。人们为了安全，为了进一步地发展，相互缔结契约，放弃部分自然权利，从而进入了政治社会，该契约就是法律。西方十七八世纪的古典自然法学者大都持此说。

(4)传统说或民族精神说：即法是人类物质、精神或历史传统演化发展的结果。例如，德国哲人黑格尔认为，绝对精神发展到自然界阶段才有了人类，人类精神的发展产生法。英国的梅因和德国的萨维尼作为历史法学派的代表人物，主张法来自民族的精神或历史传统。

(5)社会控制说：许多法律社会学学者持此观点，认为一个群体的法律秩序是基于社会控制的需要而发展起来的。代表人物是美国法律社会学家罗斯科·庞德。

2.马克思主义法起源论

(1)法不是从来就有的，是在人类社会发展到一定历史阶段的时候产生的。法的产生经历了一个长期积累的过程，大约是在原始社会后期，随着生产力的发展、剩余产品的出现、私有制的产生和阶级的分化而逐渐形成的。

(2)法产生的根本原因是生产力的进步和人类社会发展的共同需要。

(3)法与国家不同,法不是阶级对立社会特有的现象。

(4)习惯法是法的最初表现形式。

(二)原始社会法的发展

原始社会是人类发展史上的早期阶段,生产力水平非常低下,生产工具极其简陋,采集和渔猎是获得生活资料的最主要方式。到了原始社会晚期,人类才学会靠劳动来增加天然产物,即学会经营畜牧业和农业。在原始条件下,一个人的劳动所得在用于消费后基本没有剩余,剥削他人劳动是不可能的。而且,个人的生产能力和生存能力不足以独立应付自然和外族的压力,只有依靠集体,才能谋求生存与发展。由此,共同占有、共同劳动、平均分配的原始共产制就成为唯一可能的经济形态。

与原始社会的经济状况相适应,原始社会没有阶级的划分,也没有与阶级划分相联系的各种政治、经济组织,唯一的社会组织就是原始公社。原始公社在经历了漫长的原始群和血缘家庭阶段后,在后期出现了氏族公社。氏族公社的产生虽然较晚,但它却是原始社会最典型的社会组织形式。氏族公社是原始人以血缘关系为纽带而形成的内部禁止通婚的亲属集团。这种集团有两种权力运行模式:集体分权和个人集权。

原始社会是一个无政府却有秩序的社会。社会秩序主要靠氏族习惯维持,氏族习惯是在氏族全体成员长期共同的生活中自发形成的,经过世代相袭,便成为全社会公认的神圣不可侵犯的传统,成为调整社会关系的基本力量。美国人类学家摩尔根曾长期在美洲易洛魁人的氏族中生活,他运用人类学特有的田野调查方法,对氏族习惯进行深入的研究。根据摩尔根《古代社会》一书的资料,易洛魁人的氏族习惯包含着十分丰富的内容。

(1)关于婚姻、家庭和亲属关系的习惯

在氏族中,内部成员禁止通婚。婚姻家庭形式从最初的群婚家庭发展到对偶婚家庭。在婚姻家庭制度的基础上,也形成了相应的亲属制度,对亲属关系的亲疏远近是通过不同的称谓来标明的。这是民法的前身。

(2)关于共同劳动、平均分配的习惯

在生产力水平低下的条件下,氏族成员把共同劳动、分工协作和平均分配食物看作极其自然的事情。每个有劳动能力的人都自觉参加劳动,懒惰被视为非常可耻的行为。这是分配法或经济法的前身。

(3)关于氏族内部民主议事的习惯

氏族内部没有阶级和等级之分,重大事务由氏族成员的全体大会讨论表决,氏族首领经选举产生,可随时被撤换,任何人都必须服从集体的决定。这一切在氏族社会全体成员看来，都是天经地义的。这是选举法的前身。

(4)关于氏族之间血亲复仇的习惯

当本氏族成员被外族人杀害时，全氏族成员都必须为其复仇。复仇的标准是“以眼还眼，以牙还牙，以死还死”。这是刑法的前身，也是古代人关于公平正义的最早体悟。

在父系氏族产生以前，氏族社会完全是以原始共产制和群婚制为基础而形成的家庭式社会。在这种家庭式社会中，个人利益与集体利益是高度融合在一起的，氏族社会内部没有明显的利益差别和激烈的利益冲突，自发形成的氏族习惯代表着全体成员的共同要求和共同利益。习惯规范主要依靠氏族首领的道德感召力和个人威望，依靠每个氏族成员的自觉，依靠社会共同的道德信念和宗教观念，依靠强有力的舆论力量得以有效实施。恩格斯曾对氏族社会的调控机制发出由衷的赞叹：“这种十分单纯质朴的氏族制度是一种多么美好的制度啊！没有军队、宪兵和警察，没有贵族、国王、总督、地方官和法官，没有监狱，没有诉讼，而一切都是有条理的。一切争端和纠纷，都由当事人的全体即氏族或部落来解决，或者由各个氏族相互解决；……一切问题，都由当事人自己解决，在大多数情况下，历来的习俗就把一切调整好了。”[①]但是，有一点应当注意，原始社会的这种调控机制是以当时的生产方式为基础而发挥作用的，随着生产力水平的提高，它必然被历史的发展所淘汰。

(三)法起源的一般规律

虽然各国家、各民族的法产生及演变的具体情况有所不同，但也存在着一些共同规律：

1.法的起源是一个从自发到自觉的过程。自发与自觉是区分人们对自身社会活动的意义以及客观规律是否认识以及认识程度的一对范畴。自发是指人们不认识自己社会活动的意义、未掌握客观规律时的活动；自觉是指人们认识自己社会活动的意义、掌握客观规律、由共同理性指引集体行为时的活动。法从无到有的过程，正是人类社会的共同理性逐渐取代感官刺激和图腾信仰的过程。

2.法的起源是由个别指引逐步发展为规范性指引的过程。在任何社会，任何人的行为都需要一定的指导或引领。个别指引是针对具体的人或事而采取的行为指引方式，对人的行为进行一次性调整或规范，具有个别性和瞬时性，是最早产生的社会调整方式；规范性指引则是针对某一类社会主体、某一类情况而使用一般行为规则进行的重复性的指引，具有普遍性和持续性。法对人的行

① 恩格斯：《家庭、私有制和国家的起源》，《马克思恩格斯选集》第4卷，人民出版社1995年版，第95页。

为的约束是典型的规范性指引。

3. 法的起源是由氏族或部落习惯到习惯法，再到制定法的发展过程。与摩尔根的人类社会发展三阶段理论——根据“生存技术”划分为蒙昧、野蛮和文明三个时期——大致对应，人类社会的经济类型至今也经历了三个阶段的变迁：自然经济、农牧经济、商工经济。与不同的经济类型相适应，会形成不同的生产组织和社会关系。与以采集和狩猎为获取财富主要手段的自然经济相适应，人类社会最初形成的生产组织是血缘家庭，即氏族制度前期，此时的人类在生产和生活中逐渐形成了一些原始习惯或习俗，用以规范自身行为，这是法的前身。随着生产工具的改进和生产能力的提高，以及原始畜牧业和农业的分离，经济类型开始从自然经济向农牧经济转型。为了更好地团结氏族全体成员，维护社会共同体的存续和发展，原来行之有效的一些个别性的习惯便上升为更具普遍性的行为规则，成为对每个氏族成员都有约束力的“氏族习惯法”的出现，标志着法的产生。① 进入阶级社会以后，随着阶级统治的工具——国家机器的出现，习惯法才逐渐为制定法所取代。

4. 法的起源是由与道德规范、宗教规范、习惯规范混为一体到相对独立的过程。原始社会的习惯规范融道德规范、宗教规范等其他社会规范于一体，彼此之间相互渗透、浑然一体，并没有明显的界限。随着社会的进步，一部分习惯规范开始上升为习惯法，随着人类活动内容的日益丰富与频繁，氏族或部落内部的习惯法也日趋完善。到氏族社会末期，出现了保证习惯法实施的专门手段——法庭和诉讼。伴随着国家的产生，法律规范与道德规范、宗教规范以及普通的习惯规范开始分化，法在调整方式、适用范围、保障措施等方面逐渐自成一体、相对独立，在社会调整体系中占有独特的地位，发挥着特殊的作用。

（四）氏族习惯法的特点

1. 从起源看，氏族习惯法是人们在长期的生产和生活过程中所形成的；

2. 从本质看，氏族习惯法体现着氏族全体成员的共同意志；

3. 从适用对象看，氏族习惯法及于氏族内部全体成员，规范着人们在共同生产和生活过程中的各种行为；

4. 从适用范围看，氏族习惯法限于本氏族或本部落内部；

5. 从保障措施看，氏族习惯法主要是靠氏族成员的自觉遵循，同时也辅助以社会舆论、氏族首领的威望等有限的强制力来保障实施。②

---

① 参见司春燕：《马克思恩格斯法正义观研究》，人民出版社 2014 年版，第 152～153 页。

② 参见司春燕：《马克思恩格斯法正义观研究》，第 153 页。

（五）民族习惯法与国家制定法的区别

1.两者体现的意志不同。民族习惯法反映民族社会全体成员在利益高度融合基础上形成的公共意志，是众意或公意的最高体现。国家制定法则是以国家意志的形式体现出来的统治阶级意志，它只是在社会中占主导地位的意志，而不是社会公共意志。

2.两者产生的方式不同。民族习惯法以传统的方式自发地形成和演变，它像语言一样不是任何人、任何机构有意地创造和选择的结果。国家制定法则是由统治阶级及其政治代表在行使国家权力的过程中，有意识地创立和有意识地对原有习惯加以选择、确认而形成的。

3.两者实施的方式不同。民族习惯法也就是每个民族成员自幼养成的行为习惯，它依靠当事人的自觉、舆论和氏族首领的威望来保障实施。国家制定法的实施当然也要借助于当事人的守法意识和社会舆论的支持，但是，这显然是不够的，它还要以国家强制力作为最后的保障，并以警察、法庭、监狱和各种强制机关作为坚实的后盾。

4.两者适用的范围不同。民族习惯法只适用于具有血缘亲属关系的同一氏族或部落成员，实行属人原则。国家制定法则适用于国家权力所辖地域内的所有居民，以属地原则为主，兼采用属人原则、保护原则和普遍原则。

5.两者的根本目的不同。民族习惯法是维护民族社会共同利益，维系氏族成员间平等互助关系的手段。国家制定法则以实现统治阶级利益为首要目的，并为此而建立有利于维护统治关系的社会秩序。

二、法的历史类型

（一）法的历史类型释义

法从来都不是永恒不变的，它总是不断进步和发展的。在人类历史的长河中，法的发展变化往往呈现出质变与量变两种形式。法的质变就是指法的历史类型的更替，是伴随着人类社会制度的更替而发生的。依照法所依赖的经济基础的性质和反映的阶级本质的不同，法的历史类型也有所不同。凡经济基础和阶级本质相同的法就属于同一历史类型。人类进入阶级社会以后经历了四种社会形态，与之相对应的法有四种历史类型：奴隶制法、封建制法、资本主义法和社会主义法，这是马克思主义法学依据本质标准对古今中外法进行的基本分类。这种分类没有考虑法的外部特征和历史传统等因素，但对于揭示各种法的本质及其发展变化的基本规律具有划时代的意义。

（二）奴隶社会的法律制度及其特征

奴隶制法是人类历史上最早出现的剥削阶级类型的法。

从全世界范围看，最早的奴隶制法诞生于古代东方，以古埃及法、古巴比伦法、古印度法和中国法为代表。约在公元前2686年，古埃及形成了中央集权的君主专制国家，法老(君主)的命令是主要的法律渊源。公元前18世纪，古巴比伦国王汉谟拉比制定了《汉谟拉比法典》，是世界上迄今为止基本上完整保留下来的最早成文法典。古印度《摩奴法典》相传为印度教里的人类始祖摩奴所撰，在公元前2世纪前后形成，是带有浓重宗教色彩的奴隶制法。中国奴隶制法产生于公元前21世纪，据史籍记载，上古三代皆有法，“夏有乱政，而作禹刑”，“商有乱政，而作汤刑”，周代则有《吕刑》。遗憾的是，这些法典的原文均已失传，无从查考。

古代西方奴隶制法的代表是古希腊法和古罗马法，其产生比古东方要晚几个世纪，它们是在生产力发展水平较高的基础上形成的。其中，公元前449年颁布的《十二铜表法》是古罗马以原始习惯为基础的第一部成文法。公元6世纪，东罗马皇帝查士丁尼执政期间，组织了大规模的法典编纂活动，先后编出《查士丁尼法典》《法学阶梯》《法学汇纂》，以及后来增补的《查士丁尼新律》共四部法律文件，被后人统称为《查士丁尼民法大全》，反映了简单商品经济关系的需要，被恩格斯评价为“商品生产者社会的第一个世界性法律”。

无论是在生产力发展较低水平上产生的东方奴隶制法，还是在生产力发展较高水平上产生的西方奴隶制法，就其本质而言是相同的，都是由奴隶制经济基础和阶级结构所决定的。奴隶社会的主要矛盾是奴隶主阶级与奴隶阶级的矛盾，奴隶主和奴隶是奴隶社会的两个基本阶级，两者之间是统治与被统治、剥削与被剥削的关系。

与奴隶制经济基础和阶级结构相适应，各国奴隶制法的共同特征是：(1)确认和维护奴隶主对生产资料和奴隶的人身占有关系，维护阶级特权；(2)惩罚手段极其野蛮、残酷；(3)仍然保留着很多习惯法的痕迹。

各国奴隶制法除具有上述共同特征外，由于东、西方奴隶制产生的地理历史条件、传统风俗习惯等不同，在经济制度和国家制度上又存在着若干差异。如古东方奴隶制国家形成时，生产力水平较低，商品经济很不发达，土地资源被垄断占有，经济基础主要表现为以君主为代表的奴隶主阶级对土地的国家所有制，与此相联系的奴隶制形式长期停留在家长奴隶制阶段，国家组织形式普遍是君主专制政体。而西方奴隶制国家形成时，生产力水平较高，商品经济较发达，家长奴隶制形式存在的时期很短，较早地形成了工商奴隶主阶层，成为可以和旧贵族相抗衡的力量，因而国家组织形式大多采用共和制形式，继承了原始社会的某些民主遗风，形成了较为健全的奴隶制民主政治。正因如此，东、西方奴隶制法在行使立法权的主体、法的内容、法的形式以及司法制度等方面也都表现出各自的一些特色。

(三)封建社会的法律制度及其特征

继奴隶制法之后,封建制法取而代之,登上历史舞台。与奴隶制法相比,封建制法同属剥削阶级类型的法,但其在历史上存在的时间比奴隶制法更为长久。从世界范围看,除少数部落是直接从原始社会瓦解后就过渡到封建社会之外,大多数国家都经历过从奴隶社会到封建社会这一历史阶段。因而,不同地区、不同国家的封建制法有其各自的历史发展脉络。

在我国春秋末期,郑国最先公布成文法,其后,各诸侯国纷纷效仿,开辟了以成文法为主要渊源的中国封建制法的新纪元。战国时期,魏国李悝著《法经》六篇,这是我国历史上第一部较系统的封建成文法典。此后,商鞅在秦国实行变法,改法为律,统一六国,实现了富国强兵的目的。自秦王朝开始,历经汉、唐、宋、元、明、清,随着封建制国家的统一,逐步确立了系统的以律为主要形式的中国封建制法律体系。其中,《唐律》是中国封建制时代最具代表性的法典,它不仅影响了唐之后各代王朝的法律,且对当时邻近中国的越南、老挝、日本、朝鲜等国法律影响很大,形成独具特色的中华法系。

在西欧各国,当时有多种法律并存,并相互交错渗透,诸如地方习惯法、罗马法、教会法以及国王的敕令等。在不同时期不同国家,各种法的地位也有所不同,总体上都经历了由分散的地方习惯法向全国统一的成文法的发展过程。

东、西方封建制法的发展历程不同,但阶级本质是相同的,都由封建制的经济基础和阶级结构所决定。由于封建制法建立的经济基础和体现的阶级本质相同,因而具有大致相同的特征,主要表现在:(1)确认和维护封建地主阶级的生产资料私有制和农民对封建主的人身依附关系;(2)封建等级森严,公开维护封建特权;(3)刑罚严酷,野蛮擅断。

各国封建制法除具有上述共同特征外,由于东、西方封建制产生的地理历史条件、传统风俗习惯等不同,因而在经济制度与国家制度上也存在着若干差异。例如,在经济制度方面,中国封建社会形成了土地国有制、地主土地所有制和农民个体所有制三位一体的封建土地所有制体系,地主私人土地可以自由买卖,并实行多子继承,再加上宗教在经济上没有势力和商品经济不发达等原因,因而不可能形成与君主相抗衡的封建领主势力、宗教势力和城市市民势力。由此决定了中国封建制国家形式基本上是大一统的君主专制政体,并承袭宗法制度,采取君权与族权紧密结合的家国一体式政治统治。在西欧,其封建制经济形式主要是领主土地所有制,君主把土地作为采邑分封给大领主,大领主再把土地作为采邑分封给自己的臣下,这样层层分封,逐级结成主从关系,形成阶梯式等级政治。由于土地不允许自由买卖和实行嫡长子继承制,再加上教会拥有封建领地以及封建社会后期商品经济的迅速发展,因而形成了与君主相抗衡的较强的领主势力、教权势力和城市市民势力。如此一来,西欧封建制国家虽也采用君主制,但君主的权力相对弱小。在不同的经济形式、国家形式基础上,东、西方封建制法的形成发展过程也呈现出不同的特点,主要表现在以下四个方面:

1.法的指导思想不同。在中国,儒家思想长期在封建思想领域占据主导地位,它与小农经济、集权政治相适应,对中国法的发展产生了深远影响。儒家思想重视"德治""礼治",形成了以"三纲五常"为主要内容的一套宗法伦理思想体系。儒家经典甚至一度作为重要的法律渊源,成为断案的根据,即"春秋决狱"。在西欧,由于实行"政教合一"的政治制度,基督教神学思想成为法律的重要指导思想,在某些国家,基督教的教义甚至具有法的效力。

2.法的内容及作用不同。中国封建制法直接或间接出自君主的旨意,与小农自然经济与高度集权政治相适应,在经济上主要为自然经济服务,如重农抑商政策;在政治上则主要为保护君权和族权服务。西欧封建制法体现了君主和领主的妥协意志,与一定的商品经济和相对集权专制政治相适应,表现在法的内容上是既为自然经济服务,又为一定的商品经济服务;既保护君权,又保护领主权;既保护世俗权,又保护神权。由于中国封建制法中反映商品经济的内容较少,甚至限制和阻碍着资本主义经济关系的产生和发展,因而中国封建制法中没有催生出资本主义法的萌芽。而西欧封建制发展到中后期,由于对商品经济关系的扶植,封建制法中出现了一些资本主义法的因素,在加速资本主义经济发展上起到了一定作用。

3.法的表现形式不同。在中国,封建制法主要表现为统一的成文法典;是世俗法一统天下的一元法律体系,宗教规范在中国从来没有获得与世俗法相抗衡的地位;采取诸法合体、以刑为主的法律结构。在西欧,封建制法的主要表现形式是地方习惯法;到中世纪中后期,在经历罗马法的复兴之后,成文法才逐渐发展起来;是世俗法与教会法并行的二元法律体系;强调权利本位,重视民法,弘扬私法文化。

4.司法制度不同。中国古代司法与行政不分离,司法长期依附于行政。在中央,君主集立法、行政、司法等大权于一身,中央设置的专职司法的官吏、机关,一般也置于行政官吏与行政机关的管辖之下,没有独立的法院系统,更没有独立的司法程序;在地方,通常不设专职的司法官,由行政官员兼理司法。在西方国家,法院组织出现较早,并实行不同性质的案件由不同法院审理的体制。如雅典时期即已实行民事法院和刑事法院分设的体制,并规定了许多关于诉讼的专门原则和制度,如"公开审判""不告不理""一事不再理"陪审制和律师制等。

(四)资本主义法律制度

1. 资本主义法律制度的特征

(1)确认和维护以剥削雇佣劳动为基础的资本主义私有制

例如,1789 年法国《人权宣言》明确规定:"财产是神圣不可侵犯的权利,除非当合法认定的公共需要所显然必要时,且在公平而预先赔偿的条件下,任何人的财产不得受到剥夺。"

(2)确认资产阶级议会民主制,维护资产阶级的政治统治

资产阶级夺取政权以后,废除了封建等级特权制度,并将其在反封建专制斗争中提出的民主政治主张和获得的民主成果用法律形式加以巩固,确立为资本主义国家的基本政治制度,以维护资产阶级的政治统治。与前资本主义社会相比,资本主义实现了民主与法治在形式层面的结合,是人类历史的一个巨大进步。

(3)确认和维护资产阶级的自由、平等和人权

16～18 世纪,在资产阶级反封建的革命斗争中,启蒙思想家们针对封建专制特权和神权政治提出了"自由""平等""人权"等先进的口号和理论,成为当时新兴资产阶级和广大劳动人民群众的重要思想武器。资产阶级夺取政权后,便将这些政治口号具体化为宪法与法律权利,成为资产阶级民主与法治的重要原则。如美国 1776 年通过的《独立宣言》称:"我们认为这些真理是不言而喻的:人人生而平等,他们都从他们的造物主那里被赋予了某些不可转让的权利,其中包括生命权、自由权和追求幸福的权利。"1789 年法国《人权宣言》也宣称:"人们生来是而且始终是自由平等的,任何政治结合的目的都在于保存人的自然的不可动摇的权利。这些权利就是自由、财产、安全和反抗压迫。"

19 世纪末 20 世纪初,资本主义法发生了很多变化,法律的社会化倾向明显。比如,由过错责任到无过错责任的发展,更加注重社会公共利益和对弱者的保护。

2. 资本主义世界的两大法系

(1)法系的概念及分类

法系,或称"法族""法圈",英文为 Genealogy of Law 或 Family of Law,是西方法学著作中经常使用的概念,是指按照法律的历史传统、继受关系、外部特征等形式因素对具有某些相似或共同法律传统的若干国家或地区法律制度的总称。"法系"一词,是由日本法学家穗积陈重(1855～1926 年,日本首批法学五博士之一)最早提出。他曾在日本东京帝国大学法学部任教,在日本历史上首次开设了"法理学"课程。

法系不同于法律体系(部门法体系),也不同于法的历史类型。用形象点的

语言说，一个法系就是在时间上向后延展以传宗接代、空间上向周边拓展以蔓延繁衍的法律家族。在这一范畴内，不同时期、不同国别的法律制度有着基本相同或相似的“基因”。构成法系需具备两个基本条件：一是某种法律制度在历史上具有一定的独特性和延续性；二是其影响超越了国界。因 Genealogy 和 Family 都有家谱、家族、世系、系谱、血缘等含义，故中国最初对应的汉译即为“法族”。

关于法系的划分，法学界往往论说不一。1884 年，穗积陈重在日本《法学协会杂志》第一卷第五号发表一篇题为《论法律五大族之说》的论文，将世界法律制度分为“印度法族、中国法族、回回法族、英国法族、罗马法族”五大法族。他认为这五大法族之间互相竞争，彼此消长，其规则如同自然界的规则一样，也是优胜劣汰，处于劣势地位的法族如果不思进取，不进行改革或改良，就会被历史淘汰。[①] 1904 年，穗积陈重对其原有主张进行了修正，以一国的固有法与引进他国法而形成的系统关系为标准即谱系划分方法，在原有五大法系基础上增加了日耳曼法系和斯拉夫法系。1913 年，瑞士学者绍塞尔·霍尔(Sauser Hall)从人种学角度，将人种(Rasse)作为标准，把世界各国的法律分为印欧法系(之下又分为印度、伊朗、凯尔特、希腊—罗马、日耳曼、盎格鲁撒克逊、立陶宛—斯拉夫等子系)、闪米特(犹太)法系和蒙古法系。[②] 1928 年，美国学者、西北大学法学院院长威格摩尔(J. H. Wigmore，1863～1943 年)从有无法律职业家阶层角度，将世界各国的法律分为埃及、美索不达米亚、印度、中华、日本、伊斯兰、海事、教会、斯拉夫、英美、大陆等 16 个法系。[③] 1950 年，法国学者阿尔曼戎(Arminjon)、诺尔德(Nolde)和沃尔夫(Wolef)在《比较法论》第 1 卷(Traitédedroitcomparé Ⅰ)中，从法律体系内部因素的角度，将世界上的法律制度分为法国法系、日耳曼法系、斯堪的纳维亚法系、英吉利法系、俄罗斯法系、伊斯兰法系和印度法系等 7 个法系。1964 年，法国学者勒内·达维德(R. David，1906～1990 年)从意识形态和法律技术的角度，在概括世界各国法的主要特征基础上，将世界上的法分为罗马日尔曼法系、普通法系、社会主义法系及其他各国法系，并对各个法系的历史形成、法的结构、法的渊源等方面进行了论述。[④] 1971 年，德国学者茨威格特(K. Zweigert，1911～1996 年)和克茨(H. K. tz，1935～)从法律样式的角

① 转引自[日]潮见俊隆、利谷信义：《日本の法学者》，日本评论社 1975 年版，第 59 页。

② 转引自[德]茨威格特、克茨：《比较法总论》，潘汉典、米健、高鸿钧、贺卫方译，法律出版社 2003 年版，第 100 页。

③ [美]威格摩尔：《世界法系概览》(上)，何勤华、李秀清、郭光东等译，上海人民出版社 2004 年版，前言第 2 页。

④ [法]勒内·达维德：《当代世界主要法律体系》，漆竹生译，上海译文出版社 1984 年版，第 487 页。

度，提出了罗马、德意志、英美、北欧、社会主义等五大法系理论，同时他们还在其他法系中，列出了远东、伊斯兰和印度这三个他们认为不是太重要的法系。1992年日本学者大木雅夫(1931～)、1993年瑞士学者波格旦(Michael Bogden)也分别从政治、经济、宗教、历史、地理和人口等角度，提出了划分法系的标准以及法系的理论。①

近代以来，影响比较大的法系分类是三大法系说，即大陆法系、英美法系和社会主义法系。不可否认的是，大陆法系和英美法系对整个资本主义世界甚至世界各国法律影响很大。

(2)西方的两大法系及比较

其一是大陆法系，又称民法法系、罗马法系、法典法系、罗马——德意志法系，是指以罗马法为基础，以《法国民法典》和《德国民法典》为主要标志或与其有继受关系而发展起来的法律的总称。

其二是英美法系，又称英国法系、普通法法系、判例法法系、海洋法系，是指以英国中世纪以来的普通法为基础，以判例法为主要标志或与其有继受关系而发展起来的法律的总称。

两大法系都是资本主义法律制度，但就法律形式方面分析，却存在很多差别：(1)法律渊源的差别；(2)法律分类方面的差别；(3)法典编纂方面的差别；(4)法学家和法官在法系形成中作用的差别，大陆法系是"法学家法"，英美法系则是"法官法"；(5)司法体制上的差别等。

值得注意的是，进入20世纪后，特别是在英国加入欧共体后，两大法系的差别已日益缩小。但由于一些根深蒂固的传统因素的不同，两大法系之间的差别还将在一定范围内长期存在。

(五)中国社会主义法律制度

中国社会主义法律制度是由生产资料公有制为主体的社会主义经济基础所决定，是工人阶级领导的以工农联盟为基础的全国人民共同意志的体现。它与以往一切剥削阶级法的基本特征有着本质的不同：(1)阶级性与人民性的统一；(2)国家意志性与高度科学性的统一；(3)权利性和义务性的统一；(4)广泛的社会性与真正的民主性的统一；(5)一国与两制的统一。

三、法的发展

(一)法的发展释义

法的发展是一个整体性的概念，它指的是与社会经济、政治和文化等全面

---

① 转引自何勤华：《关于大陆法系研究的几个问题》，《法律科学(西北政法大学学报)》2013年第4期。

发展相适应、相协调的法律进步过程与趋势。“法律进步”揭示了法的发展的核心和实质,也揭示了法的发展研究的价值。

同任何事物的发展一样,法的发展也呈现质变和量变两种形式。法的质变是随着社会形态的更迭而发生的变化,即通常所说的法的历史类型的更替,表现为法律制度的根本性变迁。法的量变是在某一历史类型的法的性质保持相对稳定的情况下所发生的变化,是渐进的、连续的、非根本性的(即不改变法的根本性质);法的量变是法的自我更新、自我完善、自我调整,对于保持法的活力或维持其存在是必需的。

这里所说的法的发展主要指法的量变过程,通常会通过法律继承、法律移植和法律改革三种途径得以实现。

(二)法律继承

所谓法律继承,就是指不同历史类型的法之间的影响、延续、继承,一般表现为旧法(原有法)对新法(现行法)的影响或新法对旧法的承接、继受或借鉴。

法律继承不同于民法中的财产继承,也不同于国际法中的国家继承。财产继承和国家继承都是被继承对象的主体发生了变更,而被继承对象本身的属性和特征并没有发生什么变化。而法的继承是新事物对旧事物的“扬弃”,即弃其糟粕、取其精华。“扬弃”这个词语源于德国古典哲学,有否定和肯定双重意义,在否定的意义上指取消或舍弃,在肯定的意义上则指保持或保存。恩格斯在借用这一概念时,明确地把它解释为“既被克服又被保存”。用“扬弃”来解释法律发展过程中的继承性,可以生动而确切地揭示出法律继承的特点:在法律发展的过程中,每一种新法的诞生,对于旧法来说都是一种否定,但这种否定不是简单彻底的完全抛弃,而是否定中包含着肯定,从而使法律发展过程呈现出对旧法既有抛弃又有保存的性质。这是从法律发展的客观过程来讲的。如果从处理法律继承问题的主体的角度来说,法律继承实际是一种批判的、即有选择的继承,即在否定旧法固有阶级本质和整体效力的前提下,经过反思、选择、改造,吸收旧法中某些依然可用的因素,赋予它新的阶级内容和社会功能,使之成为新法体系的有机组成部分。正确理解法律继承的含义可以避免在实践中陷入两个误区:一是不加分析、盲目抄袭或复制旧法的“拿来主义”,一是否定新法与旧法之间存在历史联系和继承关系的虚无主义。

新法之所以可以而且必然批判地继承旧法中的某些因素,主要的根据和理由在于:第一,社会物质生活条件的历史延续性决定了法的继承性;第二,法的相对独立性决定了法的发展过程的延续性和继承性;第三,法作为人类文明成果的共同性决定了法律继承的必要性;第四,法律发展的历史事实验证了法的继承性。

法律继承的内容十分广泛。就社会主义法对前社会主义法的继承来说，一切能够与我国富强、民主、文明、和谐、自由、平等、公正、法治、爱国、敬业、诚信、友善的社会主义核心价值的时代精神融为一体的积极因素都在可继承之列。一般来说，法律继承的内容可归纳为以下几个方面：第一，法律技术、法律概念；第二，反映市场经济普遍规律的法律原则和法律规范；第三，反映民主政治的法律原则和法律规范；第四，有关社会公共事务的法律原则和法律规范等。由于以上几个方面集中体现了人类共同的法治文明成果，因而成为法律继承的主要内容。

（三）法律移植

“移植”从语源上来自植物学和医学。不过，这一术语在植物学和医学中的含义有所不同。一般说来，“移植”作为植物学术语，是指整株植物被连根拔起，挪到异地栽培，因而有整体移入的意思。虽然植物移植偶有“人挪活，树挪死”“橘生淮南为橘，橘生淮北则为枳”等水土不服的现象，但成功的植物移植在实践中比比皆是。而作为医学术语，“移植”通常是指器官的移植，即将供体中的某一部位转移给受体所用，这与植物学的移植不太一样，是一种部分的移入而非整体的移入。

有人把“移植”这个术语引入法学领域，我们就有了一个新的合成概念——“法律移植”。法律移植是指在鉴别、认同、调适、整合的基础上，引进、吸收、采纳、摄取、同化国外的法律，使之成为本国法律体系有机组成部分的活动。[①] 这里的被移植的国外法律是法律移植的供体，接受移植的本国法律是法律移植的受体。受体通常是有选择地吸收和借鉴供体中有价值的内容，很少出现全盘采纳的情况。法律移植的供体和受体之间须具备某种共同性，即受同一规律支配、互不排斥、可互相吸纳为前提，显然，法律移植更类似于医学意义上的移植，而非植物学意义上的移植。

法律移植有其历史和实践必然性。第一，这是由社会和法律发展的不平衡性所决定的。例如，在明治维新时期，日本为了争取与西洋诸国的平等主权、促进社会近代化，全面引进德、法两国的法律制度，在此基础上制定了六法全书，短时间内便迅速建立起比较发达的资本主义法律制度。第二次世界大战之后，美国成为世界头号强国，日本又大量引进美国法，加速日本法律制度的民主化改造和法律现代化进程，极大地促进了日本战后的经济复苏和社会发展。第二，这是由市场经济发展的普遍规律所决定的。例如，1947 年日本的《禁止垄断法》就是以美国的《反托拉斯法》为蓝本制定的。我国第十届全国人民代表大会

① 参见张文显：《继承·移植·改革：法律发展的必由之路》，《社会科学战线》1995 年第 2 期。

常务委员会第二十九次会议通过的反垄断法则借鉴了美、日等国的反垄断立法经验。第三，这是由法治作为人类文明成果的共同性决定的。法治不是任何一个国家的专利，而是人类法律文明进步的共同结晶。法律作为人类文明进步共同成果的重要载体，理应为人类社会所共享。第四，法律移植是我国法治现代化的必然需要。法治现代化既是社会现代化的基本内容之一，也是推动社会现代化的直接动力。而法律移植是法治现代化的一个有效途径，我国要实现法治现代化，法律移植的重要性必须引起重视。

法律移植的形式主要有三种：一是双向移植，即经济、文化和政治处于相同或基本相同发展阶段和发展水平的国家相互吸收对方的法律，以至融合和趋同；二是单向移植，即落后国家或后发展国家直接采纳先进国家或发达国家的法律；三是多向移植，即区域性法律统一运动和世界性法律统一运动。有学者把这种类型的相互移植和合成称作“法律趋同”，这是法律移植的最高形式。如欧洲共同体法律体系的形成便是这种形式的典型表现。不管以上哪种形式，法律移植都需要注意国外法（供体）与本国法（受体）之间的同构性和兼容性，尽量克服“异体排斥”现象，即正确处理法律的本土化与国际化、统一性与多样性之间的关系。能否做到这一点，是事关法律移植成败的关键所在。

法律移植的范围，可以是外国的法律，也可以是国际条约和国际惯例，统称国外法。

法律移植的内容，与法律继承的内容基本相同。

（四）法律改革

法律继承和法律移植是法的发展的重要途径。但是，仅仅依靠继承和移植对于法的发展仍然是不够的。因为继承解决的是“古为今用”的问题，移植解决的是“洋为中用”的问题，它们都必须以既有法的存在为基础。而我们所面临的许多法律问题和法律事务是古人和洋人未曾遇到甚至不会想到的，对于这部分我们既无处继承，也无可移植。继承可以使一国现行法律制度保持与本民族法治文明的历史连续性，使新的法律制度在既往法治文明的基础上进步；移植可以使一国法律体系在引进国外法、吸收先进法律经验和技术的基础上，与世界法治同步发展。但它们均解决不了法律制度的创新问题。制度创新要靠法律改革。继承和移植着眼点在于健全或完善，属于外在输入；改革的着眼点在于更新和重构，属于内在成长。在社会主义市场经济、民主政治和精神文明建设呼唤建立与之相适应的法律体系的今天，法律改革的作用意义更为突出。法律改革也是继承和移植的前提。因为只有通过改革，突破旧的法律体系，破除落后的法律观念，才能为继承和吸收人类法治文明的成果创造结构前提和思想基础；没有改革，继承和移植就无从谈起。[①]

法律改革的内容非常广泛，既涉及硬件因素，也涉及软件因素；既涉及表层内容，也涉及深层内容。就中国当前的法律改革而言，最重要的内容应该是以下四个方面：

1.政法体制的改革。政法体制改革的主要内容是正确处理党与法的关系。首先，是要理顺党规与国法的关系。全面推进依法治国，既要求党依据国法治国理政，也要求党依据党规管党治党。正因如此，党的十八届四中全会明确提出全面推进依法治国的总目标，在建设“五大体系”的任务中，就包括完善党内法规体系的任务，并且强调党规党纪严于国家法律。这就要求我们在推进中国特色社会主义法治体系建设中，既要不断完善中国特色社会主义法律体系，还要不断完善党内法规制度体系。其次，是要理顺各级党委与立法机关、执法机关和司法机关等法律机关的关系。完善党的领导方式和执政方式，在贯彻党的政治领导和思想领导的前提下，由法律机关独立地行使其立法、执法和司法的职能。加大把党的意志转化为国家意志、把政策上升为法律的力度。再次，是要理顺立法、执法、司法等法律机关相互之间的关系，以及各法律机关内部上下左右的关系，改革法律机关设置、组织、管理和运行的制度和程序，增强法律权力设置和运行的科学性和高效性。

2.法律体系的重构。法律体系重构的主要内容是对其结构和功能进行调整。首先，是调整各法律部门在法律体系中的地位和作用。当前，为适应社会主义市场经济体制和民主政治建设，应重新认识并调整公法与私法的关系。公法与私法的划分是客观存在的。然而，在过去相当长的时期内，由于我国市场经济严重落后，致使民商法不发达，法律体系是刑民不分、以刑为主、刑法至上，法律文化以泛刑法文化为特征。由于将法律划分为公法和私法的观点被看作资产阶级法学方法和法律观点，还由于误译列宁关于“不承认任何私法”的论述[②](1985年中文第2版《列宁全集》已对那段论述的翻译错误作了纠正)和由误译导致的误解，长期以来法学论著普遍否定社会主义国家存在公法与私法的划分。改革开放以来，特别是党的十四大提出建立社会主义市场经济体制以后，市场经济得到巨大发展，政治与经济高度一体化、行政权力支配经济生活的格局开始分化，政治生活与经济生活趋向合理分离，民商立法日渐增多，使得法学

---

① 参见张文显：《继承·移植·改革：法律发展的必由之路》，《社会科学战线》1995年第2期。

② 在十月革命胜利后苏联制定民法时，列宁曾说：“我们不承认任何‘私法’，在我们看来，经济领域中的一切都属于公法范围，而不属于私法范围。”可参见《列宁全集》第36卷，人民出版社1963年版，第587页。

家们不得不重新审视和修正原有的观点，承认公法和私法的相对独立的事实和划分公法与私法的合理性。其次，是改变法律对社会经济、政治、文化的调整机制，即从以罪与罚的强制性调整方式为主转换为以权利和义务的协调性调整方式为主，从治民为主到治官、治权为主。

3. 法律内容的创新。时代在前进，社会在发展，我国法律的内容也要与时俱进，才能符合人民的愿望、适应社会的需求。例如，随着互联网和信息社会的发展，与网络、信息有关的一系列新型权利、义务开始出现，法律内容必须有所创新，以回应这种需求。

4. 法律精神的转换。随着社会从传统到现代的转型，法的精神也要经历一个从传统到现代的转换。传统法的精神是自然经济或计划经济的产物，是与人治体制相适应的。现代法的精神则是与市场经济和民主政治相适应的，是改革开放时代精神的折射。法律精神是法律制度的灵魂或中枢神经，是法律改革最深层、最彻底的方面，也是法律改革的重心和难点。法律精神转换的主要内容就是要用权利本位与人文精神统合、个人自由与社会进步统合、契约自由与宏观调控统合、效率优先与社会公平统合、稳定与发展统合等精神要素取代计划经济体制下形成的法律观念和价值标准，就是要确立与计划经济迥异的新的法律原则，诸如财产所有权一体保护原则、契约自由原则、保护弱者原则、责任自负原则、法律面前人人平等原则、维护社会公平正义原则等。

综上所述，我国的法律改革必然要历经一个艰难的行程。在这一行程中，法的国际化与本土化、法的统一性与多样性、国家法与民间法之间的一系列重大矛盾冲突和价值选择势必会同时并存，而我国法律改革的最终目标则是实现法治的现代化。

四、法治现代化

(一)法治现代化释义

1. 现代化的内涵

什么是现代化？迄今为止，国内外学术界对这一问题的解释是五花八门的。在英语中，现代化(modernization)的本意是 to make modern，即“使之成为现代的”或“使之具有现代性(modernity)的”。目前，国内关于现代化的含义大体有四种解说：第一种是指在近代资本主义兴起后的特定国际关系格局中，经济上落后的国家在经济与技术方面赶上世界先进水平的历史过程。第二种是指经济落后国家实现工业化的过程。这种观点认为现代化就是工业化，就是人类社会从传统的农业社会向现代工业社会转变的历史过程。第三种观点将现代化界定为自科学革命以来人类社会急剧变动的过程的总称。第四种观点强调，现代化主要是一种心理态度、价值观和生活方式的改变过程，即现代化可以看作是代表我们这个时代的一种“文明的形式”。[①]上述观点各有侧重，概而言之，现代化即现代科学技术革命带来的深刻的社会变化或称“社会转型”，不仅包括物质生活方式的变化，而且是从物质到精神、制度到观念的社会总体的变迁，是特定社会的现代性因素不断增加的过程。这个定义特别强调科学技术革命对社会变迁的影响以及人类社会生活领域的深刻变革，并将两者之间的互动关系看作现代化的核心内涵。同时，还区分了“现代化”与“现代性”这两个概念。现代化侧重于动态的过程，是一个社会急剧变动的过程；现代性则侧重于事物发展的结果，是现代社会的属性或特征，是社会在科学技术革命的冲击下形成的新属性或新特征。

2. 法治现代化的概念与特征

法治现代化是指与现代化的需要相适应的、法的现代性因素不断增加的过程；同时也是伴随着社会转型而相应地由传统型法治向现代型法治转化的历史过程。法的现代性是指现代社会法的共同特征和一般属性，有学者也称之为“法治原则”或“法的现代精神”。法的现代性大体由一般性、明确性、统一性、稳定性、先在性、可行性、公开性和适合性等因素构成。需要特别强调的是，法治现代化作为人类社会整体现代化进程中的一个重要组成部分，并不仅仅是为了满足现代化的要求才成为一种迫切需要，更重要的原因在于，它本身已经成为现代社会中人的一种生存方式和价值追求。

（二）世界法治现代化的基本模式

从世界范围看，不同国家的法治现代化大体呈现出三种类型：

1. 内发型：是指由特定社会自身内部力量所推动产生的法治创新。这种法治现代化是一个自生自发的、自下而上的、渐进缓慢的变革过程。

2. 外源型：是指特定社会的外部环境发生巨大变化，社会由于受外力冲击，被动启动思想、政治、经济领域的变革，最终导致法律领域的革新。在这种法治现代化过程中，外源因素是最初的主要推动力。

3. 混合型：是指在充分发挥内发型和外源型两种发展动力之合力的基础上形成的一种发展类型。

（三）中国法治现代化道路的模式选择

我国法治现代化的启动最初明显是属于外源型的。鸦片战争前，中国社会是一个以自然经济为基础的农业社会，社会关系是封闭保守而自给自足的。1644 年，清朝满人入关后，开启了一百多年的盛世，至嘉庆年间开始江河日下。

---

① 参见张晓光：《新中国法制现代化的历史考察与思考》，华中师范大学硕士学位论文，2004 年。

清政府政治腐败，经济萧条，阶级矛盾异常尖锐。而与此同时，西方国家完成了工业革命，开始向海外扩张。西方列强用鸦片和坚船利炮攻破了中国的国门，清政府在两次鸦片战争中惨遭失败。鸦片战争后的中国封建法律面临着来自内外两方面的压力：一方面，清政府在被迫签订的若干不平等条约中承认了外国列强的领事裁判权，给中国传统法律造成极大的冲击；另一方面，当时的一些有识之士在鸦片战争前后认识到旧中国腐朽落后的根源在于陈旧的制度，呼吁变法以图强。1902年，张之洞以兼办通商大臣的身份，与各国修订商约。英、美、日、葡四国表示，在清政府改良司法"皆臻完善"之后，愿意放弃领事裁判权。列强的这种示好对清政府是有极强诱惑力的。于是，慈禧在西安以光绪帝名义颁布上谕，诏令沈家本、伍廷芳主持修律活动。以收回领事裁判权为契机，中国法治现代化开始在制度层面上正式启动，当然这是在外力推动下被动启动的。在清末修律活动中，围绕着两个典型案例，即"无夫奸"与"子孙违犯教令"是否为违法犯罪问题，清政府上层形成了两个对立的派别，展开了一场以张之洞、劳乃宣为代表的"礼教派"与以沈家本为代表的"法理派"之间的大辩论，后人称之为"礼法之争"。这场论争，表面看是两个派别的思想对立，实际反映的是中国传统法与西方现代法之间的冲突。这种冲突或与此相关的问题，一直延续到当代并常常以东、西方文化冲突、文明冲突或现代化与本土化关系的方式被重新提出。

在当代中国，法治现代化是中国人在本国当前历史条件下展开的一场轰轰烈烈的法律变革运动，既注意充分挖掘我国法治本土资源，又强调吸收借鉴人类法治文明成果，选择了一种混合型的法治现代化模式。探寻中国特色社会主义的法治现代化模式，进而实现中华民族的伟大复兴，是近现代中国的百年梦想。由于中国社会主义法治现代化是在特定的时间和空间条件下所发生的一场法治创新运动，因而应当具有自己的特色。

首先，历史起点的特殊性。任何事物都有自己发生、发展的过程，都有一个历史的起点。起点不同，往往影响到发展阶段及发展结果。中国法治现代化的起点是中国传统法。中国传统法作为一种制度已经退出了历史舞台，但作为一种历史文化力量，在当代仍然具有浓厚的社会基础，积淀于广大民众的法律意识、心理、习惯、行为方式及生活过程之中，对当代法治建设产生重大影响，因而与中国社会有机体密不可分。

其次，发展阶段的特殊性。由人口稠密、多民族聚居等特殊的国情条件所制约，中国社会主义法治现代化不会是一个一蹴而就的过程，也不可能一劳永逸，必然要经历一个从初级到高级、由传统到现代的漫长发展过程。

再次，动力机制的特殊性。中国社会主义法治的现代化，不可能建立在过去小农式的自然经济的基础之上，而必然是要适应社会主义市场经济体制的新要求，创设一个新型的法理型现代法律秩序系统。

最后，政治架构的特殊性。法律的发展过程离不开权力的支撑，总是需要一定的政治架构予以启动，而这一情形在东方国家表现得尤其明显。当代中国经济社会发展很不平衡，法治建设的任务极为艰巨，必须坚持党的领导，必须走中国特色社会主义法治道路。党必须在宪法和法律的范围内活动，坚持依法执政；不断改革完善自己的领导方式和执政方式，促进国家治理体系和治理能力现代化；坚持民主集中制的组织原则，将充分发扬民主与适度保持集中相结合。唯有如此，社会主义法治现代化才有现实的可能性，才能走出一条崭新的中国特色社会主义法治现代化道路，为世界法治现代化理论创新及道路探索做出独特的贡献。

【拓展阅读】

[1]张光博：《法的概念和历史类型》，《吉林大学社会科学学报》1980 年第 1 期。

[2]张耕：《试论中国法的起源及其特点》，《中国政法大学学报》1983 年第 4 期。

[3]游绍尹：《略论我国法的起源》，《中南政法学院学报》1986 年第 2 期。

[4]张文显：《从义务本位到权利本位是法的发展规律》，《社会科学战线》1990 年第 3 期。

[5]武树臣：《中国法的起源及其特征》，《中外法学》1992 年第 6 期。

[6]陈运华：《论法律制度的超前和法律意识的滞后——兼谈法的历史类型超越式发展》，《西江大学学报》1998 年第 4 期。

[7]陶广峰：《法律现代化与意识形态化色彩——我国法律变革研究历程中的一个现象分析》，《中国法学》2003 年第 4 期。

[8]袁晓东：《论法律变革的内在动力》，《政治与法律》2005 年第 5 期。

[9]柯华庆：《法律变革的逻辑——社科法学与教义法学的较量》，《桂海论丛》2014 年第 4 期。

[10]黄文艺：《中国法律发展的法哲学反思》，法律出版社 2010 年版。

[11]茅彭年：《中国国家与法的起源》，中国政法大学出版社 2013 年版。

[12]谭江华：《接引、背反与融通——中国法治现代化路径及其困厄》，线装书局 2013 年版。

第二节　中华法系

中华法系，又称“中国法系”或“中国法族”，是中国古代的封建法律制度及当时的附属国或追随国的法律制度的总称。中华法系在历史上不但影响了中国古代社会，而且对古代日本、朝鲜和越南等国的法制建设也产生了重要影响。在清末启动变法修律之时，中华法系宣告解体，此后仅仅成为一个历史名词。通过这一名词，我们仍然可以感受到一丝中国古代法的“落日的辉煌”。

一、“中华法系”词语之由来

“中华法系”一词，是由中国近代思想家梁启超从日本引入到中国。戊戌变法失败之后，梁启超游走日本期间，受日本法学家穗积陈重的法系论所启发，归国后于1904年发表了《中国法理学发达史论》一文，自豪地评价了中华法系在世界法治史上的地位。该文称：“近世法学者称世界四法系，而吾国与居一焉，其余诸法系，或发生蚤于我，而久已中绝；或今方盛行，而导源甚近。然则我之法系，其最足以自豪于世界也。夫高山大泽，龙蛇生焉，我以数万万神圣之国民，建数千年绵延之帝国，其能有独立伟大之法系，宜也。”[①]从而最早把“法理学”“法系”“中华法系”等概念引入中国，开启了国内从法系视角检视中国法律地位的学术源头。

二、中华法系的形成发展

中国是世界四大文明古国之一，拥有长达4000多年的文明史，且不曾中断。法治文明是中华文明的重要组成部分。中华法系于秦朝（前221年～前206年）初步形成，到隋唐时期（581～618年）走向成熟。

中华法系的形成可以划分为以下几个阶段：

1. 夏商至秦汉——形成时期

中华民族最初的国家立法产生于夏朝，商周时期有了进一步发展。经过春秋战国时期法律制度的大变革，成文法在各国颁布，到秦朝时中华法系有了雏形。从湖北云梦出土的秦简来看，秦朝的法律制度已经很完备，初步确立了中国古代各项法律的原则。

---

① 梁启超：《梁启超法学论文集》，中国政法大学出版社2000年版，第69～71页。

2. 隋唐——确立时期

经过西汉和东汉，以及三国两晋南北朝长达800多年的发展，到隋唐时，法律思想和法律制度都很成熟，已经自成体系，代表性的法典就是保存至今的《唐律疏议》。《唐律疏议》确立了中国古代法独树一帜的礼法相结合的特征，其影响远超大唐疆域，对周边国家产生了重大影响，使得中国成为中华法系的母国，这是中华法系完备的标志。当时的日本积极引进隋唐的法律制度，日本文武天皇时期制定的《大宝律令》，是以唐律为蓝本。至今日本仍然沿用的"省"（相当于中国的部）、地方的"县"（相当于中国的省）、"府"、"道"等行政区划名称都是学习隋唐的结果。朝鲜《高丽律》的篇章内容全部取法于唐律。越南李太尊时期颁布的《刑书》，大都参用唐律，可见唐律不仅在本国，而且在世界法制史上都占有重要地位。

3. 宋明——继续发展时期

唐朝以后，宋元明清各朝都以唐律为蓝本创制自己朝代的法律制度。

4. 清末——解体和转型时期

中华法系的解体最初是从其子国开始的，先是中华法系成员之一的日本自1853年美国军舰闯入后，结束了闭关锁国时代。1868年，日本实行明治维新，在政治、经济和社会等方面实行大改革，开始走上维新自强之路，努力向西方学习，不但学习西方的先进技术，而且引进了西方的政治法律制度。经过改革，日本法律脱离了中华法系，宣布脱亚入欧，仿效西方制度，于1882年订立法式刑法，于1898年订立法、德混合式民法，于1899年订立美式商法，加速了日本社会的现代化和工业化进程。

中国社会自鸦片战争后，封闭式的自然经济结构在以武力为后盾的西方殖民地贸易和经济侵略的冲击下迅速分解，继续适用旧律出现了许多弊端和困难，新的情况需要新的法律来调整，这就迫使清政府启动变法修律进程，宣判了旧的立法宗旨和立法形式的死刑。1901年，清政府宣布实行"新政"，并从1902年起，按照西方资产阶级的法律原则和体系修订各种法律；1906年又宣布实行"预备立宪"。清末的修律和立法活动，最终宣告了中华法系的彻底解体，在学习西方资产阶级先进法律制度的基础上，初步建立起中国现代法律制度。

三、中华法系的典型特征

中华法系在中国古代历史上世代相承，从未中断。其特征主要表现在以下九个方面：

（一）"*人之初，性本善*"的人性论假设

在人性问题上，中国传统法律文化从来都不是铁板一块，孟子主张性善论，

荀子主张性恶论，也有人提出性有善有恶论、性无善恶论等其他学说。不过，性善论作为儒家人性学说的主流思想通过《三字经》等大众化、通俗化的形式得到了发扬光大。人性本善，且人与人之间原本性情相近，只是因为后来的生活环境、接受教育等外界因素影响而“习相远”。所以，中国历来重思想教育，轻制度预防；地方官负有教化百姓之责，为官一任就要造福一方。

（二）“徒法不足以自行”[①]的人治或德治传统

人治不是绝对地一无是处，法治也不是绝对地完美无缺。只是相对于其他治国理政方式而言，法治是人类迄今找到的风险较小的一种治国方式，而人治往往是有很大风险的。

人治的核心思想是对法律持怀疑态度，反对确立法律的最高权威，它确信最理想的政治是让德才兼备的人担任国家治理者尤其是最高统治者，只有圣君手中握有不受或不完全受法律限制的权力，因人因事设制，才能创建一个太平盛世。“故法不能独立，不能自行，得其人则存，失其人则亡。法者，治之端也；君子者，法之原也。故有君子，则法虽省，足以遍矣；无君子，则法虽具，失先后之施；不能应事之变，足以乱矣。”[②]这就意味着法律对于政府来说仅仅是一种工具，而不是一种在任何条件下都应遵循的“游戏规则”，为了达到政府所追求的目的，法律上的既定规则是可以被忽略的。人治主义主张由道德高尚的睿智之人来治理国家，在法律实施过程中充分发挥人的能动性，这一点不无道理。然而，人治主义没有解决的最大问题在于：一旦允许出现可以不受法律限制的权力，如何才能保证权力总是掌握在圣明君主和清廉官吏的手中？如何才能保证掌握着独裁性权力的人永远不被权力所腐蚀，始终如一地坚持公器决不私用？如果这些问题不能获得根本有效解决，徇私舞弊、滥用权力的现象就会大面积出现，“塌方式腐败”“集体沦陷”“窝案”“串案”等时弊就会屡屡上演。这在中国古代的政治实践和法律实践中已被反复验证。

德治与人治是统一的。德治主义同样主张以道德教化作为治理国家的主要手段，反对不教而诛，认为通过道德教化，社会中人人可以达到“有耻且格”的自律状态，相信人人皆可成为君子，而法律因为滞后性和僵化性等固有缺陷不利于实现社会的最好治理。德治主义倾向于把人与人之间的权利义务关系模糊化，用“情理”“礼让”等家族伦理来调节利益矛盾，重义轻利，强调义为利先，倡导“和为贵”，不喜欢用“白纸黑字”的法律规则在人们复杂的利益关系中划出清晰界限，以免“伤了和气”。德治主义重视道德教育在社会治理中的作用，这

① 《孟子·离娄上》。

② 《荀子·君道》。

当然无可非议，但是，它超越了一定“度”的界限，在过度夸大道德教化所可能发挥作用的空间的同时，忽略了法律应有的地位和功能。殷、周王朝交替的历史，尽管古文献描述为由“天命”转向了周公的敬德崇仁，但周初的以德辅天可谓直接产生于殷鉴。新一代统治者在残酷的现实中终于意识到“惠民”“利民”者存，“弃民”“残民”者亡。只有保民，才能保自己的家天下。所以说，从神到民的仁德意识转换完全是由社会现实所决定的。

(三)“民为贵，社稷次之，君为轻”的民本主义

“民为贵，社稷次之，君为轻”[①]是孟子指导封建统治者为政的至理名言，也是古代民本主义思想的经典表述。民本主义设身处地从统治者的角度出发，将官民关系类比为父子关系，劝导统治者应“爱民如子”[②]。统治者只有像父母对待子女那样关心百姓的疾苦，使百姓安居乐业，才能获得百姓的爱戴和拥护，以保江山永固。尽管民本主义主要是从统治者的立场思考问题，但这种观念在一定程度上于人民大众有利，因而在封建专制社会中是一种比较进步的政治法律观念。这种进步观念在中国古代社会虽然很难被认真地付诸实践，但是，它作为一种在少数开明官吏、知识分子及广大普通群众中不绝如缕传承下来的思想传统，对历代封建王朝的立法、执法和司法活动产生了深远影响。

古代的民本主义，与当代的民主主义有着本质的不同。民本主义设基于君权思想之上，主张君权神圣不可侵犯，君主的权力几乎不受限制，其另一面就是大写的“家长主义”，它重视人民的福利，但不承认君、臣、民有平等的地位和权利，不会给民众提供平等的话语权平台。因此，民本主义的理想不是让人民当家做主，而是统治者替人民做主，为人民主持公道，它追求的充其量是一种开明专制或开明人治。民本主义的土壤中不会催生出法治之花。而民主主义设基于人民主权思想之上，承认人民是国家的主人和一切公权力的终极源泉，强调人民当家做主，相信人与人之间没有高低贵贱之分，人民自己能为自己做主。民主主义的土壤中催生出了现代法治之花。

(四)“锤楚之下，何求不得”[③]的重刑主义

从体系结构看，“诸法合体、以刑为主”是中国古代法律制度的一个显著特征。在漫长的中国古代社会，刑罚手段几乎遍及于所有的法律关系领域，这使得中国古代法普遍蒙上一层刑法的色彩，甚至在现代人看来完全应由道德调整的行为，也往往被刑罚所覆盖。例如，在古代社会中，“闻父母丧匿不举哀”，是

---

① 《孟子·尽心下》。

② (汉)刘向:《新序·杂事一》。

③ 《汉书·路温舒传》。

构成犯罪的行为，要遭受严厉的刑罚。因此，在中国历史上形成了一种根深蒂固的观念：法即刑，刑即罚。法律即暴力，它仅仅是镇压的工具、惩罚的手段。正如沈家本所说："刑为盛世所不能废，而亦盛世所不尚也。"这种重刑主义传统在现实社会中仍时有表现，直至今日，有些人一想到法律，头脑中首先出现的还是刀把子、铁拳头、手铐、脚镣、监狱等形象。

（五）"溥天之下，莫非王土；率土之滨，莫非王臣"[①]的中央集权式政治体制

秦朝的统一，奠定了中国成为统一的多民族的专制主义中央集权国家的发展基础。然而，在发展过程中，也总是经历着中央集权与地方分权的矛盾。西汉初年出现王国问题，皇帝大权旁落，汉武帝时期进行制度革新，最终解决这一问题；唐末藩镇割据，后来甚至出现五代十国的分裂局面，宋太祖时期通过制度完善，解决了地方分权威胁中央集权和国家统一的问题。反思2000多年治乱兴替的历史，论及"天下大势"，《三国演义》作者罗贯中用一句"八字箴言"作了精到的概括，即"分久必合，合久必分"。

在传统的中央集权式政治体制下，从官民比例和政府规模看，政府属于当代西方崇尚的"小政府"，其社会管理能力和权力管辖范围都有限。因此，政府面对着一个"大社会"，不得不尊重社会的自治力。古代社会的政府权力只设置到了州县一级，对大多数的乡村事务公权力是不过问的，即"皇权不下县"，它极大促进了地方自治权的行使。在古代社会的官与民之间，形成了一个以地方士绅为主的社会阶层，他们承担了乡村事务管理职能，在政府与民众之间发挥了缓冲带的作用。这样一来，在大多数情况下，民众就不会动辄就去"麻烦"政府，能够做到"小事不出村，大事不出乡，难事不出县，矛盾不上交"。

在传统的中央集权式政治体制下，官员的权责比较统一。民众间的矛盾纠纷在一般情况下不会寻求官方介入，但是一旦人们将诉求提交到官府的时候，由于地方行政长官承揽着这个地方的大权，负有"为官一任，造福一方"职责，他就具有无可推诿的责任。责任的无可推诿同时也意味着荣誉的独一无二，地方官治理一方不力要承担责任，如果治理有方就独享其功，不会出现权责不清或权力交叉的情形，也不会是"军功章上，有你的一半，也有我的一半"。这有利于加强地方官的责任感，充分调动其工作积极性。

在传统的中央集权式政治体制下，政府运转的效率较高，成本较低。由于权力高度集中，政府规模又小，中间环节大大减少，能节约大量的协商成本，有利于快速集中力量办大事。

"历代皆行秦政制"，这确实是2000多年来封建统治不争的事实。地方权力

---

① 《诗经·小雅·北山》。

服从于中央，中央权力集中于皇帝，这样的政治体制存在很多优势，如社会自治程度高，官员权责统一，政府运转效率高、成本低等等。但是，凡事有一利的同时，往往也必有一弊。在中央集权式政治体制下，官员作为皇帝雇员的身份决定了他们没有多少与皇帝讨价还价的资本，在权力等级的博弈中最终结果只能是“官大一级压死人”“下级无条件服从上级”“地方无条件服从中央”。这种高度集中的权力，必然伴随着失去羁绊和约束的可能，权力的专横跋扈、恣意滥用不可避免。另外，集权式政治体制还带来一个至今仍有争议的副产品：中国传统社会不信奉高薪养廉。历代官员的薪俸不高是传统社会的一个普遍现象，它会加剧官员对百姓的搜刮。例如各种乱收费的潜规则：“头税轻，二税重，三税是个无底洞”“三年清知府，十万雪花银”便是民间对这一现象的形象鞭挞。不过，国家税收较低，百姓用于支撑政府的负担较轻，这从另一个角度讲可能是一件好事，因为这样可以转移民众与皇权的矛盾，形成“皇帝是好皇帝，官是贪官”的印象。

（六）“学而优则仕”的科举取士制度

中国古代民间有种说法，即人生有四喜：“久旱逢甘霖，他乡遇故知，洞房花烛夜，金榜题名时。”此外，还有“小登科”与“大登科”之说，洞房花烛为“小登科”，金榜题名为“大登科”。由此可见，中举在古人心目中的地位非同寻常。

中国的科举取士制度产生于隋朝，发展于唐朝，经过宋、元、明的演变，逐渐完备和定型化，直到清末 1905 年废除，科举制在中国历史上存在了 1300 多年，是中国封建社会中持续时间最长、影响范围最广的选官制度。其间与荐举（察举）制度并存，九品中正制就是一种荐举制，即知识分子必须有地方官吏、高门权贵的推荐，才可以做官。由于“举贤不避亲”，也就容易导致“任人唯亲”而非任人唯贤。许多有真才实学的人由于出身寒微，难以担任中央和地方高官，正所谓“上品无寒门，下品无士族”。另外，清朝还有捐官制。科举制被废除后，中国军阀时代与后来的官制不见得优于、甚至常常是劣于科举制的。

近代以来，科举制在一定程度上充当了封建糟粕的替罪羊。从 1905 年退出历史舞台后，很多人将其视为封建糟粕的代表，是造成旧中国愚昧落后和积贫积弱的罪魁祸首。任何事物都有两面性，对科举制我们应采取辩证的态度。科举制当然有弊端，但是它也有制度设计方面的优点，有其历史进步性和现实合理性。首先，科举制是一种“论才选人”的官员选拔制度。通过严格的考试衡量被选拔者的智识，强调“劳心者治人，劳力者治于人”的知识统治，与血缘标准或人脉因素等其他官员选拔方式相比，这是一种更为合理的官员选拔方式。由于官员通过考试方式择优选拔，精英政治也就顺理成章，统治阶层执政的合法性和权威性得以确立，“治人者”与“治于人者”之间的等级服从关系也就水到渠成了。我看过一些古代官员断案的书面判词，法理虽有所欠缺，但文采横溢，文笔优美，让人心悦诚服，很少出现执行难的问题。其次，科举制体现了起点的相对平等。人类社会的发展，是一个从不平等逐步走向平等的过程。科举制不问民族、贫富、家庭出身，向每个人（当然这里还是男权社会里的每个男人）敞开大门，为社会上所有有志于仕途的被选拔者提供一个公平竞争的平台，契合了人类社会发展进步的潮流。再次，科举制能促进社会各阶层之间的有序流动，增强社会活力。科举制兴起后，中国社会原有的阶级身份被打破，或许我们可以说，中国传统社会是一个有等级而无阶级的社会。社会下层人员通过科举脱颖而出，可以不断地充实到统治阶层中，为其注入新的血液，在一定程度上克服了统治阶层的僵化性和封闭性，使其保持生机和活力。社会各阶层之间的流动性强，使得一些人的身份转换经常富有戏剧色彩，所以中国古人常常发出这样的感叹："人生无常，富贵无常""三十年河东，三十年河西""朝为田舍郎，暮登天子堂""君子之泽，五世而斩""旧时王谢堂前燕，飞入寻常百姓家"。贵族制度在中国历史上早早地就被摧毁了，普通百姓和官吏士绅之间没有不可逾越的界限，这与科举制的广泛推行不无关系。这里还有一个需要引起我们注意的历史现象：隋唐时期，邻邦日本曾经大力借鉴吸收我国传统政治法律制度，但是却没有引进科举制，这大概不是一个疏忽或偶然现象，而是有意而为之。因为当时的日本是一个严密的阶级社会，直到今天，日本的阶级结构还很明显。如果他们引进了科举制，就会破坏其固有的阶级结构。近代明治维新时期的日本也仅仅是在其法官选拔制度中借鉴了我们的科举制，这同样是由其阶级关系的国情所决定的，反映了日本制度创新的一种妥协立场，即既要顾及本国国情，又要迎合西方现代司法的一些理念。

（七）"有耻且格"的实体正义追求

早在西周时期，统治者就提出了德主刑辅的社会治理思想，倡导"德礼为政教之本，刑罚为政教之用"。孔子曰："道之以政，齐之以刑，民免而无耻；道之以德，齐之以礼，有耻且格。"[①]现代西方法治是"法律的统治（rule of law）"，倡导法律至上，程序正义优先。而中国传统社会长期以来重实体轻程序，这种对实体正义的不懈追求是由司法裁判过程中的两个特点决定的，一是人文艺术知识的统治；二是模糊化的思维方式。

人文艺术知识是中国传统文化宝库的一大瑰宝，为世人注目，经久不衰。人文艺术知识的发达其实在一定程度上可归功于科举制，这其实是科举考试的一个重要副产品。科举考试的内容主要涉及四书五经，这就如一根神奇的指挥

---

① 《论语・为政》。

棒，它让人文艺术方面的知识占据了主导地位，只有通晓这些知识的人才能做官，而且做了官以后还不断仰仗这些知识与方方面面的人打交道。德国著名学者马克思·韦伯在对中国传统文化作了一些研究后，有过一个评论。他说："中国古代官员都具有双重身份，半是官僚，半是诗人。"这话极有道理。例如李白、杜甫、白居易、李商隐、杜牧、苏轼、欧阳修、黄庭坚、王安石、郑板桥……这些我们熟知的著名诗词文章大家，他们的第一职业其实都是官员，当过县令、州官，甚至是一人之下、万人之上的宰相。同时，他们都做得一手好诗、写得一笔好文章。诗词文章只能算是官员们的业余爱好，但是中国传统社会治理主要靠的就是他们这些人文艺术方面的知识，而不是法律知识。古代的官员是儒家化的，法典却是法家化的。古代的司法裁判中处处体现着情、理、法的交融，官员断案讲究情、理、法兼顾，运用多重决讼标准，这在一定程度上保证了政治效果、法律效果和社会效果的有机统一。

古代司法裁判过程中的另一个特点是模糊化的思维方式。这一点在中国传统中是源远流长的，皇帝如此，官员如此，百姓更是如此。模糊化的思维方式在某些个案中有利于实现实体正义，但是不利于程序法治的发展。中华法系的历史虽然由来已久，但一直没建立起完善的程序法体系。从先秦时代开始，我们就排斥逻辑化的思维方式，这或许跟中华民族的语言运用有很大关系。我们的语言表达就是非常模糊化的，很含蓄，不精确，讲究"八九不离十""差不多""还行"，言外之意往往比字面意思更重要，真实意图只可意会不可言传。这种语言用于表达人的情绪、描绘艺术形象具有极强的表现力，用于写诗歌、散文更可谓是言简意赅、意味悠长，可是作为说理性的文字表述就显得有点力不能逮。这种模糊化的思维方式，表现在司法领域就是文学艺术知识的统治，法律规定反而退居到了次要地位。官员在裁断案件时不太注重法律上的严谨和统一，主观性有余，客观性不足，同案不同判是平常现象。再加上集权式政治体制的影响、权大于法的历史惯性，民众中自然就会产生"官大一级压死人"的意识。这种"官本位"传统一直影响到今天，导致法律、司法的权威始终难以真正树立起来。古代社会老百姓有了冤屈，在地方上如果没有获得满意的结果，历尽千辛万苦也要进京告御状，总是将获得公正的希望寄托在更高地位的官员身上。当代上访洪峰中的"千方百计上京城"，同样揭示了这样一个道理。

（八）"礼之用，和为贵"的无讼、息讼传统

孔子的弟子颜渊曾经问孔子断狱听讼的体会，孔子回答说："听讼，吾犹人也，必也使无讼乎。"[①]无讼是求，在中国传统社会的司法实践中是一以贯之的，

① 《论语·颜渊》。

在很多情况下有助于达到案结事了的效果。

无讼、息讼传统意味着，在官方的价值排序表中，社会的秩序与和谐是压倒一切的，而个人的正当利益是否得到保护则是相对次要的事情。同时，无讼主义也是一种大众观念，它把参加诉讼视为一种耻辱之事，"好讼"几乎被看作是道德败坏的同义语。因此，面对各种各样的民间纠纷，官方用以解决问题的首选手段不是法律，而是"三纲五常"等封建伦理原则。法律的作用仅仅是作为道德教化的辅助手段。

无讼、息讼传统不适宜律师职业的成长繁荣。传统社会没有出现现代意义上的律师职业，只有常被贬斥为"讼棍"的讼师群体，讼师的来源主要是一些没能跻身官场的小知识分子，靠给那些需要打官司的人写写诉状以谋取生计，赚些家用。讼师不能出庭，只能隐在幕后，有点类似于英国的小律师或诉状律师。讼师的社会地位不高，他们在官方的话语体系中被认为是社会的渣滓，是道德品行低下的人，老百姓也不尊重他们。传统社会贬斥讼师职业带来了一个官方不愿看到的结果，这就是在官与发生争讼的民之间，官无法居于超然的中立地位，争讼双方也无法形成有效的对抗，久而久之，就演化成了一种超职权主义的线形诉讼模式，完全不同于西方以当事人双方为主导的三角形诉讼模式。在这种线形诉讼模式中，官方的力量直接作用于民众，没有律师职业在其中起缓冲作用，如果民众之间的纠纷不能在当地获得实质有效的解决，当事人往往会将不满迁怒于官方，进一步激化为官民矛盾。

(九)"法所不载，然后用例"[①]的判例法传统

中国古代存在判例法，并且这种判例法不管从形成、载体、适用方式和论证模式等方面都自成体系。

法学界通说认为，在世界法律发展的历史长河中，盛开着两朵并蒂莲花，即两种法律传统：一种是强调"立法中心主义"的成文法传统，另一种是强调"司法中心主义"的判例法传统。两种传统各有优劣，相映成趣，谁也不能完全取代对方。成文法传统强调法典编纂的重要性，坚持"事皆决于法"，司法活动必须依据现行法律，司法裁判只能是法律适用的结果，只能在个案中有效，不具有普遍的约束力，不能作为法律的渊源。以法国、德国为代表的欧洲大陆国家长期以来奉行这些法律原则，故得名为"大陆法系"。判例法传统强调司法裁判的重要性，坚持"遵循先例"原则，先例不仅在个案中有效，而且对以后同类案例都具有约束力，法官先前判例可以作为之后审理同类案件的依据，上级法院的判例对本院及下级法院具有约束力，法官判例可以作为法律的渊源，以英国、美国为代

---

① 《宋史·刑法志》。

表的一些国家长期以来奉行这些法律原则，故得名为“英美法系”。

值得注意的是，虽然现代意义的法治发端于西方，但法律从来不是西方人的专利。世界法律发展史上除了成文法传统和判例法传统，还有一种将成文法与判例法有机结合的法律传统，这是中华法系的一个重要特征，可以称之为“混合法”传统。中华民族自古以来便深谙“中庸”之道，视兼容并蓄、灵活通融等处事方式为重要美德。“混合法”传统以成文法和判例法并重为基本特征，何时何地采用何种方式完全视情而定。“混合法”传统也是利弊参半的，失之于原则性不足，得之于灵活性有余，正可谓是“失之东隅，收之桑榆”。

四、关于中华法系的研究

（一）旧中国的中华法系研究概况

近代以来，随着西法东渐的深入，中西之间的法文化开始了交流与对话。国内外学者对作为传统法律文化重要标志的中华法系给予了极大关注。例如，丁远普提出复兴中华法系之精神的主张；程树德受一位美国学者所说的“中国自有良法”启发，发表论文《论中华法系》；陈顾远论述了儒家法学、家族制度、天道观念与中国固有法系的关系；曾经受教于王国维和梁启超，国学功底深厚的杨鸿烈，在日本留学期间的著作《中国法系在东亚诸国之影响》至今无人超越；曾任国民党司法院院长的居正 1945 年出版著作《中华法系的复兴》。另外，当时还有一位年轻的女大学生王汝琪对中华法系颇有研究。国外有日本的仁井田升（1904～1966 年），曾任日本国立东京大学教授，著有《唐宋法律文书的研究》《中国法制史》《中国的法与社会及历史》等。

旧中国的中华法系研究成就斐然，但也有诸多不足。成就主要表现在四个方面：(1)凸显了中华法系在世界的地位；(2)梳理了中国法制历史发展的脉络；(3)强调了中华法系的特征；(4)提出了重建中华法系的思路。不足也可以概括为四个方面：(1)存在简单比附之嫌；(2)概念不清；(3)缺乏对中华法系特点形成历史的分析；(4)重建中华法系的指导思想存在问题。

（二）新中国的中华法系研究概况

新中国建立后，受“左”倾思想影响，法系理论和中华法系的研究被视为资产阶级法学流派的组成部分，没有受到重视。新中国前 30 年间法系研究是受到批判的，因而在长时间内没有相应的研究成果。

改革开放后，中华法系的研究成果重新出现，受到法史学界的关注。20 世纪 80 年代厦门大学陈朝璧的一篇文章，首开新中国中华法系研究之风气，起了先导的作用。90 年代迄今，中华法系研究方兴未艾，呈现出繁荣局面。张晋藩关于中华法系特点及形成的社会历史根源的研究，何勤华关于中华法系解体的内、外部原因的分析，杨振洪关于中华法系形成原因的探讨，屈超立关于宋朝法律在中华法系中地位的论证都有独到见解。另外，王立民、孙小、陈红彝、龙大轩、饶艾、张中秋、乔伟、侯文富、徐忠信、杨一凡、艾永明、杨峥嵘等法律史学者也都在各自关注的领域有所建树。

五、中华法系的历史影响及当代价值

（一）历史影响

1．中华法系对中国的影响

中华民族自禹建立夏朝始，至今已经有了数千年的历史，其间分分合合，复杂曲折。但是中华法系却没有停止过发展，其对中国的影响也是随着历史的前进而不断增大。一个国家要想长治久安离不开法律，法律在封建社会中是统治者维持统治的最佳武器。封建时代的历代开国君主都注重立法与立国同步进行，无论是汉高祖、隋文帝、唐高祖还是明太祖，都在开国的第一时间制定出相应的法律；汉朝的“约法三章”、隋朝的《开皇律》、唐朝的《贞观律》明朝的《大明律》清朝的《大清律例》都是最有力的证据。以明朝为例，大明皇帝多半昏庸而不理朝政，可是明朝还是维持了200多年的统治，其原因就在于明朝有较为完备的法律，如《大明律》《大诰》《问刑条例》等。再以民国为例，中华民国初期名曰统一，实则分立，中央政府如何维持名义上的统一呢？自然是使用法律。不管是《中华民国临时约法》还是《中华民国约法》，在当时都具有一定的维护统一的功效。虽然《中华民国约法》违背了民主共和原则，其消极意义大于积极意义，但在维护统一方面还是有一定的作用的。

2．中华法系对周边国家的影响

（1）对日本的影响。中日文化交流的历史可以追溯到公元前3世纪。当时的日本还处于从原始的母系氏族向父系氏族过渡的氏族社会时期，先后引入了中国的水稻栽培、冶炼、制陶、土木建筑、纺织等技术。伴随着货物、制造技术的输出，中国的文学、儒学等精神财富也毫无保留地对日输出。至中国隋王朝建立时，当时的日本统治者对中国的政治法律制度产生兴趣，开始输入中国的政治法律制度并模仿构建一种以日本天皇为中心的大一统的中央集权体制。公元604年，日本的圣德太子主持制定日本的第一部成文法《十七条宪法》，就是以中国古代法中的“三纲五常”和“仁义礼智信”等信条作为指导思想的。从圣德太子开始，日本开始了大规模借鉴吸收中国唐朝法律的历史，借鉴的范围既包括法律的内容，也包括法律的形式。公元701年，日本第42代天皇颁布的《大宝律令》几乎就是中国唐朝《永徽律》的翻版。

（2）对朝鲜的影响。中朝两国的经济往来可以追溯到商朝末期，在春秋战国

时期双方开始有外交往来，中国的政治、经济、文化、民俗习惯等都在这一时期开始传入朝鲜，在朝鲜出土的大量春秋战国时期的文物便是最好的证据。朝鲜的政治法律体制几乎都是模仿唐制而建立的，据《高丽史·刑法志》的记载，“高丽一代之制，大抵皆仿乎唐，至于刑法，亦采唐律，参酌时宜而用之。”公元1469年，朝鲜李成桂王朝颁布的《经国大典》几乎全盘吸收了中国《大明律》的内容。

(3)对越南的影响。中越两国有着悠久而密切的历史文化联系，交往关系可以追溯到春秋战国或者更古的上古时代。越南在历史上也曾受到中国政治、法律、文化的巨大影响，公元1042年李太尊时期颁行的《刑书》，1230年陈氏王朝制定的《国朝通制》，1483年完成的《洪德刑律》等法典都参照了中国唐、宋、明时期的律法。

另外，中华法系对琉球群岛以及东亚周边的其他国家的法制建设也有不可忽略的影响。

(二)当代价值

中华法系历史悠久，博大精深，为我们留下了一座传统法律文化的巨大思想宝库，有着取之不竭的丰厚财富，在当今时代仍然具有旺盛的生命力。

1.重视家族关系的法律调整。家国同构、家国一体是中国传统社会的一个重要特征。家族是构成中国传统社会的基本单元，家族关系调整是中国传统社会治理的基础。亲亲与尊尊，自西周时期就已成为我国立法与司法的两大基本原则，不孝是一种与严惩密不可分的犯罪行为，被列为十恶不赦的重罪之一。在春秋战国时期和秦统一六国期间，以韩非、李悝、管仲、子产、商鞅等为代表的法家创设的连坐、族刑、非公室告等制度，都是以家族伦理关系为基础建立的。从汉唐绵延至明清，历代封建王朝只是稍加损益不敢改弦更张的亲亲相隐、存留养亲、诸子均分、按服制量刑、族人先买权等重大原则，也都是基于维护亲情关系的立法目的。清末启动法律现代化变革以来，在一定程度上纠正了传统法律中的“泛刑化”倾向，开始区分刑事与民事法律关系，运用不同的调整方式，取消了家族关系调整中的一些刑罚手段，但重视家族关系维护，仍然构成了清末修法的鲜明底色。近年来，在独生子女犯罪、近亲属作证义务等涉及家族关系的问题突出的情况下，存留养亲、亲亲相隐等传统法律制度引起了学界的系列关注，如何在刑法、刑事诉讼法中吸收借鉴传统法律制度的有利因素，成为当前热门讨论的问题，值得广泛关注和深入研究。

2.重视民族关系的法律调整。自古以来，我国就是一个多民族聚居的国家。民族关系处理是中国历代执政者必须面对的重大政治问题，考验着执政者的政治智慧。中国古人在民族关系的法律调整方面积累了许多丰富的经验，例如，中国古代法中提出的“因俗立法”原则充分体现了古人处理民族关系的智慧，当代中国采取“一元、两级、多层次”的立法体制，重视少数民族区域自治立法，尊重少数民族习惯，都是中华法系在当代仍然具有生命力的典型表现。

3. 重视社会矛盾纠纷的多元化解。据《周礼》记载，西周时期即已设立调解民间纠纷的专门机构。自古以来，矛盾纠纷无处不在、无时不有。人们无法彻底消灭矛盾纠纷，只能直面问题，寻求各种解决问题的办法，和解、调解、仲裁、诉讼等多元化纠纷解决方式应运而生。尤其是其中的调解，在国际社会享有美誉，被誉为“东方一枝花”。关于民间调解的习惯法由来已久；而关于民间调解的成文法，是自明清以来开始不断系统化、制度化的。到民国时期，已形成专门的、系统的调解法规。在中国共产党成立以来的革命根据地时期和新中国建立后，调解作为一种矛盾纠纷解决方式受到特别的重视，在调解制度建设和理论探索方面，都有许多创新和发展。由于民间调解具有程序简易、方便群众、形式灵活等优点，在当代中国仍然是广大人民群众所普遍接受的一种纠纷解决方式，这是中华法系在当代具有生命力的又一重要表现。

六、中外法系比较

自 1840 年鸦片战争以来，西学东渐，诸多学人纷纷弃中学而趋西学。官方也派出许多使者考察西方法律，采取简单拿来主义的方式推动国内变法。有些法律制定出来后，由于严重脱离中国实际而根本无法实施。盛世与法治不可分，韩非子在公元 4 世纪就指出：“国无常强，无常弱。奉法者强则国强，奉法者弱则国弱。”[①]

（一）中华法系的优长

中华法系是中华民族伟大创造力的体现，是理性思维发展的结果。对东西方封建制法律进行比较会发现，中国封建制法律明显具有更大的进步性。西方封建制法律体系带有浓厚的神学色彩，宗教法规是最为重要的法律渊源。但在中国古代，早在奴隶制末期，人的主体意识即已觉醒，儒家的远神近人、仁者爱人等思想代替了以神为偶像的宗教信念，动摇了神权法思想的根基。自汉武帝提出“罢黜百家，独尊儒术”的执政思路以后，儒家的纲常名教一统天下，成为立法与司法的重要指导原则，对于封建制法律体系的形成及发展产生了深远影响。自公元前 11 世纪的周朝开始，已经确立了一整套的立法原则，体现了中国古人的法律智慧。可择要列举如下：

1. “刑新国用轻典，刑平国用中典，刑乱国用重典”的“三国三典”原则。

2. 刑罚世轻世重原则，因时立法，因地立法，法与时转。

---

① 《韩非子·有度》。

3.针对少数民族地区实行“因俗立法”原则。

4.西周的明德慎罚，教化为先。

5.汉代以来历代立法对老、幼、鳏、寡、废、疾等社会弱势群体的特殊立法保护。

6.法治中和，追求公平正义，和谐。

7.人本主义在中国由来已久，既是哲学命题，也是政治法律命题。

8.死刑判决、执行的慎重，人死不可复生，人命关天等思想体现了对生命的尊重。除非是斩立决、绞立决案件决不待时外，其他死刑案件都要缓决。明朝的秋审，清朝将其制度化，是死刑案件的最后一次复核。

9.重视司法，原法断罪。公元3世纪，晋朝刘颂提出“法无明文不为罪”。《唐律疏议》中明文规定：“诸断狱皆须具引律令格式正文，违者笞三十。”宋朝虽积贫积弱，但也是一个讲法重法的时代，苏轼曾告诫弟弟苏辙“读书万卷不读律，致君尧舜知无术”。宋朝的律法体制是依法断狱，鞫谳分司。制度优良与否，更重要的还是在于人的执法，即执吏。唐代诗人白居易说，“虽有贞观之法，苟无贞观之吏，欲其刑善，无乃难乎”。明末清初的思想家、世称“船山先生”的王夫之也说“良吏而授之以法”。

10.权责统一。司法官对于四种失职行为要承担刑事责任：渎职罪、不直罪、失刑罪、纵囚罪。

11.重视权力的监督与制约。监察制度由来已久，秦汉时逐渐完备。御史监察制度包括行政监察和司法监察。司法监察是中国古代政治制度的重要组成部分，起着权力制衡的作用。孙中山的“五权宪法”即来自古代的监察制度。明朝时，出现大批忘我弹劾的监察御史，权力的大小系之于皇帝的决策。

12.中华法系还有超越时空的民主性因素，对这一点我们目前发掘得还很不够。

（二）中华法系的短板

大凡世间事物，有一利必有一弊。中华法系也不例外。

1.国法与族规并存的二元法体系，共同维护着封建的伦理纲常。在漫长的中国封建社会中，各种各样的家法族规作为国法的重要补充，具有法律效力，在封建制法律体系中占有特殊地位。“三纲五常”等封建宗法伦理渗透到社会的各个领域，得到国法与族规的双重维护，这使得封建社会成为一种极端保守的社会，不利于创新力量的发展。

2.立法权与司法权最终集中于皇帝一人之手，最高权力缺乏监督与制约。封建社会的权力缺乏有效分工，皇帝既是最权威的立法者，又是最高层级的司法官。皇帝言出法随，既可一言以立法，也可一言以废法，所发布的命令是最直接的法律渊源;皇帝作为最高层级的司法官,掌管着生杀予夺的大权,既能法外施恩,也能法外加刑。这使得封建社会成为一种极端专制的社会,不利于民主力量的发展。

3.社会成员划分为不同等级,法律公开维护等级间的不平等。等级间的不平等被制度化、规范化是世界各国封建制法律的共同特征,只不过封建等级制度在中国持续的时间比较长。官僚士绅、贵族王侯在历史上长期享有法内特权,西周时期的《周礼》中开始确立"八辟"制度;三国时期的《曹魏律》进行了一些改造,形成"八议"制度;至隋唐时期又增加了"议""请""减""赎""官当"等一系列按官员品级减免罪刑的特权制度。不仅官有特权,官民间不平等,民众也有等级划分,民间也不平等,良、贱实行同罪异罚。法律上将民众划分为良民和贱民,划分的标准不是后天的个人努力,而往往是不以个人意志为转移的家庭出身等先天因素,如果有人不幸一出生就被名列贱籍,在法律上就会受到种种歧视,同样的犯罪行为,如果是以"良"犯"贱",处刑会较常人相犯为轻;如果是以"贱"犯"良",处罚则较常人相犯为重。这使得封建社会成为一个等级壁垒森严的社会,不利于平等理念的发展。

4.民商立法不发达,司法职能不独立。诸法合体、以刑为主的立法模式贯穿我国封建社会始终,从战国时期李悝著《法经》始,直到封建社会的最后一部法典《大清律例》止,都延续了民商立法附属于刑事立法这一特色,导致民商立法一直没有发展起来。行政兼理司法的司法模式也带来了一个不利后果,即司法职能的不独立。封建社会在中央层级上虽设立了专门的司法机构,但它的活动总是受到行政权力的牵制,只能成为行政机关的附庸,不大可能独立行使职能。在地方层级上,根本没有独立的司法机构,完全是由行政长官兼理司法事务,行政与司法二者直接合一,所以司法的独立性和专业性等特点都没有形成。这使得封建社会成为一个权大于法的社会,不利于法律和司法权威的形成。

【拓展阅读】

[1]李罡:《中华法系的解体与中国当代法律制度的初步形成》,《北京行政学院学报》1999年第4期。

[2]马小红:《中国传统法研究中的几个问题》,《法学研究》2003年第3期。

[3]刘广安:《法家法治思想的再评说》,《华东政法大学学报》2006年第2期。

[4]李青:《中华法系透视——中朝法文化交流概观》,《美中法律评论》2007年第3期。

[5]马小红:《中国古代社会的法理学》,《北大法律评论》2009 年卷。

[6]马小红:《中国近代法理学的形成与发展》,《政法论丛》2010 年第 2 期。

[7]刘广启:《中华法系生命力的重新认识》,《政法论坛》2011 年第 2 期。

[8]黄震:《中华法系与世界主要法律体系——从法系到法律样式的学术史考察》,《法学杂志》2012 年第 9 期。

[9]刘广安:《中华法系的再认识》,法律出版社 2002 年版。

[10]瞿同祖:《中国法律与中国社会》,中华书局 2003 年版。

[11]张中秋:《中西法律文化比较研究》,中国政法大学出版社 2006 年版。

[12]张晋藩:《中华法系的回顾与前瞻》,中国政法大学出版社 2007 年版。

第三章　本体论

本章涉及法的本质是什么，法的基本特征有哪些，法的构成要素和结构以及法律程序等等法理学基本问题。任何严肃的法理学都应当回答而且必须回答这些问题。因为只有回答了这些问题，才能建立相应的法律学说，同时也成为进一步解决法律现象中其他所有问题的出发点和基本前提。对法的本体问题的回答历来是划分不同法学流派的主要依据，也是区分马克思主义法理学与非马克思主义法理学的分水岭和试金石。

第一节　静态的法

一、法的概念

(一)中国历史上法的用法

在了解法的概念之前，我们首先要了解法的词源和词义。据中国历史上第一部字书《说文解字》的考证，汉语中“法”的古体是“灋”：“灋，刑也，平之如水，从水；廌，所以触不直者去之，从去。”[①]据说廌是一种神兽，其“性知有罪，有罪触，无罪则不触”[②]。在古代文献中，“法”除与刑通用外，也往往与“律”通用，都有常规、均布、划一的意思。

(二)西方历史上法的用法

在西方历史上，欧美各民族语言中都有两个词分别表述“法”和“法律”。例如，拉丁文中的Jus和Lex，法文中的Droit和Loi，德文中的Recht和Gesetz，意大利语中的Diritto和Legge，西班牙语中的Derecho和Ley，英语中的Law和Legislation，等等。值得注意的是，每一组中前一个词，如Jus、Droit、Recht、

① (东汉)许慎：《说文解字》。

② (东汉)王充：《论衡·是应》。

Diritto、Derecho、Law 等词既含有“法律”的意思，又含有“权利”“公正”“公道”“公平”“正义”等抽象的道德伦理含义。而每一组中的后一个词，如 Lex、Loi、Gesetz、Legge、Ley、Legislation 等词则通常指那些更为具体的规则，其词义明确、具体、技术性强。这可以说是西方“自然法”与“实在法”的二元对立在语言学上的一个表现。

(三)法的定义

关于法的定义，根据其来源不同，可以分为两大类：一类来自非马克思主义法学，另一类来自马克思主义法学。从总体上看，非马克思主义法学论及法本质有许多创新性见解，对于我们正确把握法的含义有所启发，但它们都有致命的理论缺陷，不具有真正的科学性。

1. 非马克思主义的法的定义

非马克思主义法学主要是从法的本体、本源以及作用这样三个角度对法进行定义。

(1)从法的本体下定义，着重用一个或几个具体的意象解释法是什么。

比较有代表性的定义有：①规则说，认为法即规则。中国古代思想家管仲说：“法律政令者，吏民规矩绳墨也。”[①]“法者，天下之程式，万事之仪表。”[②]“尺寸也，绳墨也，规矩也，衡石也，斗斛也，角量也，谓之法。”[③]现代西方法学中，以凯尔森、哈特等为代表的实证主义法学家把法解释为一批特殊规则，即一个社会为决定哪些行为应受公共权力约束而直接或间接采用的规则。②意志说或命令说，认为法是国王或主权者的意志或命令。中国自夏朝开始，国王的命令就是最高的法律，违抗王命构成最为严重的罪行。西方分析法学派的创始人奥斯汀提出了一个“三位一体”的法定义，他所说的法特指实在法，包括主权者、命令、制裁三个要素，认为法即掌握主权者发出的要求其下属为或不为一定行为的命令，如违反该命令即以制裁作为惩罚。③判决说，认为法即法院的判决结果。美国现实主义法学家格雷认为，法是指并且仅仅是指法院在其判决中所规定的东西，舍此无他，没有判决结果，就没有法律。法律文本判例、专家意见、习惯和道德等都不是真正意义上的法，只不过是法的渊源。美国另一位现实主义法学家卢埃林也说，法就是法官们对于当事人之间的争端作出的具体的处理结果。④行为说，认为法即法院在面对具体案件时即将做出的行为。

---

① 《管子·七臣七主》。

② 《管子·明法解》。

③ 《管子·七法》。

(2)从法的本源下定义,着重说明法赖以产生的基础或源头。

比较有代表性的定义有:①神意说,认为法即神意。东西方古代社会几乎都盛行过一段时期的“君权神授”理论,其中包含的法观念都是主张法自神出,认为法是神(上天或上帝)为人类制定的行为准则。当代社会中,西方的基督教法学家仍然主张法是上帝意志的体现。②理性说,认为法是理性。古罗马思想家西塞罗在《论法律》一文中说:“法就是最高的理性,并且它固植于支配应该做的行为和禁止不应该做的行为的自然之中。当这种最高的理性,在人类理智中稳固地确定和充分地发展了的时候,就是法。”[①]③公意说,认为法是社会公共意志或社会全体成员的共同意志。例如卢梭说:“法是公意的宣告。”[②]④权力说,认为法即权力运行的产物。中国古代商鞅说:“法者,宪令著于官府,刑罚必于民心,赏存乎慎法,而罚加乎奸令者也。”[③]美国法人类学家霍贝尔说:“这样的社会规范就是法规范,即如果对它置之不理或违反,按例就会遇到拥有社会承认的,可以这样行为的权力的人或集团,以运用物质武力相威胁或事实上加以运用。”[④]

(3)从法的作用下定义,着重说明法的工具性价值。

比较有代表性的定义有:①正义论,认为法是实现正义的工具或维护正义的手段。古希腊思想家亚里士多德说:“要使事物合于正义,须有毫无偏私的权衡,法恰恰是这样一个中道的权衡。”[⑤]②社会控制论,认为法是社会控制的手段。例如庞德说:“我把法理解为发达的政治上组织起来的社会高度专门化的社会控制形式——一种通过有系统有秩序地适用社会强力的社会控制。在这种意义上,它是一种统治方式,我称之为法秩序的统治方式。”[⑥]③事业论,这是美国新自然法学派的代表人物富勒给法下的定义,其概括的表述是:“法是使人们的行为服从规则治理的事业。”[⑦]

2.马克思主义的法的定义式表述

马克思主义创始人马克思和恩格斯没有专门对法进行一般意义上的定义,但他们从辩证唯物主义和历史唯物主义的立场出发,在不同场合论及不同问题

---

① [古罗马]西赛罗:《论法律》,转引自法学教材编辑部:《西方法律思想史资料选编》,北京大学出版社1983年版,第64页。

② [法]卢梭:《社会契约论》(中译本),商务印书馆1982年版,第51页。

③ 《商君书·室法篇》。

④ [美]霍贝尔:《原始人的法律》,哈佛大学出版社1954年版,第28页。

⑤ [古希腊]亚里士多德:《政治学》(中译本),商务印书馆1981年版,第169页。

⑥ [美]庞德:《我的法哲学》,转引自莫里斯:《伟大的法哲学家》,美国宾夕法尼亚大学出版社1981年版,第532页。

⑦ [美]富勒:《法的道德性》,美国耶鲁大学出版社1969年版,第106页。

时对法的概念有所涉及，作出过一些定义式的表述，深刻揭示了资本主义法的虚伪性。例如，1946年前后，马克思和恩格斯在《德意志意识形态》中指出，在一定的物质生产关系中，“占统治地位的个人除了必须以国家的形式组织自己的力量外，他们还必须给予他们自己的由这些特定关系所决定的意志以国家意志即法律的一般表现形式。”“由他们的共同利益所决定的这种意志的表现，就是法律。”[①]1948年，马克思和恩格斯在《共产党宣言》中又指出：“资产阶级法不过是被奉为法律的资产阶级意志，而这种意志的内容是由资产阶级的物质生活条件决定的。”但是，传统的马克思主义者(主要是前苏联一些法学家)认为上述表述是对法的一般定义，揭示了法的核心内涵和基本构成要素，也为进一步研究法的本质问题提供了科学的立场、观点和方法。传统马克思主义者根据自己理解的马克思主义关于法的一般理论，把法定义为统治阶级意志的体现。

新中国成立以来相当长的时期内，中国法学对前苏联法学亦步亦趋，也承袭了法的这一定义。这里须特别指出的是，传统马克思主义法学反对自然法学说，他们所说的法是指国家实在法，非国家主体创制的规范体系被排除在了法的范围之外。当前，中国特色社会主义法治理论有了许多重大创新和发展，党内法规体系成为中国特色社会主义法治体系的重要组成部分，传统马克思主义法学对法的某些理论阐释显得过于狭隘，需要重新反思。

(四)法的本质

通说中谈及法的本质问题，采取了一分为二的方法，即区分剥削社会的法本质和社会主义社会的法本质。

关于剥削阶级法的本质，法理学界通常表述为三个层次：

1.法是国家(统治阶级)意志的体现。

2.法的最终决定因素是特定社会的物质生活条件。

3.经济以外因素对法的影响。例如，公元前20～前18世纪的《苏美尔亲属法》规定：“倘妻恨夫而告之云：‘尔非吾夫’，则应投之于河。”这里规定的“投之于河”而非驱之于野外或推之于山崖深涧，便与苏美尔外部地理环境有关，但其中所体现的奴隶制法偏于保护夫权而蔑视妇权，则是由其生产方式所决定的。

当代中国社会主义法的本质则是党的主张和人民意志的统一。

区别于传统的二元论法本质说，中央党校政法部的张恒山教授在其《法理要论》中论述法的本质问题时，详细分析了统治阶级意志论的缺陷，论证了社会契约论的合理性。

---

① 《马克思恩格斯全集》第3卷，人民出版社1965年版，第378页。

（五）法的特征

这里所说的特征，指的是法在形式上表现出来的一些非本质属性。学界在法的特征问题上，争议不大，具体有以下四个方面：

1. 规范性。法是调整人们行为或社会关系的规范。

2. 国家意志性。法是由国家制定或认可的规范，具有“国家意志”的形式。

3. 权利义务性。法的主要内容是规定或确认人们在法律意义上的权利和义务。

4. 强制性。法是由国家强制力保证实施的规范。虽然法律以外的其他社会规范也会有某种性质、形式和程度的强制力，但是不同于以国家名义作出并由国家专门机关实施的法律强制力。

二、法的要素

（一）法的要素释义

1. 法的要素的概念

要想了解法是什么，除了要了解法的定义、本质和特征之外，还必须进一步研究法的要素问题，即法是由哪些基本要素构成的。按照系统论的观点，法律可以被看作一个系统，它与其他任何系统一样，也是由若干要素按一定的结构组织起来的统一整体。任何发达的法律体系都是由难以计数的众多要素组成的庞大而复杂的系统。如果仅仅了解法的定义及其宏观特征，还难以形成更加清晰和具体的法的概念；而研究法的要素问题，也就是深入到法的系统内部，在微观层次上进一步了解和回答“法是什么”这一法学基本问题。

2. 法的要素的种类

学界一般认同法的三要素构成说，即法律概念、法律规则和法律原则。

民间有句俗语“法网恢恢，疏而不漏”。如果我们把法比作一张大网，法律规则就好比网线，法律原则就好比网眼，法律概念就好比网结。

（二）法律概念

1. 法律概念释义

作为法的要素之一，法律概念指的是在法律上对各种事实进行概括，抽象出它们的共同特征而形成的权威性范畴。概念本身并不能将一定的事实状态和法律后果联系起来，但是，它却是适用法律规则和原则的前提。只有当我们把某人、某事、某行为归入某一概念所指称的范围时，才谈得上法律的适用问题。例如，各国现代民事法律均规定：不当得利之债的债务人负有向受害人返还不当得利的义务。当现实生活中发生了一个具体行为时，能否将该规定适用于此行为，首先取决于能否将该行为合理地归入不当得利的范畴。能，则该规定应当适用;否,则该规定不能适用。

从哲学上讲,概念是认识事物而形成的思维形式,是认识之网上的纽结。法律概念是有法律意义的概念,即对各种有关法律的事物、状态、行为等进行概括而形成的专门术语。法律概念有的来自于人们的日常生活(如抵押、合同),有的来自于国家专门机关的法律实践(如立法、执法、司法),有的来自法学家的理论创设(隐私权)。

法律概念与日常生活用语中的概念有所不同,法律概念更加严谨,其内涵或外延在法律上有明确界定。例如,作为法律概念的"国家机关工作人员"就与日常生活用语中的"国家机关工作人员"有别,前者的范围有专门立法或司法解释确定。通常,随着一个概念技术含量的提高,它会越来越远离人们的日常生活,逐步演化为高度专门化的法律概念。例如,"死亡"最初是作为日常生活用语出现的,就是指生命活动的终止,以呼吸的停止为标志。在法律上,哪些体征属于生命活动呢?随着科技的发展,作为法律概念的"死亡"含义也是发展变化的。迄今为止,大多数国家仍然是以心跳、呼吸停止作为确定死亡的标准。但自1968年日本世界第一例人工心脏移植手术成功后,美国哈佛大学成立了世界第一个确定脑死亡标准的委员会,瑞士率先颁布了世界第一部《脑死亡法》,由此确定了"瑞士式死亡"的法律标准是大脑停止思维活动,这就在法律上改变了人体的死亡时间。

在法律文明史上,法律概念体系的科学性和完备程度是法律文明发达程度的重要标志之一。这是因为,法律所调整的行为领域具有一个突出的特点,即事实因素以不可名状的极度复杂性交织在一起。如何把那些看似同类而实质不同的因素合理地区分开来,并把那些看似不同而实质相同的因素归入同类,从而在杂乱无章的全部因素中形成一定的秩序,这需要高度的技巧和长期的经验积累。例如,在法律文明形成的初期,法律概念体系非常粗放和简单,它还不足以把那些形似而实异的事实因素合理地区分开来。如果一个人的行为引起了他人死亡,按"同态复仇"的规则,他必须被处死,至于此行为是属于故意杀人、过失杀人、伤害致死,还是属于意外事件,则不加区分。这种做法按现代法律的观点看来是荒谬的,尽管导致他人死亡的结果是相同的,但是,谋杀行为与非恶意的玩笑过失是有实质区别的,至于纯粹的意外事件,则更不会被当作犯罪来惩罚。因此,法律概念实质上体现了一种理智地区分和归类的专业智慧,凭借这种专业智慧,混沌的事实状态得以明晰,法律体系也由此更加趋于科学性与合理性。

2.法律概念的功能

在法律诸要素中,法律概念的独特功能在它通过对各种事实因素的区分归类而为法律规则和原则的适用提供了可能。有时,在无现成规则可加适用的情况下,只要法律概念明晰确定,适用法律原则也可以合理地处理所面对的法律问题。反之,虽然有现成的法律规则可循,但是法律概念本身不清晰,也会导致司法实践的无所适从。例如,在一度沸沸扬扬的王海打假事件中,由于对"消费者"概念解释不一,对于"王海是否属于消费者"这一问题,不同法院的理解不同,导致类似案件在不同法院出现不同的判决结果,甚至同一法院的不同合议庭也会作出截然相反的判决。

3.法律概念的分类

依据不同的划分标准,可以将法律概念划分为不同的类型。

(1)依内容不同,可分为涉人概念、涉事概念和涉物概念。

(2)依确定性程度不同,可分为确定性概念和不确定性概念。

(3)依涵盖面大小不同,可分为一般法律概念和部门法律概念。

(三)法律规则

1.法律规则的含义

规则,是由权威部门颁行或社会习俗中包含的关于人们行为的准则、标准、规定等等,即日常用语中所称的"规矩"。无规矩不成方圆,无规则不成社会。社会规则有很多种,例如礼仪规则、习惯规则、宗教规则、道德规则、纪律规则、行会规则等,当然还有法律规则。社会的各种规则形成一个有序的规则体系,是社会秩序的维系力量。

对于一个成熟的法治社会来说,法律规则总是占据主干的地位,并且具有最高或最终的效力。法律规则作为法的基本要素之一,是法律中明确赋予一种事实状态以法律意义的一般性规定,即通过法律条文表述的、具有特殊逻辑结构的行为标准。例如,婴儿出生这一事件是具有法律意义的,它会引起某些人身权和财产权的形成;在公共道路上驾驶机动车这一行为也是具有法律意义的,它会使驾车人承担右侧通行、不得闯红灯等义务;当某个权利人滥用了自己的权利或某个义务人拒不履行义务时,这些行为也是具有法律意义的,因为行为人可能因此而承担某种法律上的责任,等等。若法律规则的数量与社会调整的需要相差过大,供不应求,滥用自由裁量权的现象就会泛化。

法律规则的最大特点是确定性。对某种事实状态的法律意义作出明确规定,这是法律规则区别于另外两种法的要素的显著特征。法律原则只是法律行为和法律推理的指南,它并不明确地规定一种事实状态及其法律意义,法律概念则只是对事实状态进行区分和界定。

法律规则不仅是明确的,也是一般性的规定。所谓一般性,指的是法律规则针对某一类事实状态作出规定,它适用于某一类人或事,而不是对特定的人或事作出规定。这是法律规则与依法作出的有法律效力的决定之间的重要区别。例如,“父母有抚养教育未成年子女的义务”,这种义务并不因父母离婚而消失,这是一条法律上的规则,它在原则上适用于所有的父母,是一般性的规定。而“李某在离婚后,每月须向由其原配偶监护的子女支付800元抚养费”,这是根据法律作出的一项决定,它只适用于该案的离婚当事人李某,是一个个别的决定。尽管该决定对特定的当事人来说,也是一条有法律效力的行为规则,但是,却不能把它也纳入法律规则的范围之中。在每一个法律制度之下,这种只对特定人有法律效力的行为规则是数量庞大、样式繁多的。西方有些法学家把这种特定的规则也当作法律规则看待,这非常容易引起混乱,是不可取的。

在理解规则的含义时,有一点还必须注意。这就是,法律规则的确定性是相对的,它的含义及适用范围总会有一个或明或暗的边缘地带。例如:“早6点至晚6点间本街道禁止通车”这一规则在时间上是确定的,适用地域是确定的,行为模式也是基本确定的,但是它又不完全确定。汽车毫无疑问在禁止通行之列,至于“车”是否包括摩托车、自行车,甚至是否包括残疾人车(机动的、手动的),是否包括手推车、儿童推车就不那么确定了。

2.法律规则的逻辑结构

法律规则有严密的逻辑结构,这是它与习惯、宗教、道德规则相区别的重要特征之一。法律规则的逻辑结构,是指一条完整的法律规则是由哪些要素或成分所组成,这些要素或成分是以何种逻辑联系结合为一个整体的。法律规则的逻辑结构,是深入理解法律规则所必须研究的问题。但是,这也是一个非常复杂的问题,中外法学家至今尚未能就此取得一致意见,有人主张两要素说,有人主张三要素说。三要素说中又有“假定、处理、制裁”的旧三要素说和“条件、行为、后果”的新三要素说。参照新三要素说的研究成果,我们在这里把法律规则的要素区分为条件预设、行为模式和法律后果三部分,并由此来考察它们之间的逻辑联系。

(1)条件预设:这是法律规则中关于适用该规则的条件的规定。任何规则,无论是法律规则,还是其他行为规则,都只能在一定的范围内被适用,也就是说,只有当一定的情况具备时,该规则才能够对人的行为产生约束力。这里所说的“一定范围”“一定情况”,就是由法律规则中的条件预设部分来明确的。例如,我国《刑法》第303条规定:以营利为目的,聚众赌博、开设赌场或者以赌博为业的,处三年以下有期徒刑、拘役或管制,并处罚金。这是否意味着任何人在任何条件下从事上述行为,都应无一例外按照这一规定被追究刑事责任呢?显然不能这样来理解法律的规定。因为,如果行为人在当时尚未达到刑事责任年龄,或因患有某种精神疾病而处于不能辨认自己行为的社会意义的状态,或该行为发生于境外某个法律不禁止赌博的国家和地区，则不加区分地一律适用前述刑法规定，就是不合理的。至于此一刑法规定究竟在何种条件下适用，需要综合考虑许多因素才能确定，而这些因素，均属法律规则构成的条件预设部分。

条件预设部分在法律条文中通常可以省略。例如："夫妻有相互继承遗产的权利。"这一法律规则中，其条件预设和法律后果部分都没有被明文表述，但是，该规定只能在配偶已死且留有遗产的前提（条件预设）下才能适用，对方已经合法继承的遗产应得到法律的确认和保护（法律后果），这些内容可以很容易地按照法律内在的逻辑联系推导出来。不过，必须强调的是，对条件要素的省略不是随意的，只有该要素可以被人们至少被那些法律专业人员毫无歧见地推导出来时，省略才是可取的，否则，为了追求法律简洁就会损害了法律的明确性。

（2）行为模式：即法律关于允许做什么、必须做什么和禁止做什么的规定。由于法律允许做什么就是授予可以为一定行为的权利，法律要求必须做什么，就是设定必须为一定行为的义务，而法律禁止做什么就是设定不得为一定行为的义务，因而，有的学者也使用"权利和义务的规定"来称谓法律规则中的"行为模式"这一要素。在法律条文中，关于行为模式的规定常常使用这样一些术语或表达方式：可以、有权、有……的自由、不受……侵犯，或应当、必须、不得、禁止等等。行为模式可分为权利性行为和义务性行为，义务性行为又分命令性行为和禁止性行为。

（3）法律后果：法律后果部分是法律规则中必不可少的构成成分之一，代表的是国家法律对行为人的行为所持的肯定或否定的态度。法律后果又有肯定性后果和否定性后果两种表现形式。肯定性后果是法律确认行为的合法有效性，予以承认、保护甚至奖励；否定性后果是法律否认行为的合法有效性，不予承认甚至追究行为人的法律责任，对行为人施加法律制裁。

旧三要素说忽视了肯定性法律后果的存在和否定性法律后果中的非惩罚性因素（如宣布行为无效），把法律后果片面地归结为制裁，因而是片面的。它用来解释刑事法律规则和其他法律中的部分规则有一定的合理性，但不能对一般意义上的法律规则作出有说服力的解释。这种把法律后果简单化为制裁的观念，是传统的法即刑、刑即罚等陈旧观念的反映，不符合自由、平等、共治、和谐等现代法治精神。

另外还须注意，法律后果部分的省略原则上是不允许的，尤其是其中的制裁性规定绝不可以省略，否则，法律就会丧失可操作性。这样一来，它所发布的禁令与道德宣言就没有任何区别了，成了没牙的老虎。例如，一条规则只是规定在任何条件下（条件预设）不得说谎或杀人（行为模式），但是，对作伪证或杀人的行为却没有规定相应的法律后果，那么，我们就只能说，在这里，没有一条禁止作伪证或杀人的法律规则，倒是可能存在一条禁止说谎或杀人的道德规则或宗教戒条。

3.法律规则的种类

为了深入了解法律规则，就要了解法律规则的种类。按照不同的标准，可以把法律规则区分为不同的类型。在此，我们讨论一些比较常见的分类：

(1)权利性规则、义务性规则和复合性规则：按照行为模式的不同，可以把法律规则分为权利性规则、义务性规则和复合性规则三种类型，这是最重要、最常见的一种分类。

权利性规则是对公民和私法人的某些权利予以法律确认并在其受到侵害时予以救济的规则。

义务性规则是设定公民和私法人的法律义务的规则。

复合性规则又称“权义复合规则”，是兼具授予权力(利)和设定义务的双重属性的法律规则。例如，授予国家机关职权的法律规则就是复合性规则。依法享有一定职权，意味着可以作出一定行为或要求处于职权管辖范围内的其他人作出一定行为，然而，行使职权本身又是一种义务，不能适当地行使职权也就是不能适当地履行职责，这在一定条件下会构成违反法定义务的行为并引起法律责任。另外，赋予普通公民以某种权利的规则，也可能属于复合性规则，如赋予监护权、受教育权、劳动权的规则，等等。

(2)强行性规则和任意性规则：按照权利、义务的刚性程度，可以把法律规则区分为强行性规则和任意性规则。

强行性规则指不问个人意愿必须加以适用的规则。

任意性规则指适用与否由个人自行选择的规则。

需要注意的一个问题是，不能把义务规则和强行性规则、权利规则和任意性规则简单地等同起来。某些义务规则在一定场合并不具有强行性规则的属性，例如，“缔约人有履行合同之义务”的规定，虽为一义务规则，但是，在一定的条件下，法律允许当事人以协议方式予以变更。同样，某些权利规则在一定场合也可能并不具有任意性规则的属性，例如，现代法治均规定公民享有人身自由权，但是，若某人自愿与他人协议出卖自己为奴隶、做他人的出气筒，则该协议并不能取得法律上的效力。

(3)确定性规则、委任性规则和准用性规则：按法律规则的内容是否直接地被明确规定下来，可以把法律规则分为确定性规则、委任性规则和准用性规则。

确定性规则是法律规则最常见的形式，即明确规定一定行为规则，不必再援用其他规则。

委任性规则是没有明确规定行为规则的内容，而授权某一机构加以具体规定的法律规则。例如，我国《选举法》对选举的某些具体问题未加明确规定，而是在第44条规定由省级人民代表大会常务委员会根据《选举法》制定实施细则。许多与选举有关的具体问题，是由实施细则来予以明确的。

准用性规则是没有明确规定行为规则的内容，但明确指出可以援引其他规则来使本规则的内容得以明确的法律规则。

(4)调整性规则与构成性规则：按照规则所调整的行为是否可能发生于该规则产生之前，可以把法律规则分为调整性规则与构成性规则。

调整性规则是对已经存在的各种行为方式进行评价，并通过授予权利或设定义务来调整相关行为的法律规则。其主要特征是，在本规则产生之前，相关的行为方式就已经存在，调整性规则只是按照一定的价值标准予以区分，允许某种行为方式的存在，使之合法化并成为某种权利（如发表言论的自由权），或要求必须按某一行为方式活动，使之成为作为的义务（如父母必须抚养未成年子女），或禁止某一行为方式，使之成为不作为的义务（如不得盗窃）。

与调整性规则不同，在构成性规则产生以前，该规则所涉及的行为不可能出现，只有当规则产生以后，才有可能导致相关行为的出现。例如，授予审判权的规则和授予诉讼权的规则都属于构成性规则，在这些规则产生以前，相关的审判活动和诉讼活动不可能出现，更谈不上受到法律的调整。

（四）法律原则

1.法律原则的概念及其种类

法律原则是法律的基础性原理，是可以为其他法律要素提供基础或本源的综合性原理或根本出发点。法律原则可以是非常抽象的，例如法律面前人人平等原则、自然公正原则、无罪推定原则、诚实信用原则等；也可以是非常具体的，例如刑事诉讼中的不被强迫自证其罪原则、民事诉讼中的当事人诉讼权利平等原则、行政诉讼中的举证责任倒置原则等。法律原则的作用是法律规则所不能替代的，它常常可以成为疑难案件的断案依据。

法律原则有两个突出的特点，首先是内容的抽象性。它没有明确或隐含的条件预设，也没有规定具体的行为模式和法律后果。与法律规则相比，法律原则的内容更加抽象，在明确性程度上显然低于法律规则。其次是适用范围的广泛性。法律原则所覆盖的事实状态非常广泛，其适用范围之广远非法律规则所及。一条法律规则通常只针对一种类型的行为，而一条法律原则却调整某一个或数个行为领域，甚至涉及全部社会关系的协调和引导。例如，“酒后不得驾驶机动车”是一条法律规则，它的内容具有高度的明确性，也正因如此，它只能适用于机动车驾驶人酒后驾车这种特定类型的具体行为；而“法律面前人人平等”

则是一条法律原则，它的内容显然不像前述法律规则那样明晰，但是，它能够起作用的行为领域是极其宽广的。

根据不同的标准，可以把法律原则分为若干种类，其中比较常见的分类有如下几种：

第一，基本原则与具体原则。这是根据覆盖面大小进行的划分。基本原则是法律原则中体现立法的主要目的和法的基本价值追求的那些原则。具体原则是在基本原则指导下发挥作用，在某一特定社会关系领域应当遵循的法律原则。基本原则比具体原则的调整范围更广泛一些。当然，基本原则与具体原则的划分是相对而言的，例如，相对于“法律面前人人平等”原则而言，“罪刑法定”就是只适用于犯罪与刑罚领域的具体原则；但是，如把讨论问题的范围限定在刑法领域，则罪刑法定就成为刑法的基本原则了。

第二，公理性原则和政策性原则。这是根据来源不同进行的划分。公理性原则是指符合社会关系的本质需要、自生自发产生出来、得到社会成员广泛公认并被奉为法律之金科玉律的社会公理。例如，民法中民事活动应当遵循自愿、公平、等价有偿、诚实信用的原则，即来自于社会公理。政策性原则是国家在社会管理过程中为实现某种中长期目标而提出的政策主张法律化的结果。例如，我国《人口和计划生育法》中“计划生育是国家的基本国策”原则，即为政策性原则之一例。

第三，实体性原则与程序性原则。实体性原则是直接涉及法律关系主体的实体性权利、义务分配的法律原则。例如，宪法中的民族平等原则和民法中的契约自由原则属于实体性原则。程序性原则是调整立法、执法或司法活动中的程序性事项，不直接涉及法律关系主体的实体性权利、义务安排的法律原则。例如，无罪推定原则和民事诉讼当事人地位平等原则属于程序性原则。

2. 法律原则的功能

在法治实践中，法律原则发挥着独特的功能。

第一，法律原则可以弥补法律规则的不足。当无现成的法律规则可循或既有的法律规则相互之间出现冲突，法律原则就会从幕后走向台前。

例如，在四川泸州遗赠案中，天伦集团公司分厂职工黄永彬与蒋伦芳1963年结婚，婚后一直未生育，后来抱养了一个儿子。1994年，黄永彬认识了一位名叫张学英的女子，并于第二年开始秘密同居。妻子蒋伦芳发现后，多次对丈夫进行劝告无效。1996年底，黄永彬和张学英租房公开同居，以“夫妻”名义生活，生下一子，依靠黄的工资（退休金）及奖金生活。2001年2月，黄永彬在医院查出自己患肝癌晚期，于2001年4月18日立下遗嘱：“我决定，将依法所得的住房补贴金、公积金、抚恤金和卖泸州市江阳区一套住房售价的一半（即4万元），以及手机一部遗留给我的朋友张学英一人所有。我去世后骨灰盒由张学英负责安葬。"4月20日，黄的这份遗嘱在泸州市纳溪区公证处得到公证。4月22日，黄永彬去世，张学英根据遗嘱向蒋伦芳索要财产和骨灰盒，但遭到蒋伦芳的拒绝。张学英遂向纳溪区人民法院起诉，请求依据继承法的有关规定，判令被告蒋伦芳按遗嘱履行，同时对遗产申请诉前保全。此后引发一场沸沸扬扬的"情人诉原配"诉讼。此后，经泸州市纳溪区法院一审，泸州市中级人民法院二审均以"损害社会公德，遗赠行为无效"为由，驳回了张学英的诉讼请求。

再如，很多年前在大洋彼岸的美国，也发生过一件类似的遗产纠纷案件——里格斯诉帕尔玛案。在那个案件中，拥有继承权的16岁男孩为了早点获得遗产而毒死了他的祖父。法官陷入了困境，因为按照当时的继承法，已成立的遗嘱是合法的，应当得到执行，也就是说杀人者应获得被害人的大笔遗产，但是这样的结果却让法官们无法接受。最后经过了激烈的争论，法庭以"任何人都不能从其不当行为中获利"的法律原则剥夺了男孩的继承权，过错者受到了惩罚而不是奖励，法律的正义因此得到了维护。

上述两个案例最后都是以法律原则作为裁判的直接依据。

第二，法律原则对法治改革具有导向作用。现代社会是一个日新月异的社会，新事物层出不穷，处处充满变化，人们的行为方式和生存方式发生深刻变化，人与人之间的利益关系日趋复杂与多元。法治改革必须因应社会关系的发展变化。法治改革往往是从法律原则的变化启动的，某些原有的原则开始被新的原则所取代或被赋予新的含义，法治改革便由此驶入快车道。

第三，法律原则会促使人们观念的更新。

第四，法律原则能够推动社会的进步。

三、法律关系

（一）法律关系释义

1. 法律关系的概念和理论发展

法律关系，是法律在调整社会关系的过程中所形成的主体之间的权利和义务关系。在历史上，法律关系的观念最早来源于罗马法关于"债"的解释。根据罗马法，债本质上是根据法律，要求人们为一定给付的法锁。法锁观念形象地说明了债法关系存在的法的效力性和客观强制性，为近代法律关系理论的创立奠定了基础。然而，在罗马法上，当时还没有"法律关系"这样一个专门的法律术语。直到19世纪，法律关系才作为一个专门的法律概念而存在。在法学上，德国法学家萨维尼于1849年第一次对法律关系作了理论阐述。此后，德国其他法学家如温德·雪德、诺易纳、比尔林等都著书立说对法律关系进行了专门的研究。在英美国家，也有一些法学家从不同角度对“权利——义务关系”“权利——责任关系”作了论证。值得一提的是在1927年，美国西北大学教授考库雷克著《法律关系》一书，深入系统地探讨了法律关系的一般理论。由此，法律关系就成为法理学的基本理论问题之一。

2.法律关系的性质和特征

社会关系是人们在相互交往过程中所形成的人与人之间的联系。法律关系属于社会关系，但它有不同于一般社会关系的显著特征：

(1)法律关系是根据法律规范形成的社会关系。

(2)法律关系是体现意志性的社会关系。

(3)法律关系是特定主体之间的法律上的权利与义务关系。

(二)法律关系的分类

在法学研究中，法律关系是一个具有普遍意义的范畴。在不同的部门法领域中都有使法律规范抽象的、一般性的规定现实化、具体化的问题，都存在着法律关系。对法理学来说，不能仅局限于法律部门的法律关系，研究其个性和不同特征，而应更关心那些具有普遍性和典型性的法律关系。

1.基本法律关系与普通法律关系：是按法律关系所体现的社会内容的性质不同进行的划分。

2.绝对法律关系与相对法律关系：是根据法律关系主体是否完全特定化进行的划分。

3.调整性法律关系与保护性法律关系：是根据产生依据是否适用法律制裁进行的划分。

4.平权型法律关系与隶属型法律关系：是按照主体在法律关系中的相互地位进行的划分。

5.主法律关系和从法律关系：是按照相关的法律关系作用和地位的不同进行的划分。

(三)法律关系的三要素：主体、客体、内容

1.法律关系主体的概念、种类、资格

法律关系主体，是指法律关系的参加者，即在法律关系中权利(权力)的享有者和义务(职责)的承担者，也称“权利主体”和“义务主体”。

法律关系主体的种类：

(1)自然人；

(2)法人(包括其他非法人组织)；

(3)国家。

法律关系主体构成的资格包括权利能力和行为能力。

在自然人的权利能力问题上，近、现代法治均确认自然人的权利能力一律平等。这容易被误认为权利能力为自然人与生俱来的东西，实际上，权利能力是由法律赋予的。

自然人如不具有权利能力，绝不会成为法律关系主体，但无行为能力人或限制行为能力人在有的法律关系中可以成为法律关系的参加者，如继承法律关系、代理法律关系中，即使是婴儿、精神病患者也可作为法律关系的一方参加到该关系中。因此，公民的行为能力和权利能力在特定情况下是可以分离的。社会组织的行为能力不同于自然人的行为能力；自然人的行为能力与权利能力不是同时存在的，其行为能力的存在受自然人的智力发育水平的影响，而社会组织的行为能力与权利能力是一致的，两者同时存在；自然人的行为能力因受智力发育水平不同程度的影响，分为完全行为能力、限制行为能力及无行为能力，而社会组织原本非人而由法律拟制为人，不存在智力发育程度的判别，因而自成立至终止，始终具有完全行为能力。

与行为能力直接相关的是责任能力。责任能力是法律关系主体对自己的行为承担法律责任的能力，它是行为能力在保护性法律关系中的特殊表现形式。在大多数保护性法律关系中，责任能力无须特殊规定，它与行为能力是一致的。在刑事法律关系中，刑事责任能力具有特殊性，按照我国刑法规定，已满18周岁的人犯罪，应当负刑事责任；已满16周岁不满18周岁的人，犯故意杀人、故意伤害致人重伤或死亡、强奸、抢劫、贩卖毒品、放火、爆炸、投毒罪的，应当负刑事责任；已满16岁不满18岁的人犯罪，应当从轻或减轻处罚等都体现了刑事责任能力的特殊要求。

2.法律关系客体的概念、要件及种类

法律关系客体，是法律关系主体间的权利义务所指向的共同对象。法律主体为了实现某种利益，必须在法律关系中围绕着特定的对象设定权利、承担义务，特定对象所承载的利益，就是通过法律关系中权利、义务的形式表现出来。因而，在任何一个法律关系中，权利客体与义务客体都是重合的，具有一致性。客体是将法律关系主体间的权利义务联系在一起的中介，没有这个中介，无法形成法律关系，因此客体是法律关系必须具备的构成要素之一。法律关系客体是一定利益的法律形式，其具体化范围受一定生产力发展水平和社会文明程度的制约，但其总的趋势是，随着生产力的不断发展，法律关系客体的范围越来越广泛。许多以前不属于法律关系客体的社会财富，在当代社会可以成为法律关系的客体，如清洁的空气、试管婴儿、人体器官等。而有些以前曾经属于法律关系客体的，现在则不再作为客体，如在奴隶社会，奴隶是会说话的工具，必然成为买卖、赠予等许多法律关系的客体；在封建社会，由于农奴和农民对封建主具有相当程度的人身依附关系，因此在许多重要法律关系中，他们是农奴主的权利客体。而在社会主义条件下，由于消灭了阶级对立和阶级剥削，活人的人身整体不再是法律关系的客体。

在现代社会，一般而言，只有同时符合以下四个条件者，才能成为法律关系的客体：第一，必须具有合法性。只有经法律规定许可的事物，方能成为客体。第二，必须具有价值性。客体应当是一种资源，能够满足人们的某种需要。第三，必须具有一定的稀缺性，不能被需要它的一切人毫无代价地占有利用。第四，必须具有可控性。可以被需要它的人为一定目的而加以占有和利用。

在现实社会中，同时符合上述四种条件的事物是很多的，因而难以一一叙述。概括起来，法律关系客体有以下几种形态：

(1)物。在中国，大部分物可以成为法律关系客体，但以下四种物不能成为私人法律关系的客体：人类公共之物或国家专有之物，文物或贵金属，军事设施和武器，危害人类之物(如毒品、淫秽书籍等)。

(2)行为。包括作为(积极行为)和不作为(消极行为)。

(3)智力成果。即无形财产或精神财富，如著作权(版权)、发明权、发现权、商标权、专利权等，通称为“知识产权”。

(4)人身利益。包括人格利益和身份利益，是人格权和身份权法律关系的客体。人身利益的物质载体是人身，即由各个生理器官组成的生理整体。随着现代科技和医学的发展，以人身的组成部分及其利益为交易对象的现象大量发生，如输血、植皮、器官移植、精子提取等。但值得一提的是，将人身作为法律关系客体必须坚持合法和文明原则，禁止将活人的(整个)身体作为交易的对象，反对贩卖或拐卖人口、买卖婚姻；禁止权利人对自己的人身进行有伤风化的活动，反对卖淫、自残、虐待行为。

3. 法律关系的内容

这是指法律关系主体所享有的权利和承担的义务，即法律权利和法律义务。

四、法律程序

1. 法律程序的概念与特点

法律程序，是指人们进行法律行为所必须遵循或履行的法定的时间和空间的步骤和方式。一般说来，法律程序有以下特征：

第一，法律程序是针对特定的法律行为而作出的要求。

第二，法律程序的内容包括法律对法律行为时间和空间上的要求。

第三，法律程序问题的核心是过程。

第四，法律程序有明确的法律依据，即程序法规范。

第五,法律程序具有相对的自治性。

2.法律程序的历史发展

根据实体法与程序法的划分,法律发展史可分为实体法的演变史和程序法的进化史。在法律起源的最初阶段,关于诉讼程序的内容在法律中占有极其重要的位置,甚至有些学者认为程序法比实体法产生得更早。例如,旧中国诉讼法学家徐朝阳就认为:“考各国法律发达之迹,程序法常先实体法而发生,故民事诉讼法之发生先于民法,而刑事诉讼法之发生亦先于刑法。盖国家组织既经成立,虽文化幼稚,法治未备,而人民之争端之纠葛,不得不仰求国家以为之理;国家依其公力而匡正之,是则诉讼之所由起焉。因诉讼审理及裁判之惯行,形成程序法;因裁判之结果,处分之惯行则形成实体法。是法律发达之自然途径,程序法常先实体法而发生。”①但是,受封建传统法律文化的影响,中国社会长期以来重实体、轻程序。

与中国的情况形成鲜明对比的是,西方自建立近代意义的法治以来,注重法律程序就是一个传统。在西方法学家的观念中,法治问题的核心就是程序问题,“依法办事”严格来说应该表述为“依程序办事”。正如英国有句法谚云:正义不仅要得到实现,而且要以人们看得见的方式实现。美国法律深受英国法律传统的影响,正当程序理念亦为美国法律所继承,并使其内容得以发扬光大,成为美国联邦宪法的一项基本原则。

3.法律程序的意义

中国自古就有重实体、轻程序的传统,程序一直以来都是作为实体的辅助手段而存在的。这种认为程序不是独立、自主的存在,它本身不是目的的认识必然导致程序设计和运用中的实用主义态度和程序虚无主义现象。从理论上讲,程序法和实体法应当是同等重要的。建设社会主义法治国家,程序法和实体法如同车之两轮、鸟之两翼,应并驾齐驱,不应该区分谁主谁次,两者之间也不是简单的手段与目的关系,对于理想的法律秩序而言,程序法和实体法都是工具。

但是,在实践中,程序法与实体法的冲突屡屡上演。实体优先论和两者并重论在面对现实问题时都陷入了尴尬局面,于是程序优先论作为解决现实问题的一种可行甚至是迫不得已的选择开始走到前台。程序优先论者认为,程序是法理念的一个要素,可以说没有程序就没有法,正是程序决定了法治与人治的区别;人治主义和程序虚无主义是孪生兄弟,并肩阻滞了法治的建立;在现代法治中,法律程序不仅具有工具价值,而且具有自身独立存在的内在价值,就是说,法律程序不仅能够促进正义、安全、秩序等外在目标的实现,而且它本身就

① 徐朝阳:《中国诉讼法溯源》,商务印书馆1933年版,第1页。

蕴含着符合正义要求的内在优秀品质，是一种具有独立价值的实体。因此，正当法律程序被看作是现代法治的基石。

下面这个例子可以很好地区分程序正义和实体正义：

在斯大林执政时期，苏联发生过一起恶性杀人案。案件发生后，秘密警察头子贝利下令限期破案。在发往各地的通缉令中，附有三张摄自不同角度的嫌疑犯照片：一张正面，一张左侧面，一张右侧面。一周之内，相貌酷似照片的三名嫌疑犯落入法网。严刑逼供之下，三名嫌疑犯都"如实"招供。

假如事实上只有 A 是杀人凶手，实体正义当然要求 A 受到应有的处罚，B、C 作为无辜者应当无罪释放。但是现在真相未知，在警察眼里三人都有极大嫌疑，再加上上级限期破案的命令紧迫，刑讯逼供往往难以真正避免。假设 A、B、C 都被警察施以刑讯，且都顺着警察的思路予以招供。警察根据供词还另外找到了一些"确凿"的物证，A、B、C 皆被法官宣判有罪。这一裁判结果显然是违反程序正义的。虽然真凶 A 得到了应有的处罚，符合实体正义原则，但却有一个最大的弊端，这就是在刑讯逼供之下，极有可能冤枉好人，B、C 的认罪伏法既不符合程序正义，也不符合实体正义。再假设酷刑之下，A 挺了过去，被无罪释放，而 B、C 由于意志薄弱，锒铛入狱，这就更加彰显程序不公的弊端：既冤及无辜，又放纵真凶。当然，英美法系的程序正义原则并不是无可挑剔，程序正义原则指导下的刑事诉讼活动往往失之过宽，过于重视程序正义的结果容易放纵真正的罪犯，但是程序正义理念认为，两害相权应当取其轻，放纵罪犯的一个过失远胜于冤及无辜和放纵真凶两个错误。

从此意义上讲，正当法律程序的价值主要表现在：(1)是实现权力制衡的机制；(2)使结果正当化，并吸收不满；(3)能够保障人的选择符合理性要求；(4)能确保人格尊严和内在价值得到尊重；(5)体现着一个国家法制化的程度。

【拓展阅读】

[1]周旺生：《法的概念界说》，《北京大学学报(哲学社会科学版)》1994 年第 2 期。

[2]黄捷、车丽华：《论法的要素与法律规范有效性》，《湖南师范大学社会科学学报》2001 年第 3 期。

[3]杨心宇、徐怀宇：《法的本体论思考——对苏维埃法概念的再思考》，《政治与法律》2002 年第 2 期。

[4]许章润：《法的概念、规则及其意义——梁漱溟法律思想研究之一》，《华东政法学院学报》2004 年第 1 期。

[5]李伟:《从人与人的关系考察法的概念——关于法的概念的哲学思考》,《河北法学》2006 年第 9 期。

[6]吴丙新:《法律概念的意义流变——以传统三大法学流派为参照》,《山东大学学报(哲学社会科学版)》2007 年第 1 期。

[7]李清伟:《法律人类学视角下的法的概念与法律失灵》,《甘肃政法学院学报》2008 年第 3 期。

[8]刘叶深:《法律规则与法律原则:质的差别?》,《法学家》2009 年第 5 期。

[9]雷磊:《法律规则的逻辑结构》,《法学研究》2013 年第 1 期。

[10]李佳明:《再访法的概念——一场知识考古学的思辨之旅》,《东方法学》2013 年第 5 期。

[11][英]丹宁勋爵:《法律的正当程序》,李克强等译,法律出版社 2011 年版。

[12]季卫东:《法律程序的意义》(增订版),中国法制出版社 2012 年版。

[13][葡]曼努埃尔・德・安德拉德:《法律关系总论》,吴奇琦译,法律出版社 2015 年版。

第二节　法律权利

一、权利与法律权利释义

(一)权利释义

现代汉语中的"权利"一词,最初是从西方法律或法学中引入的,但其含义无论在外国或中国都极其混乱。《牛津法律指南》中关于权利的释义说,权利是"一个用得太滥且用得过度的词"①。同样,在当代中国的法律性文本以及法学论著中,权利一词的用法也从未统一。

归纳一下,中外法学中关于权利的释义大致可分为 10 种:

1. 自由说

认为权利使权利主体具有意志自由的同时,还享有其外部表现形式——行为自由。权利主体根据其权利作或不作一定行为时,不但不受法律或他人强迫,相反还得到法律的支持或保护。

2. 资格说

认为权利等同于资格(entitlement),做某事的权利等同于做某事的资格。

---

① David M. Walker, *The Oxford Companion to Law*, Oxford: Clarendon Press, 1980, p. 1070.

3. 主张说

认为权利使权利主体可以有效地或强制地主张(claiming)、要求或坚持对某物的占有,或主张、要求返还某物,或主张、要求承认某行为(或事实)的法律效果。这种学说的重点是强调权利主体主张的应被服从性以及这种主张在法律上的应受保护性。

4. 法力说

认为权利是由法律和国家强制力所保证的、人们为某种利益而从事活动、或改变法律关系的能力或力量。

5. 规范说

认为权利是法律所保障或允许的能够做出一定行为的范围或尺度。

6. 选择说

认为权利主体有着优于义务主体的选择,这种选择包括行为的选择和免除义务主体的义务与责任与否的选择。而义务主体则无选择的自由。

7. 可能说

认为权利乃是权利主体作出一定行为的可能性,要求他人履行义务的可能性以及要求国家机关给予协助和保护的可能性。

8. 利益说

认为权利的实质是给权利主体以利益或好处。与之相反,义务则是负担或不利。

9. 优势说

认为权利是权利主体在法律上所享有的优势,与之相对的是非权利主体在法律上处于的劣势。

10. 正当说

认为权利就是指权利主体作出某种行为的正当或正当性。一种行为是否被称为权利,并不是它能够给权利主体带来利益或好处,而是因为这种行为不会给社会、他人造成损害。权利所指称的行为,无论是被作、被暂时不作、或者永久不作都不会对社会或他人造成损害,所以,在社会、其他人看来,用不着要求权利主体必须作、或必须不作此行为。这样,社会成员们实际上是根据无害性标准来确认某种行为是正当的,从而确认其为权利。

上述关于权利的10种解说应当说都有各自正确的成分,分别强调了权利的某一方面的内容或特点。毕竟,人们很难仅从其中的某一种解说中把握权利的完整内涵。本书赞同其中的自由说、选择说和正当说。即从权利主体的角度讲,权利是一种行为选择的自由;而从社会或其他人的角度讲,权利是一种支持、认可或起码是不反对的态度。

我们通常讲到权利，往往无意识地将其同法律权利等同，以为法律之外无权利。其实，在现实社会生活中，除了法律权利，还存在着大量未经法律确认或规定的其他权利。它们存在于人们的观念中，体现在人们的生活实践中，一般被认为是道德权利、习惯权利或宗教权利。我们可以统称其为法律外的权利。也就是说，法律之外有权利。对于这些法律外的权利。本书暂不作探讨。

（二）法律权利释义

1. 法律权利的定义

法律权利，是一个和法律义务相对应的概念，是指权利主体依法享有的自己作或不作某种行为，要求他人作或不作某种行为的自由。一切法律权利都受到国家强制力的保护，当法律权利受到侵害时，权利主体有权向司法机关或者有关主管机关申请救济。

2. 法律权利的特点

第一，它来自法律规范的规定，得到国家的确认和保障；

第二，它是保证权利人利益的法律手段；

第三，它是与义务相关联的概念，离开义务就无法理解权利，它得到义务人的法律义务的保证，否则权利人的法律权利不可能行使；

第四，它确定权利人从事法律所允许的行为的范围，在这一范围内，权利人满足自己利益的行为或者要求义务人从事一定行为是合法的，而超过这一范围，则是非法的或不受法律保护的。

3. 法律权利的要素

法律权利有三个构成要素：选择权、请求权和诉权。

所谓选择权是权利主体自己自主作出一种行为选择的权利；请求权是要求别人作出或不作出一定行为的权利；诉权是自己的权利受到侵犯以后，要求国家机关进行权利救济和保障的权利。所以一般认为选择权是基础，请求权是实体内容，诉权是保障。

二、法律权利的分类

法律意义上的权利，从不同角度分类，可以通过若干不同形式表现出来。

1. 根据根本法与普通法法律规定不同，可分为基本权利和普通权利。

宪法规定的人们在国家政治生活、经济生活、文化生活和社会生活中的权利是基本权利；宪法以外的普通法律所规定的权利是普通权利。

2. 根据相对应的义务主体范围，可分为绝对权利和相对权利。

绝对权利又称“对世权”，是对应不特定法律义务主体的权利，绝对权利对应不特定的义务人；相对权利又称“对人权”，是对应特定法律义务主体的权利，相对权利对应特定的义务人。

3. 根据权利主体的性质，可分为个人权利、集体权利和国家权利。

个人权利是指公民（或自然人）依法享有的权利；集体权利是指国家机关、社会团体、企事业组织等依法享有的权利；国家权利是指国家作为法律关系主体在国际法和国内法上享有的权利。

4. 根据权利的存在形态，可分为法定权利和现实权利。

法定权利，是权利主体依照法律规定应当享有的权利；现实权利，是权利主体实际享有与行使的权利，亦称“实有权利”。现实权利是权利运行的重点，又是新权利运行的起点，因而现实权利是法定权利的另一种参照和评价标准。

三、法律权利与法律义务的关系

法律上的权利和义务，是法律关系的一个重要构成要素，没有法律权利和法律义务，法律也就荡然无存。

（一）法律权利和法律义务相互依存

法律权利和法律义务作为构成法律关系的内容要素，是紧密联系、不可分割的。马克思说，没有无义务的权利，也没有无权利的义务。在法律关系中，两者对立统一，相互依存。享受权利必须以履行相应义务为前提，“任何一项权利的实现都必然伴随着一个或几个保证其实现的义务”[①]。法律关系中的主体往往同时既是权利主体又是义务主体，在一定条件下，权利人要承担义务，义务人也要享受权利。

（二）法律权利和法律义务相互独立

权利不能被看作是义务，义务也不能被视为权利。混淆两者的界限，必然会导致法律上的错误。也就是说，权利和义务有各自的范围和限度。超出了这个限度，就不为法律所保护，甚至是违反法律的。具体而言，超出了权利的限度，就可能构成“越权”或“滥用权利”，属于违法行为。而要求义务人作出超出其义务范围的行为，同样是法律所禁止的。

（三）法律权利与法律义务在一定条件下相互转化

权利意味着利益的获得与实现，义务意味着利益的付出与负担。权利以其特有的利益导向和激励机制作用于人的行为，义务以其特有的约束机制和强制机制作用于人的行为。不同的社会主体基于对自身权利义务的准确理解，在一定条件下会作出适当的行为选择，或者自己作出或不作出某一行为，或者要求他人作出或不作出某一行为。权利和义务都不是绝对的，在一定条件下，权利

---

① 张舒：《正确把握权利与义务的关系：大学生法律基础教育的核心》，《求是》2007年第1期。

可能转化为义务,义务也可能转化为权利。

四、法律权利的冲突

(一)法律权利冲突的含义及特征

独木不成林,同理,一人也不能构成社会。社会总是由众多的社会成员组成的。法律赋予每个人的权利都具有多样性,因此,不同人的相同权利之间、不同人的不同权利之间、同一人的不同权利之间可能会发生冲突。

法律权利的冲突现象在实践中确实是大量存在的。例如,刑事辩护律师接受犯罪嫌疑人的委托后,维护犯罪嫌疑人的权利是其应尽职责。但是特定情况下,当维护犯罪嫌疑人权利与被害人权利发生重大冲突的时候,维护犯罪嫌疑人权利应适当让位于被害人权利,正如在绑架案中,辩护律师在犯罪嫌疑人处获知犯罪嫌疑人藏匿被害人的地点,若侦查机关不能及时救出被害人,被害人生命将遭遇迫在眉睫的危险。刑事辩护律师是应当保守当事人秘密,维护犯罪嫌疑人权利,还是告知司法机关,使被害人生命权免遭重大损害?在此情形下,被害人生命权的重要性就超出了犯罪嫌疑人的权利。不过,此处被害人权利应仅限为生命权、身体健康权等重大人身权利,刑事辩护律师维护被告人权利的适当让位不能泛化,应当通过法律明确列举出具有紧迫性的具体特殊情形。又如公众的言论自由权和明星的个人隐私权之间的冲突等等。

如果要给法律权利冲突一个学理上的定义,我们可以这样界定:法律权利冲突就是指两个或者两个以上的法律权利之间,由于它们各自的权利边界或相互之间的关系在法律上没有明确界定,存在一定程度的不确定性、模糊性,而引起的它们之间的不和谐或矛盾状态。

具体来说,法律权利冲突表现出如下几个特征:

1.冲突中的法律权利有两个或者两个以上,这是产生冲突的形式前提。

2.冲突中的权利都有法律上的依据,都属于法律权利,具有合法性,这里不涉及一方或双方是应然权利、习惯权利或现实权利的情况。

3.冲突之所以发生,是因为法律对冲突着的权利边界界定不明确,存在着模糊性。

4.冲突中的权利最后只能实现其中一个,或者实现各自的一部分,不可能全部实现。

(二)法律权利冲突的类型

根据不同标准,可以对法律权利冲突进行不同角度的类型划分。

1.相同权利冲突和不同权利冲突。这是根据发生冲突的权利是否属于同一类型进行的划分。前者如不同债权人之间抵押权的冲突。如果同一物上设立了两个抵押权，并且都是合法有效的，当抵押物的价值不能同时满足两个债权时，这样两个抵押权在实现的过程中，就会发生冲突。后者如商标权和商号权的冲突。如果甲和乙将“未来星”以商标和商号分别进行了注册，那么甲拥有“未来星”的商标权，乙拥有“未来星”的商号权；由于我国对商标和商号采取分别保护的做法，双方的权利都是合法有效的，这样双方针对“未来星”的商标权和商号权就发生了冲突。

2. 公权力冲突、私权利冲突、公权力与私权利的冲突。这是根据发生冲突的权利性质进行的划分。公权力冲突是指由公法所赋予的权力之间发生的冲突。私权利冲突是指由私法所赋予的权利之间发生的冲突。公权力与私权利的冲突是指由公法所赋予的权力和私法所赋予的权利之间发生的冲突。公权力冲突的一个典型事例是 2005 年 4 月 10 日，环保部门和水利部门因为淮河流域水资源纳污容量的数字问题在公开媒体上发生了激烈的冲突。私权利冲突如广场舞大妈的健身运动权与周边居民的生活安宁权的冲突。公权力与私权利的冲突，如城市政府的市容整治权与小摊小贩的生存权之间的冲突。

五、法律权利的救济

（一）法律权利救济的概念

法律权利的救济是指当权利人的实体或程序权利遭受侵害或不能有效实现时，他能按照法律规则的明确指示找到一个负责任的有关机关或组织，这个机关或组织在法律规定的时限内能确定义务人并督促该义务人采取一定的补救措施消除侵害或积极履行义务，以制止权利侵害或帮助权利人有效实现权利。

（二）法律权利救济的前提

法律权利救济的前提是什么？英美法系和大陆法系对这一问题的认识各有千秋。长期以来，英美法系常被称为“补救之法”，而大陆法系则常被称为“权利之法”。英美法系的最大特点是判例法，他们思考的首要问题不是“为后世立法”，而是如何切实有效地解决现实社会的种种问题。从早期的令状制度开始，英美法系就一直奉行“救济先于权利”的原则。“汝给吾事实，吾予汝法律”，法律不是别的，法律就是法官的裁判结果。因此，在英美法系，法律权利救济的前提并非权利，而是损害的事实，即需要加以改善的状态，即无救济，则无权利。大陆法系的认识有所不同，大陆法系历来奉行成文法传统，坚持权利先于救济，先由法律制度对实体权利予以设定，后有法院对受到侵害的实体权利予以保障，法官只能依据既有法律对权利进行救济，而不能通过判例创设新的法律。因此，在大陆法系中，法律权利救济的前提是权利，即有权利，才有救济。随着社会的发展，两大法系有融合趋势，但两者之间的诸多区别仍会在较长时期内延续。

我国历来遵从成文法的传统，与大陆法系更为接近。法律权利的救济也是以实体权利的存在为前提。也就是说，没有实体权利的存在，也就无所谓救济。

（三）法律权利救济的方式

法律权利救济的方式，是指法律规定的特定机关或社会组织依据法定程序对受到损害的法律权利人进行救济的各种非诉讼纠纷解决方式或诉讼方式。一般来说，法律权利救济的主要方式包括仲裁救济、行政救济和司法救济。

1. 仲裁救济

仲裁救济是指根据当事人之间事先或事后达成的合意，由独立于行政机关的仲裁委员会对平等主体的公民、法人和其他组织之间发生的合同纠纷和其他财产权益纠纷进行调解或裁决，以维护当事人的合法权益。随着现代社会生活节奏的加快，人们对自己的权利救济也提出了更高的要求，人们希望救济渠道更加高效、低耗，救济过程能更多体现当事人的意思自治。与诉讼方式相比，仲裁救济的优点是程序简便快捷、效率较高、费用较低，并且充分尊重当事人的自治权。总之，仲裁是在诉讼之外发展起来的一种区别于公力救济的社会救济手段，它一方面可以弥补诉讼的周期长、成本高等弊端，与之形成功能上的互补，另一方面又与诉讼之间形成良性竞争关系，互相促进工作机制的完善。仲裁救济的存在，对于减轻法院的办案压力，提高诉讼效率以及克服地方保护主义都是大有益处的。

2. 行政救济

行政救济是指行政机关作为公权力主体为权利人提供的一种“准司法性”维权途径，主要包括行政调解、行政复议和行政裁决三种具体方式。现代社会中，行政管理的对象和事务日趋多元化、复杂化，行政管理过程的专业性、技术性也越来越强，行政管理对象对公正、效率等价值的追求更加迫切。如果所有纠纷都等待法院处理，必然会产生两大社会问题：一是法院不堪重负，无力应对专业性、技术性很强的纠纷，案件积压问题会越来越突出；二是当事人难忍“讼累”，很多纠纷不能得到简便、及时、有效的解决。而分工细致的行政机关恰好在解决专业性、技术性法律纠纷方面有独特的优势，因此，由行政机关牵头，组织具有一定法律知识、相关知识和技能以及行政管理经验的人员成立专门机构，参照司法程序解决纠纷，能更好更快地实现案结事了的效果。同时，通过完善法律制度使行政救济与司法救济适当衔接，就能充分保证办案的质量和法律效力。目前，行政救济已得到许多国家和地区的重视，成为现代市场经济国家实现权利救济的一种重要手段。例如，英国和美国的行政裁判所制度。

3. 司法救济

司法救济，又称“诉讼救济”，是指人民法院在权利人依法起诉后依照法定程序对权利人与义务人之间的纠纷作出中立性裁断。司法救济的主要特征是：

第一，救济范围的广泛性，有权利，就有救济；第二，救济方式的被动性，不告不理；第三，救济程序的法定性，法外无诉讼程序；第四，裁断结果的强制性，由国家强制力予以保障；第五，法律效力的终局性，一事不再理。司法救济是现代社会最重要的权利救济方式，是维护社会公平正义的最后一道防线。但是，司法救济不是实现权利救济的唯一渠道，在案件数量激增的情况下，应更多强调发挥多元化纠纷解决机制的作用，引导当事人尽可能优先选择非诉讼纠纷解决方式解决纠纷。最重要的权利救济方式和最后一道防线，并不意味着司法救济是最好、最有效、最公正的纠纷解决方式，仅仅表明司法救济在法律上具有终局效力，是法律认可的终极权威。

(四)法律权利救济的原则

1.有权利必有救济原则

宪法是公民权利的最高体现。列宁说，宪法就是一张写着人民权利的纸。《中华人民共和国宪法》是我国的根本大法，它通过"列举＋概括"的立法技术对公民的基本权利作了规定。宪法的根本目的就是保障和维护公民的基本权利。公民的基本权利通过刑法、民法、合同法、婚姻法、劳动法、环境保护法等实体法律进一步具体化。当公民的法律权利受到不法侵害时，按照行政程序法、诉讼法等程序法律的规定，有关行政机关和司法机关应当负起救济职责。

2.及时救济原则

权利配置体现的是分配正义，而权利救济体现的是矫正正义。分配正义重在公正，而矫正正义重在及时。正义如果迟到，就是不正义。正义如果总是迟到，就是最大的不正义。法律秩序的连续性、稳定性要求权利救济必须是及时的，否则会造成秩序链条的长时间断裂，随时可能带来更大的程序破坏甚至崩溃。

要使权利得到及时救济，就要严格遵守程序法中关于时限的各种规定。严格遵守程序时限有助于防止和克服程序参与者行为的随意性和随机性，为程序参与者提供统一、规范的行为标准，从而使诉讼行为在时间上连贯、衔接，避免中断。及时性是权利救济程序公正的重要保证。

3.充分救济原则

及时是对权利救济的时间性要求，充分则是对权利救济的质量性要求，然而充分在实践中是一个很难作出明确界定的标准。由于在法律上往往只有一定幅度的弹性规定，因而各方程序参与者之间不容易就是否实现充分救济达成共识，充分救济事实上体现着各方程序参与者之间达成的某种妥协或形式统一。充分救济的底线应当是基本恢复原状或补偿了被侵害人的物质损失，精神侵害救济的充分性尽管难以用货币衡量，但给予适当数额的货币或物质补偿仍可起到一定程度的安抚作用。当然，充分救济还要考虑具体地区、具体当事人双方的特殊情况等个案因素，需要具体问题具体分析。

4. 司法最终救济原则

司法是维护社会公平正义的最后一道防线。1948 年《世界人权宣言》第 8 条明确规定："任何人当宪法或法律赋予他的基本权利遭受侵害时，有权由合格的国家法庭对这种侵害行为作有效的补救。"在多元化纠纷解决方式中，司法救济是最具权威性的救济方式，也是事实上各国法定的最后救济手段。当然，对于司法的功能，也不能给予太多不切实际的期望。司法只是社会上众多解决纠纷的手段之一，并不是所有的纠纷都必须或适合通过司法途径来解决。司法救济的真正价值并不在于它惊人的收案数和结案数，而在于它提供了一个公正的背景或标杆，在此背景或标杆之下，促进其他纠纷解决方式的完善。司法救济应当提供一个更高层次的平台，受到当事人质疑的纠纷结果可以在这个平台上得到重新检测并获得补救。这才是"最后一道防线"的应有含义。

以上原则仅仅是对法律权利救济的总体和一般要求，不能涵盖法治社会公民法律权利救济的所有原则。

【拓展阅读】

[1]葛洪义：《论法律权利的概念》，《法律科学》1989 年第 1 期。

[2]北岳：《法律权利的定义》，《法学研究》1995 年第 3 期。

[3]汪太贤：《论法律权利的构造》，《政治与法律》1999 年第 5 期。

[4][美]哈耶克：《正义：法律与权利》，邓正来译，《环球法律评论》2001 年第 1 期。

[5]马岭：《宪法权利与法律权利：区别何在？》，《环球法律评论》2008 年第 1 期。

[6]蒋德海：《基本权利与法律权利关系之探讨——以基本权利的性质为切入点》，《政法论坛》2009 年第 2 期。

[7]余广俊：《论道德权利与法律权利》，《山东社会科学》2009 年第 10 期。

[8]雷磊：《法律权利的逻辑分析：结构与类型》，《法制与社会发展》2014 年第3 期。

[9]陈开琦、黄聪：《法律权利的道德争论——关于权利来源的两种思考》，《云南师范大学学报(哲学社会科学版)》2014 年第 6 期。

[10]周永坤：《公民权利——有尊严的活着》，人民出版社 2010 年版。

[11][意大利]恩里科·帕塔罗：《法律与权利：对应然之现实重新评价》，滕锐等译，武汉大学出版社 2012 年版。

[12]郭春镇：《转型期权利的法律保障研究》，厦门大学出版社 2015 年版。

第三节　法律义务

一、义务与法律义务释义

（一）义务释义

人类学、考古学、历史学的研究表明，早在法律出现之前，义务现象即已存在。在人类进入文明社会的早期阶段，人们通常将类似于今天义务一词所称的各种现象为"禁忌"。

在已发现的人类古代文明典籍中，有一部写在泥板上的法典《李必特·伊丝达法典》，出自公元前20世纪两河流域的伊新国。该法典第17条规定："倘自由民责成其他自由民以其所不知之事，且无报酬，则其他自由民可以不履行义务，而此自由民应自行担负其所责成他人之事的义务。"[①]自此，"义务"一词开始在后世法典中频繁亮相。义务，不同于具体的债务。公元前18世纪的《汉谟拉比法典》是现今完整保存下来的世界最早的一部成文法典，在该法典中对"义务"与"债务"已有所区分，并用两个不同的词语来表示。该法典第38条规定："黑都、巴衣鲁或纳贡人不得以其与所负义务有关的田园房屋遗赠其妻女，亦不得以之抵偿债务。"[②]由此可以看出，当地球上其他大部分地区尚处于蛮荒时代或文明初创阶段时，古代两河流域的法律文化已经相当发达了。

古希腊人的创造是最先从伦理学角度使用"义务"概念，自德谟克利特将"义务"概念纳入伦理学研究视野之后，"义务"成了伦理学研究中最重要的范畴之一。与古希腊人长于哲学思辨不同，古罗马人更富有"务实精神"，他们主要是从法律意义上使用"义务"一词，其影响一直到后世。

中国古代并无"义务"一词，"义"和"务"在汉语中都是作为单字出现的。自孔、孟始，"义"就被确定为道德范畴的基本准则。也就是说，"义"在中国古代是表示道德范畴的概念。其含义极其丰富，可以表示容止、仪表，法度、标准，合宜的道理、行为，正道原则，正义等等。"务"在古代汉语中，通常被理解为事务、事情、行为。到中国汉代时，才出现"义务"一词，也是在道德意义上使用。即使是作为道德范畴的"义务"词汇在汉代以后的中国古代典籍中仍不常见。至于中

---

① 《外国法治史资料选编》上册，北京大学出版社1982年版，第13页。

② 《外国法治史资料选编》上册，第21页。

国历代律典中，则根本没有出现过“义务”这一概念。清末著名思想家梁启超在其《新民说》中专设《论义务思想》一节，从理论上对“义务”范畴进行了系统论述，提倡“天赋义务论”，首开中国思想史上义务研究之先河。清末修律过程中，日本介绍西洋法律的书籍大量传入中国，“义务”一词作为法律用语才开始在现代汉语中流行起来。在当今社会的大多数场合，我们提到义务是指法律义务。

（二）法律义务释义

法律义务作为义务的一种，与一般义务有着密切的联系，又有自身的特殊性质。目前，国内外法律学者的著作中，对“法律义务”大体上有以下十种认识：

1. 限制说

认为法律义务是国家法律规定的，人们应该或必须适应权利主体的要求而作出或抑制一定行为的限制或约束。

2. 规范说

认为法律义务是满足权利主体的利益需要而对义务主体规定的必要的行为规范或尺度。它具有无条件性和强制性的特点。

3. 责任说

认为法律义务是指义务主体依法所承担的某种必须履行的责任，也就是说，义务主体依法承担必须从事一定行为或不应从事一定行为的责任。

4. 手段说

认为法律义务是指法律所规定的义务主体应该按照权利主体的要求从事一定行为或不行为，以满足权利主体的利益的法律手段。

5. 不利说

认为法律权利即为权利主体享受利益，法律义务即为义务主体履行不利益。所以，法律义务是法律在某种情形下要求义务主体履行之不利益。

6. 意思说

认为法律权利即为权利主体之意思自由的支配力，法律义务即为限制义务主体之意思表示。所以，法律义务是法律在某种情形下对义务主体之意思自由加以限制，受此限制者即为义务主体。

7. 法力说

认为法律权利为权利主体应有法律上之力，法律义务即为义务主体应受法律上之拘束力。

8. 惩罚说

认为法律义务就是如果实施了相反的行为就要受到惩罚。这是西方功利主义法学创始人边沁所主张的法律义务说。“凡是我有义务去做的事情，如果我不去做，依据法律，我就要受到惩罚。这就是义务一词原来的、普通的和恰当的含义。”[①]

9. 服从说

认为法律义务就是不实施将导致受到制裁的不法行为。这是纯粹法学派的著名代表凯尔森所主张的法律义务解说。他说,“在法律上对某一行为负有义务,意思是相反的行为是一个不法行为并且本身就是一个法律规范所规定制裁的条件;因而,在法律上负有义务就意指一个不法行为的一个潜在主体、一个潜在的不法行为人。……法律义务的内容是与作为一个不法行为、成为制裁条件的那种行为相对立的(相反的)行为。法律义务是不为不法行为的义务。它是国民‘服从’法律规范的义务”[②]。

10. 应当说

认为法律义务是指义务主体在实际生活中按照法律规则的指示作(或不作)的应当性。该定义的落足点不在行为,而在社会主体对行为的评价。

上述关于法律义务的各种解说都有一定的合理之处,但是,同法律权利的解释一样,仅凭其中的一种说法很难洞悉法律义务的复杂内涵。本书赞同其中的限制说和应当说。

二、法律义务的分类

依据不同的划分标准,可以对法律义务作不同的分类。

(一)公法义务与私法义务

这是根据义务所依据法律的属性不同而分。前者是依据公法规定而承担的义务,如国家尊重和保护人权之义务,公民的纳税、服兵役、受国民教育的义务等。后者是依照私法规定而承担的义务,如夫妻之间相互赡养的义务,父母抚养教育未成年子女的义务,成年子女赡养年迈父母的义务,债务人向债权人清偿债务的义务等。

(二)积极义务与消极义务

这是根据义务的形态不同而分。前者也称“作为义务”,是义务人应积极地作出特定行为,以配合权利人的权利实现。后者也称“不作为义务”,是义务人应消极地不做出特定行为,以不妨碍权利人的权利实现。

(三)绝对义务与相对义务

这是根据义务效力范围的不同而分。前者也称“对世义务”,这里的义务人是一般人,是一般人对权利人承担的不妨碍权利人权利行使的不作为义务,如

① [英]边沁:《政府片论》,沈叔平等译,商务印书馆1995年版,第230页。

② [奥]凯尔森:《法与国家的一般理论》,沈宗灵译,中国大百科全书出版社1996年版,第66页。

法律规定不得侵犯他人的通信秘密和通信自由等；后者也称“对人义务”，这里的义务人是特定人，是特定人对权利人承担的积极作为的义务，如债务人积极履行债务的义务等。

(四)主义务与从义务

这是根据义务是否能独立存在而分。前者又称“第一位义务”，是能独立存在的义务，如法律规定公民负有不得故意毁坏公私财物的义务。后者又称“第二位义务”，是不能独立存在的义务，必须依附主义务而存在，如某人因不满某国某农场单方解除劳动合同关系，一怒之下砸毁三台机械设备(违反主义务)，因而必须承担的民事损害赔偿义务(承担从义务)。

(五)专属义务与可移转义务

这是根据义务是否有可移转性而分。前者是仅特定人可以负担的义务，如抚养、赡养、扶养义务。后者是可以移转于他人履行的义务，如金钱债务。

(六)公民义务、集体义务与国家义务

这是根据主体身份的不同而分。公民义务的主体是自然人个人。集体义务的主体是法人或其他非法人组织。国家义务的主体是国家或以国家名义执行公务的国家机关。

(七)基本义务与普通义务

这是根据义务所依据法律的地位不同而分。前者是根据基本法律的规定而产生的义务。后者是根据法律、法规、规章及其他规范性文件的规定而产生的义务。

(八)普遍义务与特定义务

这是根据义务承担是否具有普遍性以及是否附带条件而分。前者是指社会和国家向所有社会成员提出的关于一些最基本的行为的作(或不作)的要求，是社会所有成员都要承担的、不附带任何条件的义务。后者是指在法律规则预设的特定条件得到实现的情况下，社会和国家向特定成员提出的关于某些特定行为的作(或不作)的要求。

(九)原生义务与派生义务

这是根据法律产生的逻辑关系而分。前者是国家根据人类社会群体在社会生活中自发形成的最基本的道德义务规则的规定，对每一成员提出的关于一些最基本的行为的作(或不作)的要求的义务。后者是指在特定的情况下，由原生义务的履行产生出来的新的义务。例如，由敬重生命这一原生义务，在刑法中派生出不得杀人、不得伤害他人等派生义务。

(十)禁为性义务和必为性义务

这是根据义务的行为状态不同而分。前者是社会和国家对义务主体提出的禁止某些行为的要求，例如“不得偷盗”。后者是社会和国家对义务主体提出的必为某些行为的要求，例如“公民必须依法纳税”。

三、法律义务产生的依据

法律义务来自哪里？或者说，我们为什么要承担法律义务？这是一个看似简单却实难回答的问题。

英国学者米尔恩认为：“各种具体的道德义务产生于各种细致的道德要求，各种具体的法律义务则产生于各种细致的法律要求。在一种情况下，人们有义务按道德原则行事，服从道德规则，培养各种道德美德并将它们付诸实践；在另一种情况下，人们有义务服从法律规则，并按法律原则行事。”[①]奥地利学者凯尔森认为：“义务概念最初是一个道德上的特定概念，并表明道德规范与规范为之规定或禁止一定行为的那个人的关系。一个人具有‘道德’义务，或‘道德上’负有义务，遵从某种行为的陈述，意思是一个命令这种行为的有效力的(道德)规范，或这个人应当以这种方式行为的规范。”“在道德领域中，义务的概念和‘应当’的概念是一致的。成为某人道德义务的行为只不过是他根据道德规范所应当遵守的行为而已。”[②]这两位西方学者的观点在西方具有代表性，是西方学界关于义务来源的普遍性认识，认为义务源于规则——道德义务源于道德规则，法律义务源于法律规则。这种解释有失简单，经不住深究。因为法理学上提出这一问题是要探究法律背后的道理，即法律为什么将某些行为确定为义务？

国内多数学者认为义务源于权利，权利先定而义务后生，义务人的义务负担来自于权利人的权利主张。这种解释仍然经不住深究。这是因为，权利人与义务人的法律地位是平等的，为什么权利人能够向义务人提出主张并使这种主张产生法律约束力？如果说权利人是根据权利向义务人提出主张，权利又来自哪里？

国内少数学者认为义务来自于国家或统治阶级的意志。这一解释同样缺乏深刻说服力。

根据中央党校张恒山教授的解释，法律义务产生的深层的、实质性依据，应

---

① [英]米尔恩：《人的权利与人的多样性》，中国大百科全书出版社 1995 年版，第 33 页。

② [奥]凯尔森：《法与国家的一般理论》，沈宗灵译，第 67 页。

当是社会群体的共同性评价和义务人的“承诺”①。

第一，义务的本意就是“应当”，就是代表着社会成员们（或集团、群体、组织）对行为主体提出的关于某种行为被作（或不作）的要求。这就决定了义务本源于与义务人同在的社会其他成员们的评价和看法。

第二，义务作为社会成员们对行为主体所提出的关于某种行为被作（或不作）的要求，是以社会成员们关于这种行为是否被作所将产生的结果的评价为依据的。如果行为主体对一种行为的“作”将导致行为承受对象的利益受到损害的结果，那么，与行为主体同在的社会其他成员们就会对这种行为的“作”作出否定性评价，并基于这种否定性评价，对行为人提出关于该种行为的“不作”的要求；如果行为主体对一种行为的“不作”将导致行为承受对象的利益受到损害的结果，与行为主体同在的社会其他成员们就会对这种行为的“不作”作出否定性评价，并基于这种否定性评价，对行为人提出关于该种行为的“作”的要求。所以，义务作为一种社会性要求源于与义务主体同在的社会其他成员们对义务主体可能做出的、与义务所标示的相反的行为的否定性评价。

第三，如果说义务来源于规则，那么规定义务的规则本身则来源于社会成员们的协议，代表着社会成员们的关于在什么情况下将向个人提出特定行为要求的约定。规定义务的规则本身还不是实际的义务，即还不是实际的、具体的作（或不作）某种的行为的应当性。规定义务的规则，无论它是以语言的方式存在于社会成员们的口头上，还是以文字的方式表现在文化典籍中，它都代表着社会成员们的一种共识：在某种情况下，将对行为主体提出某种行为的作（或不作）的要求。这种以语言或文字的方式来表述的义务性规则，实际上是一种关于在什么样的情况或条件下，社会群体将向个人提出行为要求的预言。根据这种预言，在预设的情况或条件尚未在社会生活实践中出现时，社会群体就不向个人提出预设的行为要求，即个人不承担具体的义务。根据这种预言，在预设的情况或条件在社会生活中实现了时，社会群体就向个人提出了预设的作（或不作）某种行为的要求，即个人处于承担义务的状况。这时，在预设的情况或条

---

① 美国经验主义伦理学者塞森斯格（Alexander Sesonske）在批评西方伦理学理论中的种种义务依据论时，曾提出义务的依据是承诺的观点。塞森斯格认为：我们日常的义务概念的一个根本要素是，一旦作出了承诺，就导致了义务，就不能仅仅由于作出承诺和有义务的人决定他不再受它的约束而取消或废除它。塞森斯格认为，承诺可以三种方式表现出来：一种是明确的承诺。这是明确的使用语言、文字或动作来表达的承诺。另一种是隐含的承诺。它包括从我们作出明确承诺衍推的承诺和隐含在我们对其他人提出的要求中的承诺。第三种承诺的形式是参加并置身于某个共同体中。个人因参加并置身于某个共同体中就存在着接受与这种共同体成员身份相伴的义务的承诺。无论以什么方式作出承诺，都有效地产生义务。（参见[美]塞森斯格：《价值与义务》，江畅译，中国人民大学出版社 1992 年版，第 116～125 页）

件在社会生活中实现了时，无需社会群体共同再向特定的个人明言式地提出作(或不作)某种行为的具体要求，个人就处于承担义务的状况中，即个人就处于被要求作(或不作)某种行为的社会群体意志的约束中。所以，义务规则是社会成员们预先形成的、关于在一定的情况或条件下对个人提出作(或不作)某种行为的要求的共同协议和约定。那么，更进一步的问题就是，关于义务的规则是如何产生的？简单说来，义务规则是在三人社会中、以总是占社会绝大多数的第三方的共同性的关于行为的评价为基础而协议产生的。所以，义务表面上来自于义务性规则，实际上，来自于社会群体的关于义务的共识和约定。

第四，在社会群体的关于义务的共识和约定中，包含着义务人自己对被要求的行为的作(或不作)所表示的同意和承诺。国内法学界的许多学者并不区分以道德义务为主的一般义务和法律义务，便直接用实证法学看待法律义务的观点去解释一般义务，认为义务就是国家或统治者对义务人的强制。在这些学者看来，义务对于义务人来说，完全是外在的东西、异己的东西；义务人承担义务完全是被迫的、被强制的。这种在国内法学界带有普遍性的看法，恰恰表明了中国法学界对一般义务的本源缺乏关注和研究。如上所述，义务规则是社会成员们预先形成的、关于在一定的情况或条件下对个人提出作(或不作)某种行为的要求的共同协议和约定。这种关于义务的约定表面上看来仅仅是社会其他成员们作出、提出的，表面上看来对于义务主体而言是异己的、外在的，实际上，这种关于义务的约定也是义务人自己作出、提出的，也是义务人自己必然会同意的、赞同的。因为，人类社会至少由三个以上的人构成，张恒山教授称之为“三人社会模式”。在三人社会模式中，每个人在特定情况下是某特定行为的当事人(行为人或行为受动人)，在其他情况下，又是局外人，是观察其他人的行为和行为结果的旁观者、第三方。一个特定情况下的义务人，作为该特定情况下的当事人，也许认为这种义务对于自己而言是外来的、异己的，是由社会其他成员们强加于自己的。但是，该义务人在其他大多数场合下，作为社会其他成员们的一员，会以旁观者、第三方的身份对他人在特定情况下作(或不作)某种行为作出评价。这种评价与以旁观者、第三方的身份出现的社会其他成员们对此特定情况下的行为评价必然是相同的。在这种相同评价的基础上，他会和社会其他成员们一样就未来的相同的情况下对行为人的行为提出特定的预设性要求，并且，他所提出的这种预设性行为要求和社会其他成员们提出的预设性要求是相同的。这就形成个人的关于在未来特定情况下对行为人的行为要求的认识与社会其他成员们的认识的一致性，以至形成关于设定义务的规则性约定。这样，社会自发形成的关于设定义务的规则中包含着义务人自己的事先的对这种规则的同意和承诺。

第五，在社会群体对义务人提出的具体行为要求中，包含着义务人自己对被要求的行为的作（或不作）所表示的同意和承诺。就具体的义务而言，在表面上看来也仅仅是社会其他成员们对义务主体作（或不作）一定的行为所提出的要求；表面上看来对于义务主体而言是异己的、外在的要求。实际上，这种要求也是建基在义务人自己的同意、承诺之上。根据三人社会模式理论，任何一个人，作为当事人在特定的情况下所感受到的社会其他成员们对自己的行为提出的要求，与自己在同样的情况下以旁观者、第三方的身份对他人的行为提出的要求是相同的。这就是说，一个特定情况下的义务人，如果以旁观者、第三方的身份来看待自己所承担的义务，就会给自己提出同样的行为要求，就会赞同、同意承担这种义务。义务人只是在特定情况下是承担义务的主体。他在社会生活中的角色是不断变换、不断变动的。他的更一般的身份、角色是社会生活中的一般成员。作为社会生活的一般成员的身份、意志、观念与他在特定情况下的义务人的身份、意志、观念都是同一的。他不能有双重意志、两种观念，不能在作为社会生活的一般成员时持一种意志、一种观念，在作为特定情况下的义务人时又持另一种意志、另一种观念。总之，他不能像患精神分裂症一样自己反对自己，自己否定自己。在社会生活中的大多数情况下，他所扮演的身份、角色是与社会其他成员们一起对其他的特定的人的行为作出评价、提出的要求。这样，社会其他成员们对特定情况下特定人的行为所提出的要求，也包含着、等同着该义务人自己倘若以旁观者、第三方的身份出现的话在该特定情况下提出要求。因此，这种要求对于义务人而言就不是外在的，而是内在的；不是异己的，而是由己的；不是被强制的，而是自由、自觉的。当一个主体以旁观者、第三方的身份在特定情况下对他人提出某种特定的行为要求的时候，他就等于向社会其他成员们作出一个承诺、保证：在同样的情况下，他自己也要作出同样的行为。因此，义务来源于义务人自己的同意、承诺。[①]

四、法律义务设定的目的

从理论上说，社会成员自发形成的道德义务具有自在的合理性。但是，当存在着凌驾于社会之上的国家这样的外在权威机关的情况下，由国家机关自上而下地确定的义务规则就未必总是合理的。国家立法设定的法律义务的合理性如何，这首先取决于国家立法者对法律义务设定目的的看法。

国家立法是替代人们直接协议立法的无可奈何的办法，但由国家立法并不等于国家可以随意立法。国家立法设定义务时，必须探寻人民在协议立法时设

---

① 参见张恒山：《义务、法律义务内涵再辨析》，《环球法律评论》2002 年第 6 期。

定义务所追求的目的，以此作为自己立法的目的指导。

一般来说，人民在协议立法时，设定义务的首要动机是防止相互侵害。对于社会生活中的相互侵害行为，人们会普遍表示反感和厌恶，对侵害行为一致表示反对，认为“不应当”。因为在一个既定的社会体中，强者和弱者的区分总是相对的，任何人都可能成为弱者，所以从弱者的立场出发，避免相互间的侵害，特别是来自强者的侵害，便是义务得以产生的原始动力。在此基础之上，就形成了以预防和制止侵害为实质内容的义务。

这就决定了排除侵害成为国家立法设定义务的直接目的。或者说，国家立法不能以增加人民幸福、对人民有好处为理由设定普遍义务。因为追求幸福、谋求好处是每一个社会成员自己的事情，每一个人对幸福、好处都有自己的不同的理解或认识，人们对此不可能有共同的意见；国家对幸福、好处的看法也不可能绝对正确、不可能具有绝对权威性。以增加幸福、好处为理由设定普遍性的法律义务可能会迎合一部分人的看法，同时也必然会受到另一部分人的反对。如果一项法律义务在客观上不是排除侵害、而是带来侵害的话，它就没有资格成为法律义务，尤其是不能成为普遍性的法律义务。

从表面看，法律义务限制了人们的自由。但从实质看，法律义务并不是限制自由的手段，而是保护和增进自由的工具。因为法律义务限制的并不是真正的自由，而是野蛮和任性，是人们相互侵害的“自由”，这种“自由”其实就是野蛮和任性。法律只有限制这样的野蛮和任性，才能促进人们在社会生活交往中的真正自由。因此，可以说，国家设定法律义务的根本和最终目的是为了保障和增加人们的共同自由，使社会公共利益最大化。而法律义务设定的目的决定了法律义务设定应当遵循的原则。

五、法律义务设定的原则

根据上述排除侵害以实现社会公共利益最大化的目的，法律义务的设定应遵循以下原则：

（一）排除真实侵害原则

设定法律义务所要排除的行为所具有的侵害性必须是真实存在的，而不是凭空想象的。也就是说，该行为一旦付诸实施会给他人或社会造成真实的利益侵害。

一个杀人行为一旦付诸行动，必然造成他人生命的损害；一个盗窃行为的实施必然给他人造成财产的损害。所以，立法规定不得杀人、不得盗窃就是合理的。

一个人相信巫术，每天夜晚在写着其仇人名字的木偶像上扎针且念动咒语，诅咒其仇人死亡，这是想象中的侵害，不是真实的、现实的侵害，所以国家不能立法禁止人们相信巫术。

更进一步说，国家对侵害的认识必须建立在科学理性的基础上，而不能建立在唯心主义的想象的基础上。一个平民百姓可以“唯心”，只要这种“唯心”并不真实地损害他人和社会。而国家不能“唯心”，国家如果对并不真实的损害加以禁止，这表明了国家的“唯心”或国家立法者的“唯心”。

(二)排除必然侵害原则

法律义务所要排除的行为所具有的侵害性必须是必然的，而不是或然的。

一个人的抢劫行为给他人造成的损害是必然的，立法禁止抢劫行为是合理的。

如果立法者认为有钱人的炫富、斗富行为导致了社会上抢劫行为的增加，于是，立法禁止有钱人购买奢侈品以炫富、斗富，这就是设定不合理的义务。因为有钱人的炫富、斗富行为虽然在道德上不值得提倡，却与社会上的抢劫犯罪没有必然性的、直接的联系。

(三)排除对他人侵害原则

法律义务所要排除的行为必须是对他人或社会有害的行为，而不能仅仅是对行为人自己有害的行为。反过来说，国家不能仅仅以防止一个人的行为对其本人有害为由而设定法律义务。

一个人的行为不对他人或社会有害，而仅仅对自己有害，国家无权以免于个人对自己的损害为理由而设定普遍性的法律义务。实际上，个人选择的行为对自己是有害还是有利，通常只有行为人自己明白。其他人包括国家都不能以上帝的身份判断、决定个人的行为对其本人有利还是有害。比方说，从理论上讲，个人选择安乐死，在国家看来可能很愚蠢，认为这是戕害自己；但在选择者本人看来，生命不能给自己带来幸福和快乐，而是无法忍受的痛苦和负担，那么，放弃生命本身就是一种幸福、好处——一种免于痛苦的幸福、好处。即使国家顽固地认为个人选择安乐死是对自己生命利益的损害，国家也无权禁止安乐死，因为，安乐死并不损害他人的利益。只要一个人是真实自愿地选择安乐死，那么，协助他完成愿望者也不能被视为杀人凶手，而应当被视为选择安乐死者的实现自我愿望的工具。于是，国家也无权禁止人们在适当、完备的程序下协助他人实现安乐死。基于这样一种理论认识，英国等一些国家在立法中排除了对安乐死的限制。

(四)排除之害大于排除之利原则

法律义务所要排除的行为对他人或社会具有的损害必须远远大于该行为自身可能给他人或社会带来的利益或好处。

或者反过来说，国家不能对虽然由某种较小的不利，但同时给他人或社会可能带来巨大好处的行为设定法律义务。

纵火行为只会给他人或社会造成损害，不会给他人或社会带来利益或好处，所以应当绝对禁止。

而发表批评政府的言论、抨击政府的现行政策，从政府的角度来看会很恼人：这些言论使人们对政府的政策失去信心，或者损害政府领导在公众面前的良好形象。但是，如果禁止这类批评行为，就会损害或丧失可能由这类批评行为给社会带来的巨大利益：通过对政府的批评使人们看到政府中的某些官员的腐败行为；通过对政府现行政策的批评使政府及早发现这些政策的失误，从而及时修正这些政策，避免这些失误的政策给社会公众的利益造成无可挽回的损害。更重要的是，禁止了民众对政府的批评行为，就会使政府失去民众舆论的监督，可能由此走上专横之路。因为发表批评政府的言论可能会给社会带来巨大的利益，而这种利益远远超过这种行为给政府带来的些许不利，所以，国家不能设定禁止这类行为的义务。

（五）排除之害大于带来之害原则

法律义务所要排除的行为给义务人本人、他人或社会带来的损害必须远远大于因排除该行为而给人们带来的行为受限的不利。

计划生育的普遍性义务当然是减少了人们的生育的自由，但这种义务所要排除的是每一个人无节制地生育所带来的人口膨胀、人均资源减少、社会矛盾和冲突增加、社会安全性降低这样的社会性危害。与避免人口膨胀的危害相比，人们承担减少生育的自由的义务是必要的，也是合理的。

反过来，如果所设定的义务给人们带来的行为受限的不利明显地、远远超过该义务所要排除的行为给义务人本人、他人或社会带来的不利，该义务设定就缺乏合理性。例如，银行发行信用卡被少数人利用进行诈骗犯罪，这当然对社会有害，但为了防范少数人利用信用卡诈骗，国家就立法禁止银行发行信用卡，这就是无理的义务设定。

【拓展阅读】

[1]北岳：《法律义务的合理性依据》，《法学研究》1996 年第 9 期。

[2]张恒山：《义务、法律义务内涵再辨析》，《环球法律评论》2002 年第 11 期。

[3]张成元：《法律义务概念的定义式解释》，《当代法学》2003 年第 3 期。

[4]钱大军：《法律义务的逻辑分析》，《法制与社会发展》2003 年第 4 期。

[5]钱大军:《法律义务的合理性分析》,《社会科学战线》2003年第5期。

[6]刘金凌:《法律义务、道德义务的功能互补与协调》,《辽宁师范大学学报》2005年第3期。

[7]史际春、肖竹、冯辉:《论公司社会责任:法律义务、道德责任及其他》,《首都师范大学学报(社会科学版)》2008年第4期。

[8]陈荣飞、秦志远:《法律义务与道德义务之区判——基于不作为犯之作为义务视角》,《理论探索》2012年第5期。

[9]陈景辉:同案同判:《法律义务还是道德要求》,《中国法学》2013年第6期。

[10][古罗马]西塞罗:《论义务》,王焕生译,中国政法大学出版社1999年版。

[11]张恒山:《义务先定论》,山东人民出版社1999年版。

[12]钱大军:《法律义务研究论纲》,科学出版社2008年版。

第四章　运行论

法的运行理论是法理学的重要内容之一。本章主要以中国现行法的运行为主线展开讨论，是从动态的法的角度探讨法在社会中如何产生，又如何对社会发生作用，进而实现法对社会的有效治理的。在展开本章的内容之前，需要对法的生成、法的实效、法的实施三个概念的含义进行明确界定。法的生成，不同于立法或法的制定，其含义更加深广，是指法律制度在特定环境与条件下产生与形成的过程。法的实效，是指具有法律效力的制定法在实际社会生活中被执行、适用、遵守的状态，即法的实际有效性，令行禁止。法的实施，是指法的要求在社会生活中被转化为现实的过程。法的实施的基本形式有三种：法的遵守、法的执行和法的适用。法的实施是从法的生成到法的实效的桥梁和纽带。

第一节　动态的法

法的运行是一个动态的过程，通常包括五个环节：立法、守法、执法、司法、法律监督。

一、立法

法如何生成？立法是最主要的方式，在某些国家甚至成为唯一的方式。立法，又称“法的制定”，是指有权的国家机关依据法定职权和程序制定、认可、修改或废止法律、法规的活动。在我国当代法学中，“立法”一词通常有广义和狭义两种解释。狭义的立法，是专指国家最高权力机关及其常设机关依照法定职权和程序，制定法律这种特定的规范性文件的活动，即仅指全国人民代表大会及其常务委员会制定法律的活动。广义的立法，是指有关国家机关依照法定职权和程序，制定各种具有不同法律效力的规范性文件的活动，既包括国家最高权力机关及其常设机关依法制定法律这种特定的规范性文件的活动，也包括由中央国家行政机关和地方有关国家机关依据法定职权和程序制定行政法规、地方性法规、自治条例、单行条例及其他规范性决定、决议等活动。本书中的立法，是就其广义而言的。

立法在国家的法律制度建设中具有重要的地位，它是执法、司法和守法的前提和基础。立法体制是根据立法权限的不同而划分的体系。我国是一元两级多层次的立法体制：一元是指我国的根本大法——宪法；两级是指中央和地方分享立法权；多层次是指在中央一级，全国人大及其常委会、国务院及其下属部委都有立法权，在地方一级，省级人大及其常委会、设区市的人大及其常委会、省级政府、设区市的政府都有一定范围的立法权。

新中国成立至今，我国立法方面的最大成就是截至2010年底，已经正式形成一个立足中国国情和实际、适应改革开放和社会主义现代化建设需要、集中体现党和人民意志的，以宪法为统帅，以宪法相关法、行政法、民商经济法、刑法等多个法律部门的法律为主干，由法律、行政法规、地方性法规等多个层次的法律规范构成的中国特色社会主义法律体系。

法律体系，也称"部门法体系"，即把一国现行法律规则分为不同的法律部门，由这些法律部门组成的有机联系的整体。法律体系是法的渊源或形式系统。把握此概念需注意两个要点，即特定国家和现行有效。法律部门，又称"部门法"，是调整同一类社会关系的法律规则的总和。部门法是法律体系的构成要素。在中国，九届全国人大常委会在九届全国人大四次会议上确立的中国特色社会主义法律体系的主要法律部门包括七类，分别是宪法、行政法、民商法、经济法、刑法、诉讼法、社会法。

解决法律冲突的基本原则是：(1)上位法优于下位法；(2)特别法优于普通法；(3)新法优于旧法(后法优于前法)。

二、守法

守法，又称"法的遵守"，是与违法相对而言的，是指各国家机关、社会组织和公民个人严格依照法律规定行使权利(力)和履行义务的活动。通俗地说，就是国家的一切组织和个人都能依法办事，根据法律条文规定，知道自己应该干什么，不应该干什么，什么行为是违法的，什么行为是合法的。懂得合法行为受到法律保护，违法行为要受到法律制裁，并时时以法律条文来指导和检查自己的行为，以避免偏离法律规定的轨道。守法是一个国家法治状态形成的必要前提，也是国家法治发展程度的重要体现。守法，既包括主动履行义务，也包括积极行使权利。

违法，与守法相对应，是指行为违反了法律，并且依照法律应当予以追究。在任何国家，违法都是法律秩序和法治状态的一种破坏因素，尤其是严重的违法和犯罪行为，会给国家、社会和他人的利益造成严重损害，甚至可以造成难以弥补的损失。当前我国突出的违法问题是网络犯罪和青少年违法犯罪。

“天下之事，不难于立法，而难于法之必行。”[①]守法是法的实施的基本要求，也是法的实施最重要、最普遍的形式。如果一个国家制定了大量法律，却不能在社会生活中得到公民的自觉遵守，即使这个国家有强大的执法机关和司法机关强制实施，这样的法律也难以持续。

守法的内涵在历史上是发展的。在奴隶制、封建制社会，守法只是被统治阶级的义务，在社会生活的很多方面，法律上的权利和义务是分离的，统治阶级享有权利而不承担义务，被统治阶级承担义务却不享有权利，统治阶级享有种种特权，逍遥于法律之外；到了资本主义社会，资产阶级首倡“法律面前人人平等”作为现代法治的基本原则，强调所有社会主体都必须守法，这是人类思想史上的巨大进步，但是资产阶级夺取政权之后，在此华美的口号之下仍大行阶级剥削之实；当代中国法是社会主义法自我完善和发展的一个新阶段，我国的宪法和法律不仅规定了建设富强、民主、文明的社会主义现代化国家的根本任务，而且还规定了为实现这个崇高目标，国家的一切组织和个人在政治、经济、科学、文化、社会生活各个领域里可以做什么、必须做什么和不准做什么。所有组织和个人只有按照宪法和法律的规定、要求去工作、生产、学习和生活，国家的政治局面才能安定，经济建设和科学文化事业才能发展国防才能巩固，社会主义法的实效才能得到保障。

三、执法

虽然社会主义法对于我们国家的经济社会等事业发展有着广泛的保护和促进作用，但是法的这种作用不能自发实现，也就是说，并不是法律颁布之后，就自然而然地在社会生活中发挥作用。法的作用得以实现，还要有专门的执法机关通过执行法律予以保障。

（一）执法的概念及特征

执法，又称“法的执行”“行政执法”“行政管理”，是指国家行政机关、法律授权的社会组织及其公职人员依据法定职权和程序，将法律应用于具体的人、事件或案件，促使执法对象及社会公众遵守法律的活动。

有些法理学教材把执法定义为国家行政机关及其公职人员依法执行法律

---

① ［明］张居正：《请稽查章奏随事考成以修实政疏》。

的活动。其实，执法的主体并不限于国家行政机关，还有法律授权的社会组织。根据宪法和有关法律的规定，我国的执法主体主要有三类：一是国务院和地方各级人民政府。二是各级人民政府中享有执法权的下属机构——行政部门。这是范围最大的一类执法主体，它们在各自的行业领域内依据法定职权行使执法权。三是因法律、法规授权而行使社会公共事务管理权的组织。如村（居）委会虽属基层群众自治组织，但根据《中华人民共和国村民委员会组织法》《中华人民共和国城市居民委员会组织法》的授权，负责“办理本村（或本居住地区居民）的公共事务和公益事业，调解民间纠纷，协助维护社会治安，向人民政府反映村民（或居民）的意见、要求和提出建议”等准行政事务管理权；根据《中华人民共和国中国人民银行法》的授权，中国人民银行行使中央银行的权力，对各专业银行的活动实行行政监督，对违法行为进行行政处罚。与前两类执法主体不同的是，被授权的组织行使的执法权不是其法定职权，而是法律或法规的授权。授权执法须遵循两个原则：(1)授权必须有法律依据，无法律依据不能授权；(2)授权必须严格依照法定条件，对象、范围都不得随意扩大。

执法活动的特征有：

1. 执法主体的法定性。只有行政机关、法律或法规授权的组织及其公职人员才有执法资格。其他任何机关、组织和个人都不能成为行政执法的主体。

2. 执法依据的多样性和等级性。

3. 执法内容的广泛性。

4. 执法行为的主动性和单方面性。

5. 执法活动的效率性。高效是执法活动的首要价值。

（二）执法体制

执法体制，又称“行政执法体制”，是指具有不同职权的国家行政机关或行政机关授权的执法组织，为执行法律而构成的相互配合、相互分工的有机联系的系统。

（三）执法原则

1. 合法性原则

合法性原则是现代法治国家对执法活动的最基本要求。为什么执法活动必须依法进行？首先，现代国家的执法活动承担着比立法、司法更加普遍、更加繁杂的事务，涉及范围极其广泛，对公民事务的管理事无巨细，无处不及，可谓是“从摇篮到坟墓”。执法活动事关国计民生和公民的切身利益。范围如此广泛的公权力如果缺乏必要的规范和约束，社会将会大面积失控。其次，现代国家的执法权力越来越呈现出扩张之势，如果不要求严格依法行政，把权力关进制度的笼子，滥权、越权等腐败现象就难以避免，会使人民权益受损，并危及执政根基。因此，对执法者来说，必须强调“法无授权皆禁止，法定职责必须为”。

2.合理性原则

执法行为不仅要合法有序，而且要合理适度。法律不可能无所不包，它没有包含所有社会问题的答案；法律也不可能尽善尽美，它有时提供不了解决问题的最佳方案。对于法律中的未尽事宜和不周延之处，执法主体在执法活动中还须遵循客观、适度的合理性要求，掌握好自由裁量权的运用，不能违反社会的公序良俗，也不能有悖基本的人情事理。

3.效率原则

效率是执法活动的生命，是执法活动追求的基本价值。没有效率，执法就失去了存在的价值和意义。

4.正当程序原则

没有规矩，不成方圆；没有规则，不成社会。程序决定了现代法治与恣意人治的根本区别，正当程序已成为现代行政的题中之意。

四、司法

（一）司法的含义和特征

司法，又称“法的适用”，是指司法机关依据法定职权和程序，具体运用法律解决社会纠纷的活动。司法在国家法治建设中居于重要的地位，司法公正是实现社会公正的最后保障。与行政执法一样，司法也是法的实施的重要方式。这里需要说明的一点是，司法机关作为代表国家行使司法权的专门机关，在不同国家的具体所指有所不同。在实行三权分立的西方国家，司法权即审判权，由法院专门行使，法院是唯一的司法机关。在我国，按照现行司法体制，司法权一般包括审判权和检察权，审判权由人民法院行使，检察权由人民检察院行使。因此，我国的司法机关是指人民法院和人民检察院。

司法作为国家司法机关的专门活动，具有一些独有的特征：

1.职权的法定性；

2.严格的程序性；

3.裁决的权威性。

（二）司法体制

司法体制，主要是指司法机关的组织机构及从业人员等方面的制度安排，有时也涉及司法机关与相关机关之间的职责分工、权限划分及相互间的配合、制约关系。司法体制是由国家的政治体制所决定的，司法体制改革往往成为一个国家政治体制改革的突破口。

(三)司法的基本要求和原则

1. 司法的基本要求

司法的基本要求是指国家和人民对司法活动的起码期望,是国家和人民要求司法活动达到的底线目标。

首先,是正确。正确总是与错误相对而言的,我们知道,司法的职能是解决社会纠纷,即司法实务界常说的办案,办案就要求办正确,办对,别办错了。因客观原因或偶尔的主观过失办错案可以理解,经常办错案就令人无法容忍了。

其次,是合法。我国是成文法国家,法无明文规定不为罪,法无明文规定不处罚。合法要求司法机关办案的过程及结果都必须符合法律规定,既要符合实体法规定,也要符合程序法规定。

最后,是及时。及时的意思是恰好,适时,不早不晚,不同于执法活动的效率要求,不是越快越好,更不能迟到。及时要求司法机关必须严格遵守法律对司法活动的时效规定,在此基础上勤勉尽责,不无故拖延。

2. 司法的基本原则

司法的基本原则,是贯穿司法活动过程的精神红线和指导司法权运行的基本理念。司法活动有其特有规律,应遵循的基本原则主要有:

(1)以事实为根据,以法律为准绳原则。司法机关处理案件,只能根据客观事实,不能凭借主观臆断;只能以国家法律为标准断输赢,不能因法外因素论是非。

(2)法律面前人人平等原则。法律面前人人平等不是指法的制定时的平等,而是指法的实施时的平等。在我国,法律对于全体公民是统一适用的。任何公民,不分民族、性别、职业、年龄、文化程度、宗教信仰、教育程度、财产状况和居住期限,都依法享有平等权利,承担平等义务,不允许有凌驾于法律之上的特权。

(3)司法机关依法独立行使职权原则。我国法律规定司法机关依法独立行使职权,不受行政机关、社会团体和个人的干涉。

(4)司法责任制原则。有权必有责。党的十八届三中、四中全会对完善司法责任制作了重要部署,将其作为居于司法体制改革基础性地位的"牛鼻子"工程来抓。构建公正、高效、权威的社会主义司法制度,必须完善司法权运行机制,建立科学合理的司法责任认定、追究机制,真正做到谁办案谁负责、谁决定谁负责。

五、法律监督

(一)监督与法律监督的含义

所谓监督,就是指监督者对被监督者的行为从外部施加的一种检察、控制和督导。监督主要由主体、客体和内容三个要素构成,回答了由谁监督、谁被监督、监督什么、监督重点等问题。在现代社会,“监督”一词被广泛运用于各种场合和领域,如市场监督、质量监督、物价监督、舆论监督、媒体监督、内部监督、外部监督、行政监督、司法监督等等。“不能自己监督自己”是现代监督制度的一条基本规律。

法律监督有广义和狭义之分。广义的法律监督,是指由包括国家机关、社会组织和公民在内的所有社会主体对各种社会活动的合法性所进行的检察、控制和督导。狭义的法律监督,仅指由特定国家机关依照法定权限和法定程序,对法律实施活动的合法性所进行的检察、控制和督导。狭义的法律监督包括在广义的法律监督之内,本书中的法律监督采其广义用法。

(二)我国现行的法律监督体系

法律监督体系,是由各种形式的法律监督构成的一个有机联系的系统。我国的法律监督体系由国家监督和社会监督两大部分构成。

1. 国家监督

国家监督,是国家机关及其公职人员以国家名义,依法定职权和程序进行的、具有直接法律效力的监督。主要包括权力机关的监督、行政机关的监督和司法机关的监督。

2. 社会监督

社会监督是国家机关以外的社会组织或公民对法的制定及实施活动进行的全面监督。社会监督的主体范围十分广泛,是社会民主的充分体现。主要包括执政党的监督、社会组织的监督、媒体舆论的监督和公民个人的监督。

(三)监督领域的突出问题

监督领域仍然有许多待解的难题,例如“一把手”由谁来监督?谁来监督监督者?发现问题是解决问题的前提和基础,只有找准问题,才能对症下药,不断完善制度、改进工作。

【拓展阅读】

[1]金钊:《文化视野中的法理学——读〈法理学——法的历史、理论与运行〉有感》,《南京大学法律评论》1995 年第 2 期。

[2]田成有:《从法律的起源与运行方式看民族习惯法的重要作用》,《云南学术探索》1995 年第 5 期。

[3]陈巧玲:《试论道德是法运行的重要保障》,《学术界》1997 年第 5 期。

[4]张国妮:《论在法的运行中法律概念的界定》,《社科纵横》2012 年第

3 期。

[5]刘效敬:《法的运行环节在构建和谐社会中的作用》,《中共杭州市委党校学报》2005 年第 3 期。

[6]饶艾、曾红宇:《制定法运行机制及其障碍探索》,《西南民族大学学报(人文社科版)》2008 年第 2 期。

[7]张烽:《从法的运行角度透视公证权》,《中国公证》2008 年第 6 期。

[8]马凤春:《传统中国法的创制与运行》,《政法论丛》2009 年第 3 期。

[9]曾学智:《当前法律运行的影响因素及对策思考——对法治进程中社会事件的法社会学解读》,《经济与社会发展》2009 年第 11 期。

[10]高晋康、郁光华等:《法律运行过程的经济分析》,法律出版社 2008 年版。

[11]苏晓宏:《法律运行中的自由裁量》,法律出版社 2010 年版。

[12]陈晓雷:《法律运行的道德基础研究》,黑龙江大学出版社 2014 年版。

第二节　良法之始

在一个选择了依法而治的国家,制度设计基本上都要通过法的形式体现出来,不管是政治制度、经济制度还是思想文化制度,其中行之有效且具有普遍性的内容都会或迟或早地被创制为国家法律。[①] 法的创制,是指特定国家机关在其法定职权范围内,依照法定程序,制定、认可、修改或废止规范性法律文件的活动,也称为法律的立、改、废活动。从外延上说,法的创制大体相当于广义的立法。任何一个国家的政府要实现对社会的有效治理,都必须以广泛的立法为前提,即使在我国历史上以人治和专制为主要特征的封建社会也不例外。如战国时代的《商君书·更法》记载:"伏羲、神农教而不诛,黄帝、尧、舜诛而不怒,及至文、武,各当时而立法,因事而制礼。"这大概是我国最早出现的"立法"一词。不过,这时的"立法"主要是指制法设刑,与现代意义的法的创制概念有所区别,决定两者区别的因素可能很多,但关键是其体现的正义内涵在历史过程中发生了流变。立法是现代法治的起点,立法正义是制度正义的源头,体现的是制度产生的正义。马克思曾精辟地指出:"如果认为在立法者偏私的情况下可以有公正的法官,那简直是愚蠢而不切实际的幻想!既然法律是自私自利的,那么

① 参见司春燕:《谈谈良法及其标准》,《中国党政干部论坛》2013 年第 6 期。

大公无私的判决还能有什么意义呢？法官只能够丝毫不苟地表达法律的自私自利，只能够无条件地执行它。在这种情形下，公正是判决的形式，但不是它的内容，内容早被法律所规定。”[①]因此，法治应当是良法之治，良法是法治的前提，社会主义法治所要求的立法产品更应当是良法。正义是立法的最基本的、灵魂性的价值，立法正义的实质是“平等地关怀社会每一成员的应有权利，平等地分配由应有权利转化而来的法定权利”[②]。用马克思的话说即是，法是精神关系的内在规律即事物本质的表述，“立法者应该把自己看作一个自然科学家。他不是在创造法律，不是在发明法律，而仅仅是在表述法律，他把精神关系的内在规律表现在有意识的现行法律中。如果一个立法者用自己的臆想来代替事物的本质，那么人们就应该责备他极端任性”[③]。但现实社会里的法治却并不必然也不可能永远是良法之治。我国立法工作中一度存在借立法“扩权卸责”的现象，行政、司法领域里存在的“部门保护主义”“地方保护主义”在立法领域同样屡禁不止，导致“国家立法部门化，部门立法利益化，部门利益合法化”等不正常现象，背离了现代法治中“良法”的立法价值追求，这或多或少与我们过去片面追求立法数量、忽视立法质量的立法导向有关。正如我国司法部的一位工作人员所说：“当代中国的立法近年来在数量上明显呈膨胀趋势，片面追求立法的数量忽视立法的质量和效益堪称中国立法的一大通病。”[④]自 20 世纪 90 年代之后、特别是进入新世纪以来，我国立法工作的重点开始由过去的“数量型立法”向“质量型立法”转变。随着“依法治国”观念的深入人心，提高立法质量、确保立法正义成为大势所趋。

一、良法及其标准

法律是治国之重器，良法为善治之前提。何谓良法？良法，是指具有正当性和合理性的法律。历史上首倡“良法”理念的是古希腊的亚里士多德。[⑤] 他认为，法有良恶之分，法只有具备以下要件才能冠以“良法”的美誉：第一，良法的目的应该是为了公共利益而不是谋求某一阶级或某一个人之私利；第二，良法应该体现古希腊人所珍爱的自由价值；第三，良法必须有利于维护与之相适应

---

① 《马克思恩格斯全集》第 1 卷，人民出版社 1995 年版，第 287 页。

② 曹刚：《法律的道德批判》，江西人民出版社 2001 年版，第 54 页。

③ 《马克思恩格斯全集》第 1 卷，人民出版社 1995 年版，第 347 页。

④ 刘武俊：《中国主流立法观念检讨》，《学术界》2001 年第 2 期。

⑤ 亚里士多德说：“法治应当包含两层意义：已制定的法律获得普遍的服从，而大家服从的法律又应该本身是制定得良好的法律。”（参见[古希腊]亚里士多德：《政治学》，吴寿彭译，商务印书馆 1965 年版，第 199 页）

的城邦政体。此后历代的思想大家也都极为关注良法问题。例如，霍布斯认为，良法就是为人民利益所需而又清晰明确的法律。[①] 罗尔斯则指出，正义是社会制度的首要价值。法律和制度，不管它们如何有效率和有条理，只要不符合正义，就应该加以改造或废除。[②] 新中国的开国领袖毛泽东同志自青年时代就关注良法及其标准问题，他在《商鞅徙木立信论》一文中，对商鞅立法进行了精辟入理的分析。他对商鞅立法的定性是："商鞅之法，良法也。"他进一步论证道："法令者，代谋幸福之具也。法令而善，其幸福吾民也必多，吾民方恐其不布此法令，或布而恐其不生效力，必竭全力以保障之，维持之，务使达到完善之目的而止，政府国民互相倚系，安有不信之理？法令而不善，则不惟无幸福之可言，且有危害之足惧，吾民又必竭全力以阻止此法令。虽欲吾信，又安有信之之理？"[③]毛泽东从正、反两个方面分析了良法必备的要素：一是以谋求人民幸福为根本宗旨；二是获得广大人民竭力拥护并在人民推动下保证其实施和不断完善；反之，不具备此两要素者，则为恶法。商鞅之法正是具备了这两个要素，所以成为良法。人民幸福便是最大的正义，人民的满意、支持、拥护便是正义的最好实现。商鞅立法取得了良好的社会效果，因为其宗旨目的的合理性决定了其结果的合理性，正如史学家司马迁公允地评论道："行法十年，秦民大悦，道不拾遗，山无盗贼，家给人足。"[④]当然，良法的衡量标准不是一成不变的，而是随着历史条件的变迁而变化。两千多年前，商君所面对的人民，可能以衣食足为最大的幸福。而今世之人民，习惯了丰衣足食的生活后，可能更多是追求精神层面的愉悦。就现代社会而言，良法不仅指内容上正义的法律，也指在形式上可以达致正义的法律。换言之，法律不仅应当具有正义的内容，也应当具有能够达致这一正义内容的形式。因此，笔者认为，良法的标准可归结为形式标准和实质标准两个方面。形式标准即良法必须具有普遍性、明确性、统一性、稳定性、先在性、可行性、公开性等形式方面的特征；实质标准即良法必须体现平等、自由等正义的基本内涵，代表社会公共利益，反映社会公共意志。良法应当是形式标准与实质标准的高度统一，仅仅具备形式标准或实质标准的法律都不足以列入良法之列。马克思在驳斥徒具法律外表的普鲁士书报检查制度时说："正如奴隶制一样，即使它千百次地作为法律而存在，也永远不能成为合法的。"[⑤]此处的"合法"，完全可以理解为法律内容的"合乎正义性"。

---

① 参见[英]霍布斯：《利维坦》，黎思复、黎廷弼译，商务印书馆 1985 年版，第 113 页。

② 参见[美]罗尔斯：《正义论》，何怀宏等译，中国社会科学出版社 1988 年版，第 3 页。

③ 《毛泽东早期文稿》，湖南人民出版社 1990 年版，第 1 页。

④ 《史记·商君列传》。

⑤ 《马克思恩格斯全集》第 1 卷，人民出版社 1995 年版，第 176 页。

（一）内容体现公益，反映公意是良法的实质标准

公益和公意是统一的，卢梭对公意的解释就是，公意即公共幸福，是全体人民的公共利益。法律作为一种特殊的“公共产品”，应当充分吸纳民意，集中民智，理应广泛地体现公共利益，反映公共意志，否则就可能蜕变为少数利益集团服务的“私人产品”。实践中，形形色色的“劣法”甚至“恶法”之所以会出现，最根本的原因是某些参与立法的利益集团操控立法，狭隘的部门或地方利益保护主义观念在其中作祟的缘故。少数利益集团或不法个人为了争权夺利，借立法之名行谋私、侵权和垄断之实，越权、违规立法，甚至以立法的形式随意限制或剥夺公民的基本权利。从某种意义上讲，许多司法腐败现象其实是导源于不良立法，是以“劣法”和“恶法”为其保护伞的。[①] 美国法学家哈耶克将立法视为人类最伟大的发明之一，但是对不良立法的影响也表现出了深深的忧虑：“立法，即审慎地制定法律，已被恰如其分地描述为人类所有发明中隐含着最严峻后果的发明之一，其影响甚至比火的发现和弹药的发明还要深远……立法被人们操纵成一种威力巨大的工具。人们需要运用它来求善，可是人们尚未学会驾驶它使之避免产生巨大的恶。”[②]良法首在去私，我国古人对此也早有认识。战国时期法家的代表人物慎子曾言：“故蓍龟，所以立公识也；权衡，所以立公正也；书契，所以立公信也；度量，所以立公审也；法治礼籍，所以立公义也。凡立公，所以弃私也。”[③]中西方法律文化在关于法律代表公益的认识上是一致的，区别在于如何协调私益和公益，如何去私，中西方选择了不同的路径。中国古人主张“存天理，灭人欲”“天下为公”，即“灭私存公”；而西方文化选择了“扬私生公”，从柏拉图、亚里士多德到洛克、卢梭再到亚当·斯密，一个一以贯之的思维逻辑即是顺从人的自利本性，公益会从私欲中自然而然产生。两种路径孰是孰非，超出了本文论述的范围，暂不作评述。私人利益操控的立法完全背离了法的本质，走到了法的反面——不法。对此，马克思有过入木三分的分析：“利益就其本性说是盲目的、无止境的、片面的，一句话，它具有无视法律的天生本能；难道无视法律的东西能够立法吗？正如哑巴并不因为人们给了他一个极长的话筒就会说话一样，私人利益也并不因为人们把它抬上了立法者的宝座就能立法。”[④]但是，马克思并不是一般地摒弃一切利益，而是否定那些“不变的利己”的纯粹私利。在《关于出版自由和公布等级会议记录的辩论》一文中，他表达了对

① 参见刘武俊：《中国主流立法观念检讨》，《学术界》2001 年第 2 期。

② Hayek, *Law, Legislation, and Liberty*, The University of Chicago Press, 1973, Vol. 2. Ch. 4.

③ （先秦）慎到：《慎子·威德》。

④ 《马克思恩格斯全集》第 1 卷，人民出版社 1995 年版，第 288～289 页。

利益的朴素唯物主义的理解："人们奋斗所争取的一切，都同他们的利益有关。"[①]在《神圣家庭》一书中，他进一步表达了自己对公共利益的态度："既然正确理解的利益是整个道德的基础，那就必须使个别人的利益符合于全人类的利益。"[②]如何使个人利益与公共利益相符合，中间就需要一个利益整合的环节。恩格斯在研究了政治经济学之后，认为利益是未来社会发展的动力和基础，并提到了利益整合的重要性："人类的联合今后不应该再通过强制，即政治的手段来实现；而应该通过利益，即社会的手段来实现。它以这个新原则为社会的运动奠定了基础。"[③]良法的内容，必须是体现公众利益、反映公共意志，从而能实际保障公众的幸福。这是事物的法本质之所在，不是事物的法本质去适应法律，"恰恰相反，法律应该去适应事物的法的本质"，唯此，才能够实现社会和谐和国家的长治久安。

（二）良法的形式标准

良法的形式标准，是指就一部具体的法律而言，在形式上具有哪些特点，才符合我们对正当性和合理性的起码要求。对于良法的形式标准，国内外学者从不同的角度表达过一些独到的看法。例如，美国法学家富勒提出了法律的内在道德性的八条标准，或者说是维持法律使其为人类行为服从规则治理事业的八条原则：(1)法律的一般性；(2)法律应当颁布；(3)法律不应当溯及既往；(4)法律内容应该清晰明白；(5)法律不应该要求不能或无力做到之事；(6)法律不应存在矛盾；(7)法律在时间之流中应该具有连续性；(8)官方行动与颁布的规则应该一致。[④] 英国学者拉兹提出了法治的八项原则：(1)法不溯及既往，应公开明确；(2)法律应相对稳定；(3)特别法的制定应受公开、稳定、明确的一般规则指导；(4)保障司法独立；(5)遵守自然正义原则，公开审理、不得以偏见司法；(6)法院应对于其他原则的执行握有审查权，即审查议会和行政立法等；(7)法院应易于接近，省时省钱；(8)预防犯罪的机构在行使裁量权时不得滥用法律。[⑤]其中，富勒的前七条原则、拉兹的前三条原则都涉及对法的形式特点的概括。国内学者李龙教授认为良法的形式标准包括法的形式合理性和法律体系的完整性两个部分。前者体现为法律的确定性原则、平等原则、国情原则、人本价值优先原则、无矛盾性原则和自治原则，具体又有法的渊源形式的合理性、表达形式的合理性和内在形式的合理性三种形式。后者体现为法律体系的统一性、发

① 《马克思恩格斯全集》第1卷，人民出版社1995年版，第187页。

② 《马克思恩格斯全集》第2卷，人民出版社1957年版，第167页。

③ 《马克思恩格斯全集》第1卷，人民出版社1956年版，第663页。

④ 参见[美]富勒：《法律的道德性》，郑戈译，商务印书馆2005年版，第55～242页。

⑤ J. Raz, The Authority of Law: Essays on Law and Morality, Clarendon Press, 1979, pp. 214～219.

展性、完备性和内在协调性。[①] 赵震江教授认为良法应具有民主性、科学性和道德性三重标准。[②]

笔者认为,良法的形式标准应该是法律本身在外观或表面上所具备或应当具备的特点,不应到法外的他者中或到法律追求的目的性领域去寻找。上述的国情原则、人权原则以及民主性、道德性等条目很难说是法律本身所具备或应当具备的特点。相比之下,富勒关于法治八原则中涉及法律自身特点的七项原则是比较全面和值得借鉴的。本文在富勒论述的基础上略作发挥,归纳了良法在形式方面的八个特点。[③]

1. 一般性。又称"普遍性"或"规范性"。法律是一种规范性指引,不是针对特定人的特定行为的规定,不是因人因事设制。法律所要求的行为必须是某一范围内不特定的多数人的某一类别的行为。如果没有充分说服人的理由,法律的内容不能对主体身份作区别对待,即法律面前人人平等是法律的题中应有之义。

2. 明确性。法律规则传达的信息必须清晰具体,法律的语言文字表达应当准确无歧义,凡智力正常的普通成年人通过法律文本能确定无误地明白法律对自己的行为要求,能对他人如何行为产生合理的预期。

3. 统一性。一个国家的法律体系是一个统一的整体,法律规则之间不应当出现严重的相互抵触,使法律主体面对相互冲突的法律规则或者无所适从,或者产生侥幸心理钻法律空子;即使有些冲突难以避免,也应当有解决法律冲突的配套措施,务必防止善良法律主体因遵循某一法律规则但违反另一法律规则而遭受惩罚。

4. 稳定性。法律一旦出台,非因社会情势发生重大变更,不应朝令夕改。否则,会使社会成员丧失对法律的信任。当然,随着社会条件的变化和人们观念的改变,法律也要适时变革。如何处理好法律的稳定性和与时俱进性之间的关系,是考量立法者的理性和智慧的最大难题。

5. 先在性。法律的先在性是指法律原则上不具有溯及力,仅对法律产生之后的行为具有约束力。即从逻辑上看,应当是法律规则对人们的行为规定在先,而人们遵守法律规则的行为在后。只有坚持这样的因果联系,才能现实地引导人们未来的行为选择。否则,就是违背人性、侵犯人权的任意立法。

---

① 参见李龙:《良法论》,武汉大学出版社 2005 年版,第 215～278 页。

② 参见赵震江:《法律社会学》,北京大学出版社 1998 年版,第 326～327 页。

③ 关于良法形式标准的部分内容,还借鉴了张恒山先生在《论正义和法律正义》一文中对法的形式正义内容的一些概括。(参见张恒山:《论正义和法律正义》,《法治与社会发展》2002 年第 1 期)

6. 可行性。法律的可行性是指法律对人的行为的要求必须是人们可以或应当做到且能够做到的。即法律对人的行为要求是人力所能及的。人的生命是有限的,人的智识和能力也都是有限的。法律不能要求人的智识和能力所不可能达到的行为,超出普通大众对一个人行为的合理期待的法律不具有可行性,在违法者众多的情况下不具有执行力或执行力严重不足的法律也不具有可行性。不具有可行性的立法不如无法。

7. 公开性。法律迄今为止的全部运动,从形式上看,就是一个从不公开走向公开的运动。刑不可知、威不可测是专制法的最大特色,而公开透明则是现代法的根本特征。可以说,从暗箱操作走向公开透明,是法律趋向文明进步的重大标志之一。

8. 适合性。最后这一点也许是最重要的。良法并没有一个完美的、统一的、一成不变的模式,适合的才是最好的。不管是已有法还是待定法,只要适合其适用范围内的人和事、风土人情,为属地范围内的人民所自觉自愿地选择,就是最理想的。亚里士多德也认为,地理环境和居民的谋生方式对城邦的立法有重要影响。卢梭也指出:"正如建筑家在建立一座大厦之前,先要检查和勘测土壤,看它是否能担负建筑物的重量一样;明智的创制者也并不从制定良好的法律本身着手,而是要事先考察一下,他要为之而立法的那些人民是否适宜于接受那些法律。"①

二、明确立法的宗旨和目的

在现代汉语中,宗旨和目的经常被不加区分地作为同义词使用,导致在法学领域立法宗旨和立法目的也经常被混淆,其实二者是有区别的。立法宗旨代表的是立法追求的终极价值理念,是一切立法的根本目的所在,也是法学的核心理论问题。而立法目的是立法宗旨在具体法律中的体现,是具体法律对立法终极价值的更直接、更明确的表达。法律所追求的道德价值和社会目的直接决定着法律的良恶,因此,立法工作启动之前必须明确"为什么立法?"即"立法的根本宗旨和具体目的是什么?"

(一)立法宗旨不明确,导致劣法产生

良法理论产生的基础首先是对法律价值的关注,即立法的宗旨问题。法律的基本价值总是贯穿和体现在法律制度中,具体体现为法律的根本原则。法律所追求的价值是多元的,如正义、自由、平等、秩序、效率、安全等等,但在各种价值中,正义是首要的、核心的、终极的价值。在整个法价值体系中,正义具有统

① [法]卢梭:《社会契约论》,何兆武译,商务印书馆1980年版,第59页。

率或优先的地位。法国思想家爱尔维修说:“良法是使人们从善的唯一手段,立法的全部艺术在于,根据人的爱己之心促使他们经常对人公正。”[①]在实行成文宪法制度的国家,立法宗旨通常确立在本国的宪法中,例如美国宪法的序言中开宗明义地指出:“我们合众国人民,为建立更完善的联盟,树立正义,保障国内安宁,提供共同防务,促进公共福利,并使我们自己和后代得享自由的幸福,特为美利坚合众国制定本宪法。”这既表明了立宪的目的,也宣示了美国整个法律体系的立法宗旨。笔者认为,我国宪法中立法宗旨的缺失是导致立法质量不高特别是劣法产生的一个重要原因之一。法律不仅是对人们现实行为的规范和现实社会关系的调整,还引领着社会的未来发展方向。因此,在确定立法的宗旨时,需要抓住全局的、长远的、根本性的问题,将社会在价值观领域已经形成均衡共识的正义诉求及时上升为法律。立法者应时刻秉承“为天地立心,为生民立命,为往圣继绝学,为万世开太平”的信念,将社会形成的正义共识上升为规范化的法律,这是法的创制所要解决的主要问题。针对我国立法实践中出现的一些问题,中央和地方各立法部门已经意识到提高立法质量的重要性。例如,2004 年国务院发布的《关于全面推进依法行政的决定》中指出:“要进一步加强政府立法工作,切实提高政府立法质量,为依法行政奠定坚实的基础。”这里的质量当然包括完善法律形式,但主要不是指法律体系和法律文本本身的结构是否严密,文字是否严谨,更多的是指法律反映和体现社会正义的程度。笔者建议,我国立法的宗旨可以确定为维护社会正义,弘扬社会正气,引领社会风尚,加固道德根基。之所以将正义确定为良法的核心甚至最高价值,首先是因为法律作为一种对社会行为具有普遍约束力的规则体系,在客观上能保障社会个体成员的合理需要得到满足、社会资源得到合理配置、社会结构得以优化组合。在后立法时代,法律承担着实现社会正义的主要任务,这是正义成为良法最高价值的可能性所在。其次是因为正义作为个人行为和社会制度正当性与否的评价标准,对现实社会总有一定的批判性和超越性,可以引领人们为实现一种更加合理、完善的法律制度而努力奋斗,这是正义成为良法最高价值的必要性所在。

道德是习惯升华的一种结果,是社会发展过程中各种力量不断地博弈所形成的一种规范和秩序。在立法的宗旨中,如果忽视了立法的道德基础,就会造成法律与社会发展实际不相适应甚至阻碍社会发展的情况。法律不能也无力取消人们的习惯权利,智慧的立法者不会去做这种出力不讨好的事情。实践中有不少反面的例子,或多或少是因为我国宪法没有明确立法宗旨的缘故。例

① 转引自[美]乔治·霍兰·萨拜因:《政治学说史》下册,刘山等译,商务印书馆 1986 年版,第 633 页。

如:20 世纪 90 年代初开始,全国大小城市陆续出台烟花爆竹禁放令,实施十几年后,效果并不理想;2005 年开始,绝大多数原来出台过禁放令的城市又陆续开禁。2004 年、2007 年教育部为加强高校学生住宿管理,曾三令五申禁止大学生自行在校外租房居住,但"禁租令"发布后收效甚微。某省人大曾经制定了对大摆宴席征收宴席税的地方性法规,同样因为执行力不足形同虚设。上述立法都严重浪费了国家的立法资源,还使社会成员对立法产生了某种程度的不信任甚至蔑视、敌视,造成法律效果与社会效果的双重损失,其结果都是不了了之。立法是整个法治系统的基础;任何立法活动的背后,都有特定的价值观的支配。而立法的正义观又是立法价值观的基石。因而,如果立法机关没有树立科学的立法价值观并以正义观为立法导向的话,那么,不仅会危害到立法的权威性和统一性,而且还会对整个法治系统造成不良的后果甚至是毁灭性的灾难!因此,立法在整个法治系统中的地位和功用决定了立法的价值观特别是作为基石的正义性价值观的重要性。

(二)立法目的不正当,导致恶法横行

立法目的是立法宗旨在具体法律中的贯彻和体现。既然人们奋斗所争取的一切都同他们的利益有关,任何立法便都是对某一社会关系领域里多元利益的分配和协调。认识和协调利益是立法的核心内容,法是利益分化和利益冲突的产物。美国法学家庞德曾言:"法律的功能在于调节、调和与调解各种错综复杂和冲突的利益,以便使各种利益中大部分或我们文化中最重要的利益得以满足,而使其他的利益最少地牺牲。"①作为社会制度最核心组成部分和最广泛表现形式的法,如果从其产生根源、发展动力、调整对象来看,实质上就是一种利益制度,即分配、协调和维护利益的制度。法作为利益的平衡器,是公益的化身。在法治文化底蕴浓厚的西方社会,这几乎是自古以来伟大思想家的一个共识。亚里士多德认为,一切社会团体建立的目的都在于实现某种"善",城邦的善即正义,而正义"以公共利益为依归","以城邦整个利益以及全体公民的共同善业为依据"②。卢梭进一步提出公意和公益是统一的,"公意永远是公正的,而且永远以公共利益为依归"③。葛德文也说:"任何政府当局可以推行的唯一公正的法令也必须是最符合公共利益的。"④

作为社会主义国家的立法,更应当追求公共利益和个人利益的辩证统一。

---

① [美]庞德:《通过法律的社会控制》,商务印书馆 1984 年版,第 41 页。

② [古希腊]亚里士多德:《政治学》,吴寿彭译,商务印书馆 1983 年版,第 153 页。

③ [法]卢梭:《社会契约论》,何兆武译,商务印书馆 2002 年版,第 39 页。

④ [英]威廉·葛德文:《政治正义论》第 1 卷,何慕李译,商务印书馆 1997 年版,第 81～82 页。

而当前一个不容乐观的现实是，有些地方政府或部门打着“公共利益”的幌子任意侵犯个人利益，属于立法目的不正当，实际上是私人利益篡夺了立法者的宝座，在为国家立法。此等行径，不仅侵犯了其他个人的利益，也侵犯了集体的或国家的合法权益，属于违法行为，危害无穷。例如近年来的暴力拆迁事件屡屡升级，成为引发多起群体性冲突的直接导火索，拆迁矛盾的矛头最终指向2001年国务院出台的《城市房屋管理拆迁条例》，导致了该法的废止；又例如某市出台的关于在国有企业改革中企业产权向管理层转让的规定，不仅没能实施，还引发了大规模的企业职工上访，也是恶法的证明。

任何个人、集团、阶层、阶级都有自己的利益诉求，在人类追求正义的历程中，无数圣人贤哲都曾力求通过立法整合所有利益主体的利益诉求。于是，在作为主权者的人民不能或不必直接立法的场合，一个中立、公正的超然立法者掌控了世人可望而不可即的良法理想。人民主权论的第一个系统论述者卢梭认为，立法者在一切方面都是国家中的非凡人物，他有洞察人类的全部感情而又不受任何感情支配的最高智慧，他没有我们人性的缺陷却能认识人性的一切需要；他自身的幸福与我们无关，却愿意关怀我们的幸福，他不为时日所限能在这个世纪工作而在下个世纪享受。这是一种独特的、超然的职能，以高于人民的德行和智力，代表人民的理性、良知和意志去为社会制定规矩。而这样的立法者在现实中是否存在呢？卢梭悲观地承认，要为人类制定良法，只能寄希望于神明。① 这里出现了卢梭无法解决的一个悖论：立法者应为神明，而现实社会不存在神明。立法者应当摒弃私利，而现实社会的人们不可避免地为私利所困扰。只要为私人利益所操控，立法目的就不具有正当性。对实现良法的实体路径的探索至此似乎走入了绝境，因此后世学者多选择从程序的路径切入思考良法的实现问题。例如，当代新自然法学派的代表美国学者富勒关注的程序自然法，就“不是法律规则的实质目的，而是调整人类行为规则体系用以建立和实施的方式，以便能够有效地达到它索要实现的目的”②。美国另一位学者萨默斯认为法律程序显示了独立的价值，正义的法律程序具有理性、人道、尊重人格等良好的品性。③

三、规范立法程序，用过程正义促生结果正义

几乎所有的实体问题，最后都可以归结为程序问题。立法程序正义与否直

① 参见[法]卢梭：《社会契约论》，何兆武译，商务印书馆1980年版，第53～55页。

② L. L. Fuller, *The Morality of Law* (revised edition), Yale University Press, 1969, p. 96.

③ 参见 R. S. Summers, "*Evaluating and Improving Legal Process—A Plea for 'Process Values'*," in *Cornel Law Review*, Vol, 60, November 1974, No. 1, pp. 25-26.

接影响到立法结果的正义性。因为正义是一个抽象的概念，是程序正义和实体正义的有机统一，如果离开程序正义谈实体正义，无异于缘木求鱼。立法要输出“良法”，跳出部门立法的窠臼，需对立法调研、立法规划、立法议案、法律草案的审查和批准到法律实效的调查、立法评估等整个立法环节进行全方位改革，使立法的全过程都纳入正义的考量范围，将一切立法权利和权力尽可能地化解到程序之中，化解到具体的步骤、过程和方式方法之中。立法程序是保障立法权利、限制立法权力滥用的制度化手段，“现代程序意味着建立制度性妥协的机制，以保证市场自由竞争的协调平衡，保证没有任何权力可以独断专行”[①]。现在法学界和法律界提得较多的所谓科学立法、民主立法其实都是保障立法程序正义的价值取向或原则。但是，笔者认为，仅仅这两个原则是不够的，还不足以涵盖立法程序正义的全部内容。

参考其他国家的立法程序及相应制度，笔者认为立法程序正义至少应包括以下原则性的价值取向：(1)科学性。立法的科学性原则是一个较为抽象、内容宽泛的原则，主要含义是指立法活动的合乎规律性，即立法权限的划分、立法体制的设计、立法权的行使及监督制约都符合社会发展的客观规律和立法活动本身的规律，正确反映立法活动的本质，并与立法的价值及功能相协调。(2)公开性。公开立法是指将立法程序的各个阶段及其文本资料向社会公布。这里所说的立法程序是更广义的，延伸到传统立法程序的台前幕后，从立法调研开始，到立法评估结束。而传统意义上的立法程序是从提出立法议案开始，到法律公布结束。公开的内容也应当是全方位的，不仅指原有的立法结果向社会公布，也包括立法过程的公开和除涉及国家秘密之外的立法资料的全部公开。公开性是民主性的前提。在我国的立法实践中，由于立法部门和公众之间存在着严重的信息不对称现象，使得一般的社会公众难以实现立法事项及立法进展的知情权与参与权。公众参与立法离不开有效信息的迅速汇集和及时反馈，而这只有通过立法公开才能保障。近几年立法部门尝试的开门立法、阳光立法便是对公开立法原则的探索。(3)民主性。民主立法是人民主权理论在立法活动中的体现，具体表现为公民直接立法和代议制立法两种形式。由于代议制立法成为现代国家立法的主要形式，普通公民的立法权利被层层代表，越来越远离政治中心。当前的立法体制改革亟须加大公民的立法参与，广泛吸纳民意，弥补代议制立法的不足。目前一些地方立法部门探索的立法听证、立法博弈等即是对民主立法形式的创新。(4)效率性。立法是人类的一项耗时费力的公共活动。立法资源同其他社会资源一样，也具有稀缺性。所以立法活动必须及时、节约、

① 季卫东：《法治秩序的建构》，中国政法大学出版社1999年版，第26页。

有用,用最小的成本、最短的时间输出具有最大效用的成果。效率是正义的题中之意,但效率不是一个独立的价值,它永远要从属于正义。美国经济分析法学派的集大成者波斯纳虽然极为重视法的效率价值,但他从没有把效率抬到至高无上的地位,而是经常提醒,“读者必须牢记:经济学后面还有正义”。只不过在关注形而上的正义时,不要脱离现实的大地,还要时常关照实实在在的经济关系,“对正义的要求绝不能独立于这种要求所应付出的代价”①。(5)中立性。立法的中立性是指立法者应当超然于立法事项之外,与立法事项没有直接的利害关系。立法者保持中立在立法过程中具有极其重要的意义。“当不清楚什么是正确结果时,人们关注程序公正;同样,当不清楚什么是恰当的结果时,人们重视中立。”②实践中的委托专家立法、部门立法回避都是追求中立性的尝试。(6)自治性。自治立法是指保持立法机构的相对独立性,重视法的社会演进,以真正的社会需要来决定立法行为,避免将立法变为政策的单纯“签章行为”。厘清政党、人民与立法机关的关系,科学划分立法机关与行政机关、司法机关的权限。在任何一个国家,立法都不可能是立法机关一家的事情,不可以闭门造车。政党特别是执政党在立法活动中发挥着决定性作用。但执政党对立法的影响要程序化、公开化、法治化。执政党既要依法享有引导立法的权利,也要依法承担领导立法不利的后果。③ 行政“授权立法”是现代立法活动的大势所趋,有其存在的必要性,但授权内容应明确,授权程序要制度化规范化,同时要建立可操作性的机制来防范被授权机关僭越授权机关的意志。基于司法权的判断权属性与功能,司法机关应享有解释法律的权力,但这种解释只应限于具体的法律适用问题,进行法律文本的字面解释,而不应超越法律规定的内容,任意扩充或限制法律的适用范围。

【拓展阅读】

[1]李桂林:《论良法的标准》,《法学评论》2000 年第 2 期。

[2]薛军:《良法何在——论法治的价值基础》,《比较法研究》2001 年第 4 期。

[3]欧阳梦春、杨启敬:《“良法”与“恶法”之思辨》,《湖湘论坛》2004 年第 1 期。

---

① [美]理查德·A·波斯纳:《法律的经济分析》,中国大百科全书出版社 1997 年版,序言第 32 页。

② 宋冰编:《程序、正义和现代化》,中国政法大学出版社 1998 年版,第 378 页。

③ 参见秦前红、李元:《中国共产党对立法的影响》,http://www.calaw.cn。

[4]李步云、赵迅:《什么是良法》,《法学研究》2005 年第 6 期。

[5]张文显:《和谐精神的导入与中国法治的转型——从以法而治到良法善治》,《吉林大学社会科学学报》2010 年第 3 期。

[6]张文显:《民生呼唤良法善治——法治视野内的民生》,《中国党政干部论坛》2010 年第 9 期。

[7]何志鹏:《“良法”与“善治”何以同样重要——国际法治标准的审思》,《浙江大学学报(人文社会科学版)》2014 年第 3 期。

[8]胡玉鸿:《马克思的良法观及其时代意义》,《浙江社会科学》2015 年第 1 期。

[9]王利明:《法治:良法与善治》,《中国人民大学学报》2015 年第 2 期。

[10]李龙等编:《良法论》,武汉大学出版社 2005 年版。

[11]王利明:《法治:良法与善治》,北京大学出版社 2015 年版。

[12][美] 琳恩·斯托特:《培育良知——良法如何造就好人》,李心白译,商务印书馆 2015 年版。

第三节 全民守法

所谓全民守法,就是任何组织或者个人都必须在宪法和法律范围内活动,都要依照宪法和法律行使权利或权力、履行义务或职责。全民守法,要求所有的人都必须在法律制度内,明确相互关系,相互制约,依法行事,尤其要依法立法,依法行政,依法司法,依法监督。而不是说立法、执法、司法、监督的人可以置身于法律制度之外,甚至凌驾于法律制度之上治理别人。全民守法是建设法治国家的基础,虽有良法,要是人民不能全都遵守,仍不能实现法治。如果一个社会大多数人对法律没有信任感,认为靠法律解决不了问题,还是要靠上访、信访,要靠找门路、托关系,甚至要采取聚众闹事等极端行为,那就不可能建成法治社会。全民守法,事关我国社会主义现代化建设全局和中华民族长远发展的重大战略任务,是坚持党的领导、人民当家做主、依法治国的必然要求。建设社会主义法治国家的目标需要全民守法去实现,社会主义法治精神需要全民守法去弘扬和传递,科学立法、严格执法、公正司法需要全民守法去推动。全民守法是法治建设从传统走向现代、从理论走向实践、从精英走向大众的必然趋势。

一、守法的构成要素

近代法学家沈家本说："有法而不守，有学而不用，则法为虚器，而学亦等于卮言。"[①]"法立而不守，而辄曰法之不足尚，此固古今之大病也。"[②]此言颇为精辟，有法不守，其害更甚于无法可依。守法由三个方面的要素构成，即守法的主体、守法的范围和守法的内容。

（一）守法的主体

守法的主体是极其广泛的，不以领土范围和国籍区别为限。首先，它包括一切国家机关、政党、武装力量、社会团体、企事业组织。其中最重要的是执政党和国家机关必须守法，因为公权力历来是最难约束的力量。其次，它包括全体公民。这是守法主体中最广泛、最普遍的主体。再次，它还包括在我国领域内活动的外国组织、外国人和无国籍人，他们均应在我国法律允许的范围内活动。即使是在中国领域外活动的外国主体，也不得侵犯我国的国家利益和公民权利，否则应受到我国法律的追究。这是由我国作为主权国家的性质和地位决定的。

（二）守法的范围

守法的范围是遵守国家专门机关制定的所有规范性法律文件和非规范性法律文件，包括宪法、法律、行政法规、地方性法规、民族自治地方的自治条例和单行条例、特别行政区法律、我国缔结或参加的国际条约，以及获得我国承认的国际惯例等等。此外，执法、司法机关制定的非规范性法律文件，如行政执法机关的处罚书、强制令，行政复议机关的决定书，人民法院的判决书、裁定书等，对有关组织和个人也具有法律约束力，也属于守法的范围。

（三）守法的内容

守法的内容简言之就是依法办事。具体包括两个方面：一是依法享有并行使权利；二是依法承担并履行义务。将守法简单化地理解为负担，认为守法仅仅是承担和履行义务，是片面的、不正确的。享有并积极充分行使权利，承担并认真履行义务，都是守法的重要内容。

二、守法的状态

守法主要有两种状态：

第一，自觉守法的"信法敬法"状态。它体现的是公民对法律制度的信仰和崇拜，对司法权威的信任和尊敬，对法律价值和法律精神的追求，对国家公权力

---

① 转引自杨鹤皋：《宋元明清法律思想研究》，北京大学出版社 2001 年版，第 303 页。

② 转引自杨鹤皋：《宋元明清法律思想研究》，第 305 页。

机器的认可,是对守法的内心自愿、高度自觉和理性认同。自觉守法是全民守法的最高层次,也是法治社会的理想状态。

古希腊哲学家苏格拉底曾提出"守法即正义"的法律命题。他认为,城邦法是公民一致制定的协议,应该坚定不移地去执行,只有遵守法律,才能使人民同心协力,使城邦强大无比,严守法律是人民幸福、城邦强大的根本保证,因此不论法律是不是公正,法一旦制定出来,人民就有遵守的义务。公元前399年,苏格拉底被希腊陪审团以侮辱雅典神和腐蚀雅典青年思想罪判处死刑。苏格拉底虽然认为对他的审判有违公正,但他有服从城邦法律的义务,而秘密逃跑、逃避法律的制裁则不符合正义原则。他拒绝了学生提供的越狱条件,坦然自若地在法庭上为自己辩护,最后接受了陪审团的判决,饮鸩而欣然赴死,用实际行动践行了自己的信仰。

第二,不敢违法的"惧法慎法"状态。这是守法的初级形态,也是时下社会上存在较多的一种守法心态。它体现的是公民对法律制度的了解,对法律责任和法律后果的确信,对法治权威性的畏惧,对法律强制性惩罚的害怕,对刑事制裁的恐惧,是对守法的自律和一般感性认同,是对守法的底线要求和被动性接受。

建设法治中国,必须培育公民自觉守法的意识和情感,使全民从消极守法向积极守法转变,最终达到信法敬法之高级状态。

三、守法的根据和理由

社会主体在主观、客观方面存在许多差异,主观方面如人们的政治意识、道德伦理观念、文化教育程度、个性心理素质等各不相同,客观方面如生产力发展水平、经济政策、政治状况等随时变化,这些都会影响社会主体的守法动机及守法状态。不同社会主体守法的动机不尽相同,同一社会主体在不同情况下守法的状态也有变化,很多时候是多种因素混合在一起共同发挥作用。

一般说来,人们之所以守法,是由于以下几个因素:

(一)法律方面

1. 法律的强制性

国家强制性是法律与其他社会规则的重要区别。对于违反法律中强行性规范的行为,国家会动用警察、法庭、监狱等多种强制手段予以追究。没有强制手段的法律,就如被拔掉牙齿的老虎,产生不了任何威慑力。但是,仅仅强调法律的强制性和威慑力又是不够的。回答"人们为何会遵守法律"这一问题,威慑论现在已经成为一种过时的理论。中国自古有云:"民不畏死,奈何以死惧之。"因为借助国家强制力的镇压与制裁,虽然可以收一时之效,但绝不会使民众对法律心服口服,更不要说会让法律拥有被尊崇、被信仰的地位。

2. 法律的权威性

法律的真正权威应当是源自人民的内心拥护和真诚信仰。如果社会上绝大多数人守法的动机不是出于对法律的内心拥护和真诚信仰，而仅仅是由于惧怕法律的制裁，就说明这个国家的法律没有反映最广大人民群众的根本利益，不代表最广大人民群众的共同意志，与社会公共利益相背离。这样的法是“恶法”，只有强制而无权威。这种压服状态下的守法是靠不住的，只能是暂时的、消极的。反之，法律如果反映和代表最广大人民群众的利益和诉求，就会获得真正的权威。宪法是我们国家的根本大法，它有着极大的权威和最高的法律效力。守法是我国宪法规定的义务。我国宪法序言指出，全国各族人民，一切国家机关和武装力量，各政党和各社会团体，各企业事业组织，都必须以宪法为根本的活动准则，并且负有维护宪法尊严、保证宪法实施的职责。一切国家机关和武装力量，各政党和各社会团体，各企业事业组织都必须遵守宪法和法律。守法既然由我国宪法规定为一切组织和公民的义务，那么，我们就必须严格履行、付诸行动，否则就要承担因为不守法而引起的法律责任。对于宪法规定的守法义务，我们每个公民都必须严格履行。

3. 法律的民主性

人民自己的法，人民应该自觉地遵守。我国的法，是新型的、社会主义类型的法，它是共产党领导人民通过国家权力机关制定的。无论宪法、刑法，还是其他的法律、法规，它们的内容都反映了我国工人阶级领导下的全国人民在政治、经济等方面的意志。1957 年 1 月，毛泽东向省、市、自治区党委书记强调：“一定要守法，不要破坏革命的法制。法律是上层建筑。我们的法律，是劳动人民自己制定的。它是维护革命秩序，保护劳动人民利益，保护社会主义经济基础，保护生产力的。”①因此，可以说，我国社会主义法是人民自己的法，是人民手中的工具和武器。正因为这样，人民自觉守法、自觉地依法办事，就是理所当然的事了。

4. 法律的公正性

公正是法律的灵魂，法律如果不体现和代表公正，就会沦为失去灵魂的外壳。公正是法律的最高和终极价值追求，引导并推动着法律的不断进步与发展。

(二)守法者方面

1. 守法是公民享受权利和自由的重要前提。我国宪法规定：“任何公民享有宪法和法律规定的权利，同时必须履行宪法和法律规定的义务。”“中华人民共和国公民在行使自由和权利的时候，不得损坏国家的、社会的、集体的利益和其他公民的合法的自由和权利。”这是因为，公民的权利和自由同公民的义务是

---

① 《毛泽东选集》第 5 卷，人民出版社 1977 年版，第 358～359 页。

相互依存、不可分割的，没有无义务的权利，也没有无权利的义务，任何公民不履行义务，他也就不能享有他的权利和自由。比如说你要享受宪法规定的劳动纪律，你要享有言论自由，那就必须承担我国刑法规定的不诬告陷害他人，不诽谤他人，不造谣惑众，不泄露国家机密等义务。否则就会受到法律的制裁。可见守法是公民享有权利和自由的重要前提。

2. 守法是公民实现自身利益的必然要求。在我国，法律是人民共同意志和根本利益的体现。守法，就是使体现在法律条文中的人民根本利益得到实现。同时，在现代法治社会中，法律是经过科学决策制定出的理性规则，它通过协调不同法律主体间的利益，实现对利益的合理安排和有效保护。因此，守法，就是遵从科学、理性的规则来维护和实现自身利益。比如，合同法规定了订立合同的一些法定要素，遵守这些规定可以很好地防止纠纷的发生，或者发生纠纷也可以以完备的合同有理有据地维护自身合法权益。交通法规在这方面的作用就更为直观和明显。遵守交通法规，毋庸置疑是人们维护自身安全、保护自身利益的必然之选。

3. 守法是公民趋利避害的理性选择。趋利避害是人的自然本性。守法会得到法律的肯定、保护甚至褒奖，而违法会招致法律的否定、抛弃甚至惩罚。公民基于自己的理性分析，通常情况下会选择守法而避免违法。

四、普法教育与全民守法

公民的法律意识是衡量一个国家法治程度的重要标志。美国学者伯尔曼说，法律必须被信仰，否则它形同虚设。从理论上说，人是文化的动物，是可以教化的，因而法律意识中的法律知识、法律情感、法治信仰等都是可以通过教育而潜移默化于人的头脑中的，从知法懂法到守法护法是一个顺理成章的逻辑关系。所以，我国自 1986 年全国人大常委会通过《关于在公民中基本普及法律常识的决议》以来，一直把开展普法教育、提高全民法律意识工作作为社会主义法治建设的一项基础性工程来抓。全国普法办的统计数据显示，截至 2014 年底，全国司法行政机关中普法和依法治理专兼职工作人员超过 1.1 万，普法志愿者队伍达 4.7 万多支、总人数超过 157 万，各类报刊、广播、电视、网络、新媒体法制宣传栏目总数达 2.4 万个。一个由党委领导、人大监督、政府实施、部门各负其责、司法行政部门具体组织、全社会参与、“纵向到底、横向到边”的全民普法工作网络基本形成。经过 30 多年的“六五”普法教育，人们的法律意识有了一定程度的提高；但是，我们应清醒地看到，普法教育的效果并不理想。为改变这种状况，一方面，我们要从思想上对普法教育的长期性和艰巨性有更加充分的认识，普法教育不能一蹴而就，也不能一劳永逸，而是一项需要坚持不懈打基础的事业；另一方面，我们还应当对普法教育的方式、方法进行不断探索，切实加以改进，反思并剔除其中那些形式主义的做法，扎扎实实把这项工作做好，为推进社会主义法治国家建设打下良好根基。

（一）普法教育的重点对象

中国古代在道德教育上强调“吏为民者师”，这一点在当今时代仍有借鉴意义。领导干部要在学法、守法、用法方面起表率作用，要主动学习法律，积极宣传法律，自觉守法，引领全民守法新风尚。十八大报告提出要“提高领导干部运用法治思维和法治方式深化改革、推动发展、化解矛盾、维护稳定能力”，当前，普法的重点对象应当是各级党政领导干部这个“关键少数”。国家机关根据法律规定代表国家行使公权力，而各级党政领导干部在行使公权力的过程中起着关键作用。“由于部分领导干部守法意识薄弱，‘权大于法’的人治思维仍有一定市场，作决策拍脑袋搞一言堂，抓工作只问结果不讲程序，处理问题认为摆平就是水平，以言代法、以权压法、徇私枉法的现象并不鲜见，严重破坏了社会公众对法治的信心。”在各级党政领导中加强普法教育，就是要提高领导干部法治思维能力，“确立主权在民、职权法定的观念，增强坚持法律平等、接受法律监督的意识，做到心中有法、保持对法律的敬畏之心，信仰法律、坚定法治自信，办事情、想问题、作决策坚持以法治为主要标准、主要手段和基本方式，自觉摒弃人治思维和权力本位的错误观念，坚持依法执政”①。

（二）普法教育的目标定位

普法的目标定位不仅是宣传普及法律知识，让公民知法懂法，更重要的是树立正确的法治观念，终极目标是使受教育者确立法律信仰，养成守法的品质和习惯。法律信仰是守法的思想基础和精神条件，是守法品质的核心。在这方面，宗教对教徒的吸引力给我们一些启示。宗教之所以经久不衰，受到一代又一代教徒的顶礼膜拜，最根本的原因不是它的教义、教条多么科学合理，而在于它是教徒心目中的信仰。信仰的力量是不可小觑的。法律能否得到人们的真心拥护和自觉遵守，关键也在于它最终能否被信仰。因此，我们普法教育的目标定位应当进行适当调整，更加突出法治信念与法治理想的内容。否则，普法教育的结果很可能是事倍而功半。

（三）普法教育的主要内容

针对不同普法对象的特点、需求，因材施教，确定不同的普法内容。例如机关普法、校园普法、社区普法，各自的侧重点也应有所不同。

---

① 刘玉亭：《大力推进全民守法》，2013年3月14日《光明日报》。

（四）普法教育的路径选择

任何人的法律意识和守法习惯都不会自发形成，需要通过普法教育等多种手段慢慢养成，这将是一个长期而艰巨的过程。普法教育要不辱这一光荣的历史使命，路径选择是非常重要的。普法教育的路径主要有：法律宣传、法律教育、法学研究、大众传媒、执法与司法实践等。当前，应特别加强在执法与司法实践中的普法，大力推进执法人员和司法人员参与普法，“将每一次办案变为说服引导群众相信和尊崇法律的过程，将每一个案件变成展示法律权威和法治力量的最佳载体，在化解矛盾纠纷过程中体现法律价值和法治智慧，用公正、高效、廉洁的执法、司法实践赢得人民群众的信任，让公众实实在在感受到法治带来的实惠和便利，让依法表达诉求、维护权益成为公民的自觉选择，让依靠法律、信任法律、信仰法治成为全社会的情感归依”①。这是最生动、直观、鲜活的普法教育，能起到“润物细无声”之功效。

（五）普法教育的形式创新

目前，普法教育主要还是采取挂横幅、贴标语、办黑板报、置宣传橱窗、发宣传资料等形式，用基层群众的话说，就是“搭几个台子，发几张单子了事”，方法简单，形式单一，往往造成公民只知法律名称而不知其内容的情况。至于分发的宣传资料，有的只是摘印了一些法律条文或制作了一个新法简介，实用性不够强；有的内容详细，但普法对象未必能看懂，不易达到预期效果。为使普法教育取得实实在在的效果，普法人员要积极创新方式方法，善于运用现代化的新科技手段，开发微博、微信等各种新媒体平台，采用人民群众喜闻乐见的方式，说老百姓听得懂的话，让人们能接受、愿参与，进而激发广大群众尊法、学法、守法、用法的热情。

【拓展阅读】

[1]史浩林：《论全民守法的必要条件》，《探求》2013 年第 2 期。

[2]宋玉波、赵子尧：《法治社会的最高境界在于全民守法成为习惯》，《探索》2014 年第 6 期。

[3]胡玉鸿：《全民守法何以可能？》，《苏州大学学报》2015 年第 1 期。

[4]蔡道通：《政府法治：全民守法意识形成的关键》，《苏州大学学报》2015 年第 1 期。

[5]刘爱龙：《全民守法是法治中国的基石》，《苏州大学学报》2015 年第

① 刘玉亭：《大力推进全民守法》，2013 年 3 月 14 日《光明日报》。

1 期。

[6]杨春福:《全民守法的法理阐释》,《法制与社会发展》2015 年第 5 期。

[7]单颖华:《当代中国全民守法的困境与出路》,《中州学刊》2015 年第 7 期。

[8]朱学萍:《维护法治权威需要全民守法》,《学习月刊》2015 年第 7 期。

[9]刘同君:《守法伦理的理论逻辑》,山东人民出版社 2005 年版。

[10][美]朱迪丝·N·施克莱:《守法主义:法、道德和政治审判》,彭亚楠译,中国政法大学出版社 2006 年版。

[11][美]汤姆·泰勒:《人们为什么遵守法律》,黄永译,中国法制出版社 2015 年版。

第四节　行政执法

法的执行,即执法,亦称“行政”或“行政执法”,是指国家行政机关或法律、法规授权的其他组织依法履行自己的职责,将法律规范运用到具体人或组织的专门活动。如果说法的创制是要使现实的正义诉求上升为应然的制度设计,那么,法的执行则是在一个新的层次上将纸上的法律对接到活生生的现实,从而使正义变得可见可触。在我国,大约有 80%的法律、90%的地方性法规和绝大部分行政法规、规章都是通过行政主体的执法行为得以实施的。古希腊的柏拉图在 2000 多年前就曾警示世人:“立法工作是很重要的事情,可是,如果在一个秩序良好的国家安置一个不称职的官吏去执行那些制定得很好的法律,那么这些法律的价值便被掠夺了,并使得荒谬的事情大大增加,而且最严重的政治破坏和恶行也会从中滋长。”[①]中国古人也讲:“徒法不足以自行。”社会正义要能在现实生活中得到较大程度的实现,除了立法要充分体现社会正义的内容外,还需要体现社会正义的良法能够在实践中得到不折不扣的执行,也就是说,执法环节同样需要贯彻正义的价值理念。执法正义体现的是制度运行的正义,“一个国家如果不能为自己的国民寻求公正,将不可能获得真正的发展,并跻身于世界强国之林”[②]。行政权力行使的目的是通过执法活动引导、教育、纠正行政相对人的行为,从而确保整个社会秩序的公平、公道、公正,达到一种和谐的状

① [古希腊]柏拉图:《法律篇》,转引自西方法律思想史编写组:《西方法律思想史资料选编》,北京大学出版社 1983 年版,第 26 页。

② 孙健:《社会公正论》,陕西旅游出版社 2003 年版,第 5 页。

态。我国行政许可法和行政处罚法的总则部分都明文规定了公正是行政执法必须遵守的原则,正是意识到了这一点。保障法在执行过程中的正义性是确保良法之治的关键,而更新执法理念、协调执法价值、明确执法原则是实现执法正义的重中之重。

一、更新执法理念

执法理念是执法活动的基本指导思想。正确的执法理念有利于行政主体摆正自身的位置,认知自己的职能,从而有效地约束自己的执法行为。缺乏理念的执法,就如同没有生命的枯树。当前,行政执法领域存在的问题有很多原因,但最根本的还是思想观念层面的原因。因此,更新执法理念,使其更符合法治的精神实质,是实现执法正义的前提。自20世纪80年代以来,我国启动了以市场化为导向的经济体制改革和以民主法治建设为重点的政治体制改革。为了适应市场经济的发展和建设法治政府的需要,党和政府采取了一系列措施创新行政执法体制,如实行大规模的政府机构改革,相对集中行政许可权、行政处罚权,实行行政综合执法试点,推行行政执法责任制等等。目前,我国行政执法体制改革已进入一个新的阶段:依法行政、执法为民理念正在全社会形成,政府职能得到初步界定,行政执法体制改革的思路逐渐明朗,权责明确、行为规范、监督有效、保障有力的行政执法体制改革目标基本确立等等。但是,实践中人们对与行政执法相关的一些问题还存在认识上的误区,例如对执法与管理的关系、执法体制创新的出发点和落足点等问题的认识就很不一致,因此我们有必要从基本概念入手,逐一厘清。

(一)执法就是管理,管理就是服务

执法与管理之间是什么关系?有些地方政府部门经常在自己的政策文件或工作报告中提到"实行管理与执法分离,有利于行政管理部门集中精力强化行政管理职能,提高行政管理效率;有利于降低执法成本,提高执法效率",但对哪些事项属于管理,哪些事项属于执法其实并没有明确区分,事实上也很难对二者进行明确界分。

对于执法的内涵,理论界和实务界尚未达成共识。一种观点认为,执法是行政处罚、行政强制措施等对公民、法人或其他组织权利、义务有重要影响,强制性效果明显的行为。比如某些实践部门的人员就持此观点,对行政给付、行政裁决等行政机关依法实施的具体行政行为纳入需要梳理的执法事项不很理解。这种观点在行政执法队伍中比较流行,越到基层持这种观点的执法人员就越多。还有一种很类似的观点,把行政执法等同于行政处罚。比如,2000年以前,在开展相对集中行政处罚权试点工作的一些正式批复中使用的都是行政执

法概念，甚至今天也还有相当一部分人仍习惯性地将行政执法等同于行政处罚，因而，也常常把行政处罚权的改革等同于整个行政执法体制改革。这些观点显然具有片面性，在实践中不利于执法理念的更新。笔者认为，执法有广义和狭义之分。广义的执法是指行政主体（含行政机关和法律、法规授权组织）执行法律规范的活动。因为行政和行政权的主要功能就是执行国家法律、法规，所以行政主体也就是执法主体。基于我国80%以上的法律、法规都要靠行政主体来贯彻执行的事实，行政主体在本质上就是执法主体，行政行为在本质上也都是执法行为。具体来看，如果以抽象行政行为与具体行政行为作为划分标准，行政执法行为既包括依法实施的抽象行政行为，如：制定行政法规、行政规章以及其他行政规范性文件的行为；又包括依照法律、法规、规章实施的所有具体行政行为，如：行政许可、行政处罚、行政强制措施、行政给付、行政征收、行政确认、行政奖励、行政规划以及行政法律规范中规定的其他具体行政行为；还包括依法实施的行政复议、行政裁决等准司法性的中立裁决行为，这类行为通常也被认为属于具体行政行为。如果以内部行政行为与外部行政行为作为划分标准，行政执法行为不仅包括外部行政行为，还包括内部行政行为，如非行政许可审批、下级行政机关向上级行政机关的报备、行政机关之间的抄报等，因为这些行为也都需要依法实施。

狭义的行政执法是指行政机关依照法律、法规或规章的规定对行政相对人实施的影响其权利义务的外部具体行政行为；从外延上看，行政执法包括行政许可、行政征收、行政强制、行政处罚、行政复议等等。这个概念应该说是获得较为普遍认同的概念，是与现阶段行政执法体制改革创新实践中涉及的主要范围最接近的一个概念。但是由于内部行政行为与外部行政行为，抽象行政行为与具体行政行为在行政执法实践中存在关联性，要实现行政执法体制改革创新的目标，未来改革涉及的范围、领域就不是该狭义概念所能涵盖的了。随着改革的深入，行政执法体制创新必然会触及更多广义行政执法概念涵盖的其他范围。当然，在现阶段，我国行政执法体制改革的重点仍然是狭义行政执法概念涵盖的范围。因为这一范围与人民群众关系最密切、最直接，人民群众反映最强烈，具有紧迫性，客观上也是行政执法体制创新必然涉及的首要和核心范围。

由于执法与管理的关系不清，以致有的执法人员甚至形成管理就是收费、执法就是罚款的错误认识。笔者认为，管理与执法其实并无本质的区别，从根本上讲都是行政主体运用行政权力对公共事务的处理，两者之间不存在截然分明的一条界线。依法实施的行政管理其实就是广义上的行政执法，只是现阶段社会主义法律体系尚不十分完善，行政管理不仅包含行政执法，还包含政策性的管理等非执法性管理。2004年国务院通过的《全面推进依法行政实施纲要》

明确要求："行政机关实施行政管理，应当依照法律、法规、规章的规定进行；没有法律、法规、规章的规定，行政机关不得作出影响公民、法人和其他组织合法权益或者增加公民、法人和其他组织义务的决定。……行政机关依法履行经济、社会和文化事务管理职责，要由法律、法规赋予其相应的执法手段。"可见，从依法行政的角度讲两者具有高度的一致性，管理与执法的统一是法治政府建设的必然追求和必然趋势。因此，不管在理论上还是实践中，都不宜将两者割裂开来。

管理和服务并不是一对不可调和的矛盾，而是可以有机地统一起来，好的管理者其实必然是一个好的服务者。一个靠罚款和收费来运行的政府部门，老百姓是不会信服的。随着改革开放的不断深入，民众主体意识的不断增强，建设服务型政府已是大势所趋。只有切实改变"管理就是收费""执法就是罚款"的惯性思维模式，把执法与管理、管理与服务统一起来，才能赢得群众的支持和拥护。各级领导干部必须牢记党的全心全意为人民服务的宗旨，树立正确的权力观、地位观、荣辱观，牢固树立执法就是管理、管理就是服务的理念，把服务寓于管理之中，以服务促进管理，实现管理者和被管理者的良性互动，改变"管"字当头、管理就是处罚的执法理念，切实做到执政、执法为民，规范执法行为，打造一个服务型的政府。正义不是抽象的空谈，执法正义就寓于全心全意为人民服务的理念中。

（二）执法体制创新的出发点和落足点都是以人为本

执法体制，即行政执法体制，是指行政执法机关的组织结构、职能配置、工作制度、机制、效能、程序以及人员结构、素质等的总称，是国家为了顺利实现行政目的而规定行政执法权力如何配置、怎么运行的制度体系。它是由行政执法主体、职权、程序和运行机制等共同构成的有机体系。我国的行政执法体制脱胎于行政管理体制，是在行政管理体制的基础上发展起来的。传统的行政管理体制是在计划经济基础上形成的，带有浓厚的计划经济色彩。十一届三中全会以后，随着计划经济体制向社会主义市场经济体制的逐步转变，我国民主与法治建设不断发展与完善，社会开始转型，政府与市场、政府与社会、政府与企业、政府与公民的关系面临着全方位的变革，行政管理体制呈现出一种新的状态，越来越多的行政管理领域为行政执法所取代，行政执法体制逐渐形成。

与社会转型相对应，执法体制也处在一个创新转型的过程中。正如美国学者盖伊·彼得斯所说："对于政府部门来说，变革与其说是一种特例，不如说是一种惯例。只要有一个不完美的政府，人们就会持续不断地寻求理想的治理形态。在某种程度上，变革不能单纯地界定为寻求一个完美的行政实体；更确切地说，每一种改革方案都会带来一些新的问题,而这些问题又会引发一套新的改革方案。”①总之,创新将是一个永无止境的发展过程。实践中,执法体制在静态上表现为各个行政执法主体实施各种行政执法行为时的法律依据,在动态上表现为各种行政执法行为模式。从理论上讲,行政执法体制的动态和静态表现应该是一致的。而当前,我国现行的行政执法体制静态上表现为我国现行的行政法律规范和部门相关的行政规范性文件,动态上则是指实践中的各种行政执法行为模式。这些行政执法行为模式由于在某种程度上带有计划经济体制或社会转型过程中形成的行政执法惯例的烙印,因此,并不一定全面、准确地反映静态的行政执法体制。行政执法体制创新从形式上看,要变革的主要就是这些行为模式。从实质上看,则是适应社会主义市场经济发展和加快建设法治政府的需要重新配置行政执法权,重构行政执法权力的运行机制,使行政执法权力更加科学合理地介入社会公共管理事务,实现执法权力运行的规范化、人本化、文明化。

执法体制创新的出发点和目的必须正当,行政执法的出发点必然是为了人,服务人,以人的自由、平等的实现为最终目的。以人为本作为一种理念,应当贯穿于执法体制创新的全过程,既是出发点,也是落足点。以人为本是一种对人在社会发展中的主体地位与作用予以充分肯定和尊重的价值观念,是以人的全面发展为目标的信念。只有关注人的全面发展,才能真正实现社会公正和推动社会进步。伴随着人的生理、心理、智识、能力等各方面的发展,社会中的不正义现象应当呈现逐渐缩小而不是扩大的态势。能否促进人的全面发展,是衡量行政执法正义性的尺度。从官本位到民本位,从治民管理到民主参与,以人为本的理念为行政执法打开了人道化、文明化和规范化的崭新视野。以人为本的执法观是执法观念的创新,它要求尊重人的人格与尊严,保护人的合法权益并体恤人的自然要求。行政执法的理想是追求政府和公民的互动与和谐,因此坚持以人为本,努力倡导柔性执法,是现代法治社会行政执法的必然趋势和要求,符合行政执法体制创新的时代潮流。因为并不是所有的行政行为都需要采取强制性方式实施,实践中不断出现的行政指导、行政合同、行政资助,这些也都是行政执法行为,但方式是柔和的。谦抑行政,柔性执法,是以人为本理念对执法方式方法创新的新要求。

社会的科学发展、和谐发展要求全面考虑公益与私益,平衡兼顾公平与效率、人权与秩序。执法体制创新的各种举措,凡是不符合民主化、科学化潮流的,也许暂时没有争论,但却注定要失败。而符合这个方向的,即使暂时有争议,也值得坚持。只有坚持以人为本,把握时代潮流,符合发展趋势,创新才能

---

① [美]盖伊·彼得斯:《政府未来的治理模式》,吴爱明等译,中国人民大学出版社2001年版,第8页。

立于不败之地。因此，要实现传统执法体制的变革，首先要从理念的更新入手，将服务和人本理念与行政执法实践相结合，因为“行政执法理念是对行政执法的目标、价值以及效果等的总体把握。理念的引入能够为评价现状提供标准，为未来之改革、发展提供理想目标与方向”[①]。

二、协调执法价值

法的价值是多元的，如自由、平等、人权、秩序、公平、效率、利益等。不同的法体现着不同的价值准则和价值观念。在具体的历史条件下，诸价值之间会出现冲突，例如自由和平等的冲突、公平和效率的冲突等。法的价值冲突“不仅表现在不同法的价值准则、观念之间，而且也表现在法的价值准则、观念的不同性质或形式上”[②]。在西方思想界，经历了十七八世纪“启蒙运动”的洗礼后，开始高扬人的理性，“上帝死了”，人成了世界的主宰。19世纪，西方思想界出现了两大主流派别，一是自由主义，二是功利主义。自由主义者崇尚自由和民主的价值，强调原子式的个人自由，坚持在人定法的框架内，个人自由神圣不可侵犯。功利主义者认为苦与乐是影响人类行为的两种基本力量，人类全部行为的终极动机都可溯源于趋利避害和好逸恶劳的需要，衡量个人行为的唯一标准是“最大多数人的最大幸福”，“效率”成为个人和社会所追求的首要行为准则。甚至有学者公开宣扬：“行政科学的目的就是以最少的人力和材料消耗来完成手头的工作，因此，效率是行政管理的价值尺度中的头号公理，效率也是行政科学的大厦得以建立起来的价值基石。”[③]但是，在现实中，过度追求效率会损及其他价值。效率的价值目标，要求执法过程尽可能减少成本消耗，要求程序简易、迅速、及时、灵活及有一定的自由裁量权，而从执法活动的正义性出发，则要求执法过程应遵循严密的程序、谨慎的方式，这两种价值目标之间也经常会出现冲突，相互抵触。

法的价值冲突可能在法运行的任何一个环节上出现，执法环节也不例外，同样面临价值冲突的问题。执法领域中，民主、平等、效率、公益等都是执法活动追求的价值，但它们彼此在实践中会发生冲突，这说明它们都不是第一位的，都要受到某种限制，需要一种更高位阶的价值来统领上述价值，正义就是这样一种价值。正义之所以产生，最初应当是基于人类社会对秩序的需要。人类天

---

① 杨解君：《行政执法研究——理念引导与方式、制度创新》，中国方正出版社2006年版，第299页。

② 沈迎、孙兴：《从法的价值冲突谈海关执法效率与正义》，《上海海关学院学报》2009年第12期。

③ Robert A. Dahl, "The Science of Public Administration: Three Problems," in Jay M. Shafritz and Albert C. Hyde (eds), *Classics of Public Administration*, Moore Publishing Company, OakPark: Illinois, 1978, p. 123.

生渴求一种和谐有序的理想社会，正义即是与实现这种理想社会有关的种种价值追求和制度安排。正义本身是一个综合性很强的概念，是实践中各种条件、各种境遇中不同价值的一种平衡。正如王南湜教授所说，社会生活的各个方面之间既有整体性的特征，也有分离性的趋势，“整体性使得各个角度、各个领域的价值原则具有某种一致性，或者至少不相互冲突；而其分离性则使得各个角度、各个领域的价值原则彼此冲突、难以并存。这种冲突和难以并存有可能导致社会生活的不可能，因而必须予以折中协调，使之能和平共处，共同保证社会生活的正常进行。这样一种用以折中协调诸价值原则的价值原则，便是一种正义原则。作为一种协调诸原则之原则，正义原则便是一种综合性的价值原则”①。正义价值是法的灵魂和存在根基，是法律充满生机和活力的精神源泉，也是贯穿行政执法活动始终的精神实质。其他价值相对于正义价值，都属于子价值。只有在正义价值的支配和统领下，上述子价值各自才能最大限度地扩展，实现和谐共赢，因此，正义成为平衡和限制这些子价值的一个更高层次的标准。

为了协调价值之间的冲突，实践中逐渐确定了一些行之有效的原则：如价值位阶原则、个案平衡原则和最小损害原则等。价值位阶原则是指不同位阶的法的价值发生冲突时，优先考虑并保护排序在先的价值，排序在后的价值只能放在次要地位。如曾经在一段时间内盛行的“效率优先，兼顾公平”。不过这种位阶的排序不是固定不变的，而是随着社会的发展不断调整和变化的。个案平衡原则是指同一位阶的法的价值发生冲突时，须综合考虑各方主体的特定情形、需求和利益，个案的解决办法尽可能兼顾双方或各方的利益。最小损害原则是指为了保护某种较为优越的法律价值，而必须损害法的另一价值时，不得逾越目的所必要的限度，尽可能将损害最小化。

三、明确执法原则

执法原则是人本理念和正义价值在执法活动中的具体体现，是对正义实质及内涵的具体贯彻与落实。

（一）合法原则，即依法行政原则

严格依照法律规定履行职责，是法治社会对执法者的基本要求。行政主体的行为不得与法律相抵触，行政执法权的行使应当有法律的依据或授权，没有法律根据，不得使公民负担义务，或侵害公民的权利；同样，没有法律根据，也不

① 王南湜：《实践哲学视野中的社会正义问题——一种复合正义论论纲》，《求是学刊》2006年第3期。

得任意免除公民应负担的义务。法律不是针对某一个人或某几个人的规定，而是针对一定范围内共同体的全体成员，维护社会成员的整体利益。行政主体如果不依法办事，就可能因情、因利或因其他诱惑而不能一视同仁，从而助长社会不正义。行政主体的权力是人民赋予的，执法者行使权力必须为人民服务，而不应当运用人民授予的权力徇私，为自己或者与自己有利害关系的组织、团体、个人谋取私利。当前的行政执法体制改革，不同于以往的行政管理体制改革，表现在它更注重法律在改革中的引导、保障和促进作用。新中国成立以来，我国的行政管理体制每隔几年都要进行一次大规模的改革，每一次成效都不尽理想。结果都只能证明这样一个事实：没有法律制度的保障，一切行政改革的成果最终都易于流失和走样。因此，在行政执法体制创新过程中，无论从行政体制与机构设置的整体构建上，还是从机构改革实际成效的巩固上，都必须贯彻合法原则。

（二）合理原则（亦称“适当原则”）

行政主体的执法行为，特别是行政机关的自由裁量行为，不仅要合法，也要适当，做到合情、合理、客观、恰当和适度。法律不可能对所有的行政行为都予以具体的、详细的规定，这既不可能，也不现实。因此，行政机关就被赋予了一定的自由裁量权，它可视具体情况做出相应的行为。一般认为，合理原则的具体要求包括以下三方面：(1)执法行为应符合法律目的。凡有悖于法律目的的行为都是不合理的行为。执法行为应建立在正当考虑的基础上，要有正当的动机，不得违背社会公平观念或法律精神，不应存在法律动机以外的目的或追求。在法律赋予执法主体一定幅度自由裁量权的情况下，执法者往往需要在两个以上的行为方案中进行选择，不同的行为方案对行政相对人利益的影响程度不同。如果执法者有私利掺杂其中，就可能选择对行政相对人较为不利的行为方案，这时执法者其实是在合法形式的掩盖下实现一个不正当的目的。目前，在罚款和行政收费问题上引发的纠纷多与此有关。(2)行政主体在实施执法行为时必须出于公心，平等地对待行政相对方，做到同样情况同样对待，类似情况类似处理，不同情况不同处理。例如，某市道路交通执法部门对两例情况类似的机动车侵占人行道做出的处罚如下：一例是依据《××市道路交通安全管理办法》第 73 条第 14 项规定处罚 200 元；另一例是依据《中华人民共和国道路交通安全法》第 93 条规定处罚 100 元。虽然执法主体、依据、程序都是合法的，但是明显适用的标准不一，出现了同案异罚，导致执法不公。出现这种现象的原因在于行政主体作出自由裁量决定的依据、条件、标准和程序不对社会公众公开，处理结果就容易受个人好恶和人情关系等其他因素影响，导致行政执法行为合理性的缺失。(3)行政行为的内容应合乎基本的人情事理，即应符合事物发展的客观规律和大多数人的常识性认知。

（三）比例原则，又称“对称或均衡原则”

这是指行政相对人的权利和义务应当对等，行政主体追究责任的手段与维护权益的大小应当相称。执法正义要求行政主体及其工作人员在作出行政行为时采取的措施和手段应当确有必要，即行政主体实现行政目的可以采用多种方式，尽量避免采用损害当事人权益的方式，在迫不得已的情况下给当事人造成的损害，也要求小于因此可能获得的行政收益。另外，还要符合过罚相当的原则，所采取的措施与所欲达到的目的之间应当合乎比例或相称。

（四）效率原则，也称“效益原则”

这是指执法活动应当在最短的时间内以较少的成本投入获取较大的收益。效率是执法活动的生命。合法权益得到及时维护，不法侵害得到及时救济，过错行为得到及时矫正，这是执法活动的基本目标。这就要求执法过程应当经济便捷，尽可能节约人力、物力、财力，消除不必要的成本消耗；执法程序应当公开透明，杜绝人情执法、歧视执法，确保程序公正；执法标准应当统一明确，避免标准的凌乱、错杂和繁琐；执法时效应当具体细致，使每个环节都有法可依，环环紧扣。没有效率的执法不能实现立法的目的，不能有效维护行政相对人的合法权益。行政相对人的合法权益得不到保障，社会公共利益的维护也就无从谈起，执法正义的实现更是成为空中楼阁。

【拓展阅读】

[1]姜明安：《论行政执法》，《行政法学研究》2003 年第 4 期。

[2]曾峻：《相对集中行政处罚权与中国行政执法体制的改革：以城市管理为例》，《政治学研究》2003 年第 4 期。

[3]王锡锌：《中国行政执法困境的个案解读》，《法学研究》2005 年第 5 期。

[4]马怀德、王柱国：《城管执法的问题与挑战——北京市城市管理综合行政执法调研报告》，《河南省政法管理干部学院学报》2007 年第 11 期。

[5]王青斌：《论执法保障与行政执法能力的提高》，《行政法学研究》2012 年第 2 期。

[6]周继东：《深化行政执法体制改革的几点思考》，《行政法学研究》2014 年第 1 期。

[7]莫于川：《通过完善行政执法程序法制，实现严格规范公正文明执法》，《行政法学研究》2014 年第 2 期。

[8]胡宝岭:《中国行政执法的被动性与功利性——行政执法信任危机根源及化解》,《行政法学研究》2014 年第 5 期。

[9]葛自丹:《行政执法风险的内控机制初论——以食品安全执法为例》,《当代法学》2014 年第 9 期。

[10]姜明安编:《行政执法研究》,北京大学出版社 2004 年版。

[11]杨曙光等:《行政执法监督的原理与规程研究》,中国检察出版社 2009 年版。

[12]王敬波主编:《城市管理与行政执法:理论·实务·案例》,研究出版社 2011 年版。

第五节　司法公正

司法公正,即制度救济的公正性,是指司法权运作的一种理想状态,反映了社会公众对司法活动的结果及运行过程的正向评价。社会如同一个有机体,其中的任何部分都可能出现腐败和问题,而唯独司法领域绝对不能丧失其公正本色。如果说社会机体的其他部分出现不公正情形尚可补救的话,那么,司法领域出现问题则是灾难性和毁灭性的,因为司法设立的目的就是为了矫正法在实施过程中产生的各种不公正,如果矫正环节自身的公正性都受到了怀疑,那无异于战场上最后一道防线的失守。正是从这个意义上,我们说司法公正是社会公正的最后一道防线。但是,当前司法不公、司法腐败现象的大量存在,使得社会公众对司法的公正性产生了一定程度的"信任危机"。近年来,社会各界对司法公正问题倍加关注,尤其是法学界和法律界研究司法公正问题的文章如雨后春笋般大量涌现,但是对"什么是司法公正"和"如何实现司法公正"这两大社会公众普遍关心的问题,仍没有取得多少共识。所以,本书认为,对司法公正问题的研究还有继续和深化的必要。本节拟通过两起真实的案例对这两个问题展开探讨。

一、从两则真实案例谈起

(一)案例一:云南李昌奎案

如果评选 2011 年度最受舆论关注的刑事案件,云南李昌奎案肯定是名列前茅的。自 2011 年 7 月 3 日中国网《云南一男子强奸杀害两人,终审因自首悔罪获免死》的报道发出后,迅速获得上百家媒体关注,并瞬即在网络上引发网友高达百万条的激烈讨论和关注。现将案情简介如下:

2009 年 5 月 16 日,云南省巧家县茂租乡鹦哥村村民李昌奎将同村 19 岁女子王家飞击昏后强奸，之后将王家飞与其3岁的弟弟王家红一同杀害，手段极其凶残。2010年7月15日，云南省昭通市中级人民法院作出一审判决，以故意杀人罪判处李昌奎死刑，剥夺政治权利终身；以强奸罪判处被告人李昌奎有期徒刑5年，决定执行死刑，剥夺政治权利终身。由被告人李昌奎赔偿附带民事诉讼原告人经济损失共计人民币3万元。被告人提起上诉后，2011年3月4日，云南省高级人民法院进行二审，经审判委员会讨论决定，支持一审法院对故意杀人罪、强奸罪的认定，但认为基于自首情节，死刑立即执行的量刑过重，遂改判为死刑、缓期二年执行。后被害人家属多方申诉，2011年8月22日，云南省高级人民法院对李昌奎故意杀人、强奸案启动再审程序，再次改判死刑立即执行，并报最高人民法院核准。根据最高人民法院下达的执行死刑命令，昭通市中级人民法院于2011年9月29日对李昌奎执行了死刑。①

（二）案例二：南京彭宇案

这其实是一起极为普通的民事纠纷，虽然距案件的发生及解决已经过去了很长的时间，但它没有从人们的记忆中淡化以至消失，反而常常以不同的方式、从不同的角度被提及和反思。诸如"天津版彭宇""济南版彭宇""郑州版彭宇""温州版彭宇""女版彭宇"等类的字眼在报刊和网络频频出现；另外在2011年10月广东发生的"小悦悦事件"中，人们也往往会联想到彭宇案的社会影响。事件经过如下：

2006年11月20日早晨，南京市水西门广场站公交站台前，64岁的徐寿兰在等83路车。人来人往中，徐寿兰摔倒在地，医院鉴定为骨折，构成8级伤残。2007年1月4日，徐寿兰向南京市鼓楼区人民法院提起诉讼，指认撞人者是第一个扶起自己并陪同至医院的彭宇，向彭宇索赔医疗护理费、残疾赔偿金和精神损害抚慰金等损失共计13.6万元。彭宇在法庭上否认自己撞人。他说，当天早晨有3辆公交车同时到站，徐寿兰要去赶第3辆车，而自己从第2辆车的后门下来，看到她跌倒在地，赶忙去扶，不一会儿，另一位中年男子看到了，也主动过来扶老太太。老太太当时不停地说"谢谢"，后来他和家属一起将徐寿兰送到医院。接下来，徐寿兰及其家属一口咬定彭宇是"肇事者"。2007年9月4日，鼓楼区人民法院作出一审判决，认为本次事故的双方徐寿兰和彭宇均无过错。按照公平原则，当事人彭宇对受害人徐寿兰的损失应当给予适当补偿。因此，判令彭宇承担受害人损失的40%，共45876.36元。双方当事人对一审判决结果都表示不服，上诉至南京市中级人民法院，经二审法院调解，双方当事人在二审期间达成和解，申请撤诉。南京市中级人民法院裁定予以准许。此后，双方各

① 参见佚名：《云南一男子强奸杀害两人，终审因自首悔罪免死》，http://news.sohu.com。

缄其口，为了避开公众视野，徐寿兰搬家，彭宇辞职。2010年11月，彭宇案的一审主审法官王浩在一次人事变动中被调入挹江门街道办事处下属的司法所工作。2011年9月5日，彭宇案的一方当事人徐寿兰病逝。双方在二审期间达成的和解协议的具体内容一直是“蒙在彭宇案上的最后一块面纱”。直至2012年1月16日，南京市政法委书记刘志伟接受《瞭望》新闻周刊记者的独家专访，在事先征得有关当事人及亲属的同意后，进一步公开了彭宇案的相关情况，包括彭宇最近承认的与徐寿兰相撞的事实，还有当年那份双方协议的主要内容：彭宇一次性补偿徐寿兰1万元；双方均不得在媒体(电视、电台、报纸、刊物、网络等)上就本案披露相关信息和发表相关言论。①

什么是司法公正？司法公正的具体内涵是什么？如果把司法公正理解为一种社会评价，在抽象的社会公众背后，评价主体有没有具体的所指？是法官、当事人、学者还是与具体个案无关的普通民众？社会评价司法公正与否的具体标准又是什么？如果把司法公正解释为与民意的符合，而民意在实践中是流变的、多元的、不明确的，且常常是相互抵触的。很多情况下，面对同样的案件，论者的立场、身份不同，评价就可能截然不同。这是否意味着司法公正其实并没有固定的标准和内涵？诸如此类的问题是探讨司法公正之前必须弄清而目前远未弄清的。

二、司法公正的内涵

立法公正作为制度产生的公正，是良法之治的前提；执法公正作为制度运行的公正，是良法之治的关键；而司法公正作为制度救济的公正，是良法之治的保障。与立法公正是代表所有人的公正、执法公正是代表不特定多数人的公正不同，司法公正就是每一件个案的公正、具体的公正、特定化的当事人的公正。司法公正包括实体公正与程序公正两个方面的内容，即每一件个案的结果公正和过程公正。前者是指司法机关或司法者对具体案件的事实认定准确，法律适用适当；后者是指处理具体案件的过程公平合理，不偏不私。笔者认为，司法公正不是抽象的、从一般意义上对司法活动的评价，只能就具体案件而论。司法公正，只能是指个案的正义。离开个案，司法无公正与不公正可言。正如“英国唯物主义的第一个创始人”弗兰西斯·培根断言：“一次不公正的裁判，其恶果甚至超过十次犯罪。因为犯罪虽是冒犯法律——好比污染了水流，而不公正的审判则毁坏法律——好比污染了水源。所以所罗门曾说，谁若使善恶是非颠

① 参见佚名：《彭宇案真相再调查》，http://news.163.com。

倒，其罪恶犹如在水井和饮泉中下毒。"[①]司法活动的直接任务是解决个案问题，而当事人和社会公众也都是通过个案公正能否实现对司法活动作出评价。

结合上述两案，不能说程序上没有任何瑕疵，但引起当事人和社会各界争议最大的主要是案件的实体结果。李昌奎案争议的焦点是对法律适用的不同理解，而彭宇案争议的焦点是对事实的认定。但我们在两案中能发现一个共同的特点，这也许是绝大多数司法纠纷都面临的一个困境，即在不同的社会主体眼里，公正的具体内容是不同的，并且每一方都不是孤立的个人，而是有着一个群体——利益共同体或同情者的支持。所以"什么是司法公正"的问题就转换成了"谁主张的公正才是司法公正"的问题。我们认为，在上述两案中，起码有下列几种不同的公正主张：

1. 被害人或原告方主张的结果公正。李昌奎案中，被害人的父母及其他亲属的诉求是很明确的，那就是杀人者偿命，一命抵两命，法院应当判处被告人李昌奎死刑立即执行；附带民事诉讼中，原告方要求被告人李昌奎赔偿死亡赔偿金、丧葬费等共计人民币380129.50元。彭宇案中，原告方的主张是被告赔偿原告摔倒造成的全部损失13.6万元。如果这些诉求不能实现，他们眼里的司法公正肯定是打了折扣的。

2. 被告人及其亲属主张或认可的结果公正。李昌奎案中，我们应当注意一个细节，即从李昌奎被捕到二审改判，李昌奎的家人并没有委托辩护律师，一直是法院指定的辩护人参加辩护。他们也曾对媒体记者解释过，原本以为李昌奎的情况肯定是死刑立即执行了，所以连律师都没有请，也没钱请，就靠政府指定的律师辩护，是二审的改判让他们全家人重新看到了生的希望。所以，云南省高院启动审判监督程序后，他们也积极联系北京知名律师为李昌奎辩护。被告人及其家属的思想变化是比较清晰的，他们同样接受"杀人偿命"的传统观念，提起上诉不过是基于侥幸和延长一点生存时间的心理。至于民事赔偿，他们能力有限且主观上也没有积极赔偿的意思，这从后来乡村两级调解组织干预的结果可以知悉。可以说，二审的改判对李昌奎及其家人来说肯定是个大大的意外。彭宇案中，被告主张自己是见义勇为，与原告摔伤没有任何关系，不应承担任何责任。原告摔伤是事实，但摔伤的原因只有原告和被告两人清楚。然而法庭上出现了两种完全不同版本的说法，肯定有一方歪曲了事实真相。假使彭宇无辜，让其承担任何责任都是不公正；但假使彭宇撒了谎，判其承担责任，即使他嘴上不服也会心服。

3. 一审法官认定的公正。李昌奎案中，一审法官在刑事部分认定李昌奎构

---

① [英]弗兰西斯·培根：《培根随笔》，吉林出版集团2010年版，第183页。

成故意杀人罪和强奸罪，按照数罪并罚，判决死刑立即执行；在民事部分，量刑时考虑了被告人的实际支付能力，判决支付3万元。无论从法律效果还是社会效果看，如此判决基本上是能为原被告双方和社会公众接受的。彭宇案中，一审法官综合考量了各方面的间接证据，尽可能地去探究案件的事实真相，在形成自己内心确信的过程中，运用了经验法则和日常生活中的情理分析，尽管这份判决一度在媒体和舆论中广受诟病，但我们今天走出滚滚的舆论洪流，仔细推敲这份判决书的文辞表达，相信它合情入理的分析能经得住时光的磨砺。但是，在强大的舆论冲击下，彭宇案的一审主审法官已经调离法官职业，法官连自己的命运都不能左右，怎么期望他们为当事人和全社会提供信得过的正义呢？

4.二审法官认定的公正。李昌奎案和彭宇案中，二审法官以不同的形式更改了一审法院的判决，说明二审法院和一审法院在这些具体的个案中，对公正的理解是有所不同的。云南省高级人民法院更多地考虑了当前国家的刑事政策导向，而南京市中级人民法院则更过地考虑了案件处理的社会效果。

5.法律人对终审结果的支持和反对态度。在一些广受社会关注的典型案例中，法学界和法律界的专家学者、业内人士的看法总是不可少的。但这些意见却往往是有分歧的，形成截然对立的两派或各有侧重的三派。在本节选取的两个案例中，专业人士的观点也不例外。

6.媒体和公众舆论对终审结果的支持和反对态度。李昌奎案中，舆论几乎是一边倒地倾向于被害人，对被告人一片喊杀之声。而彭宇案中，舆论却是一边倒地支持被告彭宇。当然也有少数反对主流舆论的声音，但被主流声音湮没了。当代中国还有一个奇怪的现象是，主流舆论和法律职业人士中的主流意见出现了持续化的冲突和对立。

7.众多的没有发出声音的大众内心评价。这是民意的主体，是一种潜在的民意。古人讲：民意如水，可疏可导不可堵，水可载舟亦可覆舟，所以民心不可欺。无声的大众经常会有事不关己高高挂起的旁观者心态，他们也经常会有极强的从众意识。但他们同样有独立的是非善恶判断标准，一旦这部分民意形成稳定的、集中化的表达机制，将是一股不可抗拒的社会力量。

针对上述具体案件，各方都认为公正在自己手中，认为自己掌握着公正的话语权或主导权。司法公正的理想状态当然是各方面意见形成一致共识，指向一个共同的结果。但这种理想状态在现实中几乎是不存在的。现实可行的选择只能是尊重最接近司法公正的方案。而上述方案中哪一种主张更接近司法公正呢？笔者认为，一审法官由于在时间和空间上最接近案件事实和案件当事人，其对案件的认定最接近事实真相，其基于事实认定基础上作出的判断最接近双方当事人和社会公众的理性共识。除非一审法官有徇私舞弊、明显偏袒一方当事人，或对法律的理解和把握有明显错误，或严重违反法定程序的情形发生之外，二审法院应引导当事人及社会公众遵守和尊重一审法院的判决。确有改判必要的，一定要拿出比一审判决更充分的理由。

三、实现司法公正的保障

公正乃司法权、司法机关和司法人员的存在之本，是司法之生命力所在。司法应当追求公正是一个不言而喻的问题，但是，如何实现司法公正，却是一件仁者见仁、智者见智的事情。迄今为止，社会各界针对如何通过司法制度及体制的改革实现司法公正已经开出了若干剂药方，其中不乏真知灼见。本节拟从理念转变及原则设定方面择要把握一下司法改革的价值取向及可行性措施。

（一）司法权独立化

理由：司法的实质是判断，司法权的性质是判断权。司法是行使判断权的主体即面对具体案件的法官基于自己的职业道德、行为操守、学识和能力，在意志自由的基础上，对案件的是非曲直作出独立判断的活动。因此，司法权应当归位，回归审判权即判断权。司法权作为国家权力体系中一个必不可少的组成部分，应当按其权力性质予以设定和行使，使其具有相对独立性和制约性，这是实现依法治国的体制保障，也是实现司法公正的基本前提。司法独立主要是指司法权独立，所谓的法院独立和法官独立仅仅在其被赋予和实际行使司法权的角度才有意义。

措施：(1)审检分离。审判权和检察权应按照权力的不同性质分别配置和行使，把检察权从司法权中分离出去，检察权的执行性特征使其不应也不必非得与审判权捆绑在一起服从司法权运行规律。对检察权中的不同权能可以予以拆分：职务犯罪的侦查权并入公安（或国家安全）部门；公诉权并入政府法制办，承担起国家刑事公诉和政府行政应诉任务；法律监督权并入人大法工委。(2)审执分离。审判权和执行权分开，把执行权从法院中剥离出去，法院专职做好审判工作，而不是现在法院系统内部实行的设立执行局、审执分离加审执兼顾等换汤不换药、治标不治本的改革举措。目前执行权是由公安、司法行政部门和法院几家分享，把法院的执行权剥离后完全可以配置给公安和司法行政部门。由于行政机构上下级之间的联动和隶属关系，更容易形成执行合力，解决执行难问题。为加大执行力度，还可以规定将执行法院裁判情况作为法治政府的衡量指标，每年的未执结案件由各级行政机关负责人直接负责。

（二）法院去行政化

理由：法院是司法机关，是审判权即判断权的唯一享有者。审判权与行政权有着根本的不同，行政权是一种对行政事务的积极主动的干预，而司法权是一种消极被动的判断权。因其被动，所以需要独立。因为判断权的行使并不依赖于外在的强制性或执行性，而决定于法官个体的内心确信以及形成这种确信前提的理智、经验、知识和道德伦理水准，是一种意志和行为自由前提下的独立判断。由于司法权的独立属性，法院系统就不应出现行政关系中的上下级格局。但是，由于种种因素的影响，我国法院系统事实上带有明显的行政化色彩。首先，从上下级法院的关系看，按照宪法和人民法院组织法的规定，上下级法院之间应当是监督与被监督关系，而不是领导与被领导关系。但是，实践中，不同级别的法院对应着不同的行政级别，如最高法院是副国级，省级高院是副部级，市级中院是副厅级，县级法院是副处级。每一级法院受同级党委领导和同级人大监督，经费由同级政府控制，这般设置只能使国家的人民法院在一定程度上降格为服务于地方的"地方法院"，事实上成为了政府的一个职能部门。另外，上级法院主导着下级法院的评比、考核，部署辖区内所有法院系统的工作，听取下级法院的汇报；下级法院遇到疑难案件，也习惯于向上级法院请示，以免自己受到错案责任追究。所有"上级机关"具备的权力上级法院几乎都具有，成为下级法院事实上的领导机构。这种现象已经严重扭曲了宪法和人民法院组织法对上下级法院之间关系的安排。其次，从每一个具体法院的内部结构看，也有明显的行政化倾向。与行政机关的首长负责制相类似，法院里的院长、副院长、庭长、副庭长、审判员、助理审判员之间的关系是领导与监督并行的关系。从院长、副院长、审判委员会委员、庭长、副庭长到审判员、助理审判员形成一个严密的等级体系，这种等级完全是按照行政系统官员的职级套用的。这就意味着，在同一个法院内部，法官是按职务而不是按业务被划分为三六九等的，法官与法官之间地位是不平等的，具有院、庭长身份的法官不但对普通法官具有领导权，而且对案件的最终结果具有审批权或签字权。法官所行使的审判权天然地要求法官之间具有平等性，因为人与人之间的判断力只有专业与非专业之分，而不能有绝对的高下之分，尤其不能以职务高低论判断力之高下。鉴于上述理由，法院改革必须去行政化。

措施：(1)取消法院和法官的一切行政性级别。法院内部审判业务和行政事务实行严格区分，审判、行政人员不交叉任职，院长、庭长等行政管理人员只处理内部行政事务，不得过问、干预案件审理。(2)四级法院的设置不变，在审级上试行有限的三审终审制。为避免地方保护主义，并且实现案件繁简分流，基层、中级人民法院可以考虑跨区域设置，分享初审管辖权。基层法院受理小额民事纠纷及轻微刑事案件和法律关系简单的行政案件，可以适用调解。中级法院受理其他刑事、民事、行政案件。高级人民法院按现有行政区划设置，行使上诉管辖权。如果切实做到案结事了，相信绝大部分案件会在一审或二审阶段终结。最高人民法院行使终审管辖权。取消死刑复核程序,由最高人民法院受理所有死刑案件的上诉或抗诉,因为死刑判决是人命关天的大事,应当由同一个法院按照统一的标准作出裁断。另外,为了不给最高人民法院增加过重的三审压力,非死刑案件的上诉或抗诉是否受理,可以由最高人民法院自由裁量决定,可以选择受理社会广泛关注的案件、有典型代表意义的新类型案件。另外,要吸取判例制度的长处,最高人民法院的判决结果可以对全国各级人民法院以后处理类似案件产生拘束力,这样就能保证同案同判的效果。(3)法院系统的人、财、物收归中央和省两级管理。最高人民法院的人员、经费报全国人大常委会批准,由中央财政拨付;地方各级人民法院的人员、经费报各省人大常委会批准,由各省财政统一拨付。

(三)法官精英化

理由:法官精英化是与职业化、专业化的要求紧密联系的。宪法和法律配置给法院的审判权最终要由法官行使,审判权维护社会公正的神圣性质决定了法官群体应当是社会的精英。西方有法谚云:"法官不是人,而是人之上的神。"英国大法官爱德华·柯克也说,法律是一门艺术,它需要长期的学习和实践才能掌握,在未达到这一水平前,任何人都不能从事案件的审判工作。[①] 法官除了具备精深的业务素质,还应当了解自己国家的社情民意,富有同情心和正义感,拥有刚直不阿的品格。正如美国大法官霍姆斯所说:"只有熟悉与法律有关的历史背景、社会因素和经济情况的法官和律师,才能够适当地履行职责。"[②]要使法官成为社会精英,就需对法官职业的进入、在职和退出等环节实行精英化的管理。另外,由于法官职业需要有较为丰富的社会阅历,还需对法官的任职年龄有所限制。目前,我国法官的任命方式几乎与行政官员的任命方式无异。就基层法官的任命而言,审判员的任命程序是:首先由组织部门考察,再报该级人大常委会通过后,由该级人大常委会批准并颁发任命状。这种任命方式使得法官从产生之初就没有权威。就法官的在职管理来说,根据我国现行《法官法》的规定,法官的级别分为四等十二级,与国家公务员的行政等级划分基本对应。第一等是首席大法官,只有一人,即最高人民法院院长。第二等是大法官,包括两级。第三等是高级法官,包括四级。第四等是法官,包括五级。如此繁杂的等级划分可能在一段时期内适合我国的国情,但终究不符合司法权运行的规律。另外,法院系统内部对在职法官的监督管理形同虚设,法官群体中屡屡曝出的贪腐案件几乎都是因为其他案件被牵出,可见法院系统内设的纪检机构作用极为有

---

① 转引自[美]罗斯科·庞德:《普通法的精神》,唐前宏等译,法律出版社 2001 年版,第 42 页。

② Holmes, "The path of law," in *Collected Legal Papers*, Harcourt, Brace, 1920, pp. 180, 184.

限,形同虚设的制度不如弃而不用。再就法官的退出机制来说,目前有很多外界因素都能影响法官非自愿的职业变动,且不说明任何理由。法官精英化是实现司法公正的重要保障,上述不利于法官精英化的种种举措,必须改革。

措施:(1)法官分两个等级:大法官和法官。最高人民法院分设刑事、民事、行政三个业务庭,各设7名大法官,在其中指定一名为首席大法官,首席大法官负责召集、组织案件的终审。每位大法官设一定数额的法官助理。大法官、首席大法官只作为荣誉称号,不与职务待遇挂钩。这21名大法官由全国人大常委会差额提名,由国家主席任命。大法官人选从地方各级人民法院的优秀法官、著名律师或法学学者中产生,大法官终身任职,任职年龄可以限定为年满50周岁,出现空缺随时补选。省级以下法院的全部法官由省级人大常委会差额提名,由省(自治区、直辖市)的一把手任命。地方各级法院的法官编制实行定额制,按照所辖地区的人口数按一定比例配备。法官的任职年龄可以限定为年满40周岁。(2)根据地区经济发展水平,确定该驻地法院大法官和法官群体的在职及退休待遇,使其能达到当地公务员收入的较高水平,然后依据任职年限逐年提升待遇等级,退休时再领取一份丰厚的养老金,这对保证司法职业的尊严和荣誉感是极其重要的。取消错案责任追究制,从职业道德和行为规范的角度加强对在职法官的监督,在全国人大和省级人大设法官言行惩戒委员会,受理社会各界对大法官和法官不当言行的举报。对于轻微违纪、智识和能力不足、有损法官荣誉的,给予警告、记过、记大过、留用察看等轻微处分,但法官之间基于对法律适用情况的不同理解而对案件作出的不同判决,不应当被认定为错案和法官言行(往往体现在判决书的说理部分)不当;对于严重违纪,由于徇私舞弊而出入人罪、是非不分、黑白颠倒,不适合再担任法官职位的,启动弹劾程序,给予调离法官职位、开除公职的处分。对于开除公职的,永远不得录用为国家公职人员。(3)大法官和法官除自愿申请离职、因病或亡退职(法官还包括到正常退休年龄而退职)、受全国人大或省级人大弹劾外,不得因其他原因调离法官职位。

(四)人民陪审员大众化

理由:司法权是一项重要的国家权力,而国家的一切权力都来自于人民,所以人民有权监督司法权的运作。参与案件审理、监督司法权的运作是行使公民权的体现。陪审是目前为止人们发现的监督司法权运作的最直接形式,也是发扬司法民主的重要途径。鉴于陪审制度的重要作用,这项制度在我国有必要继续坚持。但由于现行的人民陪审制度有很多缺陷,所以需要不断改革完善。根据十届全国人大常委会第十一次会议通过的《关于完善人民陪审员制度的决定》的要求,我国人民陪审员的任职资格有四项必备条件:(1)拥护中华人民共和国宪法;(2)年满23周岁;(3)品行良好、公道正派;(4)身体健康。另外还有一项非必备条件:一般应当具有大学专科以上文化程度。有了这样的条件限制,实践中法院选择人民陪审员通常走的是“精英路线”,很多法院把学历甚至是法律专业背景作为人民陪审员的任职资格条件。这种做法不符合人民陪审制度设计的初衷。从理论上讲,人民陪审员不应当是精英法官群体的成员,而是民意的代表,是普通民众的代言人,正好以其广泛性和大众性与法官的精英化相互补充,使非职业法官与职业法官之间形成思维互补,二者相得益彰。18世纪法国伟大的革命家罗伯斯庇尔认为,为了使公民受到最公正和最无私的对待,让与他们具有同等身份的人们来审判,这正是陪审制度的最大特点。

措施:(1)在宪法中确立公民的陪审权。(2)改人民陪审员制为人民陪审团制,人民陪审团只负责对案件事实问题的认定,刑事案件中负责认定被告人有罪与否,民事案件中认定双方当事人的是非对错,行政案件中认定被告有责与否。这是与人民陪审员的大众化要求相适应的,因为不要求专业知识背景,就不能勉为其难地让他们去处理繁杂的法律问题,而对于案件的事实问题,他们凭着普通公民的良知和正义感,是能够作出公正判断的。(3)人民陪审团只适用于一审法院的一审案件,是否启动由当事人选择。刑事公诉案件由被告方选择,刑事自诉案件和民事案件由当事人双方选择,行政案件由原告方选择。(4)取消人民陪审员的大专学历资格限制。通常来说,凡是在地方人大代表选举中进行了登记的选民,都可以列入人民陪审员名单。但考虑到审判权行使的特殊要求,还应再设定几个合理的必备条件:年满40～60周岁之间;初中文化程度;没有违法犯罪记录;非现职国家工作人员;身体健康;本人自愿。符合上述条件的选民都列入人民陪审团名单,自动获得人民陪审员资格。(5)具体案件的人民陪审团成员由当事人通过随机方式从人民陪审员名单中选择产生。

(五)程序公开化

理由:程序公开是司法公正的重要组成部分,是促进司法公正、提升法院公信力、树立司法权威的重要举措,也是中国共产党的一项优良传统。中国共产党从探索创立社会主义司法制度时起,就重视通过司法公开促进司法公正。苏区的临时最高法庭成立后,立即在当时的中央政府机关报《红色中华》上开辟“苏维埃法庭”专栏,定期公布案件审理情况和法律文书,增强审判工作的透明度,赢得了苏区群众对社会主义司法的信任和尊重。审判公开既是苏区的一项重要司法原则,也是一项重要的司法制度。今天我们重复“公开”一词的理由仍然是强有力的,正如美国学者戴维斯所说:“公开是恣意与专横的天敌;公开是与非正义进行战斗的天然盟友。”[①]程序公开之所以获得社会的广泛接受,其原

① K. C. Davis, *Discretionary Justice: A Preliminary Inquiry*, University of Illinois Press, 1971, p. 98.

因在于它是衡量程序公正与否的一个重要指标。暗箱操作总是与专制、恶法为伍，正所谓“刑不可知，则威不可测”。马克思也曾经指出，正是因为“有人把怕见天日的私人利益运进我们的法里，就必须赋予这种内容以相应的形式，即秘密的诉讼程序的形式，这样，至少才不会引起和产生任何危险的、自满的幻想。……如果形式不是内容的形式，那么它就没有任何价值了”[①]。一切肮脏交易都是害怕见阳光的，而社会主义法是体现广大人民利益、反映广大人民意志的良法，追求程序公开是其题中之意。公正的法律程序一定是公开的、透明的，很多实体方面难解的问题都可以通过程序方面的细节改变而得到解决或从根本上得以避免。

措施：(1)加强司法系统信息化建设，进一步扩大程序公开范围，符合公开审判条件的案件从法院立案、法庭审理到判决书内容，都应当及时在法院外网公开，方便当事人和社会公众查询。(2)确立集中审理原则，并行审理仅作为例外情况适用。集中审理原则，即不间断审理原则，是指法庭对案件的审判，除非基于不可抗力等客观情势，应由固定的审判人员持续不中断地进行，并应在审理结束后即行作出判决。(3)取消定期宣判制度，案件如果没有再次开庭的必要，应当在最后一次开庭结束时当庭宣布判决结果，判决书可以定期送达。(4)取消二审不开庭审理方式，凡是当事人提起上诉或检察院提起抗诉的案件，法院都应当开庭审理，贯彻直接、言辞原则，听取各方当事人的意见，审理结果在法定时间内送达各方当事人，包括原审未提起上诉的一方当事人。

(六)裁判书说理化

理由：重视裁判书的说理性是中国共产党的一项优良传统，最高人民法院第三任院长谢觉哉同志早在1942年就强调过判词说理的重要性。他指出：“判词，要剖析隐微、合情合理，使败诉者不能不心服。上控案子，总是原判失当，或者判得虽对而说得不清，遂致两告(指原告和被告)都受上诉的累。”[②]司法的实质是判断，裁判书就是法官说明判断过程和判断依据，并努力获得当事人和社会公众信服的有形载体。尤其是其中的理由部分，是裁判书的重要内容之一，也是裁判书的灵魂所在。但是，目前司法实践中还普遍存在着裁判书过于简单和质量不高的问题，例如有些裁判书根本不说理，有些说理不充分、不恰当，甚至有些干脆讲歪理；有些裁判书形式上漏洞百出，出现错别字，当事人姓名、日期错误，或将当事人之间的关系颠倒混淆等。这样的裁判书能否使人信服，能否产生良好的法律效果和社会效果可想而知。这些不良现象的存在，既损害了

① 《马克思恩格斯全集》第1卷，人民出版社1956年版，第178页。

② 转引自司春燕：《马克思恩格斯法正义观研究》，第286页。

法官和法院形象，削弱司法权威；又辜负了公众对司法的期望，降低了司法公信力。所以，法院系统有必要在推行审判方式改革的前提下继续深化裁判文书改革，强化裁判书的说理性。

措施：(1)改变裁判书千案一面的模式，充分展示法官的个性。(2)把合议庭内部的少数不同意见公之于众，这样做有两个好处：一是更符合事物发展的客观规律。合议庭成员的意见不可能在一切案件上都是整齐划一的，明知不可能却要以整齐划一的形式示人，有悖于司法求真的品格。二是有利于增强合议庭每个成员的责任感。如果公开了合议这一环节的内容，则揭开了司法中最后一块隐秘的面纱，使审判公开更加彻底。

【拓展阅读】

[1]熊秋红：《解读公正审判权——从刑事司法角度的考察》，《法学研究》2001 年第 11 期。

[2]李少平：《法官职业精神：司法公正的灵魂和根基》，《法律适用》2013 年第 1 期。

[3]王晨：《司法公正的内涵及其实现路径选择》，《中国法学》2013 年第 6 期。

[4]慕平：《坚持公正司法，提高司法公信力》，《中国审判》2014 年第 12 期。

[5]孙英：《从审判管理看当前影响司法公正的突出问题及改进的建议》，《山东审判》2014 年第 12 期。

[6]郑智航：《中国量化法治实践中的指数设计——以法治政府指数与司法公正指数的比较为中心》，《法学家》2014 年第 12 期。

[7]王翠梅：《论依法治国进程中的司法公正问题》，《前沿》2014 年第 12 期。

[8]莫纪宏：《法律职业化是司法公正的制度保障》，《中国司法》2015 年第 1 期。

[9]龙宗智：《影响司法公正及司法公信力的现实因素及其对策》，《当代法学》2015 年第 5 期。

[10]杨一平：《司法正义论》，法律出版社 1999 年版。

[11]高其才等：《司法公正观念源流》，人民法院出版社 2003 年版。

[12]章武生：《司法公正的路径选择：从体制到程序》，中国法制出版社 2010 年版。

第六节 法律监督

一、法律监督的要素

研究法律监督问题，首先需要搞清楚法律监督的要素构成，即法律监督的主体、客体和内容分别是什么。

（一）主体

法律监督的主体，是指法律监督活动的参加者，既包括监督者，也包括被监督者。概括来讲，可分为三类：

1.国家机关。包括国家权力机关、行政机关和司法机关。这种监督是以国家名义进行的，具有法律强制力，在法律监督体系中处于核心地位。

2.社会组织。包括各政党、人民团体、社会团体、群众组织和企事业组织。这种监督不同于国家机关的监督，它不以国家名义进行，不具有法律效力。但是它有严格的组织性、广泛的代表性，因而也是法律监督体系中一支不可或缺的力量。

3.公民个人。按照人民主权原则，人民是国家的主人。人民是一个个公民的集合，因而每个公民都可以成为国家权力运行的监督主体。公民监督广泛、直接而具体所发挥的作用不可忽视，是整个法律监督体系的基础。

（二）客体

法律监督的客体，是指法律监督活动所指向的事务或行为。对于法律监督的客体范围，有广义和狭义两种解释。从广义讲，法律监督的客体包括从事各种法律活动的国家机关、社会组织和公民个人的行为；从狭义讲，法律监督的客体是国家机关及其公职人员，不包括社会组织和其他公民个人。

从法律监督的宗旨与目的来看，狭义的客体范围针对性更强。因为历史实践表明，对民主和法治的最大威胁和破坏因素主要不是来自社会组织和公民个人，而是来自公权力的拥有者即国家机关及其公职人员。法律监督主要是针对公权力运行而设计的一种防范机制。因此，法律监督的主要客体应当是国家机关及其公职人员的公务行为。

（三）内容

法律监督的内容，主要是指国家机关及其公职人员的公务行为的合法性。这里的合法性包括两个方面：行为内容的合法性与行为程序的合法性。只有在少数情况下，法律监督会涉及合理性问题。

二、法律监督的分类

对于法律监督，可以按不同的标准，从不同的角度进行分类，基本的分类有以下几种：

（一）根据监督者不同，可分为国家监督和社会监督两大类，这是对法律监督的最基本分类。

（二）根据监督者和被监督者的地位和相互关系不同，可分为纵向监督和横向监督。

（三）根据监督者和被监督者是否属于同一系统，可分为内部监督和外部监督。

（四）根据实施监督的时间先后，可分为事前监督、日常监督和事后监督。

（五）根据监督的性质和效力不同，可分为具有法律效力的监督和不具法律效力的监督。

（六）根据监督的内容不同，可分为对法律制定活动的监督和对法律实施活动的监督。

三、我国现行的法律监督体系

（一）国家监督

1. 国家权力机关的监督

国家权力机关的监督可简称“权力监督”，是指各级人民代表大会及其常务委员会对由它产生的机关及其公职人员的行为进行的检察、控制和督导。

权力监督的主体包括监督者和被监督者。监督者主要是各级人民代表大会及其常务委员会，其中，全国人民代表大会及其常务委员会在整个法律监督体系中居于主导地位。被监督者是由权力机关产生、对权力机关负责并报告工作的国家机关。具体可分为三类：一是由国家权力机关及其常设机关产生并向它们负责的国家机关及其组成人员。例如，“一府两院”要接受同级权力机关的监督。二是有关国家权力机关及其组成人员。根据我国宪法，全国人大常委会是全国人大的监督对象；省、自治区、直辖市国家权力机关以及其他下级人民代表大会都是其上一级国家权力机关的监督对象；全国人民代表大会的代表和省、自治区、直辖市、自治州、设区的市的人民代表大会的代表是选举他们的代表大会的监督对象。三是国家武装力量、各政党、各社会团体、各企事业组织和公民个人。因为根据宪法，他们必须遵守宪法和法律，而监督宪法和法律的实施分别是国家最高权力机关及其常设机关和地方各级国家权力机关及其常设机关的重要职责。

监督的客体是被监督者制定法律、法规或实施宪法和法律的行为。

监督的内容主要是被监督者公务行为的合法性。

当前,我国权力机关监督的主要方式有:(1)听取和审议工作报告并作出相应的决议;(2)审查文件,指对"一府两院"依法呈送的规范性法律文件和非规范性法律文件进行审查,并作出相应决议;(3)质询;(4)组织特定问题的调查委员会;(5)受理申诉、控告和检举,并进行处理;(6)开展执法检查,这是当前全国人大和地方人大开展法律监督所经常使用的一种监督方式,具有针对性和时效性,可以及时发现法律实施中存在的问题,提出改进实施的对策;(7)视察,是指由人民代表有组织地对法律、法规、有关决议和决定的贯彻执行情况、国民经济和社会发展计划、财政预算的执行情况以及人民群众反映强烈或普遍关心的问题进行视察;(8)督促办理人民代表和委员提出的建议、批评和意见;(9)审议撤销职务案;(10)专题监督,即就某一方面的工作、某一热点问题、某一重大事件听取和审议"一府两院"的工作报告。①

2.国家行政机关的监督

国家行政机关的监督可简称"行政监督",是指行政机关或行政机关内部的专设机构对本级内设机构、下级行政机关及其公职人员执法行为的合法性和合理性,社会组织和公民行为的合法性进行的检察、控制和督导。

根据监督者与被监督者之间关系的不同,行政监督可分为两类:一是一般行政监督,即基于行政管理权限和行政隶属关系由上级行政机关对下级行政机关进行的监督。二是专门行政监督,是行政系统内部的专门监督机关对国家行政机关及其工作人员执行法律、政策和命令等情况以及违法违纪行为所进行的监督。专门行政监督包括行政监察监督、行政复议监督和审计监督等。

监督的主体,是各级行政机关及其公职人员。

监督的客体,是各级行政机关及其公职人员的执法行为,社会组织和公民的守法或违法行为。

监督的内容,是各级行政机关及其公职人员执法行为的合法性和合理性,社会组织和公民行为的合法性。

3.国家司法机关的监督

国家司法机关的监督可简称"司法监督",是指司法机关对国家公职人员犯罪的追究及对行政机关行政行为的合法性进行的审查和处理。在我国,司法监督包括检察监督和审判监督。

(1)检察监督。检察机关是宪法规定的专门的法律监督机关,因而检察机

---

① 参见张骐:《论完善法治化的法律监督体系》,《中外法学》1998年第6期。

关的监督是一种专门监督，即检察机关对有关国家机关执法、司法活动的合法性以及国家公职人员的职务犯罪行为所进行的检察、控制和督导。检察监督与诉讼活动有着密切的联系，或者是在诉讼过程中进行，或者最终通过诉讼得以完成。因此，可以将检察机关的监督分为三类，分别是刑事诉讼监督、民事诉讼监督、行政诉讼监督。刑事诉讼监督是目前我国检察机关监督的主要工作。民事诉讼监督是指人民检察院对民事审判活动所进行的监督。人民检察院发现人民法院已经发生法律效力的民事判决、裁定认定事实的主要证据不足或适用法律确有错误，或者法院违反法定程序，可能影响案件正确判决、裁定的，以及审判人员在审理案件时有贪污受贿、徇私舞弊、枉法裁判行为的，应当依照法定程序提出抗诉。行政诉讼监督是指人民检察院对行政诉讼所进行的法律监督。人民检察院发现人民法院已经发生法律效力的行政判决、裁定违反法律、法规规定的，有权按照审判监督程序提出抗诉。

(2)审判监督。审判监督是审判机关对有关国家机关执法、司法活动的合法性以及国家公职人员的职务犯罪行为所进行的审查和处理。审判机关主要是通过依法审理与行政机关及国家公职人员有关的行政案件、刑事案件、经济案件等，以判决、裁定的形式处理行政机关及国家公职人员的违法或犯罪行为来行使审判监督权的。审判监督可分为三类：一是审判机关系统内部的自我监督；二是审判机关依诉讼程序对行政机关行政行为的合法性进行的司法审查，比如，通过行政诉讼审查行政机关的行政行为的合法性；三是职务犯罪审判。

(二)社会监督

与国家监督不同，社会监督不是以国家名义进行的，不具有法律上的直接效力和国家强制性。但是，社会监督具有广泛的代表性和权威性，也是整个法律监督体系中的重要力量。

1.执政党的监督

中国共产党作为领导党和执政党，在领导立法、保证执法、支持司法、带头守法方面，在运用党内法规管党治党方面，发挥着特别重要的作用。党的各级纪律检查机关是实现党的监督的重要职能机关。党的纪律检查机关对自己的党员和党组织的活动实行全面的监督，有权对违法乱纪者实施党纪处分。

根据中发[1987]3 号文的要求，党内开始建立“一套制度，制约和监督党和国家的高级领导人，特别是职权最高的领导人都能严格遵守宪法、遵守党纪，不至于不受任何限制而自由行动，使我们党和国家的治理基本上靠制度而不是靠个人。”按照“党要管党”的原则，运用党内民主监督与制约机制，加强对全体党员特别是领导干部的严格监督。一方面，通过扩大党内民主，保障党员权利，以充分发挥全体党员与党组织在党的监督中的作用。另一方面，建立、健全有关党内监督的规章制度,充分发挥党内监督机制的功能。2015 年 10 月,中共中央印发的《中国共产党廉洁自律准则》(2016 年 1 月 1 日起实施)是有关党员廉洁从政的一个基本党规,其中规定了党员领导干部廉洁从政的诸多行为规范及监督处分办法。此外,还有领导干部报告个人重大事项、收入申报、收受礼品登记制度、领导干部民主生活会等等党规。

为了充分发挥党的监督作用,在制度上还迫切需要解决一些突出问题,例如通过政治体制改革,避免权力过分集中;党要依法执政,依据法律实施监督等。

2. 社会组织的监督

在我国,社会组织的监督主要包括政协、民主党派、社会团体的监督等。中国人民政治协商会议(简称"政协"),是中国共产党领导的多党合作和政治协商的重要机构,是中国特色社会主义协商民主的重要形式。《中共中央关于坚持和完善中国共产党领导的多党合作和政治协商制度的意见》指出,人民政协要对国家大政方针、地方重要事务、政策法令的贯彻、群众生活和统一战线的重大问题,加强政治协商和民主监督。长期以来,政协在政治协商和民主监督方面发挥着重要作用。

我国的各民主党派是各自所联系的一部分社会主义劳动者和一部分拥护社会主义的爱国者的政治联盟。他们作为参政议政党,可以通过多种形式、多种途径积极地开展法律监督工作,是法律监督的一支重要的社会力量。

社会团体的监督,主要是指由工会、青年团、妇女联合会以及城市居民委员会、农村村民委员会、消费者保护协会等社会组织所进行的法律监督。工会、青年团、妇女联合会是中国共产党联系广大人民群众的桥梁和纽带,在管理国家和社会事务中发挥着民主参与和民主监督的重要作用。城市居民委员会、农村村民委员会是基层群众自治组织。消费者协会等社会团体是在市场经济条件下发展起来的人民群众参与社会监督、进行自我保护的利益集团。这类监督作为一种集体监督,可以在某些特定领域发挥重要的监督作用。

3. 媒体舆论的监督

媒体舆论的监督是指借助传媒手段进行的监督,是最能体现社会监督广泛性、公开性和民主性的监督。这种监督能够十分有效地影响国家机关及其公职人员的行为,起到其他监督形式无法替代的作用。有人称媒体舆论为"第四政府""第四种权力",称媒体人为"无冕之王",不无道理。

4. 公民个人的监督

在我国长期的封建专制社会里,不允许对法律实施进行社会监督。法自君出,其实行也只能是维护君权至上以及有产者的利益。老百姓只能做受治于人的顺民，无权过问军国大事。老百姓既无权监督法律的实施，也不可能去监督与自己根本利益相对立的法律的实施。

只有在新中国成立以后，人民才真正成为国家的主人。人民通过全国人民代表大会和地方各级人民代表大会参与国家政权，行使国家权力，既通过各种途径和形式参与法律的制定，也通过各种途径和形式对法律的实施进行监督。关于公民个人的监督权，列宁作过深刻论述。他在《国家与革命》一文中认为，工人阶级在夺得国家政权以后，必须“立刻转到使所有的人都来执行监督和监察的职能，使所有的人暂时都变成‘官僚’，因而使任何人都不能成为‘官僚’”[①]。如果公民不能掌握实实在在的监督权，也就不可能实际参与国家和社会事务的管理。在法律实施方面，如果公民不能在事实上享有监督权，法律实施就会走样或受阻，公民的其他权利就难以保障。因此，我国宪法规定，中华人民共和国的一切权力属于人民。公民依照法律规定，有权通过各种途径和形式管理国家事务，管理经济和文化事业，管理社会事务；对于任何国家机关和工作人员，有提出批评和建议的权利；对于任何国家机关和工作人员的违法失职行为，有向有关国家机关提出申诉、控告或者检举的权利；对于公民的申诉、控告或者检举，有关国家机关必须查清事实，负责处理，任何人不得压制和打击报复。可见，公民个人的法律监督权是我国人民当家作主的重要组成部分，是当代中国法律监督体系的基础力量。公民监督作为一种社会监督，不具有法律效力，但它可以通过法定渠道传输到国家机关的法律监督中去，并通过后者产生法律效力。

监督的主体是公民个人。

监督的客体主要是执政党、所有国家机关及其公职人员的行为。

监督的内容主要包括：执政党是否依法执政，国家立法机关行使国家立法权和其他职权的行为，国家行政机关行使国家行政权的行为，国家司法机关行使司法权的行为等。

目前，我国公民监督的主要方式有：(1)选举人民代表大会代表，通过人大代表和人民代表大会对各级各类国家机关及其工作人员的执法、司法和守法活动进行监督。同时，通过选举和撤换人大代表，对人大代表进行监督，促使人大代表通过自己的活动真正代表民意，履行职责，保证法律的正确实施。(2)通过直接对话的形式，对各级各类国家机关，尤其是其领导人进行监督，对国家机关及其领导人的执法、司法活动和守职情况提出批评和建议，督促解决法律实施中的问题。(3)对于任何国家机关和国家工作人员的违法失职行为，以及其他侵犯公民权利的行为，提出申诉、控告或者检举，督促有关机关受理并解决。

① 《列宁全集》第3卷，人民出版社1984年版，第266页。

(4)通过政协、政党、社会团体以及基层群众自治组织，对政府机关及其公职人员的执法和守法活动进行监督，以团体的名义和影响力监督法律的正确实施，维护公民的合法权益。(5)通过报纸杂志、广播电视、新闻出版等渠道，对法律的实施进行舆论监督。①

另外，在我国，各级各类国家机关和社会组织都设有专门受理信访的机构，如人民来访接待站、信访组、监督电话，政法机关的申控部门和举报中心等，都是公民行使监督权的重要途径。这些机构在处理公民的申诉、控告或检举方面发挥了重要作用。

我国现行的法律监督体系内容过于庞杂，协调机制不顺，尚有待于进一步完善。

四、我国法律监督体系的完善

古人云："鉴不能自照，尺不能自度，权不能自称，囿于物也。"②随着经济、政治体制改革的深入推进，国家和社会都需要有效的外部监督。健全机构、理顺体制，是当前完善我国法律监督体系的必选之策。罗玉中教授对法律监督体系完善有较深入的研究，他十几年前的有关论述在今天仍然没有过时。本部分的对策性内容参考了他的观点。

(一)加强权力机关的法律监督

根据现行法律规定，我国各级权力机关实行法律监督的形式多样，内容丰富，权限也比较明确。但同时也存在法律规定过于死板和缺乏专门监督机构的问题，从而导致监督权不能充分有效行使、监督疲软等现象。为了加强权力机关的监督，建议作如下改进：

1. 在县以上各级人大设立专门的监督机构，专门实施监督。其职能应包括：就法律、法规以及有关机关重要的决议、决定、命令和法律解释的合宪性、合法性进行审查，向人大或其常委会提出包括是否批准、默许、撤销意见在内的报告；就本行政区域内执行宪法、法律的情况单独进行或组织有关代表、常委会成员进行专项或综合性检查，并向人大或其常委会提出报告；就特定问题或就有关机关及由权力机关选举、任命的国家工作人员的重大违宪、违法、失职、渎职问题进行专门调查，并提出包括处理意见在内的报告；对有关机关单位落实质询案以及人大代表的意见和建议的情况进行检查，并提出报告；受理公民的举报、申诉、控告，并督促有关机关处理，检查处理结果，提出报告。这些报告由人

---

① 参见罗玉中：《完善法律监督体系的思考》，《中外法学》1989 年第 4 期。

② (明)吕坤：《呻吟语·广喻》。

大或其常委会审议后作出相应决定。

2. 完善国家权力机关监督的立法，尤其应将有关监督的程序、效力、方法等作出具体规定，使监督制度化并具有实效。例如，公民的申诉、举报方面应有具体的规范，有关质询的程序、法律后果以及质询案的内容等应有具体的规定，对应报人大常委会备案或批准的地方性法规、自治法规，也应具体规定报送程序、时间、审批程序及其相应后果。尤其是对国家军事机关实施宪法和法律的活动，应有明确的监督性规定，这对实行法治是极为重要的方面。

(二)加强行政机关的法律监督

目前，行政权的扩张是一种世界性趋势，现代社会的各个方面、各个领域无不受到行政权的影响，有的影响是直接的，有的影响是间接的却也是强烈的。因此，依法行政是现代社会的普遍要求，也是法治的重要内容。为了保证依法行政，要求各方面加强对行政权的监督，尤其要求行政系统加强对自身的监督。在行政系统内部，由于监督者和被监督者一般有行政隶属关系，因而这种监督尤为有效。建议从以下方面加强和完善我国的行政监督机制：

1. 在机构改革过程中尽快建立和健全各级专门的行政监督机构，尤其是对监察、审计一类专门机构，应当配齐配全合格人员和必要装备。

2. 应在政府职能转变过程中尽快制定和完善有关行政执法监督方面的法规，明确规定各职能机构的监督权、监督范围、内容和程序，明确有关监督机构的分工和相互关系。对于监察、审计一类机构，应赋予相对的独立性，不仅应在法律上明文规定其独立行使监察权、审计权，不受其他行政机关、社会团体和个人的干预，而且应分别给予监察系统、审计系统在组织上的垂直领导权，以改变监察监督、审计监督受行政首脑个人意志支配或受其他行政机关任意干预的局面。

3. 应改变长期以来实行的由上到下的单向监督机制，建立双向监督机制，使监督民主化、公开化、法治化。

(三)加强司法机关的法律监督

当前，完善司法监督机制的着力点应主要放在以下几个方面：

1. 加强对行政案件的审理，实施《行政诉讼法》和其他法律。

2. 扩大检察监督的范围，丰富其内容。应当建立对行政诉讼、民商事诉讼的监督机制，使与检察机关的法律地位和性质相适应。

3. 检察监督除适用于公安、审判、监所等机关外，也应适用于行政执法机关。

4. 司法机关的监督应当公开进行，以保证严格执法，执法严明，有错必纠。同时，也便于其他机关和社会对司法机关进行逆向监督。

5. 完善国家救济措施，以确保当事人的权益，在当事人受到不公正对待时，应能得到合理补偿。

（四）加强社会监督

在我国社会主义法律监督体系中，社会监督是一支不可缺少的力量。政协、媒体舆论、社会团体的监督都需加强，当前尤其须加强并规范媒体舆论的监督。

1. 加强新闻出版方面的法制建设，使新闻舆论机构有章可循，保障新闻舆论监督权正确、有效使用。通过新闻媒介对法律实施进行监督，是人民群众行使监督权的重要形式。报刊、广播、电视等新闻机构，通过对执法和司法工作的采访、报道、评论，通过对任何国家机关和国家工作人员违法失职行为的揭露，以及通过民意调查、座谈、笔谈、签发人民群众的来稿等形式，能对法律实施活动进行及时、有效的监督。就当前来说，充分发挥新闻舆论对法律实施的监督作用，还有大量的工作要做。

2. 改革新闻舆论机构的管理体制，减少行政控制，使新闻舆论机构及其人员有权有责，权责相应，增强其独立性，充分发挥新闻舆论这种"第四权力"的作用。此外，应改变长期以来存在的新闻舆论只报喜不报忧、只唱赞歌不敢揭露阴暗面的情况，尤其要改变只作事后公告性质的案件处理报道或一般宣传教育的报道的做法，在保守国家秘密的条件下，按照"快、短、新、活"的要求，及时、准确、客观地报道国家机关及其工作人员的执法、司法和守法活动和各种事件，满足公民的知情权、了解权，同时，为公民提供发表意见和建议的机会，以充分发挥新闻舆论监督的作用。①

【拓展阅读】

[1]陈云生：《走法治必由之路——论宪法和法律监督的制度化》，《比较法研究》1997 年第 3 期。

[2]李桂茂、邹建章、张国吉：《我国法律监督制度的改革与完善——论"监督法律关系"》，《中国社会科学》1997 年第 3 期。

[3]张智辉：《法律监督三辨析》，《中国法学》2003 年第 10 期。

[4]石少侠：《我国检察机关的法律监督一元论——对检察权权能的法律监督权解析》，《法制与社会发展》2006 年第 9 期。

[5]陈正云：《法律监督与检察职能改革》，《法学研究》2008 年第 3 期。

[6]蒋德海：《法律监督还是诉讼监督》，《华东政法大学学报》2009 年第

① 参见罗玉中：《完善法律监督体系的思考》，《中外法学》1989 年第 4 期。

5 期。

[7]樊崇义:《法律监督职能哲理论纲》,《人民检察》2010 年第 1 期。

[8]吴玉琦、徐安怀:《检察机关推进社会管理创新的调查与思考——以法律监督为视角》,《当代法学》2010 年第 11 期。

[9]李建明:《强制性侦查措施的法律规制与法律监督》,《法学研究》2011 年第 7 期。

[10]许海峰:《法律监督的理论与实证研究》,法律出版社 2004 年版。

[11]甄贞:《法律监督机制新探索》,法律出版社 2010 年版。

[12]向泽选:《法律监督:理念、机制与改革》,中国检察出版社 2011 年版。

第五章　比较论

比较的法是法理学的另一重要内容。本章是从法和其他社会现象的比较以及法律内部的比较来进一步讨论什么是法律的。主要涉及法与经济、政治、传统、宗教、道德、科技、生态等的相互关系，以及不同视角的法之间的比较。

第一节　比较的法

从比较的角度研究法律是什么，我们可以选取两个视角：法外的比较和法内的比较。

一、法外的比较

（一）法与经济

法与经济的关系首先涉及的是法与生产关系或经济基础的关系。马克思主义理论全面论证了法与经济基础的辩证关系是经济基础决定法和法反作用于经济基础，并在此基础上创立了马克思主义法学理论体系。其次涉及的是法与生产力的关系，马克思主义法学认为，生产力是一切社会发展的最终推动力量。

1. 法与市场经济

(1)商品交换与法的产生

当原始社会发展到父系氏族阶段时，生产力发展引起了社会的三次大分工，即畜牧业同农业、手工业同农业、商业同手工业相分离，带来了交换活动的经常性，出现了一般等价物——货币；交换的主体也变为个人对个人，取代了以往由氏族首领负责交换的做法。商品交换活动的实践要求一定的规则，这种规则首先表现为习惯，经过反复实践，在漫长的岁月中形成法的最初形式。马克思曾经明确指出："先有交易，后来才由交易发展为法律。"法产生于商品交换，商品交换依靠法律调整,这就是商品交换与法的相互关系。法产生于商品交换的过程之中,并随着商品经济的发展而不断演进。它在经历漫长的由个别调整到一般性调整,由习惯到习惯法的演变之后,成文法相继问世。古罗马法的发达与繁荣,其根本原因在于它根基于古罗马商品经济的发达与繁荣。正因为如此,恩格斯才把罗马法称之为"商品生产者社会的第一个世界性法律"。封建社会则从反面证实了商品经济与法律的密切关系。无论是欧洲中世纪近千年的历史,还是中国古代两千多年的历史,由于自给自足的自然经济占统治地位,抑制了法律的生机与活力。

(2)市场经济与法的兴旺

17～18 世纪,西方资产阶级革命的相继胜利,特别是 19 世纪资产阶级政权的普遍建立,为商品经济的发展开辟了广阔道路,并迅速使西方社会发展到一个更高级的阶段——市场经济阶段。在市场经济社会,市场成为资源配置的主要方式,商品生产者之间的平等关系要求不同于封建特权社会的新型立法予以确认并保护,于是举世闻名的 1804 年《法国民法典》诞生了,随之建立了近代市场经济的法律体系。19 世纪末至 20 世纪初,近代市场经济逐渐被现代市场经济所取代。凯恩斯的《货币通论》代表了当时的经济思潮,"国家干预"代替了当时的"自由放任"。与此相适应,法律社会化成为西方法律的主流,"社会本位"取代了过去的"个人本位"。二战后,现代市场经济遍及整个世界,生产力得到了巨大的发展。至此,人类社会完成了一次大的文明转型,即商工文明取代了农耕文明。与此相适应,法律对社会的覆盖面越来越大,成为人类调控社会最主要的手段,并发展为商工文明的支柱。

综上所述,我们可以看出:商品经济和市场经济是法律存在与发展的土壤;同时,商品经济、市场经济需要法律的促进和保障,经济越发展,法律的体系就越完善,其作用也越来越广泛。

2.法与知识经济

"知识经济"是 20 世纪 90 年代提出的新概念,知识经济在发达国家已经来临,在中国也初见端倪。知识经济时代中最重要、最关键的资源不是资本,而是知识、智力、人才。在知识经济条件下,无形资产主宰着有形资产,知识垄断与竞争代替了工业垄断与竞争。知识经济对法提出了许多新的要求,进一步扩展了法的调整范围和发展空间。

(二)法与政治

1.法与国家

作为最基本的政治权力主体,国家在人们的社会政治生活与法律生活中都居于非常重要和关键的地位。法和国家是两种既有联系又有区别的社会现象。

按照列宁的观点,国家是一种暴力机器。实际上,国家还必须是一种合法的暴力。合法就是有根据,合法意味着统治者能够为被统治者所接受。在法治时代,合法暴力的基础就是法。法是取得公众同意的行为准则。所以,法与国家存在密切关系,两者相互作用、相互支撑。

首先,从起源看,两者都是在社会发展过程中出现了私有制和分裂的阶级,从而引起日益尖锐复杂的社会矛盾与利益冲突时,为了缓和这些社会矛盾,协调各种利益冲突,使社会维持基本的秩序状态,法和国家作为不同于原始社会传统习俗和氏族组织的新的社会调控手段,就产生了。

其次,从它们在社会结构中的地位和功能上看,法和国家都是上层建筑中的重要组成部分,都由社会的经济基础决定并对经济基础发生着最直接、最明显的反作用。

再次,从本质看,法和国家都是随着阶级、阶级矛盾与阶级斗争的出现而产生的,是缓和阶级矛盾、进行阶级斗争的基本手段,因此,在阶级社会它们都是统治阶级借以实现阶级统治的有力工具。

最后,从存在方式看,两者是互为条件、相互依存的统一整体。国家离不开法,法也离不开国家。对于法和国家孰先孰后的问题,一直是法学界争论不休的问题,有学者喻为是一个"鸡生蛋"和"蛋生鸡"的问题。多数学者认为:法和国家不宜有高低、大小、主次的分别,他们相互依存,并行不悖。一个是治国方略,一个是政治实体。在现代国家,法在国家权力的取得与行使方面开始发挥极其重要的作用,是一切国家政权的合法性与国家权力的权威性的衡量根据。因此,现代国家应该是法治国家。那些主张法高于国家,或是国家高于法的主张都是片面的。

2.法与政党、政策

现代各国的政治几乎都具有政党政治的特点。在政党政治中,政治纲领的提出和政府的产生与更替都通过政党的活动来实现。当代资本主义国家主要是实行资产阶级政党轮流执政的两党制或多党制,也有一党制。而中国的政党制度是有中国特色的中国共产党领导下的多党合作制,在这种情况下,中国共产党是执政党,是领导党。因此,法与政党的关系主要是法与中国共产党的关系。党的十六大从建设社会主义民主政治的高度对法与执政党的关系进行了明确定位,提出要改革和完善党的领导方式和执政方式,党要坚持依法执政。

政策通常是指一定阶级、政党、国家或其他社会组织为实现一定目的和历史任务而作出的政治决策及制定的活动准则。就政策的分类而言,按照制定的主体不同,有国家政策和政党政策;政党政策又有执政党的政策和其他政党的政策。按照规定问题的范围大小和层次不同,又有总政策、基本政策与具体政策之分,总政策有时也称“基本纲领、路线”,又称“基本国策”。按照规定问题的性质和内容,分为政治政策、经济政策、文化政策和其他政策。按照起作用的时间长短,分为长期政策、短期政策和临时政策。在各种政策中,执政党和国家的总政策、基本政策,比之其他政策要重要得多。在当今世界,特别在社会主义国家,执政党的政策尤为重要。因此,法理学中所讲的法与政策的关系,主要是指法与执政党政策的关系。两者既有联系,又有区别。

(1)法与执政党政策的一致性:在中国,法和执政党政策在经济基础、指导思想、历史使命和根本任务等方面是高度一致的。

(2)法与执政党政策的区别:

第一,两者体现的意志不同。法体现的是国家意志,执政党政策体现的是党的意志。

第二,两者的主体结构不同。法是以规则为主体,而执政党政策主要由或完全由原则性的规定组成,可以只规定行动的方向而不规定行为的具体规则。

第三,两者的实施方式不同。法是以国家强制力保证实施的,可以对任何违反者实施制裁,具有普遍的适用性。而政策主要靠宣传教育和党的纪律保证实施,党纪只能适用于党内成员。

第四,两者的稳定性程度不同。法的稳定性程度较高,一般是在较长时期内保持不变,如果朝令夕改,就会使行为人无所适从,使很多社会关系处于不确定状态,影响社会秩序。而政策具有较大的灵活性,虽然党的根本政策具有前瞻性,稳定性程度较高,但大量的具体政策往往随着形势的变化而随时调整,否则便不能发挥及时的指导作用。

(三)法与传统

这里所说的传统,主要是指我国土生土长的传统法律文化,即在漫长的社会发展过程中,在中华民族或者说在中国地域内对法律的发展起主导影响的具有内在连续性并得以继承的思想、意识、道德、风俗、制度及其物质载体,主要表现为法律意识、法律制度和相应的设备设施。传统法律文化的特点在于它是一种在历史上形成并延传到现在,对现实社会中人们的思想和行为能够产生重要影响的精神力量。“作为一种历史文化力量,传统具有深厚的社会基础,存在于普通民众的意识、心理、习惯、行为方式及生活过程之中,因而与一个社会的有机体密不可分。甚至在某种程度上,成了社会成员信仰或认同的载体。作为这样一种社会历史惯性机制,传统文化不仅构成了一个社会发展的历史起点,影响着当前社会发展的各个领域,进而与当前社会生活交融在一起,而且制约着一个社会的长期发展进程，有形或无形地左右着该社会发展的未来走向。"①无论人们是否认同现有传统，都必须看到，设计得再完美的体制和程序，如果没有传统力量的支持，就难以有效运转，甚至难以为继。

（四）法与宗教

宗教是一种社会意识形态，是自然力量和社会力量在人们意识中的一种虚幻的、歪曲的反映。它的特点在于通过对超自然力量的信仰来获得某种精神上的慰藉。正如恩格斯所指出的："一切宗教都不过是支配着人们日常生活的外部力量在人们头脑中的幻想的反映，在这种反映中，人间的力量采取了超人间的力量的形式。"②宗教是一种历史现象，它在法和国家出现以前就已产生。目前传播最广、影响最大的基督教、佛教和伊斯兰教，并称为世界三大宗教。有些国家还保存有民族宗教，如日本的神道教、印度的印度教，某些地区还存在着原始宗教。

法与宗教是具有特殊关系的两种社会现象，有共同性，也有区别。与法规范体系、道德规范体系、习惯规范体系一样，宗教规范体系也是实现社会控制的重要手段。而且，在原始社会，它曾同道德规范融为一体，构成调整社会关系的基本手段。对于私有制社会的统治阶级来说，宗教和法一样，也是其实现社会控制的主要工具。

在社会主义社会，宗教已经不再是统治工具。马克思主义主张通过逐步消除宗教得以存在的社会根源和认识根源促使宗教自行消灭。社会主义法建立于无神论基础上，既不能被用来推行宗教，也不能被用来禁止宗教。

（五）法与道德

1. 道德的含义和特点

"道德"这一概念包含很多文化信息。在中国，道德是"道"和"德"的组合，兼具两者的意蕴。道既是本体论的范畴，又是认识论的范畴，也可作为人生哲学、政治学、社会学的概念。在人生哲学、伦理学意义上，道是指为人处世的一般原则、根本原则，亦即人之为人所应当遵循的行为准则。德是"修道有得"，即人遵循为人之道所得到的收获、体验、信念，由此所形成和达成的品质、境界。道德两者合用，指修道养德，亦即人通过道德的修炼，使自己的行为合于天地人之理，达成理想的人伦关系。所以，道德和伦理两者经常连用。道德是调整人与人、人与自然、人与社会之间关系的伦理观念和行为规范的总和。它包括人们在社会实践中形成的关于善与恶、美与丑、好与坏、义与利、公正与偏私、诚实

① 李江源：《教育传统与教育制度创新》，《教育理论与实践》2003年第2期。

② 《马克思恩格斯选集》第3卷，人民出版社1995年版，第354页。

与虚伪等伦理观念，也包括在某种主流伦理观念指导下形成的情感认同和行为习惯。

道德的基本特征包括物质制约性、历史性、阶级性、民族性、人类共同性。

2.法与道德的关系

法与道德之间，既有联系，又有区别。

法与道德是人类生存和发展的两大支柱，作为人们的行为准则，作为社会控制方式，法与道德你中有我，我中有你，相辅相成，互助共生。但两者并不等同，有着本质上的区别。

(六)法与科学技术

1. 科学技术的两面性

科学技术本身是中性的，但其应用具有两面性，是一把双刃剑。科学技术既存在满足人类需求、推动人类社会进步、为人类造福的正面价值，同时也会使人类社会面临各种各样的风险、给人类带来危机隐患甚至是灭顶之灾的负面影响。

2. 法与科学技术的关系

(1)科学技术对法的影响

科学技术影响法的内容。法律规定中的技术性内容，应当有严谨的科学依据。法律要适应社会发展，就要及时吸纳科技进步的最新成果。例如，婚姻法中关于“患有医学上认为不应当结婚的疾病”的规定，禁止直系血亲和三代以内旁系血亲结婚的规定，就是以医学和遗传学等学科的科学原理为依据的。又如，关于网络安全的法律、关于禁毒的法律、关于软件保护的法律、关于环境保护的法律等，都是以最前沿的科学知识为基础或支撑的。同时，科技进步会促进传统法律的变革，使某些法律内容或原理与科技与时俱进。如专利、商标、版权等无形财产的法律保护使传统民法中的财产法原则发生变革，无过错责任原则的出现，环境权成为当代新型人权等等。

科学技术影响法的表现形式和传播方式。在法产生的早期阶段，习惯法是法的主要表现形式，与之相应的信息传递方式是口耳相传或直接以行为示范。后来伴随着文字的产生，习惯法开始向成文法转变，而印刷术、造纸业的发展，使成文法的广泛普及成为可能，于是成文法占据了主导地位，取代了习惯法，成为法的主要表现形式。20世纪以来的信息革命，特别是无线电、电视、电脑、网络技术的出现和推广，全方位地影响了法的文字表现形式和信息存储形式，改变了法的信息传递方式，当代人能够在更广的空间内更加便利、快捷、充分地收集和传递法的信息，这就为人们了解、评价、认同、接受和遵守法律提供了更多的便利和条件。

科学技术影响法的调整范围。随着科学技术的发展，人类的活动范围大大扩展，“可上九天揽月，可下五洋捉鳖”在今天都成了现实，于是法的调整范围也日益扩大，法的影响渗透到越来越广的社会关系领域，催生出一批新的法律。例如，随着航空航天、外层空间开发、世界海洋资源利用技术的发展，催生了民用航空法、航天法、外层空间法、深海海底区域资源勘探开发法；适应知识、信息利用和无形财产保护的需要，修改完善了著作权法、商标法、专利法等知识产权领域的法律。科技发展增强了能源、资源的开发利用能力，调整人与自然关系与人与人关系一同被提升为法律议题，环境保护法应运而生。同样，道路交通安全法、原子能法、核安全法、生物技术法等都与现代科技的发展和应用密切相关。

科学技术影响法的创制体制、过程和方法。随着现代科技的发展，社会实践发生了广泛而深刻的变化，专业性、技术性很强的立法需求越来越多，传统的立法工作者在时间、精力和知识储备方面都应接不暇，于是将一些专业性、技术性很强的立法工作委托给该领域的专业机构和专业技术人员去完成，从而开创出“授权立法”这种新型立法体制。不仅如此，科技发展提供了更加先进、快捷、准确的信息传播手段，使现代社会进入了一个“信息爆炸”的时代，人们之间能够在更广泛的空间范围内进行及时的信息沟通，这就为推进公开立法、民主立法提供了更多的物质准备。公众可利用现代信息传播手段直接参与、监督和影响国家的立法活动和过程，保证立法更充分地体现民众意愿。此外，电子计算机和其他先进科技手段在立法领域的应用，使立法者对客观情况和事物规律的把握更充分、全面、精确、及时，促进了立法的科学化和高效率。

科学技术影响法的调整机制。电子信息系统、现代通信设施、自动监控手段广泛用于执法、司法和法律监督，其结果是对违法犯罪的防范、监控、发现和惩治更为便利、准确、及时；从古代的“神判”“天罚”到运用机械物理破案，再到动用电脑鉴别微量物证破案，其结果是刑事侦破过程的客观、理性和对恣意、擅断的排除；基因技术用于亲子血缘关系鉴定，生物和医学技术用于行为人行为能力的确认，其客观、准确程度是古代社会无法相比的；法律信息库及法律专家系统的建立，使认定事实、辨别和选择法律规范乃至适用法律规范作出决定的过程获得了更多的便利等。

科学技术影响法律教育、法治宣传和法学研究的方式和内容。科技进步不仅影响法的制度层面和操作层面，也广泛而深刻地影响法的观念层面。计算机技术、现代交通、通信技术和现代传媒手段使信息交换速度加快，时空阻隔减少，异域异国间法律文化信息沟通、交流、转换的广度和深度加强，也就促使关于法的某些固有看法和观念发生改变，使传统法律价值观发生变革。

(2)法对科学技术的作用

在现代社会,法对科技活动的作用主要表现在以下方面:

第一,组织和协调科技活动,为科技活动和科技管理提供民主、科学的规则和程序。

第二,调节科技成果应用中产生的利益关系,保证和促进科技成果的合理使用和推广。

第三,协调科学技术与人的冲突关系,保证科学技术为人类福利服务的方向。

第四,推进国际社会的科学技术合作,促进科学技术在全球范围内实现互利共享和优势互补。

第五,确认和保障科技活动主体科学研究、发明创造的自由,为科技活动创造自由、宽松、安定的政治和社会环境。

第六,防范和限制科学技术的负面效应,避免其反人道主义的应用。

(七)法与生态文明

"生态文明"一词,是随着人类环境问题的出现而产生的。

人类社会早期的环境问题主要限于因人类聚居、人口增加所引起的局部地区生物资源特别是作为食物的野生动物资源的减少。人类农牧业生产的发展、城市的建立,是伴随着砍伐森林、毁坏草原进行的,导致了区域性环境的破坏。人类在长期的生存与发展中,早已明确认识到保护自然资源的重要性,无论在中国还是其他国家,都在几千年前就已经通过立法来保护自然资源。迄今为止,完整保存下来的最古老的《汉谟拉比法典》中便有保护土地、森林和牧场的明确规定。

随着现代工业化的发展,全球环境退化成为全人类共同面临的问题。在迄今为止的社会发展中,人们以牺牲环境和浪费资源的方式谋求经济发展,造成了严重的环境问题。尤其是在20世纪下半叶以来,环境问题愈演愈烈,导致了"环境危机"。环境问题的重要性与严重性,扩大了法律调整的范围,在20世纪末产生了环境法这一部门,并被越来越多的国家确认为基本法之一,构成许多国家法律体系的重要组成部分。西方一些国家如英、美、法和前苏联早已形成自然资源保护法体系。环境法的出现使法律的综合性加强。法律对环境的促进与保障作用随着历史的发展而日益明显,并在调整范围上越来越广,从对自然资源的保护到环境保护再到自然保护区的设立;从一般环境污染的防治到特殊环境资源的控制与保护,业已形成一个科学的保护体系。在环境领域,多数国家已发挥了法律对环境保护的规范作用与保障作用。我国对环境法治非常重视,坚持标本兼治、预防为主的原则,业已形成一个以宪法为统领、以环境保护基本法为基础、以环境资源单行法和一系列环境标准为主干、以环境法规和规章为补充的环境资源法体系。

新中国成立以来，我们先后颁布了《环境保护法》《大气污染防治法》《水污染防治法》《森林法》《草原法》《渔业法》以及《自然保护区条例》《水生野生动物保护实施条例》《野生药材资源保护管理条例》等保护生态环境和自然资源的法律、法规，对我国的生态文明建设起到了极为重要的作用。

二、法内的比较

（一）不同视角的法

1. 古今法的比较

举一个“野蛮法”与文明法相冲突的故事：

事情发生在公元 1890 年，在南犹他州的处女河畔有一个摩门镇，镇上的大多数居民都信奉摩门教。在摩门镇向北约 32 公里、靠近处女河源头的地方居住着一个印第安部落，当地设有印第安事务机构，这些印第安人同当地的普通市民一样受文明社会的法律约束。有一天，地区行政法院的大陪审团接到一桩起诉，摩门镇的一些居民作证说，那些印第安人的头人“大水牛”杀了属于镇上一位居民的一头小公牛和另一位居民的小母牛，并将牛肉分给全体印第安人吃掉了。法院感到这桩案件有些奇怪，因为这些印第安人一直安分守己，以前从未发生过类似的事情。法院在一位翻译的帮助下终于搞清了事情的真相。

不久以前，摩门镇上两户居民的两头小牛离开了牛群，一天夜里，它们沿着河岸进了印第安人的庄稼地中。为了防范兔子，印第安人在这些小片的耕地周围用柳枝作了篱笆，但可拦不住牛，于是牛闯进了耕地，并把所有印第安人的庄稼吃了个精光。第二天，印第安人去见镇上被他们看作是白人部落首领的摩门教大主教，印第安人提出了一个数目适当的赔偿要求，大主教却不予理睬。一个星期以后，印第安人又来到了镇上，把那头小公牛和小母牛赶走，将两头牛宰掉，并严格认真地把牛肉均分到了小部落中的每一户人家，甚至连牛皮也分掉了。按照他们的理解，这种行为是完全正当的自助补偿。

这个平常的故事表现了野蛮人对公平正义的看法。他们把镇子看成一个宗族，既然他们的两头牛干了坏事，那么它们的主人要为牛的行为负责，而主人就是镇子里的白人部落，因而他们要找白人部落的首领——大主教。而且，他们已经提出了适当赔偿的要求，但白人首领居然没有作出答复，于是，他们就依照合法的自助程序，扣押了他们的财产，并把扣押的财产按当地印第安人的户数平均分配了。一个宗族或部落对另一个宗族或部落负有不可推卸的责任，这是正常的野蛮人法律，只承认宗族所有权，并且，宗族对一切负责。然而，文明社会的法律却全然不同，根据私有财产法，对这事负责任的只应该是造成破坏的牛的主人，并且按照南犹他州的法律，所有的牛都可以随处放养，想保护自己的领地的业主必须围建足以起到保护作用的篱笆，这是业主本身的责任。至于印第安人的自助法则，在文明人那里得不到法律上的承认，他们没有合法救助之说。因此，印第安人必须在法庭上向那些有责任的个人提起诉讼，但基于以上事实，印第安人完全没有胜诉的可能。并且，人们还会毫不同情地指责印第安人"大水牛"：卑鄙地偷盗，赶走了两头牛，侵犯了别人的财产，扰乱了社会秩序等等。显而易见，按照印第安人的法律观念，他们的举动是完全合乎信义的，可惜他们的法律观念已经落后了几个世纪了。但在这种情况下，也不可能按照当时的法律加给印第安人盗窃的罪名。最后，法庭只是对英勇的"大水牛"发出警告，但是这些话无法用印第安语翻译给他听，最后就让他回家了。

2.不同部门法的比较

部门法，又称"法律部门"，是指按照法律规范自身的不同性质，调整社会关系的不同领域和不同方法等所划分的同类法律规范的总和。中国特色社会主义法律体系由宪法及宪法相关法、民商法、行政法、经济法、社会法、刑法、诉讼与非诉讼程序法共七个部门法构成。不同的部门法，除了调整对象和调整方法不同，还会在立法目的、法律原则、基本制度及具体规则等许多方面有所区别。

3.本国法与外国法的比较

属于比较法学的主要研究对象。

4.外国法与外国法的比较

属于比较法学的另一研究对象。

（二）关于法律全球化

1."法律全球化"的概念之争

对于"法律全球化"概念的争论由来已久。学界对经济全球化、文化全球化的研究已经比较深入，但法律全球化方面的研究刚刚起步，研究的规模和深度仍然有限。法律全球化是否存在？对法律全球化应持何种立场？法学界至今在这些基本问题上存在重大分歧，争议不断。以下三种观点在法律全球化研究方面有一定代表性：

(1)只同意"经济全球化"的提法，而不同意"政治全球化"和"法律全球化"的说法。或者主张经济全球化不等于法律全球化，各国的立法属于国家主权行为，所谓建立"世界法"的主张是一种不切实际的幻想。这种观点以沈宗灵教授、罗豪才教授为代表，他们认为："经济全球化是当今世界经济发展的重要趋势，是不以人们意志为转移的客观现实，但'法律全球化'却基本上是西方国家一些法学家不切实际的幻想。"[①]石泰峰教授则侧重强调了全球法律"美国化"的危害性，认为当前的经济全球化和全球范围的法律改革给西方国家尤其是美国带来了又一次输出西方法律特别是美国法律的机会，提出以法律全球化名义而推行的法律扩张主义，完全是一种不加掩饰的欧美中心论，其法律全球化理论的背后依然是文化霸权主义。

(2)明确认为法律全球化是当今世界的基本趋势，应该认真对待。持此种观点者认为："法律全球化是全球分散的法律体系向全球法律一体化的运动，或者全球范围内的法律整合为一个法律体系的过程。全球化时代，经济的全球化迟早将导致法律的全球化。"[②]先进的通信手段和信息网络传输技术以及贸易、服务、投资和人员流动大大缩短了时空，把全人类史无前例地拉近和联系在一起，这种现实催生出"寰球一村"的全球意识和文化。这种全球文化相互影响、借鉴、竞争、冲突，从而在保持文化多元的同时形成最低限度的全球共享的文化，如：追求政治民主、崇尚法治、尊重和保护人权、倡导科技进步、追求真善美、反对腐败、促进不同文化之间相互宽容，等等。由此，建立在主体利益基础上的主体利益与全球利益的平衡(具体如人权和主权的关系、个体发展生产的权利和生态平衡的关系等)应成为法学研究的永恒话题。人类历史从国家的历史转变成为人本身的历史，而人也就从国家公民转变为世界公民，作为普遍交往关系的产物，全球化的法律以创建公正合理的交往规范和原则为其基本价值取向。

(3)国内多数学者主张客观、全面地看待全球化问题，不能简单否定法律全球化或者全盘肯定全球化的法律表现。朱景文教授主张客观地看待法律全球化问题。他指出，全球化是一个过程，它表现在社会生活的各个领域，包括政治、经济、文化和法律领域。如果认为只有在经济领域存在全球化，而在法律领域不存在的话，那么，自然会提出一个问题：经济全球化难道没有法律表现吗？难道经济的全球化离开法律形式能够得到巩固和保证吗？试想，世界贸易组织的章程如果没有缔约方的遵守、没有世界贸易组织解决纠纷的机制，它如何运作？经济全球化没有法律保证是不可想象的。同样，如果承认存在经济全球化的现象，如果承认马克思列宁主义的一句名言"政治是经济的集中表现"，那么，也就必须承认全球化同样有它的政治方面。当然，全球化在各个领域中表现的程度是有差别的，而且全球化也不是唯一的趋势，除了全球化的趋势之外，也同时存在与它相反的、对抗的趋势，如政治多极化、文化多样化、法律本土化等。

---

① 沈宗灵：《评"法律全球化"理论》，1999 年 12 月 11 日《人民日报》。

② 周永坤：《全球化与法学思维方式的革命》，《法学》1999 年第 11 期。

但是，这些趋势之间的关系不是固定不变的，而必将随整个世界形势的发展而变化。公丕祥教授则通过追溯中国法治现代化的历史进程，得出结论说："时下正在展开的经济全球化进程，深刻地改变着全球法律生活的基本面貌，重新塑造着每一个国度或民族的法律架构。在这一全球性重构的时代进程中，中国既有的法律系统必将发生显著的变化，固有的法律价值准则也将面临着新的挑战，现行的法律机制有待调整与革新，以期适应正在发生剧烈变化的全球经济与社会环境。看不到或者绝对排斥全球化趋势对中国法治变革进程的影响，这显然是历史的片面。"①

综上三种主张中，"法律全球化"否定说坚持国家主权的独立性、自主性，坚持用历史唯物主义基本原理分析全球化问题，有其历史与现实依据。然而，在批判这种"法律全球化"提法背后隐藏的意识形态目的的同时，我们也应该看到，法是本国的，也是世界的。"全球化"是一柄双刃剑，它在传播政治和文化霸权的同时，也提供了一个迫使各国积极推进制度变革、个人意识觉醒和社会现代化的良好契机。

加入 WTO 是"法律全球化"肯定说的主要根据之一。有学者指出，WTO 规则中平等、公开、统一原则"反映了世界人民对法律价值的共同追求，是世界法律文化的反映和人类共同的法治文明成果，也是经济全球化带来法律全球化的典范。它不仅是 WTO 成员间进行经济贸易的行为准则，也对其他领域有着重要的借鉴意义"②。

相较而言，第三种观点是在合理吸收前述两种观点各自的合理因素的基础上，对法律全球化问题进行全面、客观、历史地看待后形成的折衷观点。尽管从某种意义上说，"全球化"首先是指经济全球化，但也并非经济领域的专利范畴，法律作为调整人类活动的行为规则，以及社会生活中不可剥离和居于中枢地位的一部分，自然也不会超脱于全球化之外，而且从一定意义上说，它还将成为受全球化影响最大、最直接，变化也最迅速的一个领域。其实，我们无论将"全球化"理解为一种体制性的客观现实（全球性，globality），还是一种主客观相互作用的、动态的演进过程（全球化，globalization），它都意味着世界秩序和人类社会行为的巨大改变与发展，都必然带来人类生存空间结构的改变和与之相应的社会调整方式的变化，带来各国法律规则和权利配置关系的重大转换，进而对社会生产生活的各个领域产生直接或间接的复杂作用。法律全球化不但是经济、政治、文化和生态全球化的产物，也是全球化的重要组成部分，它本身又进一步

---

① 公丕祥：《公丕祥自选集》，凤凰出版社 2010 年版，第 383 页。

② 荀恒栋：《WTO 规则与经济法制》，2001 年 12 月 30 日《解放军报》。

推动了世界范围内的全球化进程向深度和广度发展。在全球化进程中，发展中国家因其经济、技术、人才等方面实力的薄弱以及法治建设的不完善而处于不利地位，当下亟须解决的问题，已经不是承认（法律）全球化的问题，而是采取什么样的方式、选取何种最佳的突破口融入全球化，并在全球化进程中发挥自身的作用并谋求自身的利益的问题了。但与此同时，经济全球化的过程不应当是由个别国家的技术与资金霸主事先设计好的、唯一的模式，而应是适合于大多数国家、大多数社会公众利益要求的多种模式共存、多种体制协调运作、每个市场区域都有其自身特色的国际大市场。相应地，法律全球化“过程”的动力源泉也只能来自“全球”，绝对不可能期望某一个国家制定的法律在全球范围内起到普遍协调和保障不同区域市场运作的作用。因此，尊重国家主权，遵守各个国家、地区、民族根据本国家、本地区、本民族发展的具体情况制定的法律与政策，是法律全球化的应有之义。①

2. 如何看待法律全球化

在全球化背景下，中国要走好中国特色社会主义法治道路，实现法治强国梦想，必须做到既要埋头拉车，又要抬头看路，全面、客观、理性地看待法律全球化。

首先，全球性问题的解决需要全球化的制度创新。在一个高速工业化的社会，科技发展日新月异，人员和各种要素的流动越发频繁，很多“全球性问题”相伴而生，如跨国犯罪、环境污染、艾滋病预防、生态平衡维持、裁军、反核等等。解决这些“全球性问题”仅靠一国之力已难以奏效，亟须国际法治体系的健全与协调。如何通过国际协作和制度创新解决这些“全球性问题”，是摆在世界各国面前的一项重大课题。

其次，法律全球化并非“洪水猛兽”。从理论上讲，全球化的应然目标不是“简单地追求全球一致，而在于突破现有的基于‘国家’‘民族’‘主权’等有可能阻碍全球和平共荣、互利互惠的‘壁垒’，进而通过人类和睦的经济文化往来以及和平竞争，达到各方主体价值的充分实现，使我们生活的这个星球成为作为主体的人自由活动的空间”②。马克思曾经在《关于费尔巴哈的提纲》中指出，由于生产力的发展，人的存在由狭隘的地域性的存在变为世界历史性的存在；由于生产力的发展，人们之间建立了普遍交往；由于人们的普遍交往，“狭隘地域性的个人为世界历史性的、真正普遍的个人所代替”。这样的“普遍交往”与“真正普遍的个人”实际上就昭示着高度全球化状态下的人类发展前景，即以全人

---

① 三种代表性观点的概括参考了冯玉军教授的有关论述。（参见冯玉军：《法律与全球化一般理论述评》，《中国法学》2002 年第 4 期）

② 冯玉军：《法律与全球化一般理论述评》，《中国法学》2002 年第 4 期。

类共同利益为核心，实现跨国家、跨民族、跨地域利益分配与信息、资源配置的一体化，交流规则和社会秩序的一体化。

再次，法律全球化带来了许多可喜的变化。它更新了人类社会的演进规律，改变了法治文明的发展路径。按照马克思主义的社会基本矛盾运动原理，生产力的迅猛发展，必将推动经济基础及奠基其上的上层建筑的改变，法律作为政治上层建筑的组成部分必然发生相应变化。当今世界，随着经济全球化的进程加快，全球性的政治、法律、文化等问题日益突出，传统的空间边界概念已发生本质变化。人类迫切需要一套全球协调化运作的市场规范和运行机制，任何一个国家，不论发达程度，不论民族种族，不论所属法系，甚至也不论意识形态，都面临全球化背景下的国内法律重构问题。

最后，却也是最重要的一点是，法律全球化是一把“双刃剑”。世界大潮，浩浩荡荡。全球化趋势中，有机遇，也有挑战。机遇稍纵即逝，若逆水行舟，则不进反退。在抓住全球化机遇的同时，需特别警惕某些国家借机推行其政治与文化霸权。全球化的最终发展趋势仍应是统一性与多样性的并存，因为“人们更希望迎接一个多元而不是一元法律文明的前景，更希望在彼此寻找共同的法律语言和国际性行为规则的同时，保留和维护本土法律文化传统的某些特质与内核。对此，只能通过世界上各个民族、国家和地区相互间经济、政治、文化的交流与适应，通过对一系列国际矛盾和文化冲突的协调和消解才能实现，进而发展一种‘异而趋同，同而存异’的法治文明格局，推动公正、效率、可持续发展的人类公共生活的实现，而这必然是一个漫长而曲折的过程”①。如何在坚持社会主义法治道路的前提下，积极弘扬本民族优秀法律传统，充分借鉴和吸收全人类法律文明的优秀成果，在全球化大潮中更多地发挥制度话语权，彰显大国文化自信，是中华民族面临的重大课题。

【拓展阅读】

[1]丛中笑：《法与经济之学：法经济学与经济法学》，《当代法学》2011年第3期。

[2]赵家琪：《法与经济的关系略论》，《当代法学》1997年第9期。

[3]应永宏：《试论法与市场经济精神文明的弘扬》，《河北法学》1999年第8期。

[4]马作武：《传统法律文化中的礼与法》，《现代法学》1997年第8期。

[5]陆俊杰：《传统东方社会的法律文化与社会治理——基于马克思晚年人

① 冯玉军：《法律与全球化一般理论述评》，《中国法学》2002年第4期。

类学笔记的法哲学考察》,《理论月刊》2014 年第 8 期。

[6]曹明德:《生态法的理论基础》,《法学研究》2002 年第 9 期。

[7]陈丽芹、郭武:《论法律自由价值的发展——以科技法、生态法为视角》,《甘肃社会科学》2014 年第 5 期。

[8]李双元、李赞:《全球化进程中的法律发展理论评析——"法律全球化"和"法律趋同化"理论的比较》,《法商研究》2005 年第 9 期。

[9]冯玉军:《法律与全球化一般理论述评》,《中国法学》2002 年第 4 期。

[10]江山:《互助与自足:法与经济的历史逻辑通论》,中国政法大学出版社 2002 年版。

[11]苏力:《法律与文学:以中国传统戏剧为材料》,生活·读书·新知三联书店 2006 年版。

[12]刘永艳:《全球化视角下的两大法系》,中国商务出版社 2003 年版。

第二节　法与政治

一、法与政治的一般关系

法与政治有相同点,它们都属于上层建筑范畴,都受制于一定的经济基础,并对经济基础产生一定的反作用,或推动、或阻碍经济基础的发展。但二者也有若干不同点,法以规则、程序和技术形式对经济关系作制度化表现,政治通过把利益关系集中、上升为政治关系来反映经济关系;法突出体现社会生活的规则性和秩序性,政治突出体现社会生活的组织性;法通过对主体权利义务的确认和保障实现对社会的控制和调整,政治的控制和调整功能通过政治行为和过程实现。

上述相同点和不同点是法与政治关系的静态表现,两者关系中还有一个更加重要的方面,即法与政治关系的动态表现,两者是相互影响、相互作用、相互促进的。

(一)政治对法的作用

毛泽东同志曾多次强调,政治是统帅,是灵魂;政治工作是一切经济工作的生命线。法律也不能脱离政治而存在,由于政治在上层建筑中居主导地位,因而从总体上讲,法的产生和发展会体现政治的要求,服从和服务于一定的政治,政治关系的发展变化总是会直接或间接引起法的某种发展变化。但必须注意,这并不意味着每一具体的法律都有相应的政治内容,都反映某种政治要求。同时,法在形式、程序和技术上的特有属性,使法在反映一定的政治要求时必须同时满足法自身特有属性的要求。法的相对独立性不只是对经济基础的，也表现在对上层建筑其他诸因素的关系中。

（二）法对政治的作用

法作为上层建筑相对独立的部分，对政治并非无所作为，特别在近现代，可以说，法律在多大程度上离不开政治，政治也就在多大程度上离不开法。

1.法与政治体制。政治体制指政治权力的结构形式和运行方式。如果说在高度集权型权力结构中，法之被需要往往是作为人治这种权力运行方式的点缀或辅助，没有自己的独立地位和价值的话，那么在分权型权力结构中，情况就大不相同，特别是在利益各方势均力敌的情况下，通常要求一切权力的配置和行使都必须在法的框架内进行，事无巨细"一决于法"。

2.法与政治功能。政治的基本功能是把不同利益群体的交融和冲突集中上升为政治关系，然后设定标准，对社会价值物进行权威性分配和整合。法的一个重要作用就是巩固政治革命胜利的成果，将分配标准制度化、规范化，使之具有形式上的正当性。

3.法与政治角色的行为。国家机关、政党组织等政治角色的行为和活动不能任意为之，必然要求有严格的程序性和规范性约束，以获得正当性和合理性依据。法的规范性、普遍性、强制性等特点恰好能满足政治角色的这种需求。20世纪以来世界范围的政党法治化趋势，充分证明了法对重要政治角色进行行为规范、控制、调整的必然性和必要性。

4.法与政治运行和发展。政治运行的规范化，政治发展中政治生活的民主化（如政治过程的透明等）和政治体系的完善化，离开法的运作都无从谈起。

（三）社会主义法治与社会主义民主

民主是指与专制对立的、人民直接或经由其代表执掌和行使最高权力的政治制度。民主政治是近代以来主要的政治形态，是一种控权（力）政治、程序政治、法治政治和平等、自由、参与的政治。社会主义法治与社会主义民主是上层建筑密切相关的组成部分，建立在共同的经济基础之上，有共同的政治职能和历史使命，存在相互依存、渗透、促进和保障的关系。

1.社会主义民主是社会主义法治的前提和基础。（1）社会主义民主是社会主义法治产生和发展的依据。没有人民的国家政权和民主的政权组织形式，不可能有法治的产生和发展。（2）社会主义民主决定社会主义法治的性质和内容。法治的权利保障、权力制约的实质及其制度和程序机制，是由民主所要求和决定的。（3）社会主义民主是社会主义法治权威和力量的源泉。社会主义法治的权威和力量源自民主，源自法由人民制定，切实体现和维护人民的利益和意志，并严格依照人民的意愿运作。

2. 社会主义法治是社会主义民主的体现和保障。(1)社会主义法治通过宪法确认人民是国家的主人。宪法规定,国家的一切权力属于人民;人民依照法律规定,通过各种途径和形式,管理国家事务,管理经济和文化事业,管理社会事务。(2)社会主义法治通过权利和义务的形式将人民民主具体化。宪法明确,国家尊重和保障人权;任何公民享有宪法和法律规定的权利,同时必须履行宪法和法律规定的义务。(3)社会主义法治通过设置国家机构并规范公权力运行保障人民各项民主权利的实现。公权力是职权,更是职责。对于公权力而言,法定职责必须为,法无授权皆禁止。

二、法与国家

(一)法与国家的一般关系

"国家"一词有多重含义,此处主要指国家政权或国家权力意义上的国家。国家权力指国家凭借其特殊地位和对资源的控制,使个人和组织服从其意志以实现一定目的的支配、控制和影响能力。国家权力具有公共性、单方面性、强制性、物质性、组织性、价值性、扩张性、侵犯性和腐蚀性等特点。

一般来讲,法与国家之间相互依存、相互支撑。历史经验证明:有国必有法,无法必乱国。

首先,国家权力需要法的确认和维护。法所具有的正义性和程序性等特征,可以在内容和形式上赋予国家权力以合法性,易于使国家权力获得社会广泛认同的正统性和正当性。

其次,法需要借助国家权力实现自身价值。(1)保障个体权利需要国家权力配合。国家权力是保护个人权利的最有效的工具,国家在历史上的出现及其长期存在,最根本的理由是更好地保障个人权利。(2)维护社会秩序需要国家权力支持。国家权力是维系社会共同体、维护公共秩序的力量,还是参与甚至主导社会变革进程的力量,从而在新的历史起点上进行新的社会整合。(3)法的创设和实施需要权力。权力是法的必要支持、背后力量和效力基础。

但法与国家权力之间也存在一定程度的紧张或冲突关系。法对国家权力的确认和维护是以制度、体制及机制的方式进行的,因而同时也意味着对国家权力的约束和限制。而国家权力具有与生俱来的扩张性,有摆脱法的控制乃至凌驾于法之上的倾向。近现代法治的精髓就是控权,即强调权力在形式和实质上的合法性,并在不妨害权力的根本效能的前提下,通过权力的制衡、权利的保障以达制约权力滥用之功效。

(二)社会主义法治与社会主义国家

党的十八大报告对全面推进依法治国作出了一系列重要部署和要求:全面

落实依法治国基本方略，加快建设社会主义法治国家；加强宪法和法律实施，坚持公民在法律面前一律平等，维护社会公平正义，维护社会主义法治的统一、尊严、权威；推进依法行政；深化司法体制改革，优化司法职权配置，规范司法行为，建设公正高效权威的社会主义司法制度，保证审判机关、检察机关依法独立公正地行使审判权、检察权；加强政法队伍建设，做到严格、公正、文明执法；深入开展法治宣传教育，弘扬法治精神，形成自觉学法、守法、用法的社会氛围；尊重和保障人权，依法保证全体社会成员平等参与、平等发展的权利。全面推进依法治国，是社会主义法治与社会主义国家有机结合的最佳成果。因此，只有充分认识全面推进依法治国的重要性和紧迫性，我们才能增强做好工作的责任感和事业心，为加快建设社会主义法治国家做出积极贡献。

第一，全面推进依法治国是完善社会主义市场经济体制的根本保证。经过30多年的改革开放，我国已经初步建立起社会主义市场经济体制，但我国的市场经济体制还不够健全和完善，未来经济管理的任务还十分艰巨。在全面建设小康社会的新形势下，“市场主体和市场行为需要进一步依法规范，市场意识、诚信意识需要法治的强化和塑造，生产、交换、分配、消费等市场经济环节需要法治规范和引导，宏观调控和管理的法治化建设需要抓紧推进，经济违法犯罪需要依法打击和治理”[①]。完善社会主义市场经济体制，促进经济和社会事业又好又快发展，最根本的是从加强法治建设发力，逐步建立一套完整的法律制度保障体系，依法保障人民群众的经济、政治、文化、社会权利，依法对政府部门及其公职人员进行政绩考评与责任追究，依法统筹城乡发展、区域发展、经济社会发展、人与自然和谐发展、国内发展和对外开放，逐步形成良好的市场经济法律秩序，为社会主义市场经济健康发展提供有力的法治保障。

第二，全面推进依法治国是实现人民当家做主的根本保证。人民民主是社会主义的生命，但是，当前我国的法治建设还比较滞后，不能适应人民民主不断扩大的客观要求。公民的知情权、参与权、表达权、监督权还保障不够，侵犯人民民主权利的现象还时有发生。只有全面推进依法治国，把权力关进制度的笼子，人民当家作主的地位才能得到切实有效的保障。

第三，全面推进依法治国是增进社会和谐的根本保证。和谐是社会秩序的高级状态，是比稳定更高程度的要求。简单粗暴的高压态势可以保一时之稳定，却无法增进社会的和谐。构建社会主义和谐社会，必须注重法治思维的培养，强调依靠法治方式协调社会利益关系，化解社会矛盾纠纷，保障社会公平正义。

---

① 王胜俊：《加快建设社会主义法治国家》，《求是》2008年第1期。

第四，全面推进依法治国是提高党的执政能力、巩固党的执政地位的根本保证。党的十八届四中全会指出，党的领导是中国特色社会主义最本质的特征。依法执政是改革和完善党的执政方式的一个重要思路，要贯穿于社会主义法治运行的各个环节。坚持依法执政，就是要把坚持党的领导、人民当家作主和依法治国高度统一起来。党领导立法、保证执法、支持司法、带头守法的水平，直接影响和体现党的执政能力，关系到党的执政地位。历史经验证明，执政者越是重视法治建设，其执政能力就越能得到增强，执政地位就越能得到有力的保障。

三、法与政策

政策，顾名思义，即是施政之策，通常指国家政策或政党政策。国家政策，简称“国策”，是指国家政权机关为了实现某种短期或中长期目标而制定的计划或规划。政党政策是政党为实现一定的政治目标、完成一定的政治任务而作出的政治部署或施政方略。政党政策又有执政党政策和非执政党政策之分，执政党政策在国家政治生活中的作用尤为突出，因此本书中的政策主要指执政党政策。

法与执政党政策既有共性，又有区别。

两者的共性主要体现在：在同一国家，法与执政党政策建立于共同的经济基础之上，体现着共同的阶级本质，接受共同的指导思想、服务于共同的社会目标，遵循大体一致的基本原则，执政党政策中的内容一旦成熟，可以上升为国家法律。

两者的区别主要体现在：

1. 意志属性不同。法体现的是国家意志，由特定国家机关依照法定职权和法定程序、以制定或认可的形式产生出来，向全社会公开；执政党政策体现的是执政党意志，是执政党的领导机关依照党章规定的权限和程序制定，允许有不对社会公开的内容存在。但在当今世界的政党法治化趋势下，执政党政策中公开与保密的事项、范围均须以法界定。

2. 规范形式不同。法表现为规范性法律文件或国家认可的其他渊源形式，以规则为主体，具有严密的逻辑结构，权利义务的规定具体、明确；政党政策则不具有明确、具体的规范形式，主要表现为纲领性、原则性或方向性较强的决议、宣言、决定、声明、通知等。

3. 实施方式不同。法的实施由国家强制力最终保障，必要时可以动用合法的国家暴力;政党政策靠党内纪律保障实施,不能动用国家强制手段。

4.调整范围不同。法的调整范围是具有交涉性和可诉性的社会关系领域;执政党政策的调整范围更为广泛,可以涉及社会发展的方方面面,但这并不意味着执政党政策可涵盖法的调整范围,两者各有其相对独立的调整领域。

5.适用对象不同。法在国家领土范围内对全体国民具有普遍约束力,所有社会主体的权利与义务是高度一致的;执政党政策的适用对象根据具体情况而异,其中增加利益性的内容及于全体国民,而其中课加负担性的内容仅及于执政党的组织及其成员,可以对执政党的组织及其成员提出比法律更严的要求,即党规严于国法。

6.灵活性程度不同。法具有较高的稳定性和适度的灵活性,法不能朝令夕改,又要与时俱进,所以法的修改极其慎重,修法须遵循特别严格、繁琐的程序;执政党政策具有较强的灵活性和适度的稳定性,可因应形势变化迅速作出反应和调整,修改程序相对而言比较简便、快捷。

四、依法执政与政治文明

依法执政是在世情、国情、党情都发生重大改变的新形势下党执政的一个基本方式。党的十六大提出,坚持依法执政,善于把坚持党的领导、人民当家作主和依法治国统一起来,不断提高依法执政能力。党的十六届四中全会提出,坚持科学执政、民主执政、依法执政,不断完善党的领导方式和执政方式。这是中国共产党审时度势,在新的历史条件下对自己的领导方式和执政方式作出的重大调整,是实行依法治国基本方略,发展社会主义民主政治,建设社会主义政治文明的必然要求。

所谓依法执政,就是党要紧紧抓住法治建设这个带有根本性、全局性的重要环节,领导立法,保证执法,支持司法,带头守法,不断推进国家治理体系和治理能力的现代化。宪法规定了中国共产党在国家政治生活中的领导地位,因此,党对国家政权的领导是依法执政的重要内容。按照党政分开的要求,党对国家政权的领导不是简单的行政上下级领导,而是政治原则、政治方向、重大决策的领导。按照依法执政的要求,党要处理好与人大、政府、法院、检察院等国家政权机关的关系,党的主张只有转变为国家意志,才能产生普遍约束力和国家强制性。如果不通过国家政权机关而直接向社会或向国家政权机关发号施令,就是越过法定程序,与依法执政相背离。党委对同级人大、政府、司法机关的领导,在组织形式上要通过这些机关中的党组来实现。依法执政意味着党通过制定大政方针、提出立法建议、推荐重要干部等执政权力的行使，使党的主张经过法定程序变成国家意志，支持和保证人大、政府、司法机关依法履行职能，实现党的领导。

人类社会文明的整体进步是物质文明、精神文明、政治文明、生态文明四个方面的协同发展。政治文明，又称"制度文明"，是人类社会整体文明的重要组成部分，是人们改造社会所获得的政治成果的总和，主要包括政治思想、政治制度和政治行为方式三个方面。政治文明与物质文明、精神文明和生态文明之间是一个互动的过程，政治文明建立在一定的物质文明、精神文明和生态文明发展的基础之上，反映着其他文明的制度化水平，同时又为其他文明的发展提供制度保障，使它们更加健康、稳定、协调地共同向前发展。政治文明属于上层建筑，它以经济为基础，又居于经济基础之上，有着高屋建瓴、总揽全局的作用。

依法执政和政治文明的结合点就是法律制度创新。坚持依法执政，加强社会主义政治文明建设，都要依靠法律制度创新来推进和保障。改革开放以来，我国积极推进物质文明和精神文明建设，但在法律制度创新方面还做得很不够。因此，必须把法律制度创新作为加强党的执政能力建设的一个着重点，积极稳妥地推进政治体制改革，逐步实现社会主义民主的制度化、法治化。只有依靠法律制度创新，才能不断加强党的执政能力建设，进一步巩固党的执政地位，发展社会主义政治文明。

【拓展阅读】

[1]吴大英：《我国社会主义法律与国家管理》，《法学研究》1984 年第 10 期。

[2]梁忠前、董博芳：《对法与政治关系的文化考察》，《江苏社会科学》1994 年第 10 期。

[3]龚祥瑞：《法与政治——读白芝浩〈英国宪法〉》，《比较法研究》1995 年第 6 期。

[4]汪太贤：《对立与依存：法与政治关系中的两大传统》，《学习与探索》2005 年第 9 期。

[5]黄建武：《法应与政治保持适当距离》，《学习与探索》2005 年第 9 期。

[6]郑敬高、田野：《从"国家意志"到"行政法治"——在法律与政策关系上的泛法律观》，《中国地质大学学报（社会科学版）》2007 年第 9 期。

[7]闫海：《论政治法与法政治学——从政治与法律关系的契入》，《太平洋

学报》2010 年第 9 期。

[8]许小牙:《法与政治之关系新解》,《汕头大学学报(人文社会科学版)》2012 年第 6 期。

[9]王立峰:《基于"法律与政治关系"的中国法政治学的前提性问题批判》,《江海学刊》2015 年第 5 期。

[10]卓泽渊:《法政治学研究》,法律出版社 2011 年版。

[11][奥]凯尔森:《法与国家的一般理论》,沈宗灵译,商务印书馆 2013 年版。

[12]蒋德海:《法政治学要义》,社会科学文献出版社 2014 年版。

第三节 法与道德

法与道德之间既相互联系,又有所区别。法只约束人的行为,而不能约束人的思想。道德既引导思想,又约束行为。法律和道德都不是万能的,既不能用法律来取代道德,也不能用道德来取代法律。

一、从广东"小悦悦事件"谈起

2011 年 10 月 13 日下午 5 时 30 分,一出惨剧发生在广东佛山南海黄岐广佛五金城:年仅两岁的女童小悦悦在巷子里被一辆面包车两次碾压,几分钟后又被一小型货柜车碾过。而让人难以理解的是,7 分钟内从女童身边经过的十几个路人竟然对此不闻不问。最后,一位捡垃圾的阿姨把小悦悦抱到路边并找到她的妈妈,才把小悦悦送到了医院。但是,小悦悦终因伤势严重,经医院全力抢救无效,于 2011 年 10 月 21 日零时 32 分离世。①

"小悦悦事件"经媒体报道后,震惊了社会,引发了对有关社会道德问题的全民大讨论。讨论中,是否应该将"见危不救"入法,是否应当对"见危不救者"论罪的问题,成为讨论的焦点之一。

近年来,除了"见危不救"之外,"见义勇为"也是社会各方关注的热点。那么,"见危不救"是否应该问罪,"见义勇为"是否应该有法律制度保障?在回答这些问题之前,我们有必要厘清法与道德的关系。

---

① 参见殷果:《新环境下引起的"道德恐慌"》,http://wenku.baidu.com。

二、法与道德的辩证关系

(一)法与道德相互联系

道德，简单说就是生活于一定物质生活条件下的人们关于善与恶、美与丑、苦与乐、光荣与耻辱、公正与偏私等价值判断的大众共识。

法与道德都是社会的调控手段，同属于上层建筑的组成部分，都服务于一定的经济基础。两者之间存在一定的辩证关系，既有联系，又有区别，相辅相成，相得益彰。

其联系主要表现在：

1. 道德是法律的灵魂，是评价法律善恶的标准和推动法律进步的力量。没有道德基础的法律，一天都不能存活，就算制定了形式完备的法律也不会起作用，只会被束之高阁，成为花瓶式的摆设，无法获得人们的内心尊重和自觉遵守。全社会道德观念的增强，执法者职业道德素质的提高，都对法的实施起着积极的作用。

2. 法律是道德的手足，是弘扬道德精神的有效手段。道德可分为两类：第一类是维持社会公共秩序所要求的道德，即社会公德、“最低限度的道德”，如不得随地吐痰、礼貌待人、诚实守信等；第二类则是那些有助于提高生活质量、增进人与人之间紧密关系的原则，如博爱、大公无私、见义勇为等。其中，第一类道德通常上升为法律，通过制裁或奖励的方法得以推行；而第二类道德是较高层次的道德，一般不宜转化为法律。通过法的实施这样一个惩恶扬善的过程，既有助于使人们形成法律意识，也有助于培养人们的道德观念。

3. 道德和法律在一定条件下会相互转化。一方面，随着社会的发展，某些道德规则逐渐凸显出来，被认为对社会非常重要，但经常被人们违反，立法者就有可能将之纳入法律体系，这就是所谓的道德法律化。另一方面，某些法律规则，本与道德无涉，但久而久之，就深入人心，获得大众认可，以违反这些规则为耻，这就是所谓的法律道德化。

(二)法与道德有所区别

1. 调整对象不同。法调整的是人的外部行为，即意志的外在表现，法通常不过问人的思想问题。道德则不同，它既评价人的外部行为，也关注人的行为动机，要求人应当表里如一地符合道德标准，试图塑造人的灵魂，培养公认为正确的世界观、人生观和价值观，很多时候往往更注重后者。

2. 意志属性不同。法是以“国家意志”形式出现的；道德则是以“社会意志”形式出现的。

3. 调节方式不同。法通过权利和义务的双向调节机制，建立并规范人们之间的社会关系；道德则主要通过义务为纽带的单向调节机制，调整并引导人们之间的社会关系。

4.表现形式不同。法有特定的物质载体，表现在国家专门机关制定的宪法、法律、行政法规、地方性法规等规范性法律文件中；道德则没有明确具体的物质载体和规范性的表现形式，而是以不拘一格的形式广泛存在于社会的各个领域，如政德、官德、社会公德、职业道德、家庭美德、个人品德等。

5.运作机制不同。法具有严格的程序性；道德则以主体内省和自觉的方式形成和实现，与程序无关。

6.强制力来源不同。法由国家强制力（军队、警察、监狱等）保证实施，属于外在强制；道德则主要靠人们的内心自律得以实现，属于内在强制。

7.争议解决方式不同。法律争议具有可诉性，可以通过诉讼方式解决；道德争议则不具有法律意义上的可诉性，只能通过非诉讼方式解决问题。

简言之，法律是底线道德，即最低限度的道德；道德是法律的基础和灵魂。在“小悦悦事件”中，试图通过“见危不救”立法提高全体社会成员的道德水平，显然有拔苗助长之嫌。由于每个人（即使是成年人）的能力大小不一，不能将救助义务平均地课加给每个人。据此，如果对不负有特定义务的人的“见危不救”行为论罪，则不合乎基本的法理，违背了法的公平正义之精神。但是在对不负有特定义务的人的“见危不救”行为予以道德谴责的同时，对“见义勇为”者通过相关法律予以激励及保障，则有助于体现法律对道德的推动作用。法律从来都不是万能的，我们不能用法律来取代道德发挥作用。就让“上帝的归上帝，恺撒的归恺撒”，让法律回归法律，让道德恪守道德。唯有让法律和道德各就其位，各负其责，才能避免“小悦悦式悲剧”继续重演。

三、法与道德的冲突

法与道德不仅有和谐一致的一面，也有冲突的可能性。法与道德在日常法律适用中的冲突主要表现为人情、亲情、世俗道理等观念与法律的冲突。这种冲突主要是由于道德和法律两种社会规范本身的差异造成的。道德与法律的发展有时候并不同步。一方面，法律不能朝令夕改，在特定的历史条件下具有一定的稳定性，相对于社会生活的变化而言具有滞后性的特点。而道德的变化是自发的，不需要特定的程序，这就是变化了的道德观念与不变的法律规定之间可能产生的矛盾。比如，我国改革开放初期兴起的商品经济的道德观念与“投机倒把”等僵化的法律规定的冲突。另一方面，道德有时具有很长的时效性，历史的惯性使得道德不可能一下子随着社会形势的变化而改变。而在社会形势变化的情况下，法律的改变可能却相当剧烈。这样就出现了不变的道德观念与变化的法律在社会形势变化时期的冲突。例如，传统道德中“不孝有三，无后为大”的观念不可能一下子就从人们的思想意识中消去，从而出现了这种还没来得及退出历史舞台的道德与新生的计划生育法的冲突。

（一）法与道德冲突的表现

主要表现为两种情况：

第一，法与“理”的冲突，即合法不合理或合理不合法。第一种情况是道德上不许可，但法律上是许可的。例如，根据法律上关于民事权利诉讼时效的规定，债权超过法定诉讼时效后，债权人就丧失了诉讼上的胜诉权，法律不再支持和保护其债权。但在道德上，“欠债还钱”是天经地义的道德义务。又如，证据必须经合法的方式和程序取得，才能在法庭上被认可为证据。一个已过诉讼时效的真实的债务关系，一个在法律上有瑕疵但实际上能证明事件真相的材料，都会遭到法律拒绝，这在很多人看来都会觉得不合理，这就出现了合法不合理的冲突。甚至对于两审终审制，许多人也认为合法不合理，或合理的东西得不到法律支持。所以在中国，在生效判决作出后，还有申诉制度，以后又产生了人大个案监督制度等，这些都是为了求个理。第二种情况是道德许可的，但法律上不许可。比如，关于安乐死的问题。从安乐死本身来说，它是符合人道主义的。但因为种种原因，我国法律对它仍持禁止态度。此外，还有见义勇为却触犯法律问题、大义灭亲反而获罪等都存在着道德与法律的碰撞。由于中国的法治基础太弱而德治文化积淀太久，所以在中国法治建设进程中，这种法与理的冲突是非常明显的。

第二，法与“情”的冲突，即合法不合情、合情不合法。我们通常说，“法不循情”，但道德是循情的，因此会产生这种冲突。比如，《中华人民共和国刑事诉讼法》第 48 条规定：凡是知道案件情况的人，都有作证的义务；第 84 条规定：任何单位和个人发现有犯罪事实或者犯罪嫌疑人，有权利也有义务向公安机关、人民检察院或者人民法院报案或者举报。这里规定的知情必须作证、知情必须举报，都是法律义务，这种规定与亲情就会发生冲突。比如，丈夫做了一件违法犯罪的事，妻子马上去举报；父亲做了一件违法犯罪的事，儿子马上去报案，如果不是较严重的犯罪，这在道德上恐怕没有多少人会赞扬这样的妻子和儿子，相反，人们会说这很绝情。这样的人可能在生活中被人们疏远，这是因为在道德中，人情是一重要价值。在中国古代法中，除“十恶”重罪之外，实行“亲亲相隐”、同居相隐不为罪。国外亦有刑事诉讼法（如美国）免除夫妻之间的作证义务，这些应当说有一定道理。

（二）法与道德冲突的原因

法与道德出现冲突，主要有以下几方面原因：

第一，法律移植和改革，造成法与社会传统道德发生冲突。在有意识推动社会改革和社会变革较快的情况下，这种冲突出现较多。比如，中国长期（从古代到改革开放以前）的道德意识中都将“均”（实际平等）视为特别重要的价值，当我们追求效率，并用法律确认形式上的平等和由此产生的实际差别时，这种冲突就出现了。虽然随着改革的深入和法律的贯彻，人们在道德上已慢慢接受了这种状况，但这种冲突仍然还是存在的。再如，当我们把法治发达国家严格的程序设置引进来时，就与我们长期追求实体合理、实体正义的道德观念发生冲突。

第二，社会发展，道德发展，但法律滞后。这主要指立法和法律实践跟不上社会发展而产生的法与道德的冲突。比如，我国实行的男女不平等的退休制度，妇女比男子提前五年退休。这一制度形成的主要原因是我们当时的社会发展还比较落后，现代化程度低，体力劳动是工业生产中的重要部分（在人们观念中，这种沉重的劳动应当是由男子承担的），家务劳动还是社会劳动的重要组成部分（社会中第三产业极不发达）；同时，人们普遍将妇女当作需要照顾的对象。现在这些情况都发生了变化，体力劳动与脑力劳动的比例发生了变化，家务劳动的数量发生了变化，男女平等意识发生了变化，致使现行退休制度中的年龄差别规定就与人们的平等意识发生了冲突，许多人认为这是对妇女的歧视。

第三，道德价值和法的价值都是多元的，两者不会一一对应，这也是冲突的原因之一。比如，在道德的价值序列中，效率并不是非常重要的，而在法的价值追求中则是一种非常重要的价值，法律制度的设计必须比较精确地计算或估计它对社会资源配置最优的影响，必须计算或估计法律调整中的成本最小化，因此，从道德的公平正义角度来评价，这样的法不一定是最优的，甚至会受到批评。例如，公有土地使用权拍卖制度，排污权拍卖制度，都是从效率出发的，这对大商家、大企业有利（理论上说对社会有利），如果个体经营者、下岗工人、自谋职业者在其中竞争就会有一种压迫感。人们从道德的公平正义感出发，就会批评这种制度的缺陷。又如，两审终审制是法律追求正义与法律调整效率相结合产生的制度，从道德正义评价，人们就会求“真”到底，归根到底要给人一个公道，会认为两审终审不尽合理。

第四，法律的形式化要求，有时会偏离实质内容。法是一种普遍的规范，它一定要求自身的和谐一致，没有冲突，并且普遍适用，因为它追求的是一种普遍的正义。但这种形式化的要求，会使法在一定情况下不能实现正义，这时也就出现法与道德的冲突。比如，根据法律规定的刑事责任年龄，一个人实施了严重危害社会的行为，但就因年龄差一天而不受惩罚；因为警察违法取证致使一个关键证据不被采用，犯罪人受不到追究。这种情况下，人们通常会从道德角度批评法律。

第五,法的评价方式与道德的评价方式不同,这也是产生冲突的原因之一。道德的评价是求真的,这正如德沃金在讨论法律思维方式时所说,一些哲学家相信,如果查尔斯死了,而他一生中没有碰到过什么危险,那么对于他是否是勇敢的这一问题是没有正确答案的。这并不是因为勇敢一词的模糊,而是真实的概念不允许我们没有相关问题的证据而说一个人是勇敢或是不勇敢。"我们不能说:不能证明查尔斯勇敢,那他就是不勇敢的。是否勇敢的评价都需要证据。但是,法律的评价是存在假定前提的,这种评价方式在道德上并不存在。这种差别最典型的例子就是无罪推定,在法律上,当一个人没有经过正当程序的审判被确认为有罪以前,不得视为有罪,而证明被告有罪的责任在于控方,所以,诉讼中如果不能证明被告有罪,就推定为无罪。正因这种假定,一些人确有危害行为,但从法律上又不能证明(如因证据问题)因而作为无罪对待,民众常因此感到法律不公或难以理解。

(三)法与道德冲突的解决

从上述的原因来看,法与道德的冲突具有一定必然性,但冲突的量可大可小,如果注意调整两者的关系,可以将冲突降到最低程度。解决冲突的主要措施有以下方面:

第一,提高立法质量,法治建设与道德建设同步进行。尽量避免出现法律的漏洞,要最大限度地降低法律与道德发生不必要碰撞的几率。首先,在立法过程中,尽可能注意与道德协调,立法不能偏离社会主流道德太远,"应以制定良法为目标,即符合人类本性的法律、人道的法律,它要求法律的精神必须体现把人作为目的,而不是作为手段,充分地尊重人的价值与尊严"[①];其次,在宣传法律过程中,加强对旧道德的批判,同时注重推广新型道德意识,使道德转换与法律进步相合拍。

第二,在法律移植中,尽可能注意与本民族道德的协调。如果移植的法律与道德有较大的距离,则给予司法较大的裁量权,通过司法裁量权来缓和这种差别。在处理法律的地区差别和民族区域差别方面也是这样,比如在我国,除了在民族区域自治制度中专门实行对立法权安排的制度外,可通过司法裁量权来缓和这些差别。

第三,宣传法律的评价方式,使民众理解,特别是法律工作者接受法律的思维和评价方式。

第四,坦然接受法治的代价。克服那种以为法治是有百利而无一弊的制度

---

① 陈秀萍:《试论当代中国法律与道德的冲突及其限制》,《南京社会科学》2008 年第 4 期。

的观念。法治固然重要，但它不是包医百病的万应灵药，它不可能调整所有社会关系，不可能解决社会所有问题，同时，它是有代价的。我们要能够理解它的缺陷，能够接受它的代价。

四、法与道德关系的现代价值

法与道德具有互补性。在我国现代社会的治理过程中，法治占据着主要地位，德治是法治的有益补充。法与道德的辩证关系和冲突原理给我国现代法治建设提供了诸多启示。

(一)立法启示

法是通过权利和义务的双向调节机制规范人们的行为的。在立法中，遵循人的趋利避害的本性，合理配置权利和设定义务，引导人们趋向道德的行为。引入公正、人道、诚信、友爱等道德原则调节人与人、人与自然、人与社会之间的各种利益关系，努力将法与道德的冲突控制在最低的限度内，构建和谐的社会秩序。

(二)执法与司法启示

法律面前人人平等，主要是指在法律适用时的人人平等。在执法与司法过程中，应当在坚持严格、规范、公正、文明等道德原则的前提下，遵循法的至上性。这就是说，在建立现代法治过程中，我们应在法与道德之间维持一种平衡。一方面，要强调法的至上性以实现形式正义价值，并且为了法的形式正义价值，有时需要实质正义作出适当的妥协与让步。另一方面，这种妥协和让步又是有限度的，这个限度就是对人权特别是对人格尊严和生命权的起码尊重，即任何人的人格尊严和生命权不应受到侵犯和威胁。

以下两种情况在具体执法和司法实践中需引起关注：

1.“善意违法行为”应予赦免。即在某种特定的紧急情况下，行为者面临着两难选择：违反法律的善行或遵守法律的良心不安。此时，如果行为者出于人道关怀的善行而违反了法律，对其应当承担的法律责任应当适当地减免。这种行为的前提条件有两个：一是发生了意想不到的紧急情况；二是行为者要实施救人和其他人道行为时别无选择，只能违法。

请看下面的案例：

1998年10月，当时身为北京市人民医院眼科医生的高伟峰面临一个两难选择：医院冰箱里储存的角膜因放置时间过长已经坏死，如果不能立即找到新的角膜，一位烧碱烫伤的病人眼球就会很快腐烂失明；只有从新鲜的尸体上可以获取到有用的材料，而医院太平间里正好有新送去的尸体。于是，出于挽救病人的目的，在无法及时征求患者家属意见的情况下，高伟峰医生去了医院太平间，用随身携带的剪刀和镊子取出了一具新鲜尸体的眼球。事后，死者的家属得知了此事，将高伟峰医生及北京市人民医院告上了法庭，要求医院赔偿精神损失费，并要求追究高伟峰医生的刑事责任。[①] 此案由此引起一场法学界和伦理学界的轩然大波。

2. 恶意行为之合法利益应予剥夺。如果行为者为了达到自己的利益而采取了侵犯他人生命或人身自由的手段，对于以这种非法方式取得的合法利益，即使依具体法律规则的规定是合法的，也应该据基本的道德伦理要求加以剥夺、取消或限制。

【拓展阅读】

[1]周世中、管仁林：《关于法与道德关系的几点思考》，《社会科学家》1998年第1期。

[2]马长山：《法治社会中法与道德关系及其实践把握》，《法学研究》1999年第1期。

[3]何解山、梅国荣：《论法与道德调整范围界限的动态性质》，《江西社会科学》2001年第2期。

[4]严存生：《法与道德关系模式的历史反思》，《法律科学》（西北政法学院学报）2001年第9期。

[5]柯岚：《法与道德的永恒难题——关于法与道德的主要法理学争论》，《研究生法学》2003年第12期。

[6]严存生：道德性：《法律的人性之维——兼论法与道德的关系》，《法律科学》（西北政法学院学报）2007年第1期。

[7]李建军：《论法与道德的价值平衡》，《江西行政学院学报》2009年第7期。

[8]王秋荣：《论和谐社会下的法与道德》，《广西社会科学》2011年第12期。

[9]罗伯特·阿列克西、雷磊：《法与道德：告别演讲》，《华东政法大学学报》2015年第9期。

[10][美]庞德：《法律与道德》，陈林林译，中国政法大学出版社2003年版。

[11][英]哈特：《法律、自由与道德》，支振锋译，法律出版社2006年版。

[12]范进学：《法律与道德——社会秩序的规制》，上海交通大学出版社2011年版。

---

① 参见于海寅：《医学博士的行为是否构成犯罪——未经同意擅自移植尸体角膜案的法律分析》，《中国律师》1999年第11期。

第四节　大陆法系

20 世纪，自日本法学家穗积陈重提出“法系”一词以来，对于法系分类问题的争论就从来没有停止过。绍塞尔—霍尔认为法系可分为印欧法系、闪米特法系和蒙古法系，以及各未开化民族法系；阿尔曼戎、诺尔德、沃尔乎则主张世界存在法国法系、日耳曼法系、斯堪的纳维亚法系、英吉利法系、俄罗斯法系、伊斯兰法系和印度法系这七大法系…… 这个问题似乎越来越复杂，但正所谓真理越辩越明，至少在一点上，中西方学者们取得了普遍的一致性，即以法、德为主的欧洲大陆、拉丁美洲以及一些亚洲国家被统统归入大陆法系。大陆法系，亦称“民法法系”“罗马—日耳曼法系”或“成文法系”，是指包括欧洲大陆大部分国家从 19 世纪初以罗马法为基础建立起来的、以 1804 年《法国民法典》和 1896 年《德国民法典》为代表的法律制度以及其他国家或地区仿效这种制度而建立的法律制度的总称。

一、大陆法系的形成

在罗马全盛时期，罗马统治者以武力扩大其版图，强行适用罗马法，被征服地区的居民也因罗马法的发达和完备而自愿采用罗马法，使罗马法成为“商品生产者社会的第一个世界性法律”。

日耳曼人入侵罗马后，日耳曼法采取属人主义原则，使罗马法得以保存。日耳曼人建立的国家编纂法典时也受到了罗马法的影响。公元 9 世纪，随着封建制度的发展，日耳曼法的属人主义不再适用，罗马法与日耳曼法开始融合。

12 世纪后，罗马法复兴运动兴起，罗马法研究同社会实际需要相结合，成为西欧大陆国家具有权威的补充法律。经过改造和发展的罗马法成了欧洲的普通法，具有共同的特征和法律传统，从而奠定了大陆法系的基础。

资产阶级革命取得胜利，西欧许多国家的资本主义制度确立并巩固，为适应资本主义经济、政治、文化的发展以及国家之间的交往，这些国家的法律制度相互间的联系获得进一步发展。法国是大陆法系的先锋，先是它以资产阶级革命为动力，在古典自然法学和理性主义思潮的指导下，继受了罗马法的传统，开创了系统严谨、体系完整的成文法模式。法国的六法体系一经出炉，立即成为欧洲大陆各国纷纷效仿的楷模，这标志着近代意义上大陆法系模式的确立。德国是大陆法系的后起之秀，在继承罗马法、借鉴和吸收法国立法经验的基础上，制定了一系列法典。德国法典是资本主义从自由经济发展到垄断经济时代的典型代表,反映了资本主义发展到较高阶段的立法成就。

以法国法和德国法为代表的欧洲大陆法适应了整个资本主义社会的需要,特别是它所采取的严格成文法形式便于传播,所以19～20世纪之后,大陆法系开始越过欧洲,传遍世界。

二、大陆法系的特点

概括地说,大陆法系国家的法律制度具有以下特点:

1.从法的源流看,大陆法系是在罗马法的直接影响下发展起来的,大陆法系不仅继承了罗马法成文法典的传统,而且采纳了罗马法的体系、概念和术语,开展了大规模的法典化运动。如《法国民法典》是在古罗马《法学阶梯》的基础上编纂而成的,《德国民法典》则吸收了古罗马《学说汇纂》的主要精髓。

2.从法的形式看,大陆法系属于成文法体系,一般不存在判例法,对重要的部门法都要求制定法典,并辅之以单行法规,构成较为完整的成文法体系。法典法的最大特点是体系完整、概念明确、语言清晰、逻辑严密,适宜进行理论上的分类。大陆法系最经典的法律分类是公法与私法的划分。一般来说,宪法、刑法、诉讼法涉及公共权力配置,被认为属于公法;而民法、商法通常被认为是典型的私法。

3.从法官的作用看,由于大陆法系的立法权与司法权有严格区分,强调制定法的权威,制定法的效力优先于其他法律渊源,要求法典一经颁行,法官必须忠实执行,同类问题的旧法即丧失法律效力,因此法官必须遵从法律明文规定办理案件,没有"造法权"。法官只能严格执行法律规定,不得擅自创造法律、违背立法精神。

4.从司法组织看,大陆法系的法院系统一般采取普通法院与行政法院分立的双轨制,重视实体法与程序法的区分。

5.从法律推理形式和司法方法看,多采取三段论式的形式推理和演绎法。法官经考试后由政府任命,一般采用纠问式诉讼模式。由于法律只能由代议制的立法机关制定,法官只能根据既定的法律判案,司法权受到很大限制,法官的作用仅仅在于"找法"——从现行法律中找到适用的法律条款,并将其与案件事实相联系,进而推论出唯一的结果。

三、大陆法系的代表之一——法国

法国在拿破仑执政时期,确立起了近代法体系。拿破仑的立法成果不仅为后来法国资本主义的发展奠定了基础,而且对近代西方法律制度产生了重大影响。法国的《人权宣言》确立了法律面前人人平等、主权在民、权力分立、罪刑法定、无罪推定等一系列资产阶级法治原则，并于1791年颁布了欧洲大陆的第一部成文宪法。法国也是行政法的母国，行政法律制度极其发达。1804年《法国民法典》是继罗马法之后世界民法发展的一个重要里程碑，它的出现标志着大陆法系的正式形成。

(一)法国封建制法的形成与发展

公元843年，法兰克查理曼王国四分五裂。公元1789年，法国资产阶级大革命爆发。以上述事件的发生为标志，即从公元9世纪上半叶到18世纪下半叶，持续近1000年的法兰西王国时期的法律一般被称为法国的封建制法。法国封建制法经历了三个阶段：公元9～13世纪——习惯法为主时期；公元13～16世纪——习惯法成文化时期；公元16～18世纪——王室立法成为主要的法律渊源时期。法国封建制法的形成与发展为法国近代资产阶级法的确立奠定了基础。

(二)法国资产阶级法的确立

1789年8月26日，法国资产阶级大革命爆发后，国民会议经过激烈争论，通过了著名的《人权与公民权利宣言》(简称《人权宣言》)。这一划时代的历史性文件，第一次明确而系统地提出一系列反映资产阶级利益诉求的民主和法治原则，是建立资产阶级统治的纲领性文件。《人权宣言》不仅奠定了法国宪政制度的基础，而且成为之后多部法国宪法的序言。法国资产阶级革命胜利后，基本摧毁了封建制度。由于法国革命具有彻底性，有一整套成熟的思想理论作指导，所以，革命后建立起来的法律制度比较系统和完备，较典型地反映了资产阶级的利益，对其他资本主义国家法律制度的建立产生了重大影响。1799年拿破仑发动政变上台执政，在拿破仑统治时期，为了巩固资产阶级革命胜利的成果，维护私有财产制度，稳定资产阶级统治，消除法律不统一现象，拿破仑亲自领导了大规模的立法活动，编纂了一系列法典。主要包括：1804年《法国民法典》、1806年《民事诉讼法典》、1807年《商法典》、1808年《刑事诉讼法典》和1810年《刑法典》。这五部法典连同法国宪法，构成了法国的“六法”体系。法国六法体系的产生标志着法国资产阶级法律体系的形成，它把近代法国的立法活动推向了高峰。需要指出的是，《民法典》和《商法典》的制定，不仅使法国有了第一部民法、商法，而且为大陆法系许多国家提供了民商分立的立法模式。

四、大陆法系的代表之二——德国

(一)德国法的形成与发展

1. 神圣罗马帝国时期(962～1806年)

法律渊源主要是习惯法——《萨克森法典》《士瓦本法典》；帝国立法——

《黄金诏书》《加洛林纳法典》等。

罗马法在德国备受推崇的原因:一是神圣罗马帝国以罗马帝国的正宗继承人自居,接受罗马法为"理所当然";二是在德皇与教皇和贵族的争权斗争中,德皇需要用罗马法来支持其拥有最高权力的正当性,因为罗马法是主张君权至上的法律;三是在14世纪后,伴随德意志地区商品经济的发展,尤其是城市经济的发展,原有的以农业自然经济为基础的封建习惯法已充分显露其规范的简陋和不合时宜,已无法满足社会的需求。而罗马法对商品关系的周密系统的规范,以及其内在的严格的逻辑性,足以对当时社会进行有效的法律调整,以致罗马法被认为是一种普遍真理。13世纪时,德国宣布"继受"罗马法之后,有两个措施:其一是1495年设立帝国法院,确认罗马法是其适用的主要法律;其二是宣布凡是取得罗马法博士头衔的,均可按贵族来对待。

2.德意志帝国建立时期(1806～1900年)

1806年,神圣罗马帝国皇帝被迫退位,帝国灭亡。1834年,普鲁士—奥地利成立"德意志邦国联盟",向统一走近了一步。1834年,以普鲁士为首成立"德意志关税同盟",各邦制定了一些新法律,如1850年普鲁士宪法、1867年的北德意志联邦宪法、1861年的普通德意志商法典。这些法典的制定,使得德意志各邦的法律逐渐走向统一。1815年以来,围绕是否要制定法国民法典式的统一法典展开了一场大辩论,促进了德国法学研究的蓬勃发展,为统一法制提供了理论基础。1871年,德意志帝国成立,建立了君主立宪的近代德国宪政制度。同年又颁布《德意志帝国刑法典》,确立起一系列资产阶级的刑法原则和制度。1877年,又相继颁布了刑事诉讼法典和民事诉讼法典。经20多年的酝酿,1896年德国终于通过了《德国民法典》,1897年通过了《德国商法典》,并于1900年实施。这样,在19世纪末,德国的六部基本大法制定完毕,并付诸实施,德国法最终形成。

(二)德国法对世界各国的影响

德国法在形成之际,针对当时社会现实所作的一些规定,与近百年前形成的法国法有明显的不同和改变,被看成是大陆法系的又一重大发展,并成为其第二个代表性国家,形成大陆法系中的"德国法支系"。受德国法影响的国家主要有瑞士、奥地利、希腊、土耳其、日本等。东欧的匈牙利、捷克、斯洛伐克、俄罗斯,美洲的巴西、墨西哥,中东的埃及等都不同程度地受到德国法影响。德国法最主要的影响还在于其精确的法律概念、严密的法律逻辑、严谨的法律风格,在于其学理性。构成德国法理论基础的德国法学的影响,远远超出其具体制度的影响。

五、德国法与法国法的共性和差异

德国法与法国法同属于大陆法系，都是在罗马法的基础上，根据近代资本主义的发展逐步建立的成文法律体系。无论是从法的体系、结构、表现形式，还是从法的本质、地位和作用来看，两国几乎相似。法国创立的六法全书对德国法影响深远。

1. 两者的共性：第一，两者的本质和基础相同，都是资本主义的法律制度，都是以商品经济模式为其法制的客观基础；第二，其基本法律原则是共同的，这些原则可以是整体的法制原则，也可以是各部门法的基本原则，甚至还有某些法律理论原理是双方共同奉行的；第三，两者的表现形式也相同，以成文法为原则，以习惯和判例为例外，同时在法的分类标准和方法上也大致相同；第四，两者的历史渊源相同，都继承了罗马法的传统，同属于大陆法系；第五，对世界各国法的影响力也是大致相当的，形成大陆法系中并列的两大支系。

2. 两者的差异：因法的产生、发展所处的具体社会历史条件不同，以及民族的个性及文化差异，两国法也存在很大的差异。(1)德国法具有封建性，从而带上保守的烙印；法国法总体上是资产阶级革命的产物，具有时代进步性。(2)德国法在私法领域取得的成就，使法国法逊色。(3)近代法国法具有开创性、革命性和历史进步性，德国法有透彻的说理性、高度的法律技术和严密的逻辑。

【拓展阅读】

[1]何勤华：《大陆法系变迁考》，《现代法学》2013 年第 1 期。

[2]宋英辉、陈永生：《英美法系与大陆法系国家检察机关之比较》，《中央检察官管理学院学报》1998 年第 8 期。

[3]张卫平：《大陆法系民事诉讼与英美法系民事诉讼——两种诉讼体制的比较分析》(上)，《法学评论》1996 年第 7 期。

[4]张卫平：《大陆法系民事诉讼与英美法系民事诉讼——两种诉讼体制的比较分析》(下)，《法学评论》1996 年第 9 期。

[5]宋泱沙：《英美法系与大陆法系品格证据之比较研究》，《政治与法律》2012 年第 5 期。

[6]何勤华：《关于大陆法系研究的几个问题》，《法律科学》(西北政法大学学报) 2013 年第 7 期。

[7]范忠信、叶峰：《中国法律近代化与大陆法系的影响》，《河南省政法管理干部学院学报》2003 年第 2 期。

[8]徐国栋:《大陆法系还能存在多久?——从梅利曼到海塞林克再到未来》,《比较法研究》2010 年第 1 期。

[9]陈永生:《大陆法系的刑事诉讼行为理论——兼论对我国的借鉴价值》,《比较法研究》2001 年第 11 期。

[10][美]约翰·亨利·梅利曼:《大陆法系》(第 2 版),顾培东、禄正平译,法律出版社 2004 年版。

[11]何勤华等:《大陆法系与西方法治文明》,北京大学出版社 2014 年版。

[12]黄卉等:《大陆法系判例、制度、方法——判例研读沙龙Ⅰ》,清华大学出版社 2013 年版。

第五节 英美法系

英美法系,又称“普通法法系”或者“海洋法系”,是指以英国普通法为基础发展起来的法律制度的总称。它首创于英国,后扩大到曾经是英国殖民地、附属国的许多国家和地区,主要包括北美洲的美国、加拿大;大洋洲的澳大利亚、新西兰;亚洲的印度、巴基斯坦、孟加拉、马来西亚、新加坡;非洲的个别国家和地区等。

一、英美法系的形成

(一)英国法的历史沿革

1.普通法的形成

从公元 5 世纪到 1066 年期间,英国由盎格鲁—撒克逊人控制,习惯法是当时法律的主要表现形式,盎格鲁—撒克逊法时期对英国近代法律的影响不是太大。

1066 年,法国诺曼底公爵威廉率军入侵英国,同年 10 月进入伦敦,加冕为英王威廉一世(1066~1087 年在位),史称“征服者威廉”。威廉征服英国后,为了巩固自己的统治,实行土地分封制和中央集权制。其中御前会议是实行中央集权统治的重要机构。这个机构是由国王亲信、主教和贵族参加的议事机构,主要协助国王处理立法、行政和司法等方面的事务。后来,处理司法事务的机构逐渐独立出来,到亨利三世时期,御前会议已经建立了三个王室高等法院,分别为财务法院、普通法院和王座法院,处理直接涉及王室利益的重大案件。由于诺曼人以前的法律无法在新殖民地完全适用,他们就选派当地人组成陪审团并结合当地的习惯法对案件进行判决,这些判决对以后的类似案件具有约束力，这样就形成了判例法。随着王室法院管辖范围和影响的扩大，其判例对全国的法律就产生了重大影响，王室法院的判例法就成为通行于英国的普通法，因而王室法院又被称为“普通法院”。在王室法院出现之后，与王室法院同时并存的司法机构还有地方法院、教会法院。地方法院适用习惯法，教会法院适用教会法，主要管辖婚姻、家庭、继承等类民事案件。不同司法机构之间的冲突不可避免，而王室法院可以通过发布令状的方式扩大自己的影响。所谓令状，即原告可以请求国王主持正义，然后通过英王的大臣发布命令书，命令书的内容是要求各郡郡长负责命令被告满足原告的要求或在王室法院接受审判。

2.衡平法的兴起

随着资本主义生产关系的发展，普通法院的令状制度和机械的诉讼程序越来越不适应现实的需要。14世纪以前，按照英国的令状制度，当事人在普通法院提起诉讼，须先向大法官申请以国王名义发出的令状。令状载明诉讼的条件和类别，法官只能在令状的范围内进行审判。但是令状的种类和范围都有限，因此，许多争议往往由于无适当令状可申请，而无法在普通法院提起诉讼。同时，有的案件即使在普通法院审理，也由于普通法规定的刻板和救济方式的有限而难以获得“公允”解决。还有，普通法对于违反契约或侵权行为的诉讼，只能判处损害赔偿或准予恢复动产与不动产，不能颁发执行令，强制履行契约，也不能颁布禁止令，防止重大不法行为的发生等。遇到上述情况，当事人为保护自己的权益，根据古老的习惯，便向国王提出请愿。国王被看成是“正义的源泉”“公正的化身”，而国王本人也借机表示自己的“恩典和仁爱”，于是便通过王权进行直接干预。开始通常是委托枢密院中负责司法事务的大臣根据国王的“公平正义”原则来审理；1349年起，允许原告人直接向枢密院大臣提出申请；1474年，枢密院大臣首次以自己的名义作出判决。随着枢密院受理案件的不断增加，负责司法事务的机构终于独立出来，成为和王室法院并列的衡平法院。衡平法院适用公平正义原则处理案件，作出的判决对以后类似案件具有约束力，衡平法由此兴起。衡平法是英国自14世纪末开始与普通法平行发展的、适用于民事案件的一种法律，是英美法系中法的渊源之一。衡平法的作用是弥补普通法的不足，和普通法一样，衡平法也是判例法。衡平法的兴起既适应了资本主义生产关系发展的要求，也是英王加强统治的有效措施，英王欲利用衡平法院制约渐渐脱离自己控制的普通法院。

虽然普通法和衡平法都属于判例法，其产生都依托于王权，但两者之间仍有区别：(1)调整对象不同。普通法调整的对象是全方位的，几乎涉及法律的各个领域；衡平法调整的对象是有限的，只涉及普通法不能调整的私法领域。(2)法律源流不同。普通法的源头是地方习惯法；衡平法的源头是古代罗马法。

(3)诉讼程序不同。普通法的诉讼程序复杂、僵化;衡平法的诉讼程序简便、灵活。(4)救济方法不同。普通法的救济方法只有损害赔偿;衡平法的救济方法则多种多样。这样,在民事案件中便形成了两种法律、两类法院、两套诉讼程序。尽管"衡平法遵从法律",不得有意推翻普通法,只是补充普通法,但衡平法院毕竟拥有干预普通法院审判的手段,特别是执行令和禁止令。如原告在普通法院控诉被告,被告可以以这种控诉违背衡平原则为由向衡平法院请愿。衡平法院可以借此向原告发出禁止令,使原告放弃起诉,结果往往引起两类法院之间的对立。

到19世纪,随着工商业经济的发展,社会矛盾的加剧,这种繁琐复杂而又不时发生对立的双轨司法体制弊端越来越凸显。为简化司法制度 ,议会于1873年通过《最高法院审判法》,对英国的司法体制进行了重大改革,废除了普通法院和衡平法院之分,建立起单一的法院体系,统一适用普通法和衡平法,并明确在普通法和衡平法发生抵触或不一致时,以衡平法为准。双轨制司法机构虽然取消了,但长期以来形成的普通法和衡平法两种法律之间的区别仍然存在。同普通法相比,衡平法有很多优点,如不设陪审团,一般采用书面审,诉讼程序比较简便;判决由衡平法院直接负责执行,执行效率较高;违抗者以蔑视法庭论处,重者可论罪入狱,权威性更强;在审判中更加注重实际,不固守僵化的形式,形式更加灵活。衡平法以"正义和良知"为基本原则,以实现和体现自然正义为主要任务,是大法官判例形成的调整商品经济下财产关系的规范。虽然衡平法作为不成文法,起初并没有明文规定的具体原则,在案件审理过程中,大法官拥有很大的自由裁量权,比如,大法官有权根据案件的具体情况,决定是否采取、采取何种救济手段,但是,在司法实践中,大法官也不断总结一些判例作为先例,并逐渐形成一整套有别于普通法的独特原则作为审判的指导原则。如衡平法不容忍侵权而无救济(Equity will not suffer a wrong to be without remedy);衡平法不允许过错者逍遥法外(Equity will not permit fault unpunished);衡平法是对人的(Equity acts in personam);衡平法遵从法律(Equity follows the law);求助于衡平法者自身须公正行事(He who seeks equity must do equity);求助于衡平法者自身须清白(He who comes to equity must come with clean hands);拖延是衡平法之大敌(Delay defeats equity);衡平法重意图而不重形式(Equity looks at the intent rather than the form);衡平法可以推定出履行义务的意图(Equity imputes an intention to fulfill an obligation);衡平法把应做之事视为已做之事(Equity regards as done that which ought to be done);等分即公平(Equity means equal division)等等。如果由于某些技术上的缺陷,一种权利在普通法上得不到救济,那么,衡平法将出面干预,以保护这种权利。但是,不是任何一项错误都能在衡平法院得到救济。事实上,衡平法院准备干预并给予救济的"错误",首先是指那些能够在司法上予以强制实施的情形,如果不能强制实施,衡平法也会表示无能为力并拒之门外。

3.制定法的大量出现

随着资产阶级革命的胜利,为了适应资本主义的发展需要,英国法律进行了重大改革。1873年和1875年先后颁布了两个《司法法》,普通法院和衡平法院据此合并,普通法和衡平法随之在冲突中走向了妥协,步入协调发展之路。1857年,取消了教会法院对世俗案件的管辖权,成立离婚法院和遗嘱检验法院。除了普通法和衡平法之外,英国的制定法也有了很大的发展,最典型的如《权利法案》《王位继承法》《大宪章》《人身保护法》《统一诉讼程序法》《普通法诉讼程序法》《公司法》《合伙法》《票据法》《货物销售法》《侵犯人身法》《盗窃法》《地产收益权法》以及三个《威斯敏斯特条例》等等。制定法的增加标志着议会地位的上升,这种趋势一直延续到现在。需要注意的是,英国的制定法基本都是单行法。

(二)美国法的历史沿革

1.殖民地时期的法律(1607～1776年)

17世纪初期,即北美殖民地早期,英国法的影响还不太大,当时适用的法律主要是殖民地本土的习惯法。到18世纪时,英国加强了对北美殖民地的控制,开始通过强制手段推行英国法。同时,随着大量新移民的到来,熟悉英国法的人越来越多,这对英国法在北美的传播起了很大的推动作用。

2.美国普通法传统的确立(1776～1803年)

1776年,美国在经历独立战争后宣布独立。以《独立宣言》的发表为标志,美国此后开始有了自己的法律,其法律日益脱离英国法,成为普通法系中一个独立的分支。虽然在继承英国普通法问题上有过犹豫和争吵,但美国最终保留并继承了普通法,并将普通法确立为美国的"法制基础"。一些州先于联邦政府采用司法审查制,他们在州宪法中承认各州法院有"裁定国会立法是否符合宪法和判定违宪的制定法无效的权力"。1780～1787年,至少有8个州的判例直接涉及维护司法审查权的问题。1789年,美国联邦国会制定的《司法条例》授权联邦法院有废止违反联邦宪法和法律的州宪法和州法律的权力。1803年的"马伯里诉麦迪逊"案后,确立了联邦法院对国会立法的违宪审查权。至此,美国的普通法传统终于确立。

美国在脱离英国的殖民统治后,之所以继续接受英国的普通法传统,一个很重要的原因在于美国人多是来自于英国的移民,他们语言相通,传统相通,因而思想也相通。而且英国法在殖民地时期已经对美国法产生了重要影响。再加上法律学说的无国界传播,普通法传统在美国已经扎根生长。当然,美国法也表现出一些独有的特点，如采用了成文宪法，制定法在法律体系中占有更大比例；简化了诉讼程序，取消了普通法院和衡平法院的区分；路易丝安那州保留了大陆法系传统等。

二、英美法系的主要特点

（一）在法律思维方式和运作方式方面，英美法系运用的是区别技术

区别技术的操作步骤为：(1)运用归纳方法对先例中的法律事实进行归纳。(2)运用归纳方法对待判案例的法律事实进行归纳。(3)将两个案例中的法律事实划分为实质性事实和非实质性事实。(4)运用比较的方法分析两个案例中的实质性事实是否相同或相似。(5)找出前例中所包含的规则或原则。(6)如果两个案例中的实质性要件相同或相似，则根据遵循先例的原则，前例中包含的规则或原则可以适用于待判案例。如何对待先例？法院在面临具体案件时通常有三种行为选择：(1)遵循先例。一般来讲，下级法院应当遵循上级法院的判例，各级法院还要遵循自己以前的判例。(2)推翻先例。在美国，联邦最高法院和各州最高法院有权推翻自己以前的判决。(3)避开先例。主要适用于下级法院不愿适用某一先例但又不愿公开推翻它时，可以前后两个案例在实质性事实上存在区别为由而避开这一先例。

（二）在法律形式方面，以判例法为主导

判例法又称"法官法"(judge-made law)，是指法官在具体案件的判决中确立的法律原则或规则。这种原则或规则对以后的判决具有约束力。判例法作为英美法系的一个重要传统，属于成文法，这一点与习惯法不同。19世纪以来，英美法系的制定法虽有所增加，如美国的《统一商法典》、美国宪法等，但是判例法仍然占据主导地位，制定法总是受到判例法的制约。与大陆法系相比，英美法系的制定法(包括法典)不仅数量少，而且对法律制度的影响远没有判例法大。判例法和制定法之间是一种相互作用、相互制约的关系。一方面，法官在将制定法适用于个案的过程中，可以通过解释修正制定法，形成判例法；另一方面，制定法也可以修正判例法，如果法官的解释过分偏离了立法者的意图，又可能会被立法者以制定法的形式予以改变。

（三）在法律分类方面，更重视实用操作而不是理论自洽

最常见的法律分类是普通法与衡平法。曾任职美国联邦最高法院大法官的霍姆斯有句名言："法律的生命不在于逻辑，而在于经验。"这是对英美法系判例法传统的最好概括。在判例法体系中，没有严格的部门法概念，不对法律进行系统的逻辑分类，其分类更偏重实用性。英美法系的法院设置最初分为普通

法院和衡平法院，法律分类相应有普通法和衡平法之分，这种划分在当时从政治角度看是国会和国王争夺权力的表现，从法律技术角度看是衡平法对普通法缺陷的修正和补充。普通法和衡平法划分的理论价值在于指出了一般正义和个别正义的冲突和协调。尽管在英美法系国家，目前已经没有了普通法院和衡平法院的划分，但普通法和衡平法的区别在一定范围内仍然存在。

（四）在法律教育方面，特别重视法科学生的职业技能训练

法律教育的定位不是通识教育，而是职业教育；不是大众教育，而是精英教育。在美国，教学方法上推崇案例式教学，重视培养学生的实际操作能力。高等院校有较强的独立性和较大的自主权，教育行政机关并不进行过多的干涉。在英国，法律职业有学徒制的传统，大学在法律教学方法上偏重于系统性的知识讲授，和大陆法系相近，但大学毕业生在入门法律职业前要经过律师学院或律师协会的学徒式培训，这样就使通识教育和职业教育、法律教育与法律职业实现了有效衔接。

（五）在法律职业方面，法律职业共同体内部的流动性较大

法官、检察官大多是从律师中产生，律师在社会上是极受尊重的职业。在法律职业共同体内部，不同群体之间的认同感很强，法官、检察官、律师都是律师协会的成员。

【拓展阅读】

[1]杨亚非：《论法院权威的生成——从英美法系的司法制度谈起》，《法制与社会发展》2002 年第 2 期。

[2]赵秉志、陈志军：《英美法系刑法中正当防卫构成条件之比较研究》，《法商研究》2003 年第 9 期。

[3]栾莉：《论英美法系国家刑法作为义务的理论》，《中国人民公安大学学报（社会科学版）》2006 年第 10 期。

[4]肖永平：《论英美法系国家判例法的查明和适用》，《中国法学》2006 年第 10 期。

[5]赖早兴：《英美法系国家犯罪构成要件之辨正及其启示》，《法商研究》2007 年第 7 期。

[6]王少禹：《论英美法系侵权与合同之区分》，《环球法律评论》2007 年第11 期。

[7]陈清:《英美法系侵权法上救助义务研究》,《河北法学》2012 年第 5 期。

[8]杨君:《英美法系司法制度的主要经验及其启示》,《理论探讨》2015 年第 1 期。

[9]王禄生:《英美法系国家“接触型”司法公开改革及其启示》,《法商研究》2015 年第 11 期。

[10]杨桢:《英美法入门:法学资料与研究方法》,北京大学出版社 2008 年版。

[11]何勤华编:《英美法系及其对中国的影响》,法律出版社 2009 年版。

[12]高鸿钧、程汉大:《英美法原论》,北京大学出版社 2013 年版。

第六章　价值论

法的价值理论是法理学宏观研究法律现象的重要理论之一，主要运用价值分析的方法来系统地研究法与人类的相互关系，其要回答的主要问题是“为什么需要法律”这一法理学的重要命题。本章的重点是法的作用的局限性、如何理解法的价值、法的目的价值等问题。

第一节　法的作用

一、法的作用的概念

法的作用与法的价值是两个语义接近的概念，以至有些学术著作将二者混为一谈，但仔细分析就会清楚，法的作用概念着重表征法的客观影响力和效用，而法的价值概念则着重表征主体对法的意义的主观评价。与“法的作用”并用的另一个概念是“法的功能”。在国内法学教材中，有些学者认为法的作用即等同于法的功能，两者之间并无区别的必要；另外一种意见则认为，法的作用与法的功能是两个不同的概念。在法理学中，类似的概念纠缠不计其数。我非常赞同国内一位著名的法理学者提到的一个观点，即法律和法学都是用来简约人类生活的，而不是相反。所以，对于某些纠缠不清又与实践联系不大的纯“学术”问题，我们完全有理由绕开。

二、法的作用的分类

为了具体、深入地了解法的作用，有必要对法的作用进行分类和解析。从不同的角度，对法的作用可以进行不同的分类。

按照一般与特殊的逻辑关系不同，可以将法的作用分为一般作用与具体作用；

按照法对社会关系和人的行为发生作用的途径不同，可以将法的作用分为直接作用与间接作用；

按照法的系统与法的子系统或要素各自的作用范围不同，可以将法的作用分为整体作用与局部作用；

按照法的社会意义不同，可以将法的作用分为积极作用与消极作用；

按照人们的法律期待与法律的实际效果不同，可以将法的作用分为预期作用与实际作用。

按照法的作用的对象不同，可以将法的作用分为规范作用与社会作用。这是对法的作用的最常见的一种分类。

规范作用是指通过法律的规定，为人们的行为提供了某种标准；社会作用则是指法律通过对人们行为的调整，对社会结构、社会秩序所产生的影响。一方面，法律是调整人们行为或社会关系的规范，所以法律具有各种规范作用；另一方面，法律是一定社会的集体意志的体现，反映了占社会主导地位的阶级或阶层的利益要求，所以法律具有各种社会作用。法的规范作用是基于法的规范性特性进行考察的，法的社会作用是基于法的本质、目的和实效进行分析的。法的这两种作用之间的关系，是手段和目的的关系，法的规范作用是手段，法的社会作用是目的。

三、法的规范作用

法的规范作用，是指法通过条文传达出来的对人们的行为或社会关系提出的要求。根据其作用的具体对象、主体范围和调整方式的不同，法的规范作用具体可以分为：指引作用、评价作用、教育作用、预测作用和强制作用。

（一）指引作用

法的指引作用，是指法作为一种行为规范，为行为人提供某种行为模式，引导行为人可以这样行为、必须这样行为或不得这样行为，从而对行为人本人的行为提出要求。法的指引作用的对象是行为人本人的行为。

一般来说，法的指引作用是通过赋予权利和课加义务的方式实现的。因此，法的指引作用通常表现为两种方式：(1)确定的指引。它是指按照义务性规则产生的指引作用，法为人们设定积极的义务（作为义务）或消极义务（不作为义务），要求人们必须为或不为一定的行为，人们必须根据法律规范的指示而行为。如果违反这种确定的指引，该为的不为，不该为的乱为，法通过设定违法后果（否定式的法律后果）予以追究，以保障人们的行为符合一定的社会秩序。(2)不确定的指引，又称“有选择的指引”。它是指按照权利性规则产生的指引作用，法赋予人们选择权，为人们的行为提供一种可以选择的模式，根据这种指引，人们自行决定是为或不为特定行为。

另外，根据国家权力行为的权限幅度不同，法的指引作用可分为羁束的指引和非羁束的指引；根据法律的构成要素不同，法的指引作用可分为原则的指引和具体的指引。

（二）评价作用

法的评价作用，是指法提供了一种评价标准，使行为人对他人的行为是否合法或违法程度具有判断、衡量的作用。法的评价作用的对象是行为人之外的他人的行为。

任何社会规范都会具有一定的评价作用，但与道德规范、宗教规范、习惯规范等其他社会规范相比，法的评价作用具有概括性、公开性和稳定性，所以这种评价更客观、更明确、更具体。法的评价作用的这些优越性，使法起到了其他社会规范难以起到的维护社会秩序、促进社会发展的作用。

法的评价作用可以分为专门评价和一般评价。专门评价是经法律授权的国家专门机关、社会组织及其成员对他人行为所作的评价，这种评价产生法律拘束力。一般评价是普通社会主体以社会舆论的形式对他人行为所作的评价，不产生法律拘束力。

法的评价作用同其指引作用是密不可分的。正因为法能够指引人们的行为，才使其成为一种带有价值倾向和是非判断的行为标准。反之，也正因为法为人们的行为提供了判断是非曲直的标准，所以才具有指引作用。

（三）教育作用

法的教育作用，是指通过法的实施，对人们今后的行为产生的直接或间接影响。法的教育作用的对象是社会一般人的行为。法具有这样的影响力，它能潜移默化地影响人们的价值观念，即把体现在法律条文中的某种思想、观念和价值灌输给社会成员，使社会成员在内心中确立对法的信念，从而达到使法的外在规范内在化，形成尊法守法的习惯。

法的教育作用主要是通过两种方式实现的：(1)反面教育。即通过对违法行为实施制裁，对包括违法者本人在内的社会一般人均起到警示和警戒的作用。(2)正面教育。即通过对合法行为的保护、赞许或奖励，对一般人的行为起到榜样、表率或示范作用。

（四）预测作用

法的预测作用，是指行为人根据法律规范的规定可事先估计到对方将如何行为及行为的法律后果，从而对自己的行为作出合理安排。法的预测作用的对象是人们的相互行为。预测的内容通常包括两个方面：(1)对双方如何行为的预测。即当事人根据法律规范的规定预测对方当事人将如何行为，自己将如何采取相应的行为。(2)对双方行为后果的预测。由于法律规范的存在，人们可以预见到自己的行为在法律上是合法的,还是非法的;在法律上是有效的,还是无效的;是会受到国家肯定、鼓励、保护或奖励的,还是应受法律撤销、否定或制裁的。法的预测作用是与法的规范性、确定性等特点紧密联系的。

(五)强制作用

法的强制作用,是指法的最终实现由国家强制力予以保障,国家通过惩罚、制裁手段追究违法者的法律责任,以保障法的实施效果。法的强制作用的对象是违法者的行为。

国家强制性是法的重要特征,是法区别于其他社会规范的一个重要标志,也是保障法的其他作用得以实现的物质基础。如果没有国家强制性,法的指引作用会减弱,评价作用会降低,预测作用会变得模糊,教育作用的实效也会受到影响。总之,法若失去强制作用,就如被拔掉了牙齿的老虎,就会丧失威力和本性。

四、法的社会作用

法的社会作用是法为实现一定的社会目的(尤其是维护一定阶级的社会关系和社会秩序)而发挥的作用。如果说,法的规范作用是从法自身来分析法的作用,那么法的社会作用则是从法的目的和本质的角度来考察法的作用问题的。法的社会作用的基本方式有确认、调节、制约、引导和制裁等。

从马克思主义法学观点看,在阶级对立的社会中,法的社会作用主要表现在以下两个方面:

(一)阶级统治作用

法的阶级统治作用是指法在经济统治、政治统治和思想统治等方面的作用。马克思主义法学认为,在阶级对立的社会中,社会主要矛盾是对立阶级之间的冲突和斗争。为了维护自己的统治,掌握政权的阶级(即统治阶级)必然把阶级冲突和斗争控制在一定的秩序范围内。他们利用国家机器制定和实施法律,使自己在社会生活中的统治地位合法化,使阶级冲突和斗争保持在统治阶级的根本利益所允许的界限之内,建立有利于统治阶级的社会关系和社会秩序。

法在维护阶级统治方面的作用主要表现在:(1)调整对立阶级(即统治阶级与被统治阶级)之间的关系。一方面,统治阶级用法律在经济上确认和维护自己赖以存在的经济基础,在政治上维护统治阶级对被统治阶级的政治统治(包括镇压),在思想意识形态上维护有利于统治阶级的思想、道德和意识形态;另一方面,统治阶级在一定条件和限度内,也在法律中规定一些对被统治阶级有利的条款,向被统治阶级作出些许让步,以维护统治集团的根本利益。(2)调整统治阶级与其同盟者之间的关系。因为统治阶级与其同盟者之间既有共同利益，又有利益冲突，统治阶级需要用法律的形式确定与其同盟者之间的关系，适当给予同盟者在政治、经济上某些权利，同时对同盟者滥用权利的行为以及其他对统治阶级不利的行为实行法律上的制裁。(3)调整统治阶级内部的关系。统治阶级也需要用法律来规定和确认他们自己内部各阶层、集团的相互关系，分配统治权和利益，惩罚内部成员的违法犯罪行为，解决其内部因财产、婚姻等问题而引起的矛盾和纠纷，以此建立起个人意志服从整个阶级共同意志的关系，通过这种服从，确保统治集团的最大利益，保证其内部的和谐一致。

(二)执行社会公共事务

社会公共事务是相对于纯粹政治活动而言的，这些事务的直接目的并不表现为维护政治统治，阶级性不明显，而是客观上对社会全体成员有利，具有“公益性”。法在执行社会公共事务方面的作用具体表现在：(1)维持人类社会的基本生活条件。包括维护最低限度的社会治安，保障社会成员的基本人身安全，保障食品安全、生态平衡、环境与资源合理利用、交通安全等等。(2)保障基本的生产和交换条件。即通过制定和实施法律来维护生产管理、保障基本劳动条件、调节各种交易行为等。(3)促进公共设施建设，组织社会化大生产。即通过法律来规划、组织像兴修水利、修筑道路桥梁以及开办工业、组织农业生产之类的活动，对这些活动实行管理。(4)确认和执行技术规范。包括执行工艺和使用机器设备的标准，规定产品、服务质量和标准，对高度危险品(易燃品、易爆品、枪支弹药)和危险作业(高空作业、高压作业、机动作业)的控制和管理，对消费者权益的保护等。(5)促进教育、科学、文化、卫生和体育事业，如通过法律对人们的受教育权加以保护，鼓励兴办教育和奖励科技发明，保护人类优秀的文化遗产，要求政府兴办各种图书馆、博物馆、科技馆、文化馆等文化设施。

五、正确认识法的作用

(一)“法律无用论”与“法律万能论”的谬误

法虽然是人类社会特有的行为规范体系，然而，对于法的认识，人们既无法在短时期内穷尽一切本质的问题，同时也无法形成统一的观念。长期以来，在法的作用的问题上，认为“法律无用论”者大有人在，这种观念无视法的作用和法的正向功能：它要么完全否认法的作用，甚至认为法是限制人们主观能动性的障碍，因而主张人治，反对法治；要么对法采取实用主义态度，将法视为一种“招之即来，挥之即去”的东西。当法对其有利时，则作为其工具或手段加以运用；当法对其不利时，则无视法的存在。其行为不是由法律来指引，而是以利益为核心，根据自己的需要而随意取舍，甚至违反法律也在所不惜。

在对法的作用的认识上，“法律无用论”固不足取，但同样要注意的是，无限夸大法的作用的“法律万能论”也是错误的。这种观念强调法律无所不能，无所不在，似乎只要有了法律，就可以解决人类社会所面对的一切问题。

法律的局限是无法避免的，如果指望法律作为唯一治理社会的手段，永远不会有理想的结果。不管在任何时代、任何国家，法律都应该是“有所为有所不为”。

（二）法的作用的局限性

法虽然是调控社会的主要手段，然而，这种手段也存在着诸多不足。综合起来，法的主要局限大致表现在以下几个方面：

第一，法是调控社会关系的重要方式之一，但不是唯一方式。在调控社会关系的方式中，除法律外，还有经济、政治、行政、政策、纪律、道德、宗教、文化、教育、习惯、传统、舆论等。所以，在处理社会关系时要综合运用各种方式，以最小的投入取得最大的社会利益。

例如，强调无私、见义勇为这种崇高的德行，主要是靠道德的力量。

第二，法的调整范围不是无限的，而是有限的。法律仅调整一定范围内的社会关系，在有些社会生活领域中，对有些社会关系或社会问题，法律是不适宜介入的。有关人们的一般私生活问题，在其不触犯法律的情况下，法律是不应当进行调整的。如果强制地使用外在的力量去解决内在的问题，不仅无效，反而会产生副作用。正因如此，对于某些行为，虽然本身具有社会危害性，但考虑亲情、感情、隐私等因素，法律仍然不予干预。

例如，刑法中就虐待、遗弃等行为规定的“告诉才处理”即属于这种情况。又如，法律对财产关系和契约关系的保护比对人身、人格关系的保护更具有实效性（夫妻同居的义务、探望权的行使等）。

第三，法自身所具有的局限性。法律具有主观意志性，法律本身并不等于客观规律。法律是由人制定的，由于人的认识能力的限制，法律在制定出来时总会存在某种不合理的地方。同时，法律是对人们行为的一种抽象的概括，而现实生活中的问题却是具体的、多变的，法律不可能适应整个社会实践。同时，法律必须具有稳定性，不能朝令夕改、频繁改变，但矛盾在于，社会生活是不停歇地向前发展的，将相对稳定的法律适用于发展着的社会实践时，就有可能出现法律落后于实践的地方。因此，法律本身存在缺陷，或者说，法律存在漏洞、空隙是难以避免的。

第四，法的实施要受到人与物质条件的制约。孟子说：“徒善不足以为政，徒法不足以自行。”不管法律制定的质量和水平如何，法律对人和物都有依赖性。也正因如此，德国著名法学家耶林号召“为权利而斗争”，只有人们能有强烈的权利意识并愿意诉诸法律来维护自己的权利，法律的功效才能够真正得以实现。

总之，我们只有正确认识到法的作用的局限性，并采取相应的措施，才能充分发挥法的作用。在这方面，既必须克服盲目崇拜法律的心理，又必须远离“法律无用论”的误区，正确对待和运用法律。

【拓展阅读】

[1]张居芳:《法的阶级性与法的作用》,《法学研究》1980 年第 10 期。

[2]崔敏:《正确认识当前我国社会主义法律的作用》,《法学杂志》1986 年第 6 期。

[3]孙育玮、钱福臣:《论法的作用》,《求是学刊》1994 年第 1 期。

[4]刘作翔:《论法律的作用及其局限性》,《法制与社会发展》1996 年第 4 期。

[5]钱福臣:《法作用三论》,《长白论丛》1997 年第 3 期。

[6]李军:《法的功能、作用和价值比较研究》,《山东医科大学学报(社科版)》1998 年第 1 期。

[7]周旺生:《法的功能和法的作用辨异》,《政法论坛》2006 年第 9 期。

[8]王亚明:《法制现代化进程中的反思——民间法与国家法的作用辨析》,《四川行政学院学报》2006 年第 2 期。

[9]姜明安:《软法在推进国家治理现代化中的作用》,《求是学刊》2014 年第 9 期。

[10]信春鹰:《中国经济发展中法律与法律机构的作用》,法律出版社 2000 年版。

[11][美]孙斯坦:《设计民主:论宪法的作用》,金朝武译,法律出版社 2006 年版。

[12]郁光华:《法律的作用:不同理论视角的探讨》,法律出版社 2011 年版。

第二节 法的价值

一、法的价值释义

要解释法的价值，需先界定什么是价值。

(一)学界关于价值含义的思考

对于价值问题的思考，学界有几种不同的思路。一种侧重于主体，着重从主体的需要和兴趣方面理解价值的本质和特征。因为价值主要因主体而产生，是主体赋予客体以价值，是人的需要选择了客体的某种属性，即价值是客体的人化，因而认为价值具有主观性。

另外一种观点是从客体的角度思考价值，认为客体是价值的载体，客体的属性和功能是产生价值的主要依据，认为价值就是客体主体化后的功能或属性，也就是已经纳入人类认识和实践范围内的客体的那些能够满足作为主体的多数人的一般需要的功能或属性。

还有一种观点从主客体的关系中理解价值，认为价值是一个关系范畴，只有将主客体统一起来，才能正确地理解价值。因为事实上，价值是从人们对待满足他们需要的外界物的关系中产生的，只有主体的需要或只有客体的属性和功能，都不能形成价值。应当从主体的需要和客体属性的关系中去分析价值。马克思曾在批判德国庸俗资产阶级政治经济学家瓦格纳时指出："'价值'这个普遍的概念是从人们对待满足他们需要的外界物质的关系中产生的。"[①]有人据此认为价值是一个主客体之间的需要与满足的关系范畴。

然而，问题并不如此简单。这里有两个问题：第一，价值的构成要素问题。如果说价值是一个主客体之间的需要与满足的关系范畴，那么，主体的需要或客体的属性和功能，都不能单独构成价值。只有某物的属性和功能同主体的需要之间形成一种特定的关系，即需要与满足之间的关系时，才会有价值的存在。价值的构成要素应该是：主体、客体和将二者统一起来的实践，或者说是主客体的相互作用。第二，作为价值要素的主体需要和客体功能的性质和结合方式问题。如果我们从价值是主客体之间的需要与满足关系这一观点出发，进一步加以思考时就会发现：主体的需要或客体的属性与功能，不仅是多样的、纷繁复杂的、多层次的，而且往往是相互矛盾的。

比如，一种发明，对于一些人来说，可以为之带来极大的利益；对于另一些人来说，很可能是一种莫大的灾祸。一种法律，对于统治阶级来说，可以满足其统治被统治阶级的需要，并为之带来利益和自由；对于被统治阶级来说，则很可能是一个极大的压迫、祸害和不自由，如此等等。

这样就产生了这样一个难题：是否凡是能够满足主体需要的东西都具有价值？如果回答说"是"，那么价值就是没有客观标准的，或者说它的标准就是满足任何人的任何需要，如实用主义者说的"有用即真理"一样；如果回答说"否"，那么，究竟什么是价值？如何定义价值？价值的标准又是什么？

---

① 《马克思恩格斯全集》第19卷，人民出版社1974年版，第406页。

（二）本书对价值的界定

比较上述三种观点，它们尽管在文字的表述上有所不同，强调的重点不一样，但是，我们可以将其归纳为一个相同点、两种不同的方式。所谓一个相同点，即三种观点都以肯定价值是主客体之间的统一为前提。所谓两种方式，即面向主体为主的方式和面向客体为主的方式。

面向主体为主的方式，就是把考察价值特性的根据、解决价值问题的出路，更多地放在对价值关系中主体的研究方面。

例如，要说明物对人的价值，就是在把握对象属性的前提下，着重分析主体的结构、需要和能力等等，以此来说明物对人的价值是怎样产生和变化的。如何确认"价值"，这种研究方式就像交通规则中的"左右"一样，"右侧通行"和"左侧通行"中的"左"和"右"，实质上不是马路固有的方位，而是依行进者"主体"自身特征区分的方位。因此，要说明价值"判断交通规则指定的方位"，重点不在说明客体"马路"，而在于说明主体"行进者"。

面向客体为主的方式，就是把考察价值特性的根据、解决价值问题的出路，更多地放在对价值关系中客体的研究方面。这种说法往往表现在直接把某种客体叫作价值，如"某物是一种使用价值"，认为某物之所以有价值，就是因为它是"有用的"。[①]

我们认为，把握价值的内涵，应该注意如下几个问题：

第一，价值是主客体之间的统一。单有主体的需要，或者单有客体的属性，都不能形成价值。对于法律而言，无论是效率还是公平，都是它应当追求的美德，但社会生活不是蛋糕，可以随意取舍。对于两种不同的价值追求，人们很难武断地决定哪种价值更高或是相反。因为价值这个东西，既有客观的一面，也有主观的一面。

例如，两个人付出了相同的劳动，甲收获了 5 个桔子，乙收获了 5 个苹果。根据边际效应递减原理，甲吃第一个桔子的时候，一定感觉是最甜的，吃第二个的时候，就感觉没有第一个甜了，吃到第四个的时候，他就想尝尝苹果的味道了。为了得到苹果，他愿意用自己剩下的两个桔子去同乙交换一个苹果。这种交换从表面上看是不等价的，但由于主体对待价值的看法不同，这样的交换又是等价的、合理的。当然，甲是不会用自己的全部桔子去换回一个苹果的，价值的主观性毕竟是建立在客观性的基础之上的。

第二，作为"价值"的这种统一，是谁统一于谁？到底是主体统一于客体还是客体统一于主体？面向客体为主的方式在理论上的一个必然前提，是对价值

① 参见李德顺：《当前价值论研究中的几个理论问题》，《社会科学战线》1988 年第 4 期。

主体作了整体化的、一般的、稳定形态的解释或设定，即按照“主体不变，价值取决于客体”这种思路进行研究。面向主体为主的方式，则是首先强调价值主体——人的具体历史性和个性多样化，而把客体放在基本稳定的形态下加以考察，其基本思路是“不管客体变不变，具体的价值以主体的需要和结构、尺度为灵魂”。比较两种方式，各有其合理因素，但面向主体为主的方式在理论上更深刻、更全面，在实践上更复杂、更深入。①

无论如何，在理解价值的内涵与意义时，我们都必须将价值关系的主体置于核心地位，不能将客体的客观属性与主体等量齐观。因为，在主体的实践——认识活动中，客体的存在、属性和合乎规律的变化，客观上就具有与主体的生存和发展相一致、符合或接近与否的性质，而这种性质，又恰是主体内在尺度作用的结果。它的肯定表现即正价值，即客体不断主体化和主体需要不断得到满足。与之相反的结果，就是负价值。这样，在主客体相互关系中，客体是否按照主体的尺度满足主体需要，是否对主体的发展具有肯定的作用，这种作用或关系的表现就成为价值。所以，“价值”实际上就是对主客体相互关系的一种主体性描述，它代表着客体主体化过程的性质和程度。

第三，主客体统一的方式是实践。价值的形成是人们在改造自然和改造社会的过程中发展起来的，离开了实践，人们就无所谓需要，也就无所谓价值。

把上述三点结合起来考察，我们可以这样说，价值的性质和程度如何，主要取决于价值关系主体的情况，而不是由客体所决定的。价值不是对物、客体及其属性的描述，而是对它们与主体活动的概括。物为人的需要“服务”，“物为人而存在”，都不是物本身所固有的属性，而只能在人实践地占有或利用物及其属性的意义上来理解。可见，就客体来说，客体与价值的关系不是实体与属性的关系，而是实体及其属性同主体活动的关系。所以说，价值主要因主体而产生，是主体的需要选择了客体的属性。从这一立场出发，我们可以这样说：价值是指客体的性状、属性或作用以及它们的发展变化对于一定主体需要及其发展的某种适合、接近或一致。

（三）法的价值的含义

人们对于法律现象的认识，大致分两种进路：一是对法律现象进行符合其本来面目的反映和描述，这种认识可以称为“事实性认识”；二是人们从自身的需要出发，来衡量法律现象的存在与人的关系以及对人的价值和意义，这就是价值性认识。由此可见，将价值问题引入法学领域，不仅是人们对法律认识的深化，更为主要的，则是以人作为价值的主体，来对法律制度进行批判性的认

① 参见李德顺：《当前价值论研究中的几个理论问题》，《社会科学战线》1988年第4期。

识，从而有利于提高法律与人们生存、需要的关联度。这正如庞德所言，“价值问题虽然是一个困难的问题，但它是法律科学所不能回避的。”[①]概括地说，法的价值是指法的性状、属性或作用及其发展变化对于社会全体成员需要及其发展的某种适合、接近或一致。

在法学研究中，“法的价值”常常呈现出如下三种含义：

第一种含义，是指法的目的价值，即法在发挥其社会作用的过程中能够保护和增进哪些价值。例如，人身安全、财产安全、公民的自由、社会的公共福利、经济的可持续发展、善良风俗的维持、环境的保护与改善等等，都是美好的和值得珍视的，都是有价值的。其中，人权、秩序、自由、正义和效率，在现代社会，更是备受重视的基本价值。法律发挥社会作用的目的也就在于对这些有价值的事物予以保护并促进其增加，这些价值构成了法律所追求的理想和目的，因此，可以称之为法的“目的价值”。

第二种含义，是指法所包含的价值评价标准。正如美国法学家庞德曾指出的那样：“在法律史的各个经典时期，无论在古代或近代世界里，对价值准则的论证、批判或合乎逻辑的适用，都曾是法学家的主要活动。”[②]在许多法学著作中，法的价值问题也就是法律评价的标准问题。例如，美国学者博登海默把从评价标准的角度研究法律问题的法学理论称为“价值取向法哲学”，就是在价值评价标准意义上使用“法的价值”的概念。

第三种含义，是指法的形式价值，即法自身所应当具有的值得追求的品质和属性。此种意义上的法的价值可称之为法的“形式价值”，它与法的目的价值不同，并不是指法律所追求的社会目的和社会理想，而仅仅是指法律在形式上应当具备哪些值得肯定的或“好”的品质或属性。比如，法律应该逻辑严谨，而不应当自相矛盾；应当简明扼要，而不应当含糊繁琐；应当明确易懂，而不应当神秘莫测等等，法律的这些品质与属性就是法的形式价值。

二、法的价值体系

（一）法的价值体系的概念

价值体系也称“价值系统”。有的学者把价值系统界定为“一个人所持的或一个团体所赞同的一组相关价值”。法的价值体系也可以称为“法的价值系

---

① [美]庞德：《通过法律的社会控制——法律的任务》，沈宗灵、董世忠译，商务印书馆1984年版，第55页。

② [美]庞德：《通过法律的社会控制——法律的任务》，沈宗灵、董世忠译，商务印书馆1984年版，第55页。

统”，是由法的若干价值所构成的价值整体。它具有以下三个基本特征：

首先，从价值属性看，法的价值体系是由一组与法的创制和实施相关的价值所组成的系统。换言之，法的价值体系所包含的各种价值是与法律直接相关的价值，而不是人类社会的所有价值。在人类的价值视野中，一切美好而有意义的准则和观念都可能是价值的体现。例如，爱情、友谊等情感，诚实、谦逊等美德，甚至高雅的审美情趣都是美好的事物，也都是价值的存在形态，但是，它们并不具有——至少在通常情况下并不具有——法律上的意义，因此，它们可能是道德意义上的或美学意义上的价值体系的组成部分，而不是法律意义上的价值体系的组成部分。相反，不重婚、不欺诈、不侮辱他人人格是好的和有价值的，生命安全、人身自由和合法财产的占有也是好的和有价值的，这些价值在法律上有意义，可以转化为法律上的义务或权利，因此，它们便构成了法的价值体系的一部分。

其次，从价值主体看，法的价值体系是由占主导地位的阶级或阶层所持有的一组价值所组成的系统。法的价值体系是群体现象，而不是个体现象。个人可以有自己独特的价值目标或价值观念，但是，法的价值体系并不是社会中每个人所持有的价值简单相加的总和，而是占主导地位的价值目标和价值观念的权威表达，即通过国家立法权的行使而建立起来，并通过国家执法权和司法权的行使而获得国家强制力保障的权威性价值系统。因此，在阶级社会中，法的价值体系不可避免地带有阶级性。当然，在阶级矛盾比较缓和、社会保持相对稳定的条件下，法的价值体系也会反映一些社会公益和底层群众的某些合理要求，同时具有一定程度的社会性。不过，只要社会中存在着一个有效控制了立法权、执法权和司法权的阶级或阶层，那么，它的根本利益和期待就必然在法的价值体系中占据主导地位。

最后，从价值体系的结构看，法的价值体系是由目的价值、评价标准和形式价值三个层次所组成的价值系统。由于法的价值这一概念包含三层含义，因此，法的价值体系相应地包含目的价值、评价标准和形式价值三个子系统。其中，目的价值系统是整个法的价值体系的基础，它是法的社会作用所要达到的目的，反映着法律制度所追求的社会理想；评价标准系统是整个法的价值体系的中坚，它承前启后，既是保障目的价值的手段，也是评价形式价值的尺度；形式价值系统则是辅助评价标准系统，是保障目的价值能够有效实现的必要条件。总之，法的目的价值、评价标准和形式价值三个子系统相互依存，构成一个统一的整体。

（二）法的目的价值系统

法的目的价值反映了法律创制和实施的宗旨，是关于社会关系理想状态的权威性蓝图，也是关于权利义务分配格局的权威性宣告。目的价值是整个法的价值体系的基础，在法的价值体系中居于主导地位，评价标准和形式价值都是为一定的目的价值服务的。

法的目的价值体现出两个特点：

第一，多元性。凡是可以借助于法律上的权利、义务来加以保护和促进的美好事物，都可以被视为法的目的价值，因而很难用简单枚举的方式把法的各种目的价值一一列举出来，即使用归类的方法把它们概括成若干基本的类型，也仍然可能有所遗漏。法理学对于法的目的价值的研究重点不在于对其详尽无遗地罗列，而是选取其中特别重要的目的价值加以分析考察。

第二，有序性。如果法的目的价值仅仅具有多元性，那么，相互独立的各种目的价值就如同一盘散沙，无法形成一个有机的系统。因此，任何法律制度的目的价值系统都具有某种内在的统一性，这种统一性就集中地体现在目的价值的有序性上，即法所追求的诸多目的价值是按照一定的位阶顺序排列组合在一起的，当那些低位阶的价值与高位阶的价值发生冲突并不可兼得时，高位阶的价值就会受到优先考虑。① 尽管这种位阶顺序不是一成不变的，需要具体问题具体分析，必须联系具体的条件和事实才能最后确定，然而，若没有这种价值位阶的基本排序，诸多法的目的价值之间就会经常发生无法控制的对立和冲突，从而可能引起法律制度的极大混乱。

（三）法的评价标准系统

法的评价标准也就是在法律上对各种事物进行价值判断时所遵循的准则。它主要用来解决两类问题：一是价值确认问题，即按一定的标准来确定什么样的要求、期待、行为或利益是正当的，是值得肯定和保护的，并根据每种价值的大小来确定其在价值体系中的位阶；二是价值平衡问题，即按一定的标准来寻求各种价值得以共存的条件，并在两种价值发生冲突不可兼得时确定如何取舍。②

根据马克思主义基本原理和马克思主义中国化的两大理论成果的要求，在我国的法治建设中，法的价值评价标准主要包括：

1. 有利于生产力发展。也就是说，一种行为是应予保护还是应予废止，一部法律是应予肯定还是应予否定，首先要看其是否有利于我国社会生产力的进步，是否有利于我国综合国力的提高，是否有利于我国人民生活条件的改善。

---

① 参见傅晓华：《论良法的标准》，《湖南科技学院学报》2005 年第 6 期。

② 参见高付华：《论好意同乘裁判中的司法价值冲突与利益平衡》，西北师范大学硕士学位论文，2011 年。

在一般情况下，生产力标准是通过法的目的价值来体现的，比如，党的十六大报告就中国社会的分配政策提出的初次分配注重效率、二次分配注重公平，实际上就是生产力标准的体现。

2.遵循人道主义。这一标准的核心含义是：一切政治、法律措施，一切社会活动，只有当它有助于实现人类解放和人的自由与能力的全面发展时，才是有价值的。以任何借口去粗暴践踏人权的行为，都是对人类尊严的亵渎，都是不能为社会主义法治所允许的。[①] 我国法律除了规定对于所有社会活动主体的人格与尊严予以平等保护之外，还对刑事被告人的权利、残疾人的权利以及其他社会弱势群体的权利予以特别保护，体现了人道主义的内涵。

3.符合现实主义。对法律现象进行价值评价必须从社会现实出发，而不能从脱离社会现实的“美妙理想”出发。法的价值评价标准的具体内容必须根据社会现实需要的变化而加以充实和调整。

4.坚持历史主义。对历史上出现过的各种法律现象进行价值评价时，必须持一种历史主义的态度，即要站在历史发生的“当时”用历史的眼光来看历史，而不是站在“现在”用现在的眼光去看历史，苛求古人。某些在现在看来是无价值甚至是反动的东西，在历史上可能不一定如此；相反，却可能是非常进步和有价值的。在研究中华民族法律文明史的时候，尤其应注意这一点。否则，必然导致历史虚无主义，它既可能引起“左”的错误，也可能引起右的错误。

上述四条标准是马克思主义法学在对法律现象进行价值评价时必须遵循的主要原则，而不是全部原则。前两条原则是实质性原则，后两条原则是程序性原则。它们之间的逻辑联系并非像几何定理那样简单，只有通过深入的社会实践才能学会准确而灵活地运用它们进行价值评价。如果以教条主义的或经验主义的态度来运用它们，就难以得出正确的结论。

（四）法的形式价值系统

法的形式价值是指法律制度在形式上所具有的优良品质，尽管这些品质并不直接反映法的社会理想和目的，但是，却构成了良法在形式上必须具备的品质。这些品质是值得人们珍视和追求的，是合乎人们的期望和理想的，因而也是有价值的。而与之相反的那些品质则是“不好”的和应当避免的，因而是无价值或负价值的。

法的形式价值包含着许多具体的内容。例如：法律应当具有公开性，而不应诡秘难知；应当具有稳定性，而不应朝令夕改；应当具有严谨性，而不应破绽

---

① 参见高付华：《论好意同乘裁判中的司法价值冲突与利益平衡》，西北师范大学硕士学位论文，2011年。

百出；应当具有灵活性，而不应封闭僵化；应当具有实用性，而不应华而不实；应当具有明确性，而不应含糊不清；应当具有简洁性，而不应冗长繁琐，等等。在法律的上述各种形式特点或品质中，前者往往被认为是有价值的，后者则不是，甚至还被普遍视作一种应予拒斥的“恶”。

对于实现法的目的价值而言，形式价值的确具有无以复加的重要性。“如果一个法律制度不具备形式上的优良品质，它就不是良法，即使它追求良好的社会目的，这些目的也必然会归于虚幻。”[①]对于一个正在走向法治的社会而言，法的诸种形式价值中，有几种价值显得特别重要，这就是法的普遍性、明确性、统一性、稳定性、先在性、可行性、公开性、适合性。法的形式价值应当是法自身在外观或表面上所具备或应当具备的特点，不应当到法外的他者或法的目的性领域中去寻找。

三、法的目的价值名目

（一）法的终极和最高价值——正义

正义与公平、公正同义，无疑应是法律最重要的价值追求。

1. 正义的概念

正义是一个古老而又常新的概念。在经验上人们可能很容易体会到什么是正义，什么是不正义。特别是当一个人受到歧视性对待时，当一个农民工拿不到工资时，当人们为他讨回公道时，什么是公道、公平、正义，自然是不言而喻的。但是，就像我们难以给“时间”下定义一样，我们虽能在经验上说出正义不正义、公道不公道，却难以给正义、公道、公正等词语下一个大家都能接受的定义。因此，在中外学术著作中，正义才有那么多的定义，呈现出若干不同的面目。正义既是人们不懈追求的价值评判目标，同时也是一个变幻不定、歧义丛生的哲学、法学概念。当然，必须注意的是，正义本身是个关系范畴，它存在于人与人之间的相互交往之中。可以说，没有人与人之间的交往关系存在，就不会有正义问题的产生。换言之，所谓“不正义”绝对不会存在于孤立的个人之上。

正义是一种在涉及利害关系的场合，要求平等地对待他人的观念形态。恩格斯曾指出：“平等是正义的表现，是完善的政治制度或社会制度的原则。”这就是说，正义不仅是人类的一种“理想”，同时还表现在使这种理想与现实社会条件的结合。同时，“平等”本身就有一个“不平等”的他者存在，没有平等自然无所谓不平等，同样，没有不平等也无所谓平等。表面上看，这似乎是一种毫无意义的循环论证，但的确说明了平等本身作为正义内容的观念形式。马克思、恩格斯在两人合

---

① 傅晓华：《论良法的标准》，《湖南科技学院学报》2005年第6期。

著的《神圣家族》中，认为平等是人在实践领域中对自身的意识，也就是人意识到别人是和自己平等的人，人把别人当作和自己平等的人来对待。

2. 正义的种类

按照古希腊学者的划分，正义分个人正义和制度正义。

（二）法对正义的实现作用

“正义只有通过良好的法律才能实现。”“法是善良和正义的艺术。”这些古老的法学格言和法的定义表明法与正义是不可分的：法是实现正义的手段，法的终极和最高价值就在于实现正义。法对正义的实现作用总体上体现为：第一，分配权利以确立正义；第二，惩罚罪恶以伸张正义；第三，补偿损失以恢复正义。

（三）正义包含的子价值

1. 安全与秩序

对于作为个体的人而言，安全永远是最高的法律。

对于作为集体的人民而言，秩序是一个最起码的期待。所以，任何一个国家或这个国家的执政党，都会将维护社会秩序作为立国和治国的基本职责。

什么是秩序？按照中国的传统解释，秩即常，秩序即常度，含有整齐守规则之意。一定社会秩序的存在是人类活动的必要前提。除了极少数心怀叵测、试图从混乱中谋利的人，绝大多数人，无论生活背景、所属阶层及社会角色有何不同，在期望着某种秩序存在这一点上是相同的。因此我们说，秩序乃是构成人类理想的基本要素，同时也是人类社会活动的基本目标，而法律也在建立和维护秩序的过程中成为秩序的象征。人与人之间讲和谐和睦；国与国之间则讲和平共处。法律相对于秩序，正似交通路口的红绿灯。如果没有一个安全的环境和一套可提供合理预期的规则让人们放心地享受其合法利益的话，人类的一切活动就都失去了最起码的条件。所以，任何社会都必须保障基本的社会秩序。法对秩序的维护作用主要体现在：第一，确定权利义务界限，避免纠纷发生。荀况说过：“人生而有欲，欲而不得，则不能无求，求而无度量分界，则不能不争。争则乱，乱则穷。先王恶其乱也，故制礼义以分之。”[①]也就是说，人类生存所依赖的资源之有限性与人类欲望的无限性之间的矛盾是纠纷冲突的重要原因，而法律则通过确定权利义务的界限，将有限的资源按规范的标准在社会成员之中分配，以定纷止争。第二，通过文明手段解决纠纷，以恢复秩序。第三，规范国防、外交，建立良好的国际关系。

2. 自由与民主

人之为人，有一些基本的权利和必要的尊严，否则，人便不成其为人。“不

---

① 《荀子·礼论》。

自由,毋宁死”,自由便是人之为人的一个基本标志。匈牙利诗人裴多菲用诗歌“生命诚可贵,爱情价更高。若为自由故,两者皆可抛”谱写了一曲高扬自由价值的赞歌。

民主,就是多数人的统治。换句话讲,从它诞生的那一天起,不管人们是否意识到,它都是为了实现最大多数人的利益而存在的。对于近代以来的国家和执政党而言,民主始终都是一种价值的存在。民主所取得的成就和在世界上扩展的速度,大大出乎人们的意料。无论民主如何定义,无论是哪一个国家的民主发展,民主作为一种全人类追求的共同价值,它都建立在反对个别人或少数人对于政治权力的垄断,以及用垄断的政治权力实现他们垄断的利益。民主越来越成为一种衡量政治制度是否完善、政治诉求是否合理、政治治理是否有效的判断标准。

3.平等与公平

平等,很久以来就是人们追求的一种美好理想。在反抗各种剥削和压迫的斗争中,多少钢铁志士宁可站着死,不愿跪着生,以此表达他们对追求平等价值的义无反顾。在人类追求历史进步和社会正义的旗帜上,始终赫然显示着“平等”二字。可以说,凡有文字记载的人类社会进步的历史,同时也是一场从不平等到平等的运动。

公平,应该是社会进步和充满活力的基石。每个人从其自身的群体属性、社会地位、个人利益和其他特点出发,可能会产生与他人不同的价值观。不同的价值观会使人们产生不同的思想观念和行为倾向,并且对各种社会事务产生不同的价值评判,这些都是正常的。但是,任何一个社会要维持其正常的运行和发展,就必须要有一套所有人都认可或接受的社会价值规范,去作为国家制定各种法规、政府制定和实施各项公共政策,以及在经济、社会和文化生活中制定各种规范的价值准则。公平作为一种社会价值,虽然不能完全满足每个人的个人价值立场,但却是所有社会成员价值立场的综合,是全社会个人价值观的“最大公约数”。

4.效益与发展

何谓效益?在中国社会主义法律价值体系中,效益是一个日益受到重视的价值。如何理解效益,如何认识和处理效益与公平的关系,如何运用法律机制促进效益的实现,是法学理论面对的重大现实问题。综合“效益”一词的多种使用方式,我们可以归结出“效益”的基本意义:效益,也称“效率”,作为经济学上的概念,表达的是投入与产出、成本与收益的关系,就是以最少的资源消耗取得最快、最大、最多或最好的效果。

(1)效益理论。按照传统的解释,效益是经济学的主题,而法学的主题应该是正义。经济学要考虑的是如何最大可能地增加社会财富，而法学要考虑的应该是如何公平地分配社会财富。然而，随着法律对社会经济生活影响日益加深，效益观念也逐渐导入法学领域中，促成效益观念导入法律的应归功于经济分析法学的兴起。经济分析法学是 20 世纪 60 年代在美国兴起的一个法学流派，该流派致力于将经济学与法学相结合，用经济学的分析方法特别是微观经济学的成本效益方法分析法律问题。经济分析法学派的奠基人科斯于 1960 年在芝加哥大学《法律与经济学杂志》上发表《社会成本问题》一文，运用交易成本理论分析了法律制度对资源配置的影响，从中得出了法律的内在经济逻辑的结论。这一结论后来被人们称为“科斯定理”。科斯定理的主要内容是：不同的权利安排或分配模式会产生不同的效益，因此效益最大化原则成为各种模式选择的依据。立法或法院判决必须符合效益最大化原则。解决外在性问题，既可以用市场手段，也可以用国家手段，法律应能够促使人们作有利于效益优化的选择。更直接地说，亦即促使人们通过市场交易手段解决外部性问题。因为国家强制手段往往需要较大的管理成本，因而不符合效益极大化原则。相比之下，市场交易手段更能降低成本。科斯理论中这些命题的实质集中到一点即是：法律制度的基本取向在于效益。经济分析法学家认为，科斯定理提供了根据效益原理理解法律制度的一把钥匙，也为朝着实现最大效益的方向改革法律制度提供了理论依据。经济分析法学的集大成者波斯纳在其经典之作《法律的经济分析》一书中直接阐明了法律经济分析的效益宗旨。同科斯一样，波斯纳亦主张将是否有利于增进人类对资源的优化利用，减少资源浪费，提高经济效益作为判断现实法律制度和确定法律未来发展的根本依据。但是，波斯纳的独特之处在于，他把这一思想全面贯彻到普通法和社会性立法的各主要制度之中，为传统法律制度的合理性作出了新解或者为某些具体制度提出了新的否定根据。[①]在经济分析法学派看来，效益是法律的基本价值，甚至某些经济分析法学家还将效益目标极端化，将其视为法律的最高价值。罗尔斯的社会正义论认为，社会的基本的善（包括自由、机会、收入、财富等）都应当被平等地分配，例外的情况只能是不平等分配有利于那些最不利者。事实上，如果世界上不存在国与国之间的竞争（这种竞争的实质是为各自的国家争取更大的生存和发展空间），人类完全可以避免建立一个由那些不断自我膨胀财势的人们组成的世界，取而代之建立一个可以把公平、正义奉为圭臬的社会。但资源毕竟是有限的，蛋糕不可能大到可以随意分割的地步。在竞争中，效益是我们必须要面对的一个无奈

① 参见顾培东：《效益：当代法律的一个基本价值目标——兼评西方法律经济学》，《中国法学》1992 年第 2 期。

的美德。我们必须明白，在面对一些具体问题的时候，效益尽管不是唯一的美德，但却是一个非常重要的评价标准。效益与公平永远是一对既相适应又相矛盾的价值。

(2)法与效益相互作用。法与效益的关系是相辅相成的。法将效益作为其基本的价值目标，促进效益的实现；反过来，效益又对法产生了影响，促使法律在调整内容、范围、方式、程序等方面发生变化。

(四)法的价值冲突及其解决

法的几种目的价值之间的位阶是有一定的差别的，它们之间有重要程度和先后顺序之分。一般说来，秩序是基本的价值，一个社会最基本的要求是保持起码的秩序状态，没有稳定的社会秩序，其他的价值也就无从谈起。正义是最高的价值，法所追求的最崇高的目标就是要实现社会的公平和正义。但是价值的位阶不是绝对的，法律实现这些价值目标的时候，要根据当时的实际情况来确定到底哪些价值是应当优先考虑的。而且，这几种法律价值之间仍然可能存在着冲突和矛盾，主要表现为秩序与自由、效率与公平的冲突。法律在运作过程中虽然不可能完全消解这些冲突，但是可以尽量缓解这些矛盾，使得这些冲突减少甚至达到一定程度的协调和平衡，这也是立法者和执法者共同的任务，是法律所追求的理想目标。也就是说，价值的冲突不可避免，在具体的历史条件下，自由、秩序、正义和利益等价值之间会出现矛盾。这种冲突可能在立法、执法、司法、守法等法律运行的各环节出现。

1. 法的价值冲突

(1)秩序与自由的价值冲突

秩序强调的是有序状态的建立和维持，自由强调的是主体个性的发挥。自由难免有打破既定秩序的倾向，秩序也会在一定程度上压抑自由以维持平衡，因此二者之间的冲突在所难免。那么，在法的运行中就有一个价值的优先选择问题。法律实践中，有人主张自由优先论，认为法所保护的秩序在立法上必须对自由退让，它只能是自由的确认者、分配者和保护者，而不是自由的否定者和妨碍者。在法的实施中，当秩序与自由发生冲突时，同样应该强调自由而不惜牺牲秩序。自由高于法和秩序，以秩序损害自由的法本身不是良法。有人支持秩序优先论，认为法是秩序的化身，秩序的存在本身就是对自由的束缚和规制，因而自由必须以秩序为归属，以法律为准绳。在立法上要以秩序为目标，自由服从秩序。在法确定了秩序和自由的位置之后，二者发生冲突时应无条件地服从秩序，执法者可以为秩序而忽视自由，剥夺、限制某些自由。

(2)效率与公平的价值冲突

公平着重强调的是平均、一致或共同富裕，效率着重强调的是发展、差别或部分人先富起来，因此两者之间也存在着一定的冲突。在价值趋向的选择上主要有两种观点：一是公平优先论，认为效率和公平是两个相互独立存在的价值形态，两者发生冲突时，应优先选择公平。在整个法的价值体系中，公平价值应居于优先位阶而成为社会资源分配的首要价值目标。它决定权利、权力等法律资源的社会配置，并引导资源的个体配置，不允许以强调效率而损害、丧失公平。二是效率优先论，认为效率优先是市场经济的必然规律，效率是经济范畴，而其他价值属于道德范畴。法律经济学认为法律通过产权关系的界定和维护以及对商品交易成本的降低来促进经济的有效率发展，促进效率的增长是法的首要任务。在整个法的价值体系中，效率价值应居于优先位阶而成为配置社会资源的首要价值标准，它决定权利、权力等法律资源的社会配置并引导资源的个体配置，从而实现"权利应赋予那些最珍视它们的人"。居于价值更高地位的效率，使得公平退居第二位甚至使之牺牲。当效率与公平发生冲突时，应优选效率。

2.法的价值冲突之解决

法律价值的冲突表明了社会生活的复杂性。人们通过法律进行社会关系的调整，并不意味着所有情况下法律价值都是等同的，在优先性方面实际上是存在差异的。但是价值之间的冲突不是绝对无法克服的，不同价值可以而且应该协调发展。处理法的价值冲突的主要原则如下：

(1)价值位阶原则

这是指在不同位阶的法的价值发生冲突时，在先的价值优于在后的价值。就法的基本价值而言，主要是指以上所说的自由、正义与秩序，其他则属于基本价值以外的一般价值(如效率、利益等)。但即使基本价值，其位阶顺序也不是并列的。一般而言，自由代表了人的最本质的人性需要，它是法的价值的顶端；正义是自由的价值外化，它成为自由之下制约其他价值的法律标准；而秩序则表现为实现自由、正义的社会状态，必须受自由、正义标准的约束。因而，在以上价值之间发生冲突时，可以按照位阶顺序来予以确定何者应优先适用。

(2)个案平衡原则

即具体问题具体分析，当处于同一位阶上的法的价值之间发生冲突时，必须综合考虑主体之间的特定情形、需求和利益，以使得个案的解决能够适当兼顾双方的利益。就个案平衡原则来说，公共利益并不一定高于个人利益，而是结合具体情形来寻找两者之间的平衡点。

(3)比例原则

价值冲突中的"比例原则"，是指为保护某种较为优越的法价值须侵及一种法益时，不得逾越此目的所必要的程度。即在因某种价值牺牲另外一种价值时，应将损害的程度降至最低。

我们可以从孙志刚事件看法的价值选择：

孙志刚，男，事发时27岁，刚从大学毕业两年，户籍地湖北，任职于广州某公司。2003年3月17日晚10点，他像往常一样出门去上网。由于身上没有带任何证件，作为“三无”人员（即无身份证、无暂住证、无用工证明的外来人员）被警察带走。在其后的3天中，他经历了自己此前从不曾去过的3个地方：广州黄村街派出所、广州市收容遣送中转站和广州收容人员救治站，之后不治身亡。2003年5月14日俞江（华中科技大学法学院）、滕彪（中国政法大学法学院）、许志永（北京邮电大学文法学院）3名法学博士向全国人大常委会递交审查《城市流浪乞讨人员收容遣送办法》的建议书，认为收容遣送办法中限制公民人身自由的规定，与中国宪法和有关法律相抵触，应予以撤销。2003年5月23日，贺卫方、盛洪、沈岿、萧瀚、何海波5位著名法学家以中国公民的名义，联合上书全国人大常委会，就孙志刚案及收容遣送制度实施状况提请启动特别调查程序。

孙志刚事件发生后，社会各界高度关注，从不同视角进行了反思。我们也可以结合该事件对法的价值冲突问题特别是秩序和自由的价值冲突问题展开更为深入的探讨。

从法律发展的总体趋势来看，应该以秩序和自由的相对平衡作为总体的价值目标，达到既维护社会秩序，又使得人们充分地享受自由，实现两者的协调统一。但在现实生活中，确实存在着人们对秩序和自由的价值选择的问题。也就是说，在一定社会条件下，执政者在秩序和自由的优先选择方面存在着一定的差异。一般说来，当社会处于一定程度的失序时期，法律应该以秩序作为优先选择的价值，以尽快恢复和稳定社会秩序。如中国“文化大革命”之后的立法中，秩序价值就被优先考虑。当社会处于相对稳定的状态时，应该更多考虑自由的价值，赋予人们更多的自由和权利。也就是说，在不同的状况下，有可能对价值进行取舍，即考虑价值实现的先后层次。如在一个社会生产力水平较低的国家，法律可能在维护社会稳定大局的前提下以秩序作为首要的价值，以维护和促进生产力的发展作为主要的目标。法律重在维护和促进经济的发展。当生产力发展到较高的水平，法律就会重在维护人们的自由，促进和维护社会的公平正义。

就孙志刚案而言，在改革开放之初社会急需稳定和追求经济效率的经济条件下，国务院制定的《收容遣送办法》，对于城市秩序的稳定和经济的发展具有一定的积极意义。城市流浪乞讨人员的泛滥影响城市秩序的稳定和投资环境的改善，因此，立法者选择秩序和效率作为法的价值目标优先考虑有一定的合理性，多年的实践也证明了这种必要性。正如该《办法》第一条所规定的“为了救济、教育和安置城市流浪乞讨人员，以维护城市社会秩序和安定团结，特制定本法”，可见其根本目的是秩序等因素，而非救济。当然，这种必要性并不能证明该制度的合理性，即使在当时的情况下这种制度的实施也是对这部分特定的社会弱势群体的人身自由权利的侵犯，孙志刚类事件的频繁发生正是这种制度作用的结果。在中国漫长的封建社会，法的价值定位总体是重秩序轻自由、重效率轻公平。国务院1982年制定的《收容遣送办法》就是以牺牲流浪乞讨人员的人身自由来维护城市的稳定和效率，使得这些人员与其他人在人身自由保护方面受到不平等或不公平的对待。有人认为，法的初衷很好，但是在执行的过程中被扭曲了，因而错的不是立法，而是执法者。[①] 但是，如果发生大规模的扭曲，是不是正说明立法本身存在严重问题？因此，如果说这些规定在当时的条件下还有一定的合理性的话，而当中国的发展已经进入社会稳定和经济较快发展的新时期，仍然以这种法规来进行治理的话，已经明显不合时宜，必须予以纠正。现在施行的新的《救助管理办法》规定，只有流浪乞讨人员请求并表示愿意接受救助的，救助站才能实施救助，这样就体现了“自愿受助”的原则，体现了人性化管理，尊重了当事人的自由权利。当然，这种救助制度肯定也会带来许多问题，如流浪乞讨人员可能会增加，并且影响社会治安等等，但不管未来如何进一步完善救助制度，尊重人的人身自由和人格尊严肯定是首要的价值选择。

“在现代，法的价值取向是多元的，但最根本最主要的应当是自由。自由，不仅在现代，而且永远是现代及其以后法的发展的精神内核。法的最高价值是人的彻底解放，是人的全面发展，自由则是人类走向彻底解放与全面发展的动力、途径和始终相随的法律精神。”[②]市场经济和民主政治的发展必须建立在自由的基础之上。对公民而言，法不禁止即自由是法治的重要原则，因此，用秩序和效率来限制甚至牺牲一部分人的基本自由权利是不可取的。

【拓展阅读】

[1]张恒山：《“法的价值”概念辨析》，《中外法学》1999年第9期。

[2]孙国华、何贝倍：《法的价值研究中的几个基本理论问题》，《法制与社会发展》2001年第8期。

[3]张骐：《论法的价值共识——对当代中国法治进程中一个悖论的解决尝试》，《法制与社会发展》2001年第10期。

---

① 参见尹萍：《行政法价值的冲突与协调——孙志刚案的再思考》，《理论学刊》2005年第9期。

② 卓泽渊：《自由是法的时代精神》，2009年9月7日《检察日报》。

[4]卓泽渊:《法的价值的诠释》,《苏州大学学报》2005年第9期。

[5]葛雅兰:《关于法的价值研究的述评》,《探索》2005年第10期。

[6]常艳:《法的价值研究及方法刍议》,《国家检察官学院学报》2008年第6期。

[7]杨文丽、袁振辉:《复杂性视野中的法的价值冲突》,《中央党校学报》2008年第8期。

[8]刘爱龙:《法理学三十年之法的价值问题研究述评》,《北方法学》2009年第1期。

[9]潘丽萍:《"法的价值理念"的主体间性向度——法律信仰何以可能》,《东南学术》2015年第3期。

[10][英]彼得·斯坦、约翰·香德:《西方社会的法律价值》,王献平译,中国法制出版社2004年版。

[11]卓泽渊:《法的价值论》(第2版),法律出版社2006年版。

[12]严存生:《法的价值问题研究》,法律出版社2011年版。

第七章 实践论

第一节 法治中国

我国的法治建设走过了一段跌宕起伏的历程。1948 年，董必武领导华北人民政府“实行法治的施政方略”；1956 年，董必武在党的八大的发言中正式将其法律思想归纳提炼为“依法办事”，并体现在有法可依和有法必依两个方面；1997 年，党的十五大提出依法治国建设社会主义法治国家；2012 年，党的十八大提出全面推进依法治国，并将法治作为治国理政的基本方式，“科学立法”“严格执法”“公正司法”和“全民守法”成为中国社会主义法治建设的“新十六字方针”；2013 年，党的十八届三中全会提出推进法治中国建设，坚持依法治国、依法执政、依法行政共同推进，法治国家、法治政府、法治社会一体建设。2014 年，党的十八届四中全会作出全面推进依法治国的战略部署，一幅美好的法治蓝图在中华大地上渐次铺开。为了走好未来的法治之路，我们需要把眼光放在一个更加辽阔的境界和视野中来看待当今的法治中国建设。

一、法治中国思想的形成和演进过程

20 世纪 50 年代，新生的共和国百废待兴，法律制度也不例外。当时除了宪法之外，就是几个国家机关组织法，还有婚姻法、惩治反革命条例、治安处罚条例等少量的法律和行政法规。所以，当时法治建设的首要任务是大规模开展立法工作，首先做到有法可依，然后在有法可依的基础上再强调有法必依。

1956 年，党的八大提出要建立完备的法律体系，并且开始着手制定刑法典和民法典，但是之后的进展不太顺利。1978 年，“文化大革命”结束之后，中央召开了党的十一届三中全会，这是一次具有历史意义的会议，这次会议提出了健全社会主义民主、加强社会主义法治的整体目标。邓小平在董必武讲的两句话后面加了两句话，就是“执法必严，违法必究”，这样就形成了我国社会主义法治

建设的十六字方针“有法可依，有法必依，执法必严，违法必究”。同时，大会也提出了社会主义民主的法律化、制度化建设，坚持两手抓，一手抓生产建设、改革开放，一手抓法治建设，两手都要硬。“有法可依，有法必依，执法必严，违法必究”的十六字方针成为当时法制建设的基本目标和工作部署。

1997 年，党的十五大明确提出了“依法治国，建设社会主义法治国家”，此前中央的提法一直是“社会主义法制”，十五大时很多人感觉到应当前进一步，仅仅停留在法律和制度层面是不够的，所以十五大报告中吸取了党内外、法学界很多人的建议，把制度的“制”改成了治理的“治”，提出了建设社会主义法治国家，并且把依法治国作为治国的基本方略，这时国家法治建设的目标就更加明晰了。

2007 年，党的十七大提出“要全面落实依法治国基本方略，加快建设社会主义法治国家”。这里讲的“全面落实”，意味着我们以前落实得不够全面，提出要“加快建设”，就说明我们以前的速度还不够快。但从另一方面来讲，我们的法治建设经过改革开放之后的三十年，我们有条件去全面落实依法治国，我们有基础来加快建设法治国家。所以，这时的“全面落实”和“加快建设”，既是对现状的分析，也是在现状的基础上提出来的未来发展方向。

2007 年之后的五年间，“全面落实”取得了很好的结果，“加快建设”也取得了很好的成绩，所以，十八大国家提出了“全面推进依法治国”的目标。十八大明确提出法治是治国理政的基本方式，这就把依法治国的基本方略进一步明晰和深化了。十八大之后，习近平总书记发表了一系列讲话，特别是在首都各界纪念现行宪法公布实施 30 周年大会上的讲话和中央政治局第四次集体学习时的讲话，就全面推进依法治国的四个大的方面和依法执政作了深刻的论述。在十八大之后的中央政法工作会议的批示当中，习近平总书记又明确提出了建设法治中国的命题。

法治中国这一概念的提出，具有极大的历史意义和现实意义。它不仅包括法治国家，还包括法治政府和法治社会。它的内涵比法治国家更加丰富，法治中国强调要全面推进法治建设，而不单单是法治国家建设。这个概念正好契合“中国梦”的实质内涵。法治中国建设就是在依法执政的总部署和总纲领中全面推进科学立法、严格执法、公正司法、全民守法，坚持依法治国、依法执政、依法行政共同推进，坚持法治国家、法治政府、法治社会一体建设。法治中国与富强中国、民主中国、文明中国、和谐中国、美丽中国、公正中国、平安中国等相辅相成，共同编织出了一个“中国梦”。她犹如一幅壮丽的画卷，又像一曲美丽的乐章。在“中国梦”当中注入法治元素，加入法治中国的内涵，意义非凡。这一概念提出来以后，学术界进行了深入的研究。有学者从中国的五大建设的角度理解法治中国，也就是说法治中国包含着法治经济、法治政治、法治社会、法治文化和法治生态。还有学者提出国家法治、地方法治、行业法治三位一体，不仅需要有一个法治国家，还要有一个法治区域，比如“法治江苏”；另外行业也要有法治，有学者讲我们现在最薄弱的就是行业法治，例如新闻领域、教育领域、文化领域等方面的法律规定还很不完善。在案件审理中可以发现，运输、交通、工商等行业的很多案件都无法可依。还有一些学者提出了法治政党，认为要真正建成法治国家、法治政府、法治社会，前提是必须依法执政，建成法治政党。① 只有执政党依法执政，法治国家、法治政府、法治社会的目标才更容易推进和实现。

二、将法治作为治国理政的基本方式

“法治是治国理政的基本方式”是十八大提出的一个崭新论断，这在人类政治文明史上是首创。从古到今，不管是西方的法治，还是我们中国的法治，历代执政者都没有将法治提到如此高的地位。把法治上升到治国理政基本方式的高度，反映出中国共产党对现代政党制度、政党政治和政党执政规律的深刻认识，对自己从领导人民夺取国家政权而奋斗的革命党，到领导人民掌握全国政权，并长期执政的执政党这一历史地位的根本性转变的深刻认识。

新中国成立以后，我们党和政府治国理政的基本方式是依靠人治，依靠政策，依靠道德，依靠群众运动。在这里，主要将依法治国与以德治国、政策治国作一下比较。

首先，单纯的以德治国行不通。依靠道德治国理政行不行？中国自古就有以仁德治天下的传统，当前我们也提依法治国与以德治国的有机统一。道德，特别是社会公德，对弘扬社会正气、保证社会清明、促进社会和谐非常重要。在中国，无论是古代社会还是现代社会，执政者历来重视道德建设，重视发挥道德的积极作用。但是，就当下的中国治国理政而言，道德的作用是非常局限的。改革开放以来，中国的利益格局发生了深刻的变动，形成了不同的利益群体、利益集团；与此相应，以利益为实体内容的道德观念、道德标准急剧变化。各个阶层，各个利益群体、利益集团普遍认同和接受的道德观念、道德标准、道德规范已缺乏坚实的社会基础。20世纪五六十年代，大家的道德观念、道德标准应该是比较一致的，富人与穷人分别不大。而现在贫富分化严重，怎么会有共同的道德观、价值观呢？比如说个人所得税，起征点到底多少合适？遗产税要不要征收？很多富人也是通过合法劳动、正当经营致富的，也是通过当修理工、擦皮鞋、卖鸡蛋等一步步发家、积累起财富的。大家起点都一样，有的人挣钱后挥霍

---

① 参见张文显：《法治中国的理论与实践》，《法制现代化研究》2014年第1期。

一空，有的人用赚到的钱不断扩大再生产，所以不断增加财富，也不断给国家增加税收。如果对富人征遗产税，富裕阶层心理就会不平衡。我国个人所得税法、劳动合同法征求意见多达几十万条，由此也可见社会不同阶层道德观、价值观的差异。在这种情况下，依靠道德提高全民道德素养没有问题，单纯依靠道德治国理政就有问题了。因此，现代社会将“依法治国”定为了基本方略。另外要注意的是，依法治国的“依”是“依照、遵循”的意思，以德治国的“以”是一个工具主义的概念，是“拿来”的意思。虽然两者都讲到了治国，但前者才是真正的治国理政，后者只是道德建设。当然，我们说不能单纯依靠道德治国理政，不等于说我们在治国理政过程中忽视道德的作用。依法治国属于政治文明，以德治国属于精神文明。

其次，政策治国方式有局限。政策是我们党传统的治国理政方式，当前仍与国家法律并列为两种最重要的社会治理方式。政策和法律各有优长。一种社会关系究竟是由政策来调整还是由法律来调整，要由其性质和特点来决定。国家究竟是由政策来治理还是由法律来治理，要看国家所处的发展阶段。新中国成立之初，主要依靠党的政策来治理国家，那时国家面临医治战争创伤、巩固新生的国家政权的紧迫局面。任务紧迫，时间又短，形势不允许制定完备的法律来指导社会主义建设。所以，新中国成立之初中国社会的治理主要是依靠政策，政策实际上发挥着法律的作用并往往居于高于法律的地位。那个时候，法律的数量不多，已经制定的法律也非常简略，法律在社会生活中的地位远远不能与政策相比。而如今，中国的经济已经由计划经济向市场经济转变，中国的政治体制也朝着民主方向改革。由于客观规律和现实需要决定了市场经济必然是法治经济，民主政治必然是法治政治。法律在社会关系和经济关系中的调整作用越来越大。相应地，中国社会的治理由主要依靠政策过渡到了既依靠政策又依靠法律。十五大提出依法治国基本方略，建设社会主义法治国家；党的十六大提出依法执政；十八大提出法治是治国理政的基本方式。2011 年，吴邦国委员长宣布中国特色社会主义法律体系已经基本形成。至此，我国从既依靠政策又依靠法律治国理政过渡到了主要依靠法律治国理政。十五大以后，经过十多年的立法工作，中国特色社会主义法律体系已经形成，各个方面基本上做到了有法可依，这意味着可以主要依靠法律治国理政。那么在当代中国，为什么不能主要依靠政策治国理政呢？这是因为政策的局限性。政策的局限性主要表现在三个方面：第一，所有的政策都是因时制宜。一个时期有一个时期的政策，所以它缺乏连续性和稳定性。例如，某地级市的城市发展规划，前任市委书记发展城东，兴建了很多房屋和道路，在还没有完全建成之前该领导调离到别的城市了。第二任市委书记说应该主要发展城南，所以又在城南开始修路、盖房子。第三任市委书记不着力发展城东、城南，他要在城东和城南之间修一条路，把两区连接起来就可以了。这样一种政策，这么大的一个变化，一时一个样是不行的。这就可以看出，政策是因地制宜的，一个地方有一个地方的政策。比如说关于新农村建设，江苏、浙江、内蒙古和新疆是肯定不一样的。政策缺乏统一性，用这种缺乏统一性的政策来治国理政是不行的。而法治的一个首要原则就是法治的统一性。第二，政策往往过于原则和笼统，缺乏确定性和可操作性。政策的规范性是很差的，有很多政策只是停留在原则、纲领的层面上。第三，政策缺乏国家强制力保障。政策不具有可诉性，政策侵权很难得到救济。

既然法治是治国理政的基本方式，我们就要培养更多的治国理政的法律人才，以适应治国理政的需要，推进法律教育的发展，把受过法治教育、有法治经验的人放在治国理政的关键岗位，这将会是一个发展的趋势。由革命家治国到技术官僚治国，再到法律人治国，这是政治文明发展的必由之路。党员领导干部要学会运用法治的思维和法治方式深化改革、推动发展、化解矛盾、维护稳定，推进中国社会的健康发展。

三、法治中国建设的基本要求

概括地说，就是坚持两个“三位一体”，即依法治国、依法执政、依法行政共同推进；法治国家、法治政府、法治社会一体建设。具体地说，应当将以下几个方面作为具体着力点。

（一）坚持科学立法、民主立法，切实维护宪法权威

法律是治国之重器，良法善治之前提。要坚持科学立法、民主立法，不断提高立法质量，确保立法正义，促使立法工作由“数量型”向“质量型”转变。

依法治国首先是依宪治国，依法执政的关键是依宪执政。坚持宪法至上，切实维护宪法的尊严和权威，任何组织和个人都不能有超越宪法的特权，一切违反宪法的行为都必须予以追究。宪法是我国的根本大法，其生命力和权威性在于实施。但在现实实践中，很多人并不真正把宪法当回事，使得宪法落为“闲法”，只是停留在纸面上和口头上，甚至一些地方立法和政策明显违宪。我国是人民民主专政的国家，维护宪法权威就要坚定不移地支持人民代表大会制度，充分发扬人民民主，科学决策，尊重人民群众的参与权、知情权、监督权，保障人民通过全国人民代表大会和地方各级人民代表大会行使管理国家的权力。只有宪法的权威确立了，其他法律的权威才能得到维护。否则，皮之不存，毛将焉附？

（二）加快执法体制机制方式方法创新，切实尊重和保障人权

在法治社会的各种关系中，权利义务关系是最基本的社会关系。比如针对

帮扶弱势群体克服困难，有些领导干部习惯从道德视角看问题，认为这是人道关怀、关注民生。若从法律领域来讲，弱势群体的利益本质是权利和人权的范畴。当我们把弱势群体的利益上升到权利甚至是人权的角度，就会更加关注和重视他们的处境，增强改善他们处境的法律意识。对弱势群体的关注和保护不仅是我们应有的道德理念，更应当是我们党、政府、社会组织和每个人应负的宪法责任，因为尊重和保障人权是我们的宪法原则。再比如在城管执法中，如果尊重和保障人权的宪法条文得到重视，侵害公民人身权利、财产权利的事情就不会频频发生。如果人权是神圣的法，就不大可能因为房屋拆迁、土地征用，或者环境问题等引发如此多的群体性事件。切实尊重和保障人权，应当成为执法体制机制方式、方法创新的出发点和归宿。

（三）深化司法体制改革，全力维护社会公平正义

司法是以和平理性的方式解决社会矛盾的最佳途径。深化司法体制改革，加快建设对保障社会公平正义具有重大作用的体制机制，逐步建立以权利公平、机会公平、规则公平为主要内容的社会公平正义保障体系，努力营造公平公正公开的社会环境，保证公民平等参与、平等发展的权利。十八大提出了三个公平，也提出了解决社会公平问题的方向和思路。权利公平、机会公平、规则公平这三个公平正是当代中国社会公平的基本问题，构建以权利公平、机会公平、规则公平为主要内容的社会公平正义保障体系是司法体制改革的当务之急。

首先是权利公平。它包括三个方面：一是权利主体公平，也就是权利主体平等。中华人民共和国的公民不分性别、身份、出身、地位、职业、财产、民族等各种身外条件的限制，而被排除在主体之外。这个说起来容易，其实真正做到并不容易。2011 年之前，在《选举法》修改前，城乡按不同的人口比例分配人大代表名额，农民的权利主体地位受到限制，八个农民抵不上一个市民。2011 年，《选举法》修改以后，城乡按照相同的人口比例选举人大代表，在法律上宣告了主体公平。还有一项户籍制度，长期以来一直实行的城市与农村的二元化结构，导致农民享受不到与市民一样的教育和就业机会以及均等的公共服务。农民事实上是不充分的权利主体。在很多权利面前，农民还不算是真正的或者充分的权利主体，在权利问题上，占全国人口 1/2 以上的农民的权利问题是中国社会的根本问题。2014 年启动的城乡二元户籍制度改革，实施了推进新型城镇化和农业现代化的许多举措，目的就是解决农民和市民的权利主体地位不平等问题。二是权利内容公平，特别是基本权利平等。三是权利救济公平。法律界有句名言：无救济则无权利。任何人的权利都有可能受到侵害或者削弱，当权利受到侵害或者削弱的时候，应当获得平等的法律救济。只有权利救济实现公平，权利才能公平。

其次是机会公平。习近平总书记曾说，生活在我们伟大祖国和伟大时代的中国人民，共同享有人生出彩的机会，共同享有梦想成真的机会，共同享有同祖国和时代一起成长与进步的机会，有梦想，有机会，有奋斗，一切美好的东西都能够创造出来。一句话概括，就是所有中国人享有公平的机会。

最后是规则公平。规则面前人人平等。增强规则意识，养成按规则办事的习惯，严格遵循法律程序。讲法治，在一定意义上就是要讲程序。讲程序能避免随心所欲式决策、瞎折腾式执法，避免个别人的意志和情绪左右事件进展，有助于减少失误，提高效率，抑制权力腐败。

【拓展阅读】

[1]韩大元:《简论法治中国与法治国家的关系》,《法制与社会发展》2013 年第 9 期。

[2]周叶中:《关于“法治中国”内涵的思考》,《法制与社会发展》2013 年第 9 期。

[3]姜明安:《论法治中国的全方位建设》,《行政法学研究》2013 年第 11 期。

[4]张文显:《全面推进法制改革，加快法治中国建设——十八届三中全会精神的法学解读》,《法制与社会发展》2014 年第 1 期。

[5]马长山:《“法治中国”建设的问题与出路》,《法制与社会发展》2014 年第 5 期。

[6]范进学:《“法治中国”析》,《国家检察官学院学报》2014 年第 7 期。

[7]陈金钊:《“法治中国”的意义阐释》,《东方法学》2014 年第 7 期。

[8]公丕祥:《法治中国进程中的区域法治发展》,《法学》2015 年第 1 期。

[9]韩业斌:《法治中国与地方法治互动的路径选择》,《法学》第 9 期。

[10]邓子滨:《斑马线上的中国:法治十年观察》,法律出版社 2013 年版。

[11]罗元兰:《法治中国建设的理论与实践》,世界图书出版公司 2013 年版。

[12]季卫东:《法治中国》,中信出版股份有限公司 2015 年版。

第二节　全球治理

随着现代交通、通信以及网络技术的发展，生活在地球上的居民日益改变了传统的时空观念，地球村的形成正在成为一个不可否认的现实。20 世纪 90

年代以来,全球化运动进入了一个新的阶段,跨国界的经贸交往和文化交流等活动迅速增加。全球化以一种势不可挡的潮流席卷世界各地。经济全球化是全球化的先导,也是全球化的动力,随之波及政治、文化、社会、生态等许多方面。法律全球化是全球化的重要组成部分,与经济和科技的全球化密不可分。人类所面临的粮食安全、能源安全、气候变化、重大自然灾害等全球性挑战日益突出,世界经济以及人类自身发展面临严峻挑战。上述问题需要世界各国共同面对,需要各国间的密切合作,共同商讨应对之策。全球治理理论正是顺应这一世界历史发展的新变化而产生的,是一种旨在对全球事务进行共同管理的理论,有利于在全球化时代促进合作、凝聚共识进而确立新的国际秩序。法治是达成广泛共识与实现合作共赢的重要保障,全球治理应建立在公平的法律规则之上。缺乏共同的法律规则基础,各国间的共识与合作则无从谈起。因此,法律全球化已经是大势所趋,其进程不可阻挡。

一、全球治理的基本理论

全球化是我们这个时代最重要的特征,是当今世界涵盖面最广、影响最大、最具渗透力、最突出的全球发展趋势。全球化最重要的特征,就是随着现代科学技术的迅猛发展,以及由此所带来的交通、通信手段和传播媒体的广泛运用,使得全球范围内的政治结构、生产方式、价值观念、生活方式等都发生了巨大而深刻的变化。各国之间、各个地区之间相互依存的程度不断加深。作为人类社会发展的客观历史进程,全球化首先是一个经济发展过程,但是归根到底它是一个整体性的发展过程,包含了诸多层面和维度。无论人们愿意与否,随着经济全球化过程的展开,政治、文化以及社会的全球化过程也或多或少开始出现了,并在广泛而深刻地重新构建国家、公民社会、政治、经济、文化以及它们之间关系的基础。同时,世界各国越来越关注整个地球所面临的种种问题,并寻求通过协调和合作的方式以解决这些问题。而“全球治理”理论是顺应世界多极化趋势出现的,这一概念最初由社会党国际前主席、国际发展委员会主席勃兰特于1990年在德国提出,至今对这一概念并没有一致的、明确的定义。类似的概念还有“世界政治的治理”“国际治理”“世界范围的治理”“国际秩序的治理”和“全球秩序的治理”等。

(一)全球治理的含义

20世纪90年代以来,西方学者特别是政治学家和政治社会学家,对治理作出了许多新的界定。全球治理理论的主要创始人之一詹姆斯·罗西瑙(James N. Rosenau)在其代表作《没有政府统治的治理》和《21世纪的治理》等文章中明确指出:治理与政府统治不是同义语,它们之间有重大区别。他将治理定义为一系列活动领域里的管理机制，它们虽未得到正式授权，却能有效发挥作用。与统治不同，治理指的是一种由共同的目标支持的活动，这些管理活动的主体未必是政府，也无须依靠国家的强制力量来实现。换句话说，与政府统治相比，治理的内涵更加丰富，它既包括政府机制，同时也包括非正式的、非政府的机制。

1992年，28位国际知名人士发起成立了"全球治理委员会"，并由卡尔森和兰法尔任主席，该委员会于1995年发表了题为《我们的全球之家》的研究报告，较为系统地阐述了全球治理的概念、价值以及全球治理同全球安全、经济全球化、改革联合国和加强全世界法治的关系。在关于治理的各种定义中，全球治理委员会的定义具有很大的代表性和权威性。该委员会在《我们的全球之家》的研究报告中对治理作出了如下界定：治理是各种公共的或私人的个人和机构管理其共同事务的诸多方式的总和。它是使相互冲突的或不同的利益得以调和并且采取联合行动的持续的过程，既包括正式的制度安排，也包括非正式的制度安排。由此可见，全球治理的基本特征包括：一是全球治理的实质是以全球治理机制为基础，而不是以正式的政府权威为基础；二是全球治理存在一个由不同层次的行为主体及其行动构成的复杂结构，强调行为者的多元化和多样性；三是全球治理的方式是参与、谈判和协调，强调程序的基本原则与实质的基本原则同等重要；四是全球治理与全球秩序之间存在着紧密的联系，全球秩序包含那些世界政治不同发展阶段中的常规化安排，其中一些安排是基础性的，而另一些则是程序化的。

（二）全球治理的基本要素

全球治理的基本要素，主要包括以下五个方面：

一是全球治理的价值。即在全球范围内所要达到的理想目标，应当是超越国家、民族、种族、宗教、意识形态、经济发展水平之上的全人类普遍追求的价值。

二是全球治理的制度。即维护国际社会正常秩序，实现人类共识性价值的制度体系，包括用以调节国际关系和规范国际秩序的所有跨国性的原则、规范、标准、政策、协议、程序及国际惯例等。

三是全球治理的主体。即制定和实施全球规制的组织机构，主要有三类：(1)各国政府、政府部门及亚国家的政府当局；(2)正式的国际组织，如联合国、世界银行、世界贸易组织、国际货币基金组织等；(3)非正式的全球公民社会组织。

四是全球治理的客体。指已经影响或者将要影响全人类的、很难依靠单个国家予以解决的跨国性问题，主要包括全球安全、生态环境、国际经济、跨国犯罪、基本人权等。

五是全球治理的效果。涉及对全球治理绩效的评估，集中体现为国际规制的有效性，具体包括国际规制的透明度、完善性、适应性、政府能力、权力分配、相互依存和知识基础等。

有学者把上述五个基本要素转化成五个问题：即为什么治理？如何治理？谁治理？治理什么？治理得怎样？

(三)全球治理的基本模式

在各治理主体参与全球治理的过程中，由于其自身特色以及在国际体系中的不同地位，体现出三种不同的治理模式：

一是国家中心治理模式。即以主权国家为主要治理主体的治理模式。具体地说，就是主权国家在彼此关注的领域，出于对共同利益的考虑，通过协商、谈判而相互合作，共同处理问题，进而产生一系列国际协议或规制。

二是有限领域治理模式。即以国际组织为主要治理主体的治理模式。具体地说，就是国际组织针对特定的领域(如经济、环境等领域)开展活动，使相关成员国之间实现对话与合作，谋求实现共同利益。

三是网络治理模式。即以非政府组织为主要治理主体的治理模式。具体地说，就是指在现存的跨组织关系网络中，针对特定问题，在信任和互利的基础上，协调目标与偏好各异的行动者的策略而展开的合作管理。

二、当前法律全球化的趋势和表现

从某种意义上说，法律在全球治理中处于核心的地位。如果没有一套能够为全人类共同遵守、确实对全球公民都具有约束力的普遍规范，全球治理便无从谈起。因此，在经济全球化的背景下，世界范围内民主化、人权保护、法治的呼声空前高涨，一系列推动人权和民主的超国家任务相继出现，法律全球化已经成为无法回避的客观现实，法律上的认同与妥协成为一种发展趋势。

(一)法律全球化的趋势

当前的法律全球化主要呈现出两个方面的趋势：一是法律规范的趋同化；二是法律规范的一体化。

所谓法律趋同化，是指调整相同类型社会关系的法律制度和法律规范趋向一致，既包括不同国家的国内法的趋向一致，也包括国内法与国际法的趋向一致。世界范围内的法律趋同首先表现在民商法领域。经济全球化意味着不同国家间的商人的交易的增多，为了降低交易风险、保障预期利益，除了其他方面的努力之外，还需要为商人之间的跨国交易设立规则，特别是推动世界范围内商法规则的统一。在过去几十年的时间里，国际商法的统一进程已获得快速发展。一方面，商人通过自己的机构创设或统一了大量的商法规则，例如，国际商会所编订的《国际贸易术语解释通则》《跟单信用证统一惯例》和《托收统一规则》等已被公认为是最重要的商人自我立法，在实践中发挥着十分重要的作用；另一方面，各国通过国内立法使商事法律规范趋向统一，例如，本来存在于社会主义国家与资本主义国家之间的民商法方面的重大差别，由于前苏联和东欧国家社会制度的改变和中国、越南等国从计划经济转向市场经济而迅速缩小。此外，商法的统一还在很大程度上借助于近几十年来大量的国际公约的制定。仅在国际货物买卖和国际货物运输方面，已制定的国际公约就有多部，包括 1964 通过的《国际货物买卖统一法公约》《国际货物买卖合同成立统一法公约》、1974 年制定的《国际货物销售时效期限公约》、1978 年制定的《联合国海上货物运输公约》、1980 年制定的《联合国国际货物销售合同公约》和《联合国国际货物多式联运公约》等。当然，这些确立国际商事规则的国际公约的影响范围并不一致，有些公约至今尚未生效或仅在很小的范围内发生效力，但是，它们在国际商法统一进程中所起的作用则是不容忽视的。

所谓法律一体化，是指全球范围内法律规范的相互联结。各国之间的法律规范是互不隶属的，国际法与国内法也被一些人看作是两套不同的法律体系。然而在现实生活中，我们已经清楚地看到这些法律规范正在联为一体，国际法与国内法之间的界限正在变得模糊不清，而这种联结的实现就在于国际法高于国内法的信念已得到普遍的确认。尽管人们可依据不同标准对国际法规则加以分类，但从国际法对国家发生效力的条件或依据的角度来看，国际法规则可大致分为两类：一类是不以国家的同意为其有效前提的规则；另一类则须经国家明示或默示的同意才对其产生约束力的规则。前一类规则可谓真正意义上的国际法，它不管国际社会个别成员的意志如何而一体适用，因而被称作国际法强行规范。后一类规则虽然从一般意义上(国内法理论上)看，欠缺法的普遍强制性，但却是国际法的最常见的表现形式。这类规则主要是通过国际条约和国际习惯表现出来。国际条约可以说是国家之间明示契约，而国际习惯则是国家之间默示的契约。就国际强行法而言，国内法当然应处于下一效力等级，任何违反国际强行法规范的国内法都是无效的。在这方面，最典型的事例是 1984 年 8 月 19 日联合国安理会以决议的方式宣告前南非种族隔离政权所制定的宪法无效。就其他国际法规范而言，只要一国明示或默示地承认了一项规范，那么，它就必须接受其约束，从而承担使其国内法与其所承认的国际法规范相一致的国际义务。这样，国际法与国内法就并非是两个并行的体系，而是处于同一法律体系中，各国的国内法也经由国际法的联结处于同一体系之中。当国际法还不很发达的时候，不仅国际法与国内法之间的关系不够清晰，各国的国内法也显现不出多大的关联性；而在国际法体系趋向完整的今天，法律一体化的走向已日趋明显。今天已不会有人对 WTO 规则高于成员国规则提出疑问，也不会对不同成员国的规则之间的相互影响和作用产生怀疑。全球范围内的法律规则正在联为一体。

（二）法律全球化的表现

法律全球化是一个漫长的历史过程，现在只是这一过程的初始阶段。在现阶段，法律全球化主要表现是为经济交流的顺利进行而对相关法律进行调试或者为适应经济全球化而进行的国家立法活动，以及国家以国际法的主体身份参与国际条约的制定等活动。当前，法律全球化主要表现在以下几个方面：

1. 经济全球化促进了跨国法律规则的发展全球性国际贸易的不断发展催生了制定共同贸易规则的需要，由此开始了全球性的立法。为了从事国际贸易、进行交易而走到一起来的市场主体，需要一种共同的法律框架，即共同遵循的交易规则。法律的纽带把不同的国家连接在一起，许多国家自愿签署国际条约以协调不同的法律制度。跨国的调节机构、仲裁机构和国际贸易组织以及解决争端的国际法律体系，正在把不同的法律制度联系在一起。在国际领域，经济合作与发展组织、世界贸易组织在国际贸易中的作用越来越大，其目标不仅在于排除对外商的歧视措施，实现国民待遇，而且试图调节"国界"背后的政策和国内市场结构。近年来，世界贸易组织通过的以保障市场为核心的《服务贸易总协议》《与贸易有关的知识产权协议》《与贸易有关的投资协议》等，就是法律全球化的典型例证。

2.经济全球化带来了全球范围的法律改革。经济全球化表现为经济的深入一体化和经济的非国家化，而经济一体化和非国家化并不单纯是经济的，它必然以国家的政策和法律为先导，同时又进一步推进国家政策和法律的变革。随着国际竞争的加剧，在世界范围内，特别是在发展中国家和俄罗斯以及东欧国家，出现了以市场为导向的法律改革潮流。有无健全的法律保障体系，已经成为判断一个国家是否具有良好投资环境的关键因素之一。这些国家法律改革的基本原则和最终目标就是增加法律的普遍性、可预见性和透明度，实现国家的法治化。为此，这些国家制定、修改或重新制定了投资法、贸易法、合同法、公司法、税法、金融法、知识产权法、反倾销法、刑法、行政法、诉讼法、仲裁法、律师法，等等，使本国的法律尽量满足投资者的需要，与国际通行的做法接轨。据世界银行统计，在过去的几年间，有 15 个多边发展机构和 20 个国家参与到 120 个国家的 400 个有关法律改革方面的援助项目中。有专家估计，世界银行和国际货币基金组织用于这些国家的法律改革方面的贷款已达数百亿美元。

3.不同国家的法律制度之间相互渗透、相互吸收，共性正在增加。当代法律的发展出现了"法律技术化"的趋势，在商业、知识产权、所得税、交通控制、环境和自然资源保护等方面，大量的法律越来越被看作是一种技术而跨越了国界。在当代世界法律制度中，西方发达国家法律制度中的一些特征，也或多或少为发展中国家包括一些社会主义国家所借鉴。现代国家不同法律制度之间的差异正在减少，共同点在增加，这已经是不争的事实。因此，国内外许多学者都提出了法律发展趋同的问题。从法律文化的发达程度来看，发展中国家移植西方发达国家的法律制度是必然的，也是可行的。这种移植有利于法律的进步与发展，但趋同应有一定的限度。法律全球化趋势并不能够改变不同历史类型法律的性质，法律领域内的全球化并不是无条件的。阶级性质和社会制度的不同是法律全球化最大的制约因素。

4.经济全球化要求加强国际司法协助。随着经济全球化的发展，司法领域的问题日益国际化，如跨国证据的取得，强制措施的实行，司法文书的送达，判决、裁定和仲裁裁决的执行等，任何一个国家单靠自己的力量是难以办到的，只能通过国家之间的司法协助，加强国际合作才能解决。这就要求各国在维护自己国家的司法管辖权的同时，也要尊重他国的司法管辖权，不能搞“国家保护主义”。特别是随着经济和科技的发展，全球化的犯罪已成为当今国际社会共同关注的问题。其中，有组织的跨国犯罪给世界人民带来严重威胁；经济领域的国际犯罪更加严重；高科技犯罪已成为国际社会的一大公害；国际化的毒品、走私、恐怖组织活动日益猖獗。各国只有在互相尊重、求同存异与平等互利的基础上，通过国际刑事司法协助进行广泛的合作才能解决上述问题。刑事司法协助作为国际司法合作的主要内容，在维护国际交往秩序方面发挥着越来越大的作用，受到越来越多的国家的重视。包括中国在内的许多国家都在积极与他国缔结司法协助条约和公约，并以实际行动信守已经缔结的条约和公约。

三、全球治理背景下的中国法治建设

历史的车轮滚滚向前，已经将中国载入21世纪的第二个十年，这十年对中国的命运和前途至关重要。中国要从一个世界大国走向世界强国，实现中华民族伟大复兴的中国梦，如果没有一个世界强国的法律文化和制度建构作基础，强国梦的实现是不可想象的。

全球化正改变着人们的政治、经济和文化生活，改变着人们的传统观念，为我国经济和法律发展带来了新的机遇和挑战，也给我们提出了许多值得思考的问题。比如，全球化与国家主权的关系问题。但是，法律全球化所带来的不同法律制度的相互认同和相互合作，并不是世界法律大同主义，并不意味着世界各国将在一个统一的、共同的世界法之下生活。实际上，法律全球化的发展与主权国家的推动是分不开的。协调和解决不同民族、不同国家、不同地区法律制度的冲突，正在成为许多国家的共同行动。事实说明，法律发展的全球化趋势并不能淹没主权国家的自主独立性。法律全球化恰恰是主权国家自主行为的结果。即使在全球化时代，维护国家主权仍然是国际关系的基本原则，要坚决反对借口全球化，甚至以一个国家的国内法为标准，干涉别国内政，侵犯别国主权的霸权主义。

我们所面对的，既是一个全球化的时代，也是一个网络化和高技术化的时代。就全球化而言，众所周知，它首先是从经济领域开始的。而经济领域全球化的始作俑者，是西方世界。因而，相关经济贸易领域的全球化规则，大都发端于西方国家，或者由西方国家主导而产生。在高科技领域也是如此。西方既是近代工业文明的发源地，同时也是现代高科技文明的制高点。近代以来，世界每次重大技术的发现、发明、创新和跃进，几乎都从西方开始，这样，在科学技术领域的规则制定权，西方世界也是“近水楼台先得月”。同时，在商品竞争和国际贸易的大背景下，各国纷纷将科技运用到商品的研发、生产和交易中，因此，科学技术领域的规则制定权，进一步延伸到商品的标准制定权中。一旦国际贸易中的科学技术规则和商品生产标准被纳入全球统一的贸易体系中，那么，标准制定者便获得了比其他市场主体明显的竞争优势。事实上，规则制定的主导权本身已成为一种资源优势，谁掌握了这一主导权，谁就在对话中拥有了更大的话语权。在这个意义上，对于拥有主导权的标准制定者而言，标准就是其获取更高利益的招牌。显然，对一方的有利必然意味着对他方的不利。由此可见，能否掌握规则制定的主导权，或者抓住影响规则制定的参与权，是全球治理背景下中国法治建设面临的最大挑战。

全球化将伴随着中国法治建设的全过程。实践中，我国应积极参与制定国际规则，不断与其他国家的法律交流、磨合，缓解冲突。敞开襟怀，抓住机遇，勇于接受法律全球化的挑战，化劣势为优势，化不利为动力，借法律全球化之力，早日腾飞，跃入世界强国之林。在立法领域，中国需要修订一系列相关的法律，参与全球化并承担相应的国际义务，从而取得更多的国际合作。在全球化背景下，中国的立法观念、立法发展方略应有所改变。立法不仅要考虑本国人民的利益，还要考虑世界经济一体化情形下的国际利益。因此，有学者提出，为保证立法更多地参与全球化的历史进程，立法应比以往更加关注人类的一般理性；要求立法与国际通行立法惯例实现接轨，不仅能填补国内法律的空白，而且还要能保障国家的经济安全；要求摈弃“成熟一个、制定一个”的立法思维，做到一定程度的“立法超前”。立法的任务在于有可依之法，使人民尽可能以法律手段解决社会发展中的种种问题。中国立法需逐步实现“五化”，即立法民主化、立法公开化、立法多元化、立法专业化、立法国际化。在执法和司法领域，执法体制和司法体制改革势在必行，全球化与全球治理不仅对我国执法体制和司法体制改革提出了严峻挑战，框定了改革的大背景，而且也提供了大致的改革思路，即在治理与善治的理念下进行改革。这是在全球化与全球治理背景下的改革应遵循的总体思路。自从有了国家及其政府以后，善治便成为人们所期望的理想政治管理模式，古今中外概莫能外。虽然中西方法律文化有很大不同，但就良法美制的标准而言却大致无二，这就是严明的法度、清廉的官员、快捷的效率、良好的服务。因此，转变理念，从管理到治理，从善政到善治，是执法和司法体制改革应该遵循的总体思路和基本原则。

全球治理已经成为国际社会的一种实际需要，是目前唯一可抗衡单边主义、霸权主义和新帝国主义的现实选择。倡导一种民主的、公正的、透明的和平等的全球治理，是国际社会的道义力量所在。中国作为一个发展中的大国，应当在全球治理中主动肩负更多的责任。

【拓展阅读】

[1]周永坤:《世界法及法的世界化探索》,《东吴法学》,1996 年号。

[2]朱景文:《关于法律与全球化的几个问题》,《法学》1998 年第 3 期。

[3]周永坤:《全球化与法学思维方式的革命》,《法学》1999 年第 11 期。

[4]俞可平:《全球治理引论》,《马克思主义与现实》2002 年第 1 期。

[5]滕世华:《全球治理进程中的政府改革》,《当代世界社会主义问题》2002 年第 2 期。

[6]秦思:《法律全球化与中国法律的发展》,http://article.chinalawinfo.com/ArticleFullText.aspx? ArticleId=34135。

[7]刘敬东:《全球经济治理的新模式及其法治化路径》,《法学研究》2012 年第 4 期。

[8]高鸿钧:《法律全球化的新趋势》,2012 年 4 月 26 日《检察日报》。

[9]谢晖:《论对话的法律全球化》,《政法论坛》2013 年第 4 期。

[10]俞可平主编:《全球化:全球治理》,社会科学文献出版社 2003 年版。

[11][英]威廉·退宁:《全球化与法律理论》,钱向阳译,中国大百科全书出版社 2009 年版。

[12]高鸿钧等编:《法律全球化:中国与世界》,清华大学出版社 2014 年版。

第八章 方法论

进入新世纪以来，中国共产党所面临的世情、国情、党情、社情、民情都发生了很大变化。社会现实情况的巨大变化对执政党治理国家和社会的能力提出了新的要求，依法执政、运用法治思维和法治方式认识处理问题成为大势所趋。因此，党的十八大报告在明确提出将法治作为治国理政的基本方式的同时，要求提高领导干部运用法治思维和法治方式推动发展、深化改革、化解矛盾、维护稳定的能力。法治思维和法治方式从思想和行为两个方面为全面实施依法治国方略指明了具体路径，前者强调思想观念，后者强调能力本领，实质上要求各级领导干部要把法治变成内心信仰，并外化成日常的行为模式。落实法治，领导干部要率先垂范，先行一步，将法治落实到治国理政的各个方面、各个环节，成为自己的自觉意识和行为习惯。

第一节 法治思维

“法治思维”一词最早出现在我们党和国家正式文件中的是2010年的《国务院关于加强法治政府建设的意见》(国发[2010]33号)，此前有关文件中一直用的是“依法行政观念(意识)”。第二次出现是在2012年党的十八大报告中。之后，该词的出镜频率日益提高，甚至被评为2012年的“法治热词”。习近平在首都各界纪念现行宪法颁布施行30周年大会上的讲话中也指出：“各级党组织和党员领导干部要带头厉行法治，不断提高依法执政能力和水平，不断推进各项治国理政活动的制度化、法律化。各级领导干部要提高运用法治思维和法治方式深化改革、推动发展、化解矛盾、维护稳定能力，努力推动形成办事依法、遇事找法、解决问题用法、化解矛盾靠法的良好法治环境，在法治轨道上推动各项工作。”那么，到底什么是法治思维？为什么强调各级领导干部的法治思维？如何提高领导干部运用法治思维的能力？

一、法治思维的含义、特点及内容

(一)法治思维的含义

要理解法治思维,我们需要先对思维进行界定。简单地说,思维是人借助于大脑对事物进行理性认识的过程,是客观事物作用于人的大脑,人在大脑里对此进行的去粗取精、去伪存真、由此及彼、由表及里的一系列识别、思索、分析、评价、判断、选择、决断等认识活动。

法治思维作为思维的一种,同样是一种思想认识活动,是一种法律化的思维模式,是将法治的诸种要求运用于认识、分析、处理问题的思维方式,是一种以法律规范为基准的逻辑化的理性思考方式。通俗点说,就是用"法眼"看世界。同一件事物呈现的客观状况其实是相同的,但是不同的人从不同的角度、不同的立场分析和判断得出来的结论却往往大相径庭。这就是所谓的"仁者见仁,智者见智"。大千世界,在和尚看来都与佛祖有关联;在基督徒看来则世间所有的事情都是上帝的安排。一个事物从法律上来看是什么样子?所谓法治思维,就是用法律的眼光看世界、看天下,用法律的眼光来判断事物。有法律规则按法律规则来判断是非,没有法律规则按法律原则来判断是非,没有法律原则按法的精神来判断是非。法治思维就是遇到任何事情,首先考虑的是法律是怎么判断这个事情的,是从法的角度来加以审视、判断和思考,而不是简单地用政治的眼光、经济的眼光、道德的眼光,或者其他什么眼光来思考。

领导干部的法治思维主要是指各级领导干部想问题、作决策、办事情,必须时刻牢记人民授权和职权法定的原则,必须严格遵循法律规则和法定程序,必须切实保护人民权利和尊重保障人权,必须始终坚持法律面前人人平等,必须自觉接受监督和承担法律责任。

(二)法治思维的特点

法治思维,与政治思维、经济思维、道德思维等其他思维模式有着本质的不同。政治思维强调的是利弊权衡。曾在 1987 年当选为中央政治局常委的胡启立在一次和学者座谈时表达过这样的观点,学者考虑是非,政治家考虑利弊,如果学者只考虑利弊而不考虑是非了,就变成"流氓文人"。经济思维侧重的是成本收益的比较,道德思维则倾向善与恶的价值评价。与之相对应,法治思维的重心是合法与非法的预判,即把合法性当作思考问题的前提,法治思维第一位的考虑应当是合法性,其特点是重规则、重程序,其核心是对公平正义的追求和认同,权利义务分析是进行合法性思考的基本逻辑线索。

法治思维,还是相对于人治思维而言的。人治思维即权力思维,讲究人存政举、人亡政息,信奉官大一级压死人。以信访制度为例,信访制度在密切党和政府同人民群众的联系，在维护人民群众的合法权益，在疏导和化解社会矛盾等方面，过去发挥过、现在仍然在发挥、将来还会发挥非常重要的作用，是一项非常重要的制度。但是信访制度在实际运行中产生了两大弊端：首先，背离了信访制度设计的初衷。一方面是国家主张老百姓可以提意见，也可以上访，我国《宪法》和《信访条例》既不反对群体访也没有禁止越级访；但另一方面是基层干部说“不可以”。因为上级部门用一系列信访指标、各种绩效考核来考量下级部门工作，绩效考核本身没什么错，但客观上导致了下级部门的各种“拦访”“截访”行为，对于上访人围追堵截，有些地方、人员甚至在手段上无所不用其极，造成老百姓对基层党委政府意见很大，客观上离间了党和政府的基层组织跟人民群众之间的联系。我们的政权是金字塔式的，我们所有问题的化解都要靠基层，如果基层党委政府跟老百姓之间的联系被割裂了的话，会危及我们党的执政根基。对此，各级信访干部都深有体会。其次，它助长了老百姓信访不信法的风气。当行政机关一次两次三次做了处理，司法机关一审、二审、再审做了裁判的时候，本来在任何一个国家，结果就应该被执行的，但是我们不行，我们还有一个途径——上访。信访工作中有一条金科玉律叫“谁家的孩子谁抱走”，试想我们的基层信访工作者要把100多号人从国家信访局或某省政府门口抱回去，多多少少是要答应他们一些条件的。比如说：“农民兄弟们你们辛苦了，跑这么远来，天气这么热，你们还是跟我们回去吧，你们提的那些要求我们回去研究好不好？再商量商量好不好？“研究研究”“商量商量”，潜台词是什么？此前地方政府作出的生效的裁决可以拿来商量、讨论、讨价还价，可以不算数；此前司法机关一审、二审、再审所作的判决可以不算数，可以拿来商量、讨论，可以拿来讨价还价。我们可以通过一个领导接访，通过一次闹腾，就可以轻而易举地否定一个生效裁判的效力；我们可以因为一个人或者一群人的上访就置法律和生效的法律裁判于不顾。这在表面上维持了一时的稳定，背后带来的灾难性后果是让我们这个民族没有规则意识，法律权威受到削弱，导致人们信访不信法、信闹不信法。这个问题很值得我们思考。其实，法治与人治的根本区别不在于有没有法律，也不在于要不要人的作用；法治与人治最根本的区别就在于法律有没有它应有的地位、应有的权威，法律所作的判断是不是最终的判断，能不能定纷止争，使所有当事人服判息诉。法治思维就是遵守法律，尊重法律的判断和权威，相信一切权力都应在法律的框架内行使，法律之上和法律之外无权力。

法治思维与学术界常讲的法律思维既有联系又有区别。法律思维是法律人的重要职业技能之一，除运用法律术语进行观察、思考和判断的特点之外，还包括以下特点：(1)通过程序进行思考，从对立的意见当中找到最佳解决方案，通过程序中的解释与论证使之成为具有规范效力的共识或决定。(2)遵循向过去看的习惯，表现得较为稳妥甚至保守，这对于一个健全的社会，是一种必要的调节器和安全阀。(3)注重缜密的逻辑，谨慎地对待情感因素。虽然法律思维并不绝对排斥情感因素，但它与道德思维、宗教思维的情感倾向有着严格的界限，法律思维首先是服从规则而不是首先听从情感。(4)法律思维追求程序中的“真”，不同于科学中的求“真”。现实中的“真”与程序上的“真”可能会是重叠的，但是在大量的法律问题中，程序中的“真”与现实中的“真”会存在距离，或者说是不吻合的。法律人与其说是追求绝对的真实，不如说是根据由符合程序要件的当事人的主张和举证而“重构的事实”即法律事实作出决断。(5)判断结论总是非此即彼，不同于政治思维的“权衡”特点。这是因为法律必须对许多不允许妥协的问题作出决定。法治思维与法律思维都是根据法律的思考，以法律规范为逻辑基准进行分析、推理、判断的。

两者也有区别，其不同主要表现在：(1)法治思维蕴含着价值意义上的思考判断，即在法律思维中必须贯穿以人为本或者人权的基本价值标准。(2)法律思维往往更侧重于强调一种职业化的思维方式，为法律人所掌握运用，而法治思维更侧重于强调一种治国理政的思维方式，是为执政者或者公权力的执掌者掌握运用的思维方式。当然，在一个较为成熟的法治社会中，也应当成为大众日常生活的思维方式。

(三)法治思维的内容

结合当前我国社会治理的特点和推进法治中国建设的需求，领导干部的法治思维具体包括以下几个方面的内容：

1. 宪法至上的意识。依法治国首先是依宪治国，依法执政关键是依宪执政。我国《宪法》第 5 条表明了宪法的至上地位和尊严，也对公民维护宪法的权威提出了基本要求。领导干部作为社会治理者的角色，树立维护宪法权威的意识，对于推动法治中国建设，影响社会公众的法律意识有不可低估的作用。正如习近平总书记在 2012 年纪念现行宪法公布施行 30 周年大会上的讲话中所言，维护宪法权威，就是维护党和人民共同意志的权威。捍卫宪法尊严，就是捍卫党和人民共同意志的尊严。

2. 职权法定的意识。虽然“依法治国，建设社会主义法治国家”已经于 1999 年载入宪法，但是“权大还是法大”的讨论和质疑经久不息，这从一定程度上反映了民众对于权力运行现状的不满。近年来，各地出现的暴力拆迁、非法截访等事件更是凸显出一些领导干部法律意识的不足。法无授权皆禁止、法定职责必须为的观念还没有在领导干部的头脑中普遍扎根。领导干部职权法定意识的缺乏还会带来连锁反应，具体表现为：一是普通公务员依法办事意识不够。《公务员法》第 54 条有关于公务员对上级说“不”的规定，但在现有的人事体制下，公务员很难有勇气行使这一神圣的权利，致使公务员在上级的命令和法律规定之间很难选择。二是公民信访不信法。当前困扰各级党委、政府的缠访闹访、越级上访等现象反映出社会公众依法维权意识不足、基层政权公信力下降等问题。只有公权力严格依法运行，才能促进全社会守法意识的形成。

3.程序公正的意识。法治追求的是实体公正和程序公正的有机统一，依法办事是结果，更是过程。实践中，一些领导干部为追求表面和谐稳定不计成本、不论方式，这种"搞定就是稳定、摆平就是水平"式的维稳思路是以牺牲程序公正为代价的。例如自1996年《行政处罚法》颁布实施以来，我国行政处罚程序渐趋成熟和完善，行政执法人员的程序意识也在不断提升。然而，由于监督法治的不健全，领导干部在行使权力时缺乏程序约束。比如人事制度、重大行政决策、重大审批等，这些领域之所以成为职务犯罪的重灾区，原因是综合性的，但从行政执法层面来看，主要有以下问题：一是程序规定不完善。现有的程序规定多数是关于行政执法程序的规范，而约束行政首长审批、决策等权力的程序规定较少，尤其是对于决策启动程序重视不够，造成盲目草率决策的现象较为普遍，再加上公众参与意见的效力没有得到明确规定，最终在重大行政决策方面仍然是领导说了算。二是程序遵守不严格。以听证制度为例，自《行政处罚法》规定了听证制度以来，我国已经建立起了立法听证、决策听证、执法听证等广泛的听证制度。但从听证的效果来看，因听证笔录效力不明而存在听证流于形式的现象。这也是我国法律运行中存在的突出问题，即对于法律的规定不是积极履行，最终导致法律被搁置。强调法律程序，就是反对和克服这种重实体轻程序、重结果轻过程的工作方式，使依法办事的过程变成遵法守法、宣扬普及法治精神的过程。

4.责任担当的意识。法治意味着有权必有责，用权受监督。领导干部应当树立责任担当的意识，把权力这只"猛兽"关进制度的"笼子"里，推行权力运行公开化，让权力在阳光下运行；完善权力监督机制，让权力在人民监督下行使；强化违法问责制，让一切违法行为付出代价。公权力是个一体两面的结合体，它的一面是"权"，另一面是"责"。越是炙手可热的权力，便意味着越沉的责任。2003年发生"非典"突发性事件以来，我国加强了对领导干部的问责力度，2008年更是被媒体称为"行政问责年"，某些地区、岗位甚至出现了无人愿意任职的现象。在肯定高调问责的威慑力和警示作用的同时，应当看到我国问责制度存在的问题：一是运动式问责较普遍。一般的问责规律是：先有问题的曝光，接着是中央批示，然后是严肃查处和问责。这样的问责有平息民怨和维护社会稳定的考虑，难以体现追究责任的目的。二是问责副职多，问责一把手少。引咎辞职的领导多属主管某一领域工作的副职，这与权责一致的要求并不吻合。重大决策、审批都有行政首长的参与，甚至起决定性的作用，只追究副职的责任，一方面显失公平，另一方面使得行政首长的责任意识很难养成。

二、增强领导干部法治思维的必要性和重要性

领导干部在国家和社会治理中具有特殊的地位和影响力，领导干部的言行具有示范和表率作用。孔子曰："君子之德，风；小人之德，草。草上之风，必偃。"[①]增强领导干部的法治思维，对于推进法治中国建设、创新社会治理体制、改善法治环境具有重要意义。

（一）推进法治中国建设的需要

中国特色社会主义法律体系的形成，标志着我国各领域基本实现了有法可依，这是我国法治建设的基础和前提，但有法还不等于必然的法治。"徒法不足以自行"，法的执行是法律体系形成后的重要任务。中国自古就强调"吏为民者师"，领导干部是否具有法治思维，决定着法的实现程度。领导干部可以通过以下的行为表现来推动法律的有效运转：一是法律至上的选择。领导干部在行政过程中，首先要遇事找法。法律不是刻在碑上、写在纸上的，心中有法方为法治。从我国近年来披露的一些事件来看，有的领导干部唯经济发展的指标是从，唯上级的意志是从，唯人情关系是从，出现了一些严重违法甚至是犯罪的案件。二是严格守法的自觉。各级政府的法制部门是政府的法律咨询机构，领导干部要自觉听取法制机构意见，在具体事项的解决中，先要找到相关的法律依据，在法律规定的范围内，以保障法律目的和法律精神实现的积极守法状态来适用法律。严格守法切忌拖延，比如对于法律规定的期限，要本着高效、便民的理念来遵守。三是法内解纷的习惯。2013 年全国政法工作会议特别强调："引导涉法涉诉信访问题在法治轨道内妥善解决。"这里释放出的正是法内解纷的信号。面对当前矛盾凸显的社会环境，领导干部要有担当，不能推诿、拖延，更不能"等、靠、要"，在法律制度的空间内寻求问题的解决之策，遇事不怕事，对于正当的诉求应通过法律途径予以保护，维护社会公平正义。对于无理取闹、挑衅国家公权力的行为要通过法定程序依法追究责任，彰显法律的权威，提升政府的公信力。

（二）创新社会治理体制的需要

党的十八大明确指出，提高社会管理科学化水平，必须加强社会管理法律、体制机制、能力、人才队伍和信息化建设。由此可以看出，领导干部法治思维的

---

① 出自《论语·颜渊》，意思是：君子的德行就像风，百姓的德行就像草，风向哪边吹，草就跟着向哪边倒。

提升是社会管理创新的必然要求。当前社会管理所面临的挑战主要有以下几点：首先，公民参与意识增强。新时期社会管理将“党委领导、政府负责、社会协同、公众参与、法治保障”作为指导原则，这是中央对民众参与意识增强的积极响应。公众通过积极的政治参与，一方面能促使行政机关及其他组织合法、合理、规范地运用行政权力，防范和克服专业偏执主义，另一方面有助于表达自身的利益诉求，使其基本权利得到更充分地实现和保障，从而推动我国政治民主的发展。伴随着这一趋势，领导干部更要时刻检视自己的行为，不断提高依法应对的能力。其次，政府信息要公开。2008年《政府信息公开条例》生效实施以来，其运行状况并不尽如人意，正如参与起草人之一的中国社科院法学所研究员周汉华所言：“这就像投入了大量人力物力，花费了很多成本修了一条水渠，却不让水在水渠里流。”[①]当然，这与我国目前的治理方式有关，政府主导的自上而下的制度建设，过多地考虑了行政的方便和惯例，造成立法繁荣而维权艰难的怪相。但是，信息公开的趋势不可阻挡。最后，行政案卷要规范。很多涉法涉诉信访案件历时较长、证据缺失，很难依据法律规范来正常解决。比如在治安、交通、消防、户政管理、案件查处等方面，不按规定及时调查取证、固定证据，造成群众上访投诉以及执法随意等顽固性的执法问题。针对这一现象，行政首长在日常的管理工作中应加强案卷的规范化工作，行政案卷是行政程序的书面凭证，正式的行政程序必须有案卷，这是依法行政的基本要求之一。只有案卷扎实规范，才能确保争议得到依法解决。这些社会管理的新挑战对增强领导干部法治思维提出更高的要求。

（三）实现国家治理体系和治理能力现代化的需要

党的十八大报告提出了实现“国家各项工作法治化”的目标，这意味着增强法治思维不仅仅是对法律人的要求，而且也是对党和国家的各级领导干部的要求。维护社会和谐稳定，保障人民安居乐业是根本目的，实现这一目的需要具有法治思维的队伍通过法治手段来加以维护。一段时间以来，在刚性维稳的压力下，部分地区和领域出现了反法治的倾向。增强领导干部的法治思维，对于扭转这一局面，改进法治环境的积极影响主要表现在以下方面：一是领导干部依法作出决定或命令以解下级执行之难。《公务员法》第54条标志着公务员对上级的决定或命令是相对服从的，弱化了权力的绝对性。但实践中，敢于同上级较真的公务员可以说是凤毛麟角。由此观之，即使建立了公务员权利司法救济的制度，但公务员要拿起《公务员法》第54条的规定来维护法律的尊严和自身的独立地位，仍然不是很轻松的事情。应当注意到，我国公务员希望通过领导

① 立法初衷就是要建立一种改革倒逼机制，参见2011年5月3日《法治日报》。

的自觉与自律来保障《公务员法》第54条的实现，这符合利益最大化的经济学原理，也给理论研究提供了新的思路。二是领导干部的法治思维可以改善人情影响下的政治生态。中国自古以来就是一个人情社会而非法理社会，当代影响公务员依法行政的首要因素仍然是人情与各种社会关系。在公务员执法实践中，人情社会、关系社会的影响是根深蒂固的，这一局面的改善是一个渐进的过程，领导干部的干涉仍然占很大比例。所以，在当前强调领导干部的法治思维，既不是空穴来风，也不是小题大做，确有现实的社会基础。三是增强领导干部的法治思维，有助于培养公民的规则意识。受法治环境的影响，公民对于法律缺乏信任，遇事找熟人、找关系仍然是中国人的普遍心理。增强领导干部的法治思维，减少人情关系的影响，通过公权力部门改变办事作风，严格依法办事，形成自上而下的规则意识，净化执法环境，为法律的自动有效运转创造良好的社会基础，形成按制度办事，依法维权，理性维权的法治氛围。

有什么样的思维模式，就会产生什么样的行为方式。一个对法治内涵和精神不甚了解的领导干部，不可能有什么法治思维，更不可能依法办事。在推进法治中国建设的过程中，培养和提高社会治理者运用法治思维治国理政的能力是其中一项极其重要的工作。

三、提高领导干部法治思维能力的基本要求

恩格斯指出："全部哲学，特别是近代哲学的重大的基本问题，是思维和存在的关系问题。"①这一科学论断对于探究法治思维的形成具有启示意义。唯物主义主张，在思维与存在的关系问题上，应坚持物质第一性、思维第二性的原则，即思维是由物质、自然界、社会存在所派生，是对自然界、社会现象的本质属性的反映。马克思也指出："人的思维是否具有客观的真理性，这不是一个理论的问题，而是实践的问题。"②因此，提高领导干部的法治思维能力，需要从以下几个方面发力：

（一）将各级领导干部作为普法教育的重点对象

党的十八大报告提出，深入开展法治宣传教育，弘扬社会主义法治精神，树立社会主义法治理念，增强全社会学法尊法守法用法意识。

要通过普法这一载体，潜移默化地影响领导干部的法治理念，使领导干部的法治思维逐步树立，法律知识不断丰富，法律素养逐步提高，使法律真正被信仰，从而培养领导干部依法办事的信念。古人云："法之不行，自上犯之。"依法

① 《马克思恩格斯选集》第4卷，人民出版社1995年版，第223页。

② 《马克思恩格斯选集》第1卷，人民出版社1995年版，第55页。

治国必须从官员守法、信法、依法开始。一定的法律知识积累，是形成法治思维的必要条件，而法治宣传教育是提升法治思维的基础性工作和重要平台，是形成领导干部法治自信的重要保障。“弘扬社会主义法治精神，树立社会主义法治理念”已成为“六五”普法的重要内容，需要指出的是，法治思维的养成，对法的尊重和信仰比知法、懂法更重要。那些违法乱纪、渎职贪污的官员，并非都是“法盲”，其“盲点”在于缺乏对法律的敬畏，缺乏健全的法治心理，缺乏法治思维。从这个意义上说，法治思维不只是法律知识的积累，也不只是价值取向的问题，它更要在执政实践中体现出一种操作的可能性、技艺性和现实性。法治思维的形成除了需要外界法治环境的改善，也需要人的不断实践。因此，实践在法治思维的形成发展中起着重要作用。

在法治实践中，领导干部既要学习现行法律的规定，也要学习法律的基本理论和法律条文背后蕴含的法治思想。一方面，领导干部在日常工作中应当严格依法办事，学会并善于用法治知识分析问题，特别是能够将错综复杂的社会关系依法准确定性，对政府和其他社会主体的权利义务有正确的认识，做到依法履行义务，按程序行使权利，用法治的方式解决问题。另一方面，考虑到对群体性事件的应对相对于其他突发事件难度更大，更加考验领导干部处理问题的综合能力，有针对性地对领导干部进行应急能力的模拟训练就显得十分必要。当前，我们可以抓住将“法治作为考核干部的指标”这一契机，将运用法治思维的能力有效分解或量化为具体的子能力，设置好各种子能力的能力目标，并设计好科学的评估方法，推广案例教学，通过教育培训不断引导、激励、锻炼领导干部主动、自觉和善于运用法治思维处理各种复杂问题的能力。

（二）培养领导干部的谦抑、理性心态

法治思维要求领导干部面对社会问题时，应当要保持一种谦抑心态，要有一种法治的理性。2009年，上海发生过一起“钓鱼式执法”事件，从表面上看，无论是主体、内容、依据、程序，执法者无一不合法。但是，事件经媒体曝光后，却在国内引起一场轩然大波，使得上海市浦东新区城市管理行政执法局一时成为众矢之的。谦抑原则要求执法者在运用国家强制力执法时，方法、手段一定要妥当，要理性，要坚持损害的必要性和最小化原则。当我们有多种方式对付违法犯罪的时候，当我们可以用多种手段来强制执法的时候，一定要从低往上选，优先挑选暴力层次更低的手段；可以采取平和的方式处理的，绝不选择极端的方式，极端的方式只能用来对付极少数极端分子。当面临自由裁量的选择时，一定要保持谦抑之心，要有理性。谷歌公司有一个信条叫“不作恶”，执法者的底线就应该是“不得故意作恶”。有失误说明执法者的水平不够高，但是如果在执法过程中故意侵害公民合法权益，就是作恶。所以，强调运用法治思维认识

和处理问题，就是呼吁所有的执法者特别是领导干部都应该谨慎行使权力，千万不要滥用自己的权力优势、地位优势、信息优势、资源优势、法律优势，乃至于专业优势去对付手无寸铁的、信息不对称条件下的执法对象。很多社会矛盾都是因为执法者运用的手段不当引起的，如果一开始就能用比较平和的方式处理这些问题，往往不至于导致事态扩大而一发不可收拾。总之，保持谦抑、理性的心态，是提高领导干部法治思维能力的重要方面。

(三)改善整个社会的法治环境

恩格斯说："人的思维的最本质和最切近的基础，正是人所引起的自然的变化，而不单独是自然界本身，人的智力是按照人如何学会改变自然力发展的。"法治思维的形成，绝非仅仅是个人自身的法治修养问题，党委政府对法治建设的重视与实践也起着关键性的作用。在我国，从"依法治国、建设社会主义法治国家"的命题于 1997 年正式提出时起，法治建设先后经历了几个阶段：(1)1997 年，党的十五大报告明确提出"实行依法治国，建设社会主义法治国家"；(2)1999 年，"依法治国"入宪；(3)2002 年，党的十六大报告提出"要把坚持党的领导、人民当家做主和依法治国有机统一起来"；(4)2007 年，党的十七大报告提出"全面落实依法治国基本方略，加快建设社会主义法治国家"；(5)2011 年，中国特色社会主义法律体系基本建立；(6)2012 年，党的十八大报告进一步提出"法治是治国理政的基本方式"，要"全面推进依法治国"，实现"依法治国基本方略全面落实，法治政府基本建成，司法公信力不断提高，人权得到切实尊重和保障"的目标。这一发展历程充分表明党委政府高度重视法治建设，法治应当成为各级领导干部必须恪守的宪法原则和执政的基本方式。

当前，我国在法治建设方面面临的问题仍然很多，其中，一些领导干部缺乏规则意识是一个重要因素。造成这种状况的主要原因是法律的权威性不足，这在很大程度上滋生和助长了一些领导干部违法办事、以言代法、以权压法、徇私枉法的现象，也影响和动摇了一些领导干部依法办事的决心和信心。例如，在一次新入校的县委班学员的座谈会上，有位学员就有这样一番感慨：大家都知道法律很重要，但实践中很多问题靠法律解决不了。特别是当普通群众和与之打交道的领导干部正好两边都不懂法的时候，反而是非法治思维有利于更快地解决问题。在法律没有树立起应有权威的社会中，领导干部在日常工作中必然更习惯于运用行政思维、经济思维、政治思维、道德思维等解决问题，就必然会不顾及或忽略工作方式和方法的合法性。而一旦遇到复杂社会矛盾等涉及社会稳定的问题时，便会不自觉地在非法治思维的指示下用非法治的方式解决问题，作出激化社会矛盾、侵害公民权利、破坏社会稳定、有损党和政府形象的事情。[①] 古语云：吏为民者师。只有增强领导干部运用法治思维的信心，才能逐步带动全社会法治思维的形成。

【拓展阅读】

[1]姜明安：《运用法治思维和法治方式治国理政》，《中国司法》2013 年第 1 期。

[2]陈金钊：《对"法治思维和法治方式"的诠释》，《国家检察官学院学报》2013 年第 3 期。

[3]陈金钊：《"法治思维和法治方式"的意蕴》，《法学论坛》2013 年第 9 期。

[4]陈金钊：《权力修辞向法律话语的转变——展开法治思维与实施法治方式的前提》，《法律科学》2013 年第 9 期。

[5]李梅、张红扬：《论领导干部法治思维和法治方式的养成》，《毛泽东思想研究》2013 年第 11 期。

[6]付子堂、陈建华：《运用法治思维和法治方式推动全面深化改革》，《红旗文稿》2013 年第 12 期。

[7]张文显：《运用法治思维和法治方式治国理政》，《社会科学家》2014 年第 1 期。

[8]陈金钊：《"法治改革观"及其意义——十八大以来法治思维的重大变化》，《法学评论》2014 年第 11 期。

[9]吕世伦、金若山：《法治思维探析》，《北方法学》2015 年第 1 期。

[10]刘平：《法治与法治思维》，上海人民出版社 2013 年版。

[11]韩春晖：《社会管理的法治思维》，法律出版社 2013 年版。

[12]刘锐：《领导干部法治思维十讲》，中国法制出版社 2015 年版。

第二节　法治方式

法治精神与法治理念不仅要成为领导干部的思维方式，而且要通过日常化的实施与实践来彰显其价值，即提高领导干部运用法治方式解决实际问题的能力。

---

① 参见王祯军：《论法治思维在维稳中的意义、向度及形成》，《法治研究》2013 年第 8 期。

一、法治方式的含义

法治方式指的是什么呢？就是在运用法治思维认识和思考问题的基础上，采取的一套处理和解决问题的行为方式。当我们面临各种社会问题的时候，应当首先想到法律，并且尊重法律对这些问题的处理结果。简单地说，就是让法律成为矛盾纠纷解决的主渠道，并且这种解决的结果能够得到全社会的普遍尊重。

法治方式与法治思维是外化和内在的关系。法治方式就是法治思维实际作用于人的行为的外化表现，法治思维则是影响和决定法治方式的内在思想活动。法治方式的外延非常宽泛。通常我们所说的"办事依法、遇事找法、解决问题用法、化解矛盾靠法"，都属于法治方式的范畴。

法治方式的一个重要方面就是要消除在旧的思维模式下所形成的一些与法治要求不符的办事方式。例如托关系、找门路的办事方式。在传统的熟人社会、人情社会下，遇事"找熟人""托关系""走后门"往往是人们的第一选择。这些方式都植根于旧的关系思维、特权思维、人治思维中，与法治思维相悖，无疑都会损害到法律的确定性和权威性、公信力。[①]

无论什么事情，当我们穷尽一切手段都解决不了的时候，就应当相信法律，最终都要交给法律去处理。有一些很典型的案例，从厦门的 PX 项目引发厦门许多民众上街表示抗议，到四川什邡钼铜项目，到江苏启东的排污管道项目，还有宁波的 PX 项目，都是同样一种模式：开始做的时候，程序不公开，甚至环评都不公开，做完之后摆到老百姓面前；老百姓不高兴，成为公众事件，地方政府再宣布暂缓，或者干脆进一步宣布以后永远不做类似项目。以这种方式处理问题，明显不是法治方式。PX 到底是什么？它可以说是世界上一种比较成熟、比较靠谱的化工技术。建 PX 项目有其必要性。我们现在仍然处于社会主义初级阶段，首要任务仍然是发展，科学发展观也要求把发展作为第一要务。但 PX 这种新鲜事物不是百利而无一害，它绝不会像公园或健身广场那样受毗邻者欢迎。这就跟城市里修公共厕所一样，谁都知道这个公共厕所是必需的，但是修到谁的窗台底下都不愿意。那是不是有人反对，我们的公共厕所就不建了呢？这是个难题，这也是 PX 面临的局面。

在这种情况下，我们试着换另外一种方式。第一，先暂缓项目；第二，开展彻底的环评；第三，做大量的工作，让人民群众了解认识 PX，明白 PX 是安全靠谱的。在这个基础上，如果老百姓闹腾起来，该怎么办呢？这时，我们可以把这

---

① 参见张立伟：《什么是法治思维和法治方式》，2014 年 3 月 31 日《学习时报》。

个问题交给人大代表，交给政协委员讨论和研究，政协进行民主协商，最后由人大代表开会或者常委会进行表决。如果我们通过正规的、合法的、正当的途径组织大家讨论，多数人赞成不做，那我们就不做；如果多数人认为要做，那我们就坚决做下去。经过了民主程序、法定程序，谁还要再反对，就要动用公权力，运用强制手段解决了。作为执政党，必须学会用法治的方式治国理政。当出现矛盾纠纷的时候，自觉地把这些矛盾和纠纷交给法律去判断，而不是作出简单的行政判断，或者个人决断，是判断一个人或者一个组织善不善于运用法治方式和法治思维的重要指标。

总之，法治方式的核心问题是法治，要用法治的方式来处理矛盾和化解纠纷，应对发展中遇到的一切问题。十八大要求领导干部在碰到任何问题时都能用法律精神、法律原则、法律条文去判断是非并得出结论，知道并且善于用法律程序去处理问题，并尊重这种处理的结果，通过这种方式推动问题的解决。

二、法治方式与法律方法、法学方法的区别

法治方式不同于法学中常见的法律方法与法学方法。

法律方法是指根据法律分析事实、解决纠纷的方法。或者说，它是由成文法向判决转换的方法，即把法律的内容用到裁判案件中的方法。法律方法是把一般的法律与具体案件联结起来的中介环节。法律方法通常包括法律发现、法律解释、法律推理、漏洞补充、法律论证和价值衡量等。运用法律方法的主要主体是法律人。

法学方法是将法律作为一门学科的研究对象进行学习或研究的方法。法学特有的方法主要是价值衡量和实证分析。运用法学方法的主要主体是法学的学习者或研究者。

法治方式是在全面推进依法治国基本方略的社会大背景下提出来的，它指向的主体具有一般性，包括社会全体成员，尤其是党员领导干部等社会管理者。

三、提高领导干部运用法治方式解决问题的能力

（一）正确处理法治方式与其他方式的关系

法治方式并不排斥其他解决问题的方式。哪怕是法治最完善的国家，它仍然还有多种途径和方式解决矛盾和纠纷，而不是把所有问题都交给法律处理，也不可能把所有问题都交给法律处理。比较下面两个立法规定：有一个地方立法要求，为了促进邻里和睦的目的，规定邻里之间定期互相拜访一次。另一个地方立法规定，子女要定期回去看一下父母。很明显，后者更符合法治精神，因为拜访是两个人或两家人之间的友情，你一定要通过法律规定就显苛刻了。子

女回家就不同了，回去看望父母是应尽的法律义务，可以通过法律作出要求。不过各家的具体情况不同，至于多久去看一次父母才是适当的，这是法律很难解决的问题。所以，我们不能滑向另一个极端，认为法律是万能的。把所有的事情都交给法律处理，那是法律难以承受之重。我们需要多元化的方式解决矛盾和纠纷，但前提是认同法律作为矛盾纠纷解决的主渠道、最后手段和终局权威。

(二)尊重法治方式的终局性

这是法治方式的应有之义。我们常说，司法应当成为维护社会公平正义的最后一道防线。这个判断的意思并不是说司法是最好和最公正的解决问题的方式，而仅仅是说司法是一种终局性的解决问题的方式。司法的权威性主要不是因为其多么公正，而是因其终局而权威。美国联邦最高法院的杰克逊大法官曾说："不是因为我的判决是正确的，所以它才是终局的，恰恰相反，我的判决之所以是正确的，是因为它享有终局性。"2000 年美国总统大选，两位总统候选人——小布什和戈尔发生了选票纠纷，美国人动用了各种手段进行协商，最终无法达成共识。最后美国人把问题交给了联邦最高法院，由九个大法官组成的联邦最高法院以微弱多数通过了一个判决，结果是小布什胜出，戈尔败诉。这个判决结果一出来，戈尔就发表声明向美国新任的总统小布什表示祝贺，小布什宣布当选总统。从此，美国社会对此再没有任何不同的声音，美国历史上诞生了第一个也是唯一一个由判决产生的总统。再看另一个普通的民事案件，美国的一位女士因为一场变故成了植物人，她的先生一直悉心照顾她八年。后来根据医生的建议，他决定放弃对他太太的治疗。这个事情一出，在美国社会引起了轩然大波。一些人主张说这位丈夫早就该放弃了，也有一些人主张说生命无价，在这位妻子还没有死之前就不能放弃。有的人上街游行，有的人开烛光晚会，有的人到医院门口去祈祷。面对这样一个导致美国社会民意严重分歧的案件，美国人怎么处理的？很简单，把这个案件交给法院来处理。最后，法庭作出了一个判决，这个判决的主要精神就是一个英文词，叫"拔掉"。判决出来之后，这位女士身上各种维持生命的管子就被拔掉了，其生命归零。此后，游行的、静坐的、祈祷的、开烛光晚会的人都回家了。美国社会从此再没有人对这个案件表达异议。这是一个美国式法治社会解决各种社会问题的通例，它传达出这样一些信息：首先，这个社会是有法律的；其次，这个社会发生的所有矛盾纠纷，可以通过各种方式解决；当各种方法都解决不了的时候，这个矛盾和纠纷一定有一种制度化的渠道使之成为法律问题，因而可以交给法律去处理；第三，当法律作出判断之后，就有它的权威性，不管对错，都应受到尊重。把终局权威交给法律比交给任何权力都可靠，这是上述案例给我们的启示。

（三）法律运行的程序要最大限度公开化

这是法治方式的基本要求。管理社会、解决问题，当然要以公平正义和人民群众的根本利益为基本价值取向，但是，更重要的是让权力在阳光下运行，把问题摆在桌面上解决，让公平正义以人们看得见的方式来实现。阳光是最好的防腐剂，路灯是最好的警察。公开会使很多腐败望而却步，会使很多问题迎刃而解。努力让人民群众在每一个司法案件中都感受到公平正义，是所有政法机关为之努力的最高目标。但是，要让人民群众感受到公平正义可不容易。办一个"事实清楚、证据确凿、程序合法，所有的问题得到了谨慎关注，社会各方面利益都得到了综合平衡"的"所谓的公平正义的案件"[①]，可能不是问题，但是要让人民群众在每一个案件中都感受到公平正义谈何容易？办一个公平正义的案件是老问题，但是让人民群众感受到公平正义是一个崭新的问题。什么叫感受？总体上讲，就是一种人的主观见之于客观的东西。人民群众眼见为实，看见了他能感受得到，没看见他就感受不到。让人民群众在每一个司法案件中都感受到公平正义不容易。明明抓他了，或把他的亲戚朋友抓去坐牢了，你还让他认为公平正义？输了官司，要他赔偿对方当事人几万块钱，你还让他认为公平正义？现在很多当事人打官司，赢了不认为判决公平正义，输了更不这样认为。赢了的会说："这是我找了很多人才得到的结果。"输了的就说："是对方找了更厉害的人。"这是一个很值得我们研究和思考的问题。

我们的政法工作当前面临什么情况？一方面，压力空前增长，维稳的难度越来越大；另一方面，老百姓的不满在某种程度上也空前增长。怎么让老百姓感受到公平正义呢？有效的办法是让正义以一种老百姓看得见的方式来实现，主要方法就是让人民群众广泛地参与案件的处理过程。西方国家采取的陪审团的方式可以对案件的判断比较多元、全面，法官就不会独断。案件处理了，对不对、公平不公平、合理不合理，这些陪审员会去说明和说服大家。坚持司法民主的原则，按照执法公开的要求，在不泄露国家秘密、商业秘密、他人隐私的前提下，在不妨碍案件侦查的情况下，尽量邀请人民监督员、人民陪审员，通过人大代表、政协委员参与到诉讼过程中来，让人民群众参与寻找真相、追逐公平正义的过程。就算最后判决的结果不如他意，他在参与过程中会发现，这个检察官真的很认真，那个法官真的很尽心，那么他也会更容易接受判决。让人们都满意是不可能的，但让人民群众感受到"尽管结果不如我意，仍然公平正义"这一点很重要。要让公平正义以老百姓看得见的方式去实现，要让人民群众在每一个司法案件的处理过程当中，而不仅仅是在结果当中感受到公平正义。

---

① 游劝荣：《关于法治思维和法治方式的几点认识》，《中国领导科学》2014 年第 8 期。

（四）自觉规范权力运行，把权力关进制度的“笼子”里

这是法治方式的关键所在。权力意味着对于人、财、物等资源的控制和支配，它往往跟国家强制力联系在一起，具有天然的扩张性。所以，英国历史学家阿克顿说权力导致腐败，绝对的权力导致绝对的腐败，这是一条颠扑不破的真理。因此，规范权力运行，把权力关进制度的“笼子”里，是一项非常重要的原则。

把权力关进制度的“笼子”里，它的目的不是约束权力本身，而是让冲动、滥用和暴力等破坏性因素得到有效约束，让其行善，发挥正能量。小布什在卸任总统之前发表过一个演讲，他说：“美国强大在哪里？美国的强大不在于有强大的国防力量，也不在于有硅谷等科技力量。美国最强大的地方是像我这样权力巨大的总统都被关在‘笼子’里边行使权力，这才是美国最强大的力量，最大的优势。”这跟我国近代开眼看世界的第一人——严复的观点是一致的。严复是清王朝派到英国留学的首批小留学生之一，当时是被派去学技术的。可是他到了英国之后，经常去英国法院旁听庭审，发现英国人开庭审判的制度比我国当时的县官问案制度要好。从此，他一发不可收拾，开始学习英国的资产阶级政治制度和法律思想，翻译了著名的《法意》，成为中国最早的启蒙思想家之一。制度的一个重要功能就是它能够约束权力的负面影响。权力如果被约束了，不能用来调动人、财、物这些资源，不能用来管理社会，那是错误的；制度约束的不是权力，而是权力可能产生的负面影响。制度建设极其重要，通过制度的方式约束权力，把权力关进制度的“笼子”，可以让权力的运行更加规范有度，使它的负面影响降到最低。

【拓展阅读】

[1]陈金钊：《诠释“法治方式”》，《新疆师范大学学报（哲学社会科学版）》2013年第2期。

[2]季卫东：《论中国的法治方式——社会多元化与权威体系的重构》，《交大法学》2013年第4期。

[3]陈金钊：《法治方式所需要的姿态》，《法制与社会发展》2013年第5期。

[4]彭中礼：《论社会矛盾化解的法治方式》，《中南大学学报（社会科学版）》2014年第1期。

[5]陈金钊：《对“以法治方式推进改革”的解读》，《河北法学》2014年第2期。

[6]陈金钊：《“法治方式”对中国的冲撞及其反思》，《东方法学》2014年第

2 期。

[7]张艳芳:《〈以法治方式推进法治〉,《理论与改革》2014 年第 4 期。

[8]陈金钊:《运用法治方式提升国家治理能力》,《新疆师范大学学报(哲学社会科学版)》2014 年第 5 期。

[9]陈金钊:《缘何以法治方式提升国家治理能力?》,《山东社会科学》2014 年第 7 期。

[10]张恒山:《法治与党的执政方式研究》,法律出版社 2004 年版。

[11]杨亚非编:《让法治成为一种生活方式》,北京理工大学出版社 2011 年版。

[12]陈俊涛:《法治,我们共同的生活方式》,法律出版社 2012 年版。

第九章　传承论

法律是人类最伟大的发明之一。其他发明使人类学会了如何驾驭自然，而法律让人类学会了如何驾驭自己。作为人类的精神产品，像人类创造的其他精神文明成果一样，人们也希望法律不仅能在现实社会发挥实际功用，而且能在未来社会显示出持久的生命力，并且在代际之间很好地传承。法学研究便决定着法的未来可持续发展；法律教育就关系着法的代际传承；法律职业则影响着法在现实社会的实现。

第一节　法学研究

法学基本问题是法理学的首要内容，法学是以法这一社会现象为研究对象的科学活动及其认识成果的总称。作为一种特殊的科学活动和知识体系，法学有着悠久的历史，早在中国的春秋战国时代和西方古希腊、古罗马时代就已有之，并随着法律实践的深广和法律文化的进化而不断丰富和发展。但是，法学成为一门独立学科则是近代形成的。法学是一门具有多种功能的科学，有自己的研究对象和范围，是一个由众多法学分支学科构成的学科体系，有自己独立的方法论。每个进入法学领域的法律学人或法律爱好者，在学习法理学这门学科之前，都应当对法学的基本情况有所了解。这是由法理学的学科性质所决定的。

一、法学研究对象、性质和职能

法学，在中国先秦时期被称为“刑名法术之学”或“刑名之学”。汉代以后，又有“律学”之称。“法学”或“法律科学”在中国的广泛使用是近代西方文化传入中国之后的事情。在西方，“法学”一词源自古代拉丁语的“Jurisprudentia”。其原意是关于“法律的知识”或“法律的技术”。古罗马法学家乌尔比安对该词的定义是“人和神的事务的概念，正义与非正义之学”。

（一）法学的研究对象

在法学史上，不同时期、不同阶级、不同学派的法学家对法学的研究对象往往有不同的理解。因而在这一问题上，法学界历来众说纷纭，没有形成共识。例如，有人认为法学主要研究法的价值和最高目的，特别是法与道德、正义或哲理的关系，亦即研究先验的、亘古不变的理想法、正义法或自然法，以此作为评价现行法，修改或创制新法的依据（自然法学派）；有人主张法学应着重研究实在法，即国家制定或认可的法律规范、法律体系及其结构和要素，特别是要对法的概念进行分析（实证法学派）；有人主张法学的主要任务在于调查研究法与社会的相互关系，研究法的社会功能和实效，关注“行动中的法”（社会学法学派）。

法学是以法律现象为研究对象的各种科学活动及其认识成果的总称。作为一门系统的科学，法学必须对其研究对象进行全方位的研究，即既要对法进行历时性研究——考察研究法的产生、发展及其规律，又要对法进行共时性研究——比较研究各种不同的法律制度，它们的性质、特点以及它们的相互关系；既要研究法的内在方面，即法的内部联系和调整机制等，又要研究法的外部方面，即法与其他社会现象的联系、区别及其相互作用；既要研究法律规范、法律关系和法律体系的内容和结构以及法律关系的要素，又要研究法的实际效力、效果、作用和价值。总之，凡属与法有关的问题和现象都在法学研究的范围之内。[①]

（二）法学的性质

法学是一门科学，是公平正义之学，属于人文社会科学领域。

（三）法学的职能

法学主要有理论认识和实际应用两大职能。

二、法学与相邻学科的关系

科学既是人类认识世界的精神成果，又是人类改造世界的思想武器。根据研究对象的不同，可以将科学分为若干部门。在不同的科学部门之间，又有若干边缘科学和交叉科学。各门科学以其研究对象的个性而互相区别开来，各自成为一门独立的学科，同时也由于它们研究对象的共性而互相联系，并一起构成科学体系或学科群。法学作为一门科学，常常吸收其他学科的认识成果来说明法的现象，从而使它深入到法的本质属性和价值规律等问题中；同时也以自己的认识成果推动其他学科的发展和新学科的产生。特别是有关法律现象的

① 参见张文显主编：《法理学》，高等教育出版社、北京大学出版社2007年版，第2页。

许多问题属于法学与其他学科的双边问题或多边问题，这更使得法学与其他学科密不可分。在法学与其他学科的关系中，法学与哲学、政治学、经济学、社会学、历史学、逻辑学的联系尤为突出。把握法学与这些学科的关系，对于有效地学习法律知识，掌握法律思想，从事法学研究和法律实践是十分必要的。

（一）法学与哲学

法学同哲学的关系十分密切，任何阶级或学派的法学理论，总是以某种哲学作为自己的理论基础。德国古典哲学大师黑格尔曾明确宣布“法学是哲学的一个部门”。19 世纪中期以后，法学从哲学中分化出来，成为一门独立的学科。但是这并不意味着法学与哲学的脱节。事实上，法学始终受着哲学的巨大影响。这突出地表现为哲学上的每一次更新，每一种新的较有影响的哲学流派的出现，都会引起法学方法论的更新或法学价值取向的改变，并推动着新的法学流派的出现或既有法学流派的分化、变态或消失。例如，实证主义法学是随着哲学实证主义和功利主义的出现而出现的，又是随着哲学实证主义内部语义分析哲学的出现而由“分析法学”转变为“新分析法学”的。至于新康德主义法学、新黑格尔主义法学、存在主义法学等，则更是由于相应的哲学的出现和发展而产生和发展的。法学与哲学的关系在法理学（或法哲学）中表现得最为明显。法理学（或法哲学）是对法的一般基础的哲学反思，或者说是根据哲学的观点和方法进行的法律分析。它好像一门中间学科，一头与哲学相连，另一头与具体法学部门接壤，是把部门法学与哲学结合起来的一座桥梁。在马克思主义哲学的理论基础上产生的马克思主义法学，作为连接马克思主义哲学与部门法学的桥梁，既以马克思主义哲学为指导，从中吸取“时代精神的精华”，同时又对加深马克思主义哲学研究提供了丰富的素材。恩格斯明确指出：“理论思维仅仅是一种天赋的能力。这种能力必须加以发展和锻炼，而为了进行这种锻炼，除了学习以往的哲学，直到现在还没有别的手段。”①但是，需要注意一点，在坚持马克思主义哲学一般理论和方法论原则指导的前提下，在法学研究中，并不能用马克思主义哲学关于真、善、美的一般理论和方法论代替法学的具体原理和方法。

（二）法学与政治学

政治学是治国理政之学，是以政治现象及其发展规律为研究对象的一门科学。“由于法是政治活动和实现政治目标的一种常规形式，特别是在现代社会，民主政治就是法治政治，政治必须采取合法的形式，有规则、有秩序地运行，因而政治和法具有内在的统一性，法学和政治学有着内在的联系，特别是像宪法

---

① 《马克思恩格斯全集》第 20 卷，人民出版社 1974 年版，第 382 页。

学、立法学、行政法学等学科，本身就兼有法学和政治学两重性质。"[1]所以，有人形象地说法学和政治学是一枚硬币的两面。在历史上，法学与政治学曾经长期不分彼此。例如，在古希腊，柏拉图的《理想国》和亚里士多德的《政治学》，是把法和政治放在一起论述的，完全融法学和政治学为一体。在欧洲中世纪，天主教会居于统治地位，哲学、政治学和法学都成了神学的附庸。十七八世纪资产阶级革命时期，这些学科才逐步摆脱神学的桎梏。但是，此后很长一段时间里，法学和政治学还是结合在一起的。曾经为资产阶级革命摇旗呐喊的自然法学家都既是法学家，又是政治学家。他们的著作，例如洛克的《政府论》，卢梭的《社会契约论》，孟德斯鸠的《论法的精神》，可以说都是兼具法学和政治学两种内容的著作。19世纪以后，法学和政治学才各自成为独立的学科。但是，由于许多问题，诸如民主与法治、立法政策、权力制约、国家、政党、政府、公民与国家的关系、政治程序等，是法学和政治学的双边问题，所以，法学和政治学两者之间始终保持着紧密的联系。当然，这并不意味着法学要把政治问题和法律现象并列研究，甚至用对政治的研究代替对法律现象的研究。

（三）法学与经济学

经济学是经世致用之学，是研究各种经济关系和经济活动规律的科学。法学与经济学密切联系，经济分析法学派和经济分析法学的产生便是两者密切联系的结晶。

（四）法学与社会学

法学与社会学密切联系、相互交错。一方面，法学的研究对象——法律是社会现象的一部分，不能脱离其他社会现象而存在；另一方面，社会学要研究社会现象也不能不关注法律，法律是社会发展的某种缩影。因而，法学与社会学有很多的交叉论题。例如，法律的社会根源，法律实效的社会条件，法律的社会化等。正是由于这些广泛的共同论题的存在，产生了法学与社会学互相结合的需要，并推动了横跨法学和社会学两个领域的新学科——法律社会学。法律社会学的产生和发展成为20世纪法学领域最亮眼的成就之一。

（五）法学与历史学

历史学是研究和阐述人类社会发展的具体过程及其规律性的科学，亦即描述、解释、反思人类在过去的所作所为，以帮助人类温故知新的科学。[2] 法学与历史学紧密相关，主要表现在四个方面：

第一，法律是历史的结晶，或者说是历史过程中的重要产物。法律好比

---

① 张文显：《法理学》，高等教育出版社2007年版，第10页。

② 参见韦卓君：《法制史——历史、法律、法系以及法典》，《中国—东盟博览》2013年第7期。

是人类历史长河中的一枚枚小石子，每当在人类社会的转折点处，都可以看到法律在其中占有一席之地。20 世纪末，美国麦克劳—希尔出版公司出版的《世界伟大文献汇编》一书收集了人类社会自有文字记载以来的 30 份世界重要文献，其中法律文献占了 1/3，包括《汉谟拉比法典》（公元前 1700 年）、《梭伦法典》（公元前 590 年）、《英国大宪章》（1215 年）、《论国际秩序》（1625 年）、《美国独立宣言》（1776 年）、《美国宪法》（1787 年）、法国《人权宣言》（1789 年）、《拿破仑法典》（1804 年）、《联合国宪章》（1945 年）等。这些文献被称作"人类历史的里程碑"。"谁要是不认真研究这些文献，就不可能理解和编写历史，特别是人类社会制度的历史和法律思想的历史。"[①]

第二，法律的生命不仅是逻辑，更重要的是经验。经验就是对历史上出现过的规律性现象的总结。历史学在研究古今之变、盛衰之道的过程中，也以时代顺序和具体历史事实再现历代统治阶级及其统治集团是怎样和基于什么标准分配社会的权利和义务，历代法定权利和义务产生了什么社会效果——建立和维护了良好的社会秩序还是引发了社会动乱，推动还是阻碍了社会生产力的发展，以及怎样产生了这些社会效果，历代法定权利和义务体系的变化过程及其特点，历代政治家和思想家如何对待法律遗产等。[②] 马克思主义历史学在这方面的研究成果相当丰富，经过处理可以转化为法学的理论观点。因此，法学家们无不重视吸收和借鉴历史学的研究成果。

第三，历史学的实证研究方法是法学可以借鉴的重要方法。实证研究，即从实在的事实中获取确切的知识的方法，是历史学研究的重要特征。历史学不能想当然，只能以遗迹和文献为基础。它在社会科学方法群中有明显的优势。法学研究中引入历史学方法，有助于克服唯心主义和形而上学倾向，使法学的每个结论都建立在可靠的证据基础上，能经受住实践的检验。

第四，法学中的概念、学说、学派、理论观点都是历史过程中的产物，有其独特的产生和演变过程。"要想准确而深刻地把握它们，并在此基础上丰富和发展它们，就必须运用历史学的理论和方法，考察它们是怎样提出来的，先前的学者有过哪些重要的、关键性论述，它们在演变过程中经历了哪些主要阶段，曾经有过哪些表现形态。"[③]

---

① 强昌文：《再论法史学的功能——从法学教学改革谈起》，《中国社会科学院研究生院学报》2005 年第 5 期。

② 参见强昌文：《再论法史学的功能——从法学教学改革谈起》，《中国社会科学院研究生院学报》2005 年第 5 期。

③ 强昌文：《再论法史学的功能——从法学教学改革谈起》，《中国社会科学院研究生院学报》2005 年第 5 期。

(六)法学与逻辑学

逻辑学是关于思维及其规律和规则的科学。由于逻辑问题贯穿于法律运行的各个环节,所以逻辑学与法学有着密切的联系。法学与逻辑学关注的共同焦点是法律推理问题。法律推理是法律人从一个或几个已知的前提(法律事实或法律规范、法律原则、判例等法律资料)得出某种法律结论的思维过程。如何理解法律推理的性质?如何运用辩证逻辑或实践推理?这是颇有争议的问题。为了解决这些问题,法学家必须借助于逻辑学的知识(当然,逻辑学家也常常到最具辩证逻辑意义的法律生活中汲取营养),于是法学开始同逻辑学联姻。在当代国内外法学著作中,有关语义分析、实践理性和法律逻辑的论著大量涌现,就是法学与逻辑学联姻的标志。

三、西方法学理论的发展

西方法学理论是指西方的涉及法的基本概念、性质、作用、来源、基本价值观念、基本原则、研究方法等问题的一般理论。其发展脉络大致可分为三个时期:

(一)19世纪以前的西方法学

西方法学起始于古希腊。可以进一步细分为三个阶段:

1.第一阶段:古希腊、古罗马时代的法学——契约论和自然法思想产生的时代

古希腊法学理论的主题是法律正义问题,围绕这一问题的讨论形成了两大学派。

一派是伊壁鸠鲁发展起来的契约论。公元前5世纪前后,智者学派出现,其代表性理论即契约论。这种理论认为,正义就是人们在交往中避免彼此伤害和受害的契约,法律也应当是人们缔结契约的结果。法律如果是来自于人们关于公共利益的契约或约定,那么,这个法律就是正义的。

另一派是公元前3世纪产生的斯多葛学派。该学派认为,存在着一种自然法,这种自然法体现着自然、神、人、自然生物的共同理性,它是普遍存在的,体现着自然法的人定法就是正义的,由此开启了西方自然法理论的先河。

古罗马人在法学理论方面,主要是吸收了以斯多葛学派为代表的古希腊人的认识。

2.第二阶段:中世纪的法学——罗马法复兴与神学自然法时代

中世纪的法学理论大体上延续着古希腊和古罗马时代的法学理论传统,继续着对法律正义问题的思考。

3.第三阶段:十七八世纪的古典自然法思想

十七八世纪,西欧出现了一个代表新兴市民阶层关于政治、法律的理论思

考的学派——古典自然法学派。作为资产阶级革命的旗手，古典自然法学派的代表们在政治主张上不完全一样，例如在政体制度上，他们仁者见仁、智者见智。但在法律问题上，他们的观点有许多共同之处。他们都认为，人定法，不是正义的最终标准。人定法本身要受到自然法检验，而自然法源自于人的共同理性，它带有永久性、不变性。

（二）19世纪的西方法学

19世纪前期，法学基本上是哲学家或政治学家的法学。19世纪中期以后，法学才开始由哲学家和政治学家的副产品成为职业法学家的法学。此时，西方法学开始呈现出两大研究倾向的分野：偏向于“法律应当如何”的研究和偏向于“法律实际如何”的研究。

1. 偏向于“法律应当如何”的法学

自然法学的低落。自然法学在十七八世纪处于空前昌盛时期。但到19世纪，自然法学却受到西方学者们的普遍批判。

功利主义法学的产生。19世纪早期，英国的边沁创立功利主义法学派，主张政府立法的根本原则就是最大多数人的最大幸福。他的功利主义后来被密尔所继承和发展，成为集体功利主义原则。但最大多数人的最大幸福仍然被作为检验“法律应当如何”的最高标准。

社会学法学的出现。19世纪末，还出现了以社会学方法来研究法学的社会连带主义法学，其代表为狄骥。这一理论认为，人生来就是社会的成员，是为实现和履行社会义务而存在的；社会作为一个有机体，个人是社会的附属物；主张法律应当以加强和改变社会连带关系为主要目的，以促进人们履行社会连带关系中的义务为主要功能。

2. 偏向于“法律实际如何”的法学

分析实证法学——法律规范体系实际上如何？其创始人为英国的约翰·奥斯汀。分析实证法学以在现实社会中实际上起着规范作用的法律为研究对象，主张“恶法亦法”。分析实证法学仅对实在法的概念、原则、特征进行分析研究，不对法律的价值内涵作任何评价，认为那些说不清、道不明的自然法、正义等概念应当被排除出法理学研究的范围。

历史法学——法律来源实际上如何？历史法学派于19世纪在德国兴起，代表人物为德国的萨维尼、胡果、英国的梅因等人。历史法学派认为法律并不是什么社会契约的产物，而是由民族习惯逐渐积累而成，体现着民族传统和精神。这一学派重视对历史上的法律资料以及民间的习惯法、习惯规则的搜集、整理、研究。

马克思主义法学——法的本质实际上任何？马克思主义法学是马克思主

义理论的重要组成部分，属于批判性法学。马克思、恩格斯站在工人阶级和下层劳动人民立场上，对当时的资本主义经济制度及其政治法律制度的不合理性提出了批判，着重指出资本主义法律制度表面上公正，实际上带有明显的维护资产阶级利益的偏向性。

（三）当代的西方法学

20 世纪中期以后，西方法学出现四大派别，分别是新分析法学、社会学法学、经济分析法学、新自然法学。

1. 分析法学的发展——新分析法学

20 世纪，在 19 世纪形成的分析实证法学仍然存在并有所发展。最有代表性的就是英国牛津大学教授哈特的新分析法学理论。他一方面坚持法律与道德的二分论；另一方面在法的构成、人们的义务意识、法律建基的人性事实方面向自然法学说靠拢，认为法律并不必然与道德相联系。

2. 社会学法学的发展

社会学法学在 20 世纪朝两个方向发展：一个方向是关注价值研究；另一个方向是指向对现实的分析和批判。如庞德的社会学法学注重对法和利益关系的研究；昂格尔的现实主义法学更关注对美国现实法律制度和理论观点的批判。

3. 经济分析法学的出现

从理论上说，该学派是经济学和法学两大学科相互渗透的产物。其最重要的代表人物是美国的波斯纳。该学派主张法律制度的制定、法官对案件的判决都应当按照经济学的成本预设和效益分析的原理，追求经济效益的最大化。

4. 自然法学的复兴——新自然法学

复兴原因：自然法低落时期实际上延续到第二次世界大战结束。进入 20 世纪，世界经历了法西斯国家的暴政和两次世界大战的惨痛经历之后，人们重新认识到自然法学的价值。

复兴后的不同流派：以马里旦为代表的自然法、人权学说；以罗尔斯为代表的正义学说；以德沃金为代表的权利学说；以富勒为代表的程序自然法学说。

四、中国法学发展状况

中国作为古老的文明大国，拥有丰厚的法律文化遗产。春秋战国时期，法学研究鼎盛一时，并有专门的法学著作传世，其后历代也都有丰富的法律思想。但是，直到 20 世纪，我国法学才成为显学，之前始终被包围在哲学、伦理学、政治学等其他学科体系之中，独立的法学无从谈起。从发展阶段来说，可以分为三个时期。

(一)中国古代法学

根据古籍记载,夏、商、西周时代已有不少关于法律的论述,出现了以天命和宗法治度为核心的法律思想。例如,在汉人整理的儒家经典之一《商书》中就记载有"以德配天""明德慎刑"的思想和政策。"明德慎刑"的思想和政策显然是后来儒家"德主刑辅"的文化渊源。它在相当长的时期内是支配封建法学和法律制度的主导思想。不过,由于当时的立法尚未发展成为复杂的、广泛的整体,法学产生的客观条件不成熟;又由于人们认识社会现象的能力有很大的局限性,法学产生的主观条件也不充分,所以,还不可能有真正的法学研究和系统的法律知识体系,不可能有法学理论形态。

春秋战国时期,思想界异常活跃,各种学说、派别层出不穷,形成了百家争鸣的繁荣景象,中国古代法学正是在此时得以兴起。儒、墨、道、法四家都对法学的兴起和发展做出了贡献,其中法家的贡献尤为突出。儒家从性善论哲学出发,强调圣贤、明君个人的能量发挥,重视道德礼教的作用,倡导人人皆可为圣贤,主张德主刑辅,礼法合治;墨家从法乃天意的宇宙观出发,提出"兼相爱,交相利"的社会信条,主张以天为法,循法而行,在经济上重视生产、节约、利民,在刑罚上"赏当贤,罚当暴,不杀无辜,不失有罪";道家从"道法自然"的自然观出发,主张一切顺乎自然,信守"无为而治",断言"法令滋彰,而盗贼多有",反对制定各种繁琐的礼法制度;法家的代表人物大多是当时的实权派政治家,他们总结了古往今来的治国智慧,把法治推崇为立国和治国之本,明确提出"奉法者强,则国强;奉法者弱,则国弱"等进步思想,并发动了一系列旨在实现法治的政治改革和变法运动。在主张和实行法治的过程中,法家代表人物发表了许多颇有见地的新思想,法家学说一度成为"显学"。法家思想对中国封建法学理论和法律制度的形成和发展,起了划时代的推动作用。但是,法家提出的"法治"不同于近现代以来的西方法治,区别主要在于两点:就法的内涵而言,有王法与自然法之别;就法的地位而言,有以法治国与依法治国之别。

经过春秋战国时期的百花齐放、百家争鸣,中国古代法学十分兴盛。自汉武帝采纳董仲舒的"罢黜百家,独尊儒术"的主张开始,儒学几乎在所有社会领域都占据了统治地位,也垄断了中国2000多年的法学,法学开始成为儒学的附庸。但是,汉代以后的儒家思想不再像过去那么纯粹,而是吸取了法家思想中的合理成分,在儒学为主的基础上实行儒法合流,在德主刑辅的原则下实行礼法合治。尽管儒学的具体内容不断更新,且有董仲舒、朱熹、王阳明等人对儒学实行改造和深化,但"德主刑辅"这一中国封建社会的正统法律思想并没有实质性改变。所以,可以说,中国古代的法律文化是以儒家法律思想为核心的文化系统。从汉代起,在法学领域出现了古代盛极一时的"律学"(亦称为"刑名律学”“注释律学”)，即根据儒学原则对以律为主的成文法进行讲习、注释的法学。它不仅从文字上、逻辑上对律文进行阐释，也阐述某些法理，如关于礼与法的关系，释法与尊经的界限，条文与法意的联系，律例之间的关系，还有定罪与量刑、刑法的宽与严、肉刑的存与废、刑名的变迁以及诉讼和狱理等。西汉的于定国、杜延年，东汉的郭躬、陈宠等人世代传习法令，收徒教法，学生多时至数百人。东汉经学大师马融、郑玄等都曾对汉律作章句注解。晋代张斐和杜预等也曾对《晋律》作注释，并对立法原理和法律适用问题有所说明。东晋以后，私人注释逐渐为官方注释所取代。公元652年的《唐律疏议》便是这种官方注释的范本，它集中了唐代以前的法律思想，主要引述儒家经义对律文进行疏解，宣扬君权至上、等级制度和宗法伦理。它是中国乃至世界历史上最系统、保存最完整的注释法学著作，对中国后世以及亚洲一些国家的封建法律制度都有重大影响。《唐律疏议》传世以后，宋、明、清各代都有类似的著述。这些著述内含着丰富的法学思想，可以看作是没有法学名称的法学著作。三国魏明帝时曾设律博士，专门传授律学，在一定范围内出现了法学昌明的景象。律博士官制一直延续到宋代。宋代王安石从“立法善于天下则天下治”的认识出发，锐意进行改革变法，曾设学校，立明法科，提倡律学，但遭到保守势力的反对，未能实行，从此律学不振，法学萧条。在漫长的封建社会，律学作为法学的代表，属于正统法学。但律学不是唯一的法学，除律学之外，还有各种风格不同的法学研究方法和价值取向不同的法律思想。特别是明末以后进步的法律思想和法学研究，对律学产生了巨大的冲击。例如，黄宗羲在其《明夷待访录·原法》篇中尖锐地指出，专制王朝的法是帝王一家之法，非天下之法。法应是天下之公器，应该以天下之法取代一家之法。

(二)近现代中国法学

1840年鸦片战争后，中国逐步沦为半封建半殖民地社会。由于帝国主义的侵略，当时的爱国人士都有变法图强的要求。当权的洋务派主张中学为体、西学为用，以此为指导思想进行改革。康有为、梁启超主张实行君主立宪制，并发动了戊戌变法。孙中山、章太炎等主张废除君主制，实行民主共和制。他们都曾对中西两种法律思想进行过比较系统的研究，提出融中西政治法律经验为一体的改革方案。这些思想对中国人民产生了巨大的启蒙作用。

与此同时，清政府迫于人民革命的压力和对外主权危机，为了收回领事裁判权，也不得不研究外国的法律，修订本国的法律。为此，他们派出官员和学生出国考察和学习法律。这些人回国后纷纷介绍和论述西方的法律和法学，传播西方资产阶级的法律思想，开创了中国现代法律教育和法学研究的先河。1898年，清政府在北京创办京师大学堂。1901年，京师大学堂设立法科。1906年，清政府在北京设立京师法政学堂，在天津设立北洋法政学堂，从此法学在中国成为一门独立的学科，并一度获得较快的发展。法科师生在传播西方法学理论，宣传资产阶级民主和法治，批判封建法律制度等方面发挥了积极的作用。西方资产阶级法学的输入，冲破了原有的封建法学体系，促进了清末以至民国初期的法律改革和法律思想的变革。其后，在国民党政权的统治下，官方的法学承袭封建的法律观点，移植西方资产阶级的法学，是封建地主阶级法律思想和资产阶级法律思想的大杂烩。与此同时，进步法学不顾反动势力的压制和禁止，高举科学、民主、人权和法治的旗帜，揭露和批判封建的法律制度和法律思想，参与了推翻国民党反动政权的伟大斗争。

1919 年，五四运动开始，全国人民在中国共产党的领导下，发起了新民主主义革命。经过艰苦卓绝的斗争，结束了剥削阶级在中国的统治地位，也结束了两千多年的封建主义法学和国民党法学，取而代之的是马克思主义法学。

（三）当代的中国法学

20 世纪 70 年代末 80 年代初，如果说是中国的法学开始恢复的阶段，还不如说是中国的法学真正兴起的阶段。随着改革开放的不断深化，中国法学才真正迎来了发展的契机。法学有自己的研究对象、研究方法和研究范围，是一门科学，有自己独立的个性。没有确立这个基本观念，法学研究对于法律就只能是一种误导，会给法治带来不良影响。而任何对法学的非本意牵强，都只能使其变形、扭曲，成为某一门学科或某一种现象的附庸。所以，对法学的基本定位是法学现代化的首要任务。法学不能简单地图解与政治的关系，不能脱离法律本身而成为政治的“传声筒”。对法学的研究需要仔细，要冷静地思考法学应该研究的问题。

当代中国法学研究呈现出一些新的趋向。当前法学流派虽未形成，但由于法学界学术旨趣的不同，已经呈现出较清晰的范式分野。法学虽然已经成为一门独立的学科，但它与其他学科间的联系愈来愈密切。

【拓展阅读】

[1]何勤华:《法学与法学史》,《南京大学法律评论》2000 年第 2 期。

[2]苏力:《从法学著述引证看中国法学——中国法学研究现状考察之二》,《中国法学》2003 年第 2 期。

[3]陈金钊:《关于中国法学研究定位的断思》,《广西政法管理干部学院学报》2003 年第 6 期。

[4]曾祥华、吴涛:《法学研究的范式与模式——兼与戚建刚博士商榷》,《河北法学》2006 年第 11 期。

[5]喻中:《法学研究中的主体迷失现象评析》,《浙江社会科学》2007 年第 6 期。

[6]姚建宗:《法学研究及其思维方式的思想变革》,《中国社会科学》2012 年第 1 期。

[7]魏建国:《法学研究如何学术——学术史方法的重申》,《北方法学》2014 年第 2 期。

[8]孟勤国、黄莹:《法学研究的对象和任务》,《江汉论坛》2014 年第 4 期。

[9]焦宝乾:《逻辑与修辞:一对法学研究范式的中西考察》,《中国法学》2014 年第 6 期。

[10]李其瑞:《法学研究与方法论》,山东人民出版社 2005 年版。

[11]陈甦:《当代中国法学研究(1949～2009)》,中国社会科学出版社 2009 年版。

[12]吕世伦:《当代西方理论法学研究》,中国人民大学出版社 1997 年版。

第二节 法律教育

新中国成立至今,我国法律教育的发展历程可谓一波三折,改革开放后才逐步走上正轨。从起步、滑坡到恢复和大发展,其间有诸多可圈可点之处。"回望过去有助于我们更好地把握未来,清醒地认识我国法律教育已经走过的道路,反思其经验教训,正视目前存在的问题,从而科学地规划未来,是历史赋予每一位法律学人对于我国未来法律教育发展的重要任务。"①法律教育不能仅仅满足于回应社会的短期需求,应当有其超越的一面,它必须在价值层面以及理论分析上给法律发展乃至社会整体发展以导引,未来的法律教育应当进一步解放思想、更新观念;吸收法学研究的最新成果,培养法治理念;科学定位,合理规划,注重可持续发展。

一、历程

近代意义的法律教育始于清末,在军阀割据和国民党执政时期甚至出现过短暂的繁荣。"在北洋政府时期,中国法学是比较热门的专业,法科学生的数量

① 司春燕:《新中国法学教育 60 年的历程考察与展望》,《中国石油大学学报(社会科学版)》2009 年第 5 期。

无论是在全国大专院校的学生总数中，还是在综合性大学的总数中，所占的比例都是很高的，一般均占50%左右。……南京国民党政府进一步把法律教育与法律职业联系在一起，强化法律职业的资格考试。按1933年的《考试法》和1935年的《法院组织法》规定，将司法官的考试列为十三类高等考试之一。"[①]但是，由于战乱频繁和当时法律教育对政治的高度依附性，不可能获得持续性发展。新中国成立后，国民党"六法全书"和一切旧的法律教育内容作为"旧的国家机器"被彻底打碎，从此中断了新中国法学与旧中国传统律学的联系，也中断了与旧中国从西方借鉴的资本主义法学的联系，代之以马克思主义法学理论为指导的新的法律教育模式。从此，新中国法律教育步入了一段"摸着石头过河"的曲折历程。

（一）1949～1957年——起步阶段

新中国的法律教育可以说是在"一穷二白"的基础上起步的。基本的发展思路是取法政策，效仿苏联。主持建国初期法治工作的董必武同志在谈及当时中国的法律工作概况时讲道："20世纪初，中国才知道法学是门科学，但并没有真正走上科学之门。科学院从过去到现在没有法律研究所，法律杂志、出版社根本没有。近五十年来中国出版专门法律的书也是很少的。过去搞法律的在参加革命后多数改做其他工作了，继续做法律工作的现在只有几个人。过去学过法的目前在本院（指最高法院）、司法院还有几个人，越下层就越少了。"[②]可见，法律教育在新中国刚成立之时几乎是一片空白。由于中国法律教育刚刚起步，更由于社会主义法律文本数量很少和教材极缺，因此法律系开设的课程基本上都是照搬苏联的。

在课程设置方面，1951年，教育部制定的《法学院法律系课程草案》明确规定："讲授课程有法令者根据法令、无法令者根据政策……如无具体材料可资根据参照，则以马列主义、毛泽东思想为指导原则，并以苏联法学教材及著述为讲授的主要参考资料。"[③]1953年，教育部指导法学院系应开设的课程有"马列主义关于国家与法权理论""苏维埃国家与法权史"等。1954年以后，又增加了"中国宪法"等，由此全面引进苏联模式，并以中国人民大学法律系为引进苏联法律教育模式的基地，并承担"工作母机"的职能；各地教师到中国人民大学进修，其中还举办了由苏联专家直接讲课的研究生班，专门培训高级法律教育人才。

在机构建设方面，1952年，教育部对全国高校作了调整，即"院系调整"。此

---

① 李龙、邝少明：《中国法律教育百年回眸》，《现代法学》1999年第6期。

② 《董必武政治法律文集》，《法律出版社1986年版》，第432～436页。

③ 《中国教育年鉴》，中国大百科全书出版社1984年版，第266页。

时，设有法学院系的综合大学共有 11 所，并新建了北京政法学院、西南政法学院、华东政法学院，共有法学教师 450 人，在校法科学生 3830 人，占全国高校在校学生 2%。[①] 1953 年，教育部再次对政法院校进行调整，新建中南政法学院。当时，综合性大学只有 4 所设有法律系科，即中国人民大学、东北人民大学（吉林大学前身）、武汉大学和西北大学，并确定政法院校主要是培训政法干部。1954 年 4 月，教育部主持召开的全国政法教育会议确定恢复北京大学和复旦大学两校的法律系。至此，法学教师已达 802 人，在校学生已有 8245 人，已培养了 371 名法学研究生，有的学校还出版了学报。

由此可见，当时我国的法律教育已初具规模。

（二）1958～1976 年——滑坡阶段

1958 年以后，由于"左"倾错误思潮的干扰，法律教育开始走下坡路，尤其是"文革"十年，法律教育受到极大摧残。1959 年，撤销了主管法律教育的司法部；1966 年，包括政法学院在内的全部大学停课，各级人民法院、人民检察院和公安机关被撤销；1968 年，政法学院和综合大学法律系被撤销，法学院系的数量逐年下降。到 20 世纪 70 年代初，全国法学系科只剩北大法律系、吉大法律系和湖北财经学院法律专科，实际上已停止招生。1971～1976 年，全国总共招法学专业学生 329 人，占全国在校生总数不到 0.1%。[②] 在课程设置上，政策课取代了法学课，如用"刑事政策"代替"刑法"，用"民事政策"代替"民法"等等。

（三）1977～1991 年——恢复阶段

十一届三中全会之后，国家法律教育面临的最急迫问题，就是要在几乎完全空白的条件下迅速恢复和重建法律学科体系，解决没有法律院校，师资、图书和设施奇缺的问题。

在机构建设方面，中央明确提出要恢复法律系，培养司法人才。1977 年，北京大学法律系、吉林大学法律系、湖北财经学院法律系率先恢复招生；1978 年，西南政法学院和中国人民大学法律系恢复招生。1979～1981 年，一些综合性大学和政法院校陆续恢复或重建。到 1983 年底，全国已有南京大学、武汉大学、复旦大学、中山大学等 31 所综合大学恢复设立了法律系或法律专业。

在师资队伍建设方面，1983 年，全国仅有 27 名法学教授，且大多年龄在 65 岁以上；法学副教授有 117 名，年龄也大多在 55 岁以上。在采取归队政策、"输血政法"和毕业生优先补充等措施的同时，司法部组织开办了"全国法律专业师资进修班"。1980～1990 年，共举办了将近 20 期各类的师资培训班，培训各类

---

① 参见《中国教育年鉴》，中国大百科全书出版社 1984 年版，第 266 页。

② 参见李龙、邝少明：《中国法律教育百年回眸》，《现代法学》1996 年第 6 期。

法学教师八九千人。到1993年，全国法律专业教师已达9300多人，其中教授、副教授1500多人，其他具有高级职称的约500人。

法学师资队伍建设与我国学位制度的创立和发展是分不开的。在学位制度建设方面，1981年，我国制定和实施了《中华人民共和国学位条例暂行实施办法》，到20世纪90年代初，全国已有26所高校和研究机构获得了法学专业硕士学位授予权，北京大学等8所大学还先后获得了法学博士学位授予权。

在教材体系建设方面，1980年，司法部和教育部共同成立了法学教材编辑部，组织全国300多位专家学者编写了"高等学校法学试用教材"30种，配套教学参考资料10种，共约1600多万字。这套教材体系完整，科目齐全，内容反映了新中国成立30多年来马克思主义法学教学和研究的最高成就。此外，还编写了"简明法学教材"15种，以满足成人培训的需要。与此同时，有些基础条件比较好的单位还组织力量翻译出版了大量国外法学研究资料，编写辞典或法规汇编等工具书，极大满足了教师备课和研究工作的需要，为法律教育的传承和重新起步奠定了重要基础。

经过十多年的艰苦努力，到1991年，全国已有135个政法院校或专业，培养法律专业毕业生5万多名。除了法律专业外，还增设了经济法、国际法等专业。1985年，首次增设了环境法学、知识产权两个第二学位专业。这一时期的法律教育一方面要克服起点低、条件差、基础薄弱的重重困难，另一方面又要满足建设民主法治实践的需要。特别不能忘怀的是，老一辈的政法工作者和老法学家们不畏艰难、努力奉献的精神，正是他们为法律教育的恢复传承做出了不可磨灭的贡献。

(四)1992年至今——大发展阶段

1992年以来，尤其是1995年以来，是我国法律教育的大发展阶段。据教育部高教司备案统计，1992～2000年，新设法学专业的大学共为143所，共计204所。21世纪伊始，伴随1998年开始的大学扩招浪潮，法学专业在规模上有了跨时代的增长，7年的扩充超过了前23年的2倍。截至2007年5月，中国大陆新设法学本科专业的院校达到402个，加上已有的204所院校，总数达到了606所之多，法学成为最热门的专业之一，报考的学生越来越多，在校本科生达到28.7万人；全国333所大学有法学硕士招生资格，在校的各类硕士研究生约8万人；全国有29所大学开设法学博士课程，有12所大学可以自己设立博士招生专业，共有11个单位拥有博士后科研流动站。

此时，法律教育不再为大学本科教育所垄断，中专、大专、本科、研究生(硕士、博士)、自考、夜大、函大、公办院校、民办教育等等都有涉及，高等法律教育、中等法律教育和法律职业教育构成了中国法律教育的三个基本层次。从教育类型和性质看，既有学历教育，又有非学历教育；既有学科教育，又有专业教育；既有脱产教育，又有半脱产和业余教育；既有正规教育，又有非正规教育。从学历层次看，已经形成中专、专科、本科、硕士、博士和博士后的层次结构。从培养目标看，也从单纯职业化教育转变为职业化与普及化并重、培养法律从业人员与提高公民素质并重。

经过60多年的风雨历程，新中国法律教育逐步实现了从无到有、从小到大、从大到强的飞跃。可以说，我国法律教育取得的成绩是斐然的。法律教育承担着培养法律人才、传播法律知识、弘扬法律精神、涵养法律道德的重要任务，是提高公民法律素质的重要渠道，是培养法律人才的主要阵地，是构建和谐社会、推进民主法治进程的一项基础性工作，对中国的民主法治建设做出了巨大的贡献。随着我国社会的不断进步和治国理念的转变，法学已经成为一门"显学"。由于法律在治国理政方面作用的扩大，法律人才的需求范围也越来越广。法律人才不仅仅是政法队伍的后备来源，同样也成为各行各业所需要的人才。为适应现实发展的需要，各类院校积极拓宽法律教育渠道，不断提高办学层次。随着教育规模的不断壮大，教育质量的不断提高，教育成果也不断涌现。法律教育不仅为法律界输送了大批优秀的法律人才，推动了全社会法律素质的提高，而且以其丰硕的研究成果为国家法治建设提供了强有力的理论支持，促进了法律制度的发展与完善，从而加快了依法治国的进程。60年法律教育史，在很大程度上见证了我国法治建设的发展史。①

二、反思

经济市场化和政治民主化的历史潮流，将中国推向了建设社会主义法治国家的伟大征程，权利保障和权力制约已是大势所趋。以培养"法律人"为宗旨的法律教育，在法治建设中的基础性和先导性地位日益凸显。可以说，全面推进依法治国基本方略能否走上可持续发展道路，在很大程度上取决于法律教育的成效。然而，综观我国法律教育特别是高等法律教育的现状，与法治国家建设的要求还有很大差距。站在新时代的门槛上，任何一代人都不会放弃人类特有的反思与展望的天赋。展望未来就不能不对过去和现在进行反思。法律教育发展的新形势无疑是好的，但同时面临的诸多问题亦需要我们从容面对。

改革开放以来，我国法律教育获得了空前的发展。据教育部统计：1978年，全国仅设有1院5系（即西南政法学院和北京大学法律系、中国人民大学法律

① 参见司春燕：《新中国法学教育60年的历程考察与展望》，《中国石油大学学报（社会科学版）》2009年第5期。

系、吉林大学法律系、武汉大学法律系、湖北财经学院法律系)，当年共招收普通高等教育法律专业学生 729 人；而 20 年后的 1998 年，也就是大学扩招的第一年，全国共设有 214 个法律院系（专业），当年招收普通高等教育法律专业学生 2.9 万人；2004 年，有 398 所普通高校设置法学专业；2007 年，有 606 所大学设法学专业，在校本科生 28.7 万人，333 所高校有硕士招生资格，各类在校法学硕士生 8 万人，29 所高校设法学博士点。但是，有专家断言，如果要进行一次考核的话，将有接近 200 家教育机构达不到教育部规定标准。此后，在教育行政部门的督导下，高等教育机构进行了一些整顿。2012 年，有 459 所高等院校设法学本科，其中有 34 家设有法学博士点。在专业点设置和办学规模不断扩展的同时，我们应当看到，法律教育自身存在的结构性制度失范问题日益显现，且已经成为影响我国法律教育能否走上高起点、高质量、高效益、可持续健康发展道路的重大障碍。主要体现在：

（一）法律教育培养目标与法律职业需求的脱节

在实行法律职业资格考试制度之前，我国法律职业的入门条件较为宽松，并不要求必须经历系统、专门的法律教育。在职法律人的职业培训代替了入职前的系统、专门性法律教育。久而久之，法律教育的培养目标就脱离了法律职业的需求，法律教育的教学内容和教学方法等环节也与法律职业的需求渐行渐远。特别是在大学扩招大潮中，高等法律教育基本是关起门来搞建设，自顾自地谋发展。法律教育与法律职业之间缺乏有效的对话与沟通，无法产生良性互动，法律教育机构培养的人才很难适销对路进入法律职业，法律职业常常抱怨吸纳的法律人才不能满足需求，特别是缺乏一些有实践经验的人才，法律教育领域存在的其他许多问题也都直接或间接与这种脱节有关。如果说这种脱节在新中国刚刚成立和改革开放之初还可以理解的话，那么在当今我国法治建设已向纵深推进的新形势下，这种脱节的延续已经成为阻碍我国法律教育和法律职业发展的一个瓶颈因素。不打破这一困境，我国法治建设的后劲将严重不足。

（二）法律教育机构设置及运作的无序状态

主要表现在两个方面：一是人才培养途径不统一。20 世纪 80 年代，国家加强社会主义民主法制建设，法律人才供不应求。为解燃眉之急，国家提倡多形式、多渠道、多层次大力兴办法律教育，由此带来了我国法律教育的快速恢复和迅猛发展，形成了高等教育、中等教育、成人教育三足鼎立的法律教育体系。但随着我国法治国家、法治政府、法治社会三位一体建设的深入推进，对法律人才的需求也越来越高，培养途径不统一就导致了法律人才类型和结构的混乱。“这种混乱局面在近几年虽因取消法律本科专业划分和调整管理体制而略有好转，但尚未根本改善。其主要表现是：种类繁杂、层次过多、管理混乱。中国法律人才培养的层次之多世所罕见，从中专、专业证书、专科到本科、双学士，再到研究生课程班、研究生班、硕士，最后到博士、博士后，一应俱全，而如何区分如此众多层次的法律人才培养的目标和要求，常常十分模糊。”[①]二是法律教育运作不规范。经过改革开放以来三十多年的发展，法律教育机构成倍增长。“这种热闹的景象一方面显示出繁荣，另一方面则意味着群雄并起、各自为战，而其中隐藏的更严重问题就是当前法律教育运作的极度混乱。这种无序状态与法律本身的规范性质与现代社会发展的规范化要求背道而驰。当前中国法律教育运作的不规范主要表现在：缺乏统一的办学标准，加之审批混乱和宏观失控，致使大量办学机构和部门不顾自身条件一哄而上，盲目开办法律教育；办学机构对法学师资没有明确的资质要求，致使大批根本不具备条件的人员纷纷涌入法律教育的师资队伍行列；多标准招生导致同一法律教育机构的同一教育层次的生源质量参差不齐；课程体系与内容千变万化等等。”[②]

（三）法律教育内容方面的职业伦理教育缺失

尽管我国已存在一个庞大的法律教育系统，即由高等教育、职业培训、资格考试等制度所构成的法治人才教育培训体系，培养了大批优秀法治人才，然而法律职业伦理教育一直是教育内容方面的一大短板，亟待有效解决。

1. 高等法律教育的课程设置中缺少法律职业伦理教育。在法律教育体系中，大学本科教育作为未来法治人才后备队伍的教育主体，是其中至关重要的一环。为适应加快法治国家建设的需要，培养合格的法治人才后备队伍，1998年，教育部确定了法律专业的十四门核心课程。[③] 这十四门核心课程的设置有助于法科学生建立基本的法学知识框架，但是，法律职业伦理在目前的法律课程设置中却是空白。我国高等法律教育未能将“法律伦理学”或“司法伦理学”作为必修课程之一，可谓是法律教育的一大遗憾。在法治发达国家，高等法律教育阶段大都开设司法伦理或律师伦理之类的法律职业伦理教育课程。“英国的《律师职业行为指引》一书每年出一大本，在法学院这是非常重头的戏。而我们的高等法律教育至今在这方面还是空白，有的在开，但并没有把它作为一门重头课。要对未来的法律人进行培养，应该把这门课放在很重的地位。”[④]

2. 法律职业教育的培训内容中缺少法律职业伦理教育。在法律教育体系

---

① 霍宪丹：《中国法律教育的反思及定位》，《中国法律教育研究》2006年第1期。

② 霍宪丹：《中国法律教育的反思及定位》，《中国法律教育研究》2006年第1期。

③ 这十四门课程是：法理学、中国法治史、宪法学、行政法与行政诉讼法、刑法学、刑事诉讼法学、民法学、民事诉讼法学、经济法学、商法学、知识产权法、国际法、国际私法和国际经济法。

④ 张文显等：《法律职业共同体研究》，法律出版社2003年版，第71页。

中，政法系统举办的各种法律职业技能培训作为在职法律人的教育主体发挥了重要作用，特别是在我国法律教育与法律职业脱节严重的情况下，法律职业教育更是起了举足轻重的作用。比如法院系统的法官学院、检察系统的检察官学院等。这种短期法律培训有助于快速提高在职法律人的"形式达标"数量，但是对于更深层次的法律思维训练和法律职业伦理养成，同样处于缺失状态。

3. 法律职业资格考试的考查内容中缺少法律职业伦理教育。法律职业资格考试作为法律人一体化培养的"准教育主体"，对"司法伦理"的关注也明显不足。统一的法律职业资格考试制度是我国司法体制改革的一项重大举措，对于以法官、检察官和律师为主体的法律人一体化培养具有里程碑意义。但是，法律职业是一项实践性极强的活动，法律职业素养与法律职业资格考试之间很难产生必然的直接联系。因此，有学者对司法考试制度心存疑虑："(1)司法考试考什么课并不重要，关键是司法考试要反映出我们要培养什么样的法律人才。(2)司法考试再怎么考，能考出知识和部分能力，但考不出人的信仰、人格、修养。在法治社会里，这些必须通过大学法律教育来培育。"[①]

三、展望

如何发展法律教育事业，以实现法治事业的更好传承，是当前我国法律教育面临的重大课题。

(一)进一步解放思想、更新观念

这是提升法律教育品位的前提。法律教育的健康发展离不开思想的进一步解放和深层次的理论探索。理论严重滞后是新中国法律教育发展的不利因素。理论是行动的先导，是为实践提供源源不断的给养的力量。没有深厚理论支撑的实践往往难以摆脱盲目跟风。法律教育作为国家法治实践活动的重要一环，应当承担起引领时代法律思想走向，提升整个社会法治素养的责任。它不同于政府所推行的普法，专业的法律教育与研究应当能够代表一个时代的最高理论水平，应当为一个社会的法治理念和法治走向负责。法律教育还应当承担维护社会主流价值的责任。查士丁尼《法学总论》的开篇就已言明："法学是关于正义与非正义之学。"正义特别是制度正义，在任何时候都是社会合作的首要前提，失却正义的牵引，人类将会步入歧途。美国学者罗尔斯认为，社会的每一成员都具有一种基于正义的不可侵犯性，正义不承认一些人为了享受更大利益而剥夺另一些人的自由的正当性，由正义保障的权利不应受制于政治的交易

① 张文显等：《法律职业共同体研究》，第141页。

或社会利益的权衡。作为人类活动的首要价值，真理和正义是决不妥协的。[①]社会正义需要守护，法律教育的使命就在于提升人们对正义的认知水平，拓宽社会的正义之路，就是要培养信仰法治、忠诚于正义的法律人，由他们去守护正义，借靠着他们的智慧与理性、良知与勇气，搭建社会的正义之梯，让社会中的每一个人都能够登临正义的高地。这一目标应当成为评价法律教育效果的基准。然而，由于很长一段时期对马克思关于法本质的“统治阶级意志论”的误读以及中国传统法律文化中正义理论的缺失，导致新中国法律教育先天性的营养不良。

当前，法律教育工作应特别重视思想观念的转变。法学院校在办学观念上应主动介入社会大环境，树立一种大发展、大市场、大经济的观念，将培养目标从单纯的法律人角色向复合的社会角色转变，将办学方式从消极的职业封闭性向积极的职业开放性转变，教学过程中更多地重视理论教育和学术氛围的培养，更多地重视对学生的人才竞争意识的培养和综合素质的提高。转变思想观念，要从解放思想和更新知识入手，提高行政管理者的综合素质和教师的业务水平，在各项工作中真正体现以人为本和以教学为中心的理念。在新的历史条件下，法学院校在法律教育活动中，应联系发展中遇到的问题，开拓创新，积极探索教学改革的新途径、新方法、新思路，在办学理念上实现从通识教育到职业教育和通识教育并重、从大众教育向大众教育和精英教育并重的转变；在培养目标上实现从实用型法律人到高素质复合型人才的转变，走出经验主义、教条主义的误区，真正实现法律教育质量的全面提升。法律教育要实现全面发展，离不开科学发展观的指导，需要放在社会大背景中进行衡量，必须和社会其他方面的发展统筹规划，不能仅仅局限于法律和法学之内。正如博登海默所言：“法律乃是整个社会生活中的一部分，它绝不存在于真空之中。法学并不是社会科学中一个自足的独立领域，能够被封闭起来或者与人类努力的其他分支学科相脱离。……如果一个人只是个法律工匠，只知道审判程序之规程和精通实在法的专门规则，那么他的确不能成为第一流的法律工作者。”[②]法律教育观念需要重新定位，应当摒弃法律教育的传统观念，重新界定和建构大法律教育的新观念，实现通识教育和专业教育，学科教育和职业教育的有机统一。大法律教育不仅包括学科教育，也包括职业教育；不仅包括学历教育，也包含非学历教育；不仅包括高等法律院校，也包括法律职业部门；不仅涉及教育行政管理的范畴，也涉及司法行政管理的范畴。当然，大法律教育不应当等同于大众教育，精

① 参见［美］约翰·罗尔斯：《正义论》，何怀宏等译，中国社会科学出版社1988年版，第3～4页。

② ［美］博登海默：《法理学、法哲学与法律方法》，中国政法大学出版社1999年版，第506页。

英教育的定位更为合理。

（二）吸收法学研究的最新成果，培养法治思维

这是法律教育的基本任务。新中国成立后，特别是改革开放以来，法学研究领域已有了相当程度的成果积累。法律教育应当及时吸纳法学研究的最新成果，包括国内外法学研究的最新成果。法律教育的创新，在某种程度上一定意味着学术研究的创新，一个没有学术创新能力的法学院很难培育出高质量的法学毕业生。法治理念是法治的灵魂，它驱动着法律制度对权力的制约、权利的保障及对自由平等的追求，因而构成了法治的精神底蕴。只有当法治的种种理念开始体现在法律教育领域中，中国法学的未来才有希望。南美、东亚等国家的法治进程表明，仅仅是简单移植国外先进的法律制度，建立健全司法机构等，并不能必然带来法治，而作为法治主体的人的因素至关重要。只有在全社会形成共同的法律信仰和法治化的生活方式，法治才会成为现实。当前法治建设存在的主要问题是在执法环节上，人民群众对政府工作意见最大、反映最强烈的也大都是执法问题。因此，法律教育不仅要“传道、授业、解惑”，而且应重视对法科学生进行法治理念教育，围绕着公平正义这个核心，培养学生坚定的法律意识、理性的法律思维和虔诚的法律信仰，使学生真正认识到尊重和保障人权，促进全社会的公平正义既是法治的出发点，也是法治的最终归宿。法律教育是法律人才培养的摇篮，因此，法律教育对法治精神的培养和宣传具有得天独厚的优势。法律教育可以通过对法律原则、历史、法律功能和作用等的阐释树立学生的法律信仰，可以通过对法律运用、职业技能和思维模式的培养，造就学生的法律职业道德和法律行为方式。此外，通过法律实践活动可以塑造学习者的法律品格，引导学习者以法治思维反思社会现象，确立法律服务的责任心。

（三）科学定位，合理规划，注重可持续发展

这是提高法律教育质量的关键。在法律教育恢复阶段及以后，几乎是以“大跃进”的方式在发展。这固然是件好事，但也带来了法律教育的混乱，极大地损害了法律教育的声誉和学生的质量，如果不及时有效加以遏制，最终的效果将会事与愿违。据统计：在 1976～1991 年的 15 年间，法学专业增加到 135 个，在校的法学专业学生增加了 100 倍。应该说，这是正常的，因为 1976 年只有 2 个半法律系，增加 100 倍的总量在我们这样的大国并不算多，也不算快。但从 1991～1997 年，再由 135 个增加到 333 个专业点则是值得研究的，需要对此作科学分析。21 世纪伊始，法学专业在规模上的增长更是令人咋舌，其间利益驱动造成的非理性发展弊端日渐凸显。此后，不断有媒体发表文章称，“法学文凭

贱为粪土”[①],“法学就业不再辉煌,法律教育走下神坛”[②]。这些表达虽然有些情绪化,但从一个侧面反映了前期规划设计不当在实践中造成的不利影响。

科学定位法律教育的目标,合理规划法律教育体制,优化课程设置,注重可持续发展,是提高法律教育质量的关键所在。长期以来,法律教育目标定位不清,在职业教育取向和通识教育取向之间徘徊不定。定位问题是目前法律教育最重要的问题,很多其他的问题都是因此而引起。同时,法律教育的问题与出路又是与整个法律教育体制联系在一起的。法律教育体制的完善应当与学科发展规划相统一,这是确保法律教育质量的长久保障。优化课程设置是法律教育体制改革的一项重要内容,其重要标志是法学教材建设。教材过分统一,将抑制法律教育与研究的个性,从而影响法学的学术自由;过分随意,将使法律教育质量低下,降低法律教育水准。这两个问题中的任何失误都会以牺牲法律教育质量为代价,必须迅速加以解决,力求使法律得到科学决策、正确推行。

第一,重新定位法律教育的目标,核心任务应当是培养合格法律人。我国当前的法律教育带有一定的应急性、盲目性色彩,目标定位实际上是模糊的。“在迄今为止的相当长的时间里,没有确定出一个稳定的目标。”[③]目标定位模糊,导致进入政法机关的毕业生不能驾轻就熟地迅速进入工作状态,几年大学本科教育的结果是理论水平和实践能力都不够理想,法科毕业生既不能高效地从事法律事务,又不能较好地从事法学理论研究,法律事务需要经过很长时间的实践训练才能胜任,不但影响了司法机关的工作效率,而且由于毕业生专业知识的不足,在一定程度上影响了司法活动的确定性和公信力。早在20世纪30年代,我国著名的法学家孙晓楼先生在谈及法律人的合格标准问题时就说:“讲到法律人才,我认为至少有三个要件:(1)要有法律学问;(2)要有社会常识;(3)要有法律道德。只有了法律学问而缺少了社会常识,那是满腹不合时宜,不能适应时代的需要,即不能算是法律人才;有了法律学问,社会常识,而缺少了法律道德,那就不免为腐化恶化的官僚政客,并不能算作法律人才;一定要有法律学问、法律道德和社会常识,三者俱备,然后可称为法律人才。”[④]因此有人说,法律教育既是人文教育,更是信仰教育。唯有培养合格法律人的新目标定位,法律教育方可真实而有效地提升法律人的职业道德素养或职业责任心。从另一个侧面讲,“要解决司法腐败问题,根本出路是设计合理的制度,提高法律工

① 本文载于2007年6月13日《南方周末》。

② 本文载于2008年4月13日《法治日报》(周末版)。

③ 贺卫方:《法律教育向JM教育的转向》,http://www.chinalawinfo.com/news/NewsFullText.aspx?NewsId=6764&NewsType=0。

④ 孙晓楼:《法律教育》,中国政法大学出版社1997年版,第9～10页。

作者的职业道德，使得法律工作者相信自己是这个国家最优秀的分子，使得每个法律工作者都极度珍惜自己来之不易的地位和荣誉”[①]。西方国家特别重视加强法科学生的职业伦理教育，时刻注意培养学生的法律职业意识，教会学生努力作为一个法律人在思维，强化学生的法律至上观念。如英国的法学院“重点地安排教学计划来培养学生的综合素质，如道德、法律伦理、职业素质、律己意识等”[②]。在美国，法学院特别开设了司法伦理或类似有关职业道德的课程，诊所法律教育的许多内容就是围绕树立学生正确的职业道德观。回顾美国的法律教育历史，诊所法律教育在20世纪70年代风行时，其中重要的内容之一就是加强职业道德教育。[③]

第二，建立高等法律教育与司法考试之间的良性互动，增进法律教育的实务化、伦理化取向。从英美法系和大陆法系的法治国家建设经验看，一般都非常强调法律人的法律教育背景，即受过大学法学院的正规教育。在“扬弃”应试教育、倡导素质教育的中国教育改革的大背景下，法律教育尤其是高等法律教育显然不能围绕侧重实务的司法考试的“指挥棒”转，但也不应否认司法考试对法律教育的影响。因此，如何实现高等法律教育与司法考试的有机结合，以强化法律职业伦理培养，是我国法律教育特别是法律职业共同体道德素质培育的基本方向。譬如，在合理设置法律教育课程、强化法科学生的法律职业伦理、改进法律教育方法使其务“实”而创新的同时，应通过考试内容与方法上的调整，实现法律人“技能”与“德性”的同步发展。“应当在法律院校中加大对学生的职业道德教育，使其掌握如何在将来的职业实践中保持职业操守与职业廉洁性”[④]，以提高法律人素质、预防司法腐败。我国的司法腐败现象，“无不与我们长期以来没有把握好法律教育的职业性特点，忽视法律职业道德教育，使得司法职业队伍缺乏法律职业教育的共同背景有着重要的关系”[⑤]。

第三，在重视“法律家”职业伦理培养的同时，也应十分关注“法学家”的职业伦理教育。由于法律人在知识结构、思维方式与职业道德等方面有共性，故前述更多的是基于共同体的同质性的职业伦理道德问题。实际上，在法律人的职业道德训练过程中，除了本科阶段普适教育的职业伦理教育应予重视外，对于日后的法学家与法律家两大类职业的道德教育却应有所差别，进而彰显法律

---

① 甄贞主编：《诊所法律教育在中国》，法律出版社2002年版，第64页。

② 周世中：《英国法律教育制度及其对我们的启示》，《法学论坛》2002年第1期。

③ 参见甄贞主编：《诊所法律教育在中国》，第65页。

④ 张福森：《贯彻〈纲要〉精神，加强律师职业道德建设》，http://big5.xinhuanet.com/gate/big5.news.xinhuanetcom/zhengfu/200112/03/content_145437htm。

⑤ 牛文军：《法律教育传统与法律职业素养》，http://202.207.3.12/work/s04.htm。

人道德素养的细分化、定向化“施教”理念。“不同的法律职业扮演着不同的角色，除了要遵循共同的职业道德外，还有各自不同的职业伦理和职业道德；但这可能不是法律本科基础教育阶段所能解决的问题。”①正是法学家们最先注意到“司法腐败”凸显的法官、检察官和律师等法律人道德品质的重要性，却有意无意地忽视了自身的职业伦理素养。实际上，法学家职业伦理教育在建设法治国家中同样是不应被忽视的。国内出版的有关法律职业伦理问题的著作，有关法学家职业伦理问题的论述很少，显然这是一种不足。近年一些高校法学院（当然不止是法学院）屡屡曝出的丑闻凸显出法学家职业伦理的重要性。在我国的硕士、博士教育阶段，加大法学家的职业伦理教育无疑是一个重要课题（尽管并非所有的法律教育工作者都能被称为法学家），亟须引起关注。

自从法学以一门独立学科的面目出现在社会科学领域时起，法律教育便成为与法学的发展同样重要的课题。和蹒跚起步的中国现代法学一样，中国的法律教育也遇到了各种各样的难题和困惑。目前，中国的法律教育正处于一个新的历史起点上，遇到前所未有的发展时机，不进则退。在中国改革开放和经济全球化的背景下，我们应当加快法律教育改革的步伐和力度。只要方向清晰，目标明确，大胆改革，我们的法律教育就能紧跟时代脉搏和国际潮流，适时应对挑战和机遇，培养出一大批法律基本知识完备、法律职业素养高强和法律信仰坚定的专业型、复合型、实践型、国际型的高素质法治人才后备队伍，为把我国建设成为现代法治国家做出应有的贡献。

【拓展阅读】

[1]李龙、邝少明：《中国法律教育百年回眸》，《现代法学》1999 年第 6 期。

[2]霍宪丹：《法律教育的历史使命与重新定位》，《政法论坛》2004 年第 4 期。

[3]苏力：《当代中国法律教育的挑战与机遇》，《法学》2006 年第 2 期。

[4]方流芳：《追问法律教育》，《中国法学》2008 年第 6 期。

[5]冀祥德：《对中国法律教育全面反思与展望》，《中国政法大学学报》2010 年第 4 期。

[6]徐立：《中国法律教育的困境与出路》，《教育研究》2011 年第 1 期。

[7]冯玉军：《略论当前我国法律教育体制存在的问题》，《政法论丛》2014 年第 1 期。

① 张文显等：《法律职业共同体研究》，法律出版社 2003 年版，第 139～140 页。

[8]葛云松:《法律教育的理想》,《中外法学》2014 年第 2 期。

[9]刘子曦:《法治中国历程——组织生态学视角下的法律教育(1949～2012)》,《社会学研究》2015 年第 1 期。

[10]霍宪丹:《中国法律教育的发展与转型(1978～1998)》,法律出版社 2004 年版。

[11]霍宪丹:《中国法律教育反思》,中国人民大学出版社 2007 年版。

[12]刘坤轮:《法律教育与法律职业衔接问题研究》,中国人民大学出版社 2010 年版。

第三节　法律职业

随着我国依法治国方略的提出,法律职业日益成为社会最热门的行业之一,呈现出专业化倾向,这是我国法治事业进步的表现。

一、法律职业的含义及特征

(一)法律职业的含义

在西方语境中,“职业”(profession)一词带有些许神圣兼神秘色彩,传统社会只承认律师(lawyer,也可译为法律职业者、法律人、法律家)、医师、牧师、教师和高级军官所从事的行业为专门职业。而除此之外的其他工作岗位,如公务员、警察、新闻记者、商人、作家等等通常都被排除在“职业”之外。[①] 国外理论界所说的职业(profession),与行业(calling)不同,通常具有以下几个特征:(1)建基于深奥理论基础上的专业技术知识及能力;(2)因拥有常人所无法掌握的专业技术而带来的权威;(3)其专业技术对人类健康或自由或生命具有高度的重要性;(4)一套有别于大众伦理的完整、有效的职业伦理与责任规范;(5)较高的经济收入和社会特权。[②] 在这些特征之中,独有的一套职业伦理即自治性是贯穿其中的灵魂。庞德对职业也有类似的看法,他认为“职业(profession),如神职、医学、法律和教学,对我们来说不仅仅是有着传统尊严的一个行业(calling),在近来获得成就或主张类似尊严的特定行业……这一术语指一群人在与普通行业一样地为公众服务的精神中,从事着一门富有学问的技艺——尽管,它还

---

① 参见孙笑侠、李学尧:《论法律职业共同体自治的条件》,《法学》2004 年第 2 期。

② 参见 Pete Y. Windt etc. ,*Ethical Issues in the Professions*,New Jersey:Pretice-Hall,Inc. ,1989,Preface.

可能附带地意味着一种谋生的方式”[①]。由此可以看出，庞德认为职业(profession)不同于“仅仅为公众服务”的行业(calling)，最起码具备三个要素：一群人(组织)、为公众服务、富有学问的技艺。而富有学问的技艺是职业(profession)与行业(calling)的根本区别。

法律行业的职业化是现代法治国家的一个重要特征。对于法律职业，《不列颠百科全书》给出的定义是：“以通晓法律和法律应用为基础的职业。”

近年来，国内关于法律职业的讨论越来越多，法学界也投入了许多精力进行研究，取得了不菲的研究成果。在我国，法律职业有狭义和广义之分。

狭义的法律职业，是指以法官、检察官、律师为代表的，受过专门的法律专业训练，具有娴熟法律技能与严格法律伦理的法律实务工作者所从事的工作。它有两层意思：第一，法律职业与其他需要以专业知识为基础的工作一样，是一种专门的行业，是专业化的工作；第二，从事法律职业的人不仅需要拥有专门的法律知识和技能，还要求具备高于普通公民的法律职业伦理。

广义的法律职业，又称“法律行业”，是各种法律类工作的总称，包括立法工作、检察工作、律师工作、法院审判工作、刑事检控工作、法律咨询工作、法律公证工作、法律起草工作，还包括党政机关、社会团体、企事业单位中的法律事务工作，教育机构和科研院所中的法学教学或研究工作等。大致可以归纳为三类：一是实务性工作，又称“法律实务工作”，主要指法官、检察官、律师以及立法者、公证员等实务工作者从事的工作。二是理论性工作，主要指法律教育工作、法学研究工作等。三是辅助类法律技术性工作，如书记员、法官助理、检察官助理、律师助理、司法秘书、司法执行人员、司法行政人员等从事的工作，其与法律实务工作的职责分工类似于医师同护士、工程师同技术人员之间，存在一种职业间的互适、互补的合作共存关系。

本书所称的法律职业，是就其狭义而言，即特指法律实务性工作。

(二)法律职业的特征

1. 技能特征。在现代社会中，法律是一种专业化程度很高的职业，它与医师、教师、建筑师、心理师、会计师等类职业一样，都需要在大学教育基础上进行系统的专门的职业训练，培养法律人特有的知识体系与思维方式，掌握一定的法律职业技能，才能进入法律职业，担负起该职业所要求的职责。美国法律经济学家波斯纳曾指出，职业的标志是这样一种信念，即这是一个有相当公共意义的工作岗位，从事这一工作要求有非常高的专业的甚至是深奥的知识，这种知识只有通过专门的正式教育或某种精细监管的学徒制才能获得，因此它不是

① Pound, *The Lawyer from Antiquity to Modern Times*, West Publishing Co., 1953, p. 20.

一种能自由进入的工作岗位。[①] 一些工作之所以被定位为法律职业的关键，不在于其实际拥有社会珍视的法律知识；关键是还有一种确信，即只有某些群体拥有这样的知识。正是这种确信才使这个群体可以声称其职业性地位，有机会获得因这种地位赋予的独占性的特权以及由此带来的个人利益。法律人的职业技能，包括法律思维与推理能力、对法律规范的理解与解释技能、法律意识、掌握证据和事实的能力、思辨、辩论和撰写法律文书的能力等等，属于技术理性范畴。这方面的技能决定着法律运作过程及其结果的质量与效率。法律职业技能不同于一般的文化素养，不是通过一朝一夕的书本学习即可掌握的，它的掌握和提高主要依赖于实践经验的积累。因此，法律人的职历长短和年龄阅历往往成为其法律素质的一个显著标志。

2. 自治特征。与其他职业特别是一些自然科学的职业相比，法律职业有其特殊性。作为一种古老的职业，它既具备科学的初步特征，又与道德、政治领域紧密联系，总会受到价值评判的侵扰，因而在形式性、确定性和公正性问题上，法律职业必须特别强调自治。自治是其本质性特征。一个无法自治的行业，是很难被称为一种职业的。

3. 伦理特征。每一种职业都有各自不同的特点和要求，因而也都有其独有的职业道德。如医生要有医德、教师要有师德，法律人则应遵循共同的法律职业道德，具备基本的法律职业操守。法律职业共同体内部如果缺乏这种共同的职业道德和基本操守，就会丧失维护社会公平正义的力量。国内外法治建设的经验证明，只要付出足够的时间与精力，知识的学习和技能的训练不难达标；倒是法律人的职业道德问题是长期未解的根本难题。好的法治应该是好的法律家的优良产品，在这个意义上，“人”的素质是比“制度”更为重要的要素。对于形形色色的“以权压法”“以钱诱法”与“以情融法”引致司法活动失却公正本性的司法腐败，滥用当事人信任的律师、滥用司法权的法官和检察官是不能以法治不健全为理由而推卸责任的。事实上，法律职业人普遍地欠缺法治国家要求的法律职业道德素养倒是直接因素，远比学养不够及制度不完善更为关键。学养不足倒是可以“恶补”，制度的不完善亦是相对的。[②] 与其迷信一种使坏人和庸人无法利用的完美的制度或层层设防的外在“监督机制”，不如着眼于改善法律人产生、培养和活动的社会环境，在提高法律人道德素质的同时，提高法治的质量和效率。从某种程度上讲，法律人的道德素质状况决定着我国司法体制改革的成败，甚至决定着我国法治的发展方向。唯有法律人的道德素质实现整体

---

① 参见[美]波斯纳，《超越法律》，中国政法大学出版社 2001 年版，第 44 页。

② 参见王允武：《法律职业伦理培养不应忽视的法学素质教育》，《法学家》2003 年第 6 期。

性提升，我们法治强国的梦想才有可能成为现实。

4.准入特征。法律职业作为精英者的职业，要求从业者既是精通法律的技术精英，同时也是社会道义方面的道德精英。因此，进入法律职业必将受到认真考查，有统一的入门条件，获得统一的许可证，如必须取得法律职业资格证书等。有学者对此很形象地表述道：如果进入法律职业的人中，有人走的是正门，有人走的是侧门，有人走的是后门，这个群体就更像是个菜市场，而不是值得尊重的职业共同体。与医师职业一样，法律职业是一个具有限制性、垄断性特征的职业。未经专门训练，未掌握特殊技能，或不符合道德资质的人，例如曾因犯罪受过刑事处罚或曾被开除公职的人不得进入法律职业的殿堂，所以需要设定职业准入制度以检测申请者的专业及道德素养。不论律师的产生还是法官、检察官的遴选，都应当既有知识技术方面的考量指标，也有道德操守方面的严格要求。并且相对于其他职业而言，法律人从业的道德要求更为严格。

二、法律职业的形成

虽然自古以来，我国官员便有“听讼断狱”的司法实践，但是世界上最早的专门法律职业却不是在我国形成的。

“法律应当职业化”这样一种观念最早产自英国。在广为流传的“柯克爵士的故事”中，“法律职业不是随便什么人都能胜任”这样一种观念开始为世人所接受。

爱德华·柯克(Sir Edward Coke)爵士是17世纪英国最著名的法官。公元1608年，也就是距今400多年前的某一天，英王詹姆斯一世在宫中闲坐无聊，忽然想起有一段时间没有到皇家法院去逛逛了，便想去审一桩小民案件，解解闷儿，也顺便体察一下民情。

国王一行来到法院，普通法院首席大法官柯克爵士率众迎接。令国王颇感意外的是，他要审理案件的要求在柯克这儿碰了钉子。“普天之下，莫非王土，这国家都在朕的统治之下，区区一桩案件，朕竟然无权御驾亲审，这是什么道理?”国王满脸不快，质问柯克大法官。

“陛下息怒，容臣禀告。陛下当然是国家的最高首脑，内政大事、外交方略都由吾王总揽。但是，陛下要亲审案件这事，却是万万不可。”柯克显得很恭顺，但眼神中却透出一份坚定不屈。

“哈哈，国王不能审案，这倒是桩新鲜事。我的大法官阁下，你别给朕来这套抽象肯定、具体否定的花样。朕知道，吾国法律以理性为依归。你不让朕审案，显然是认为朕天生愚笨，不及你和你的同僚们有理性喽。”国王语中带刺儿。

柯克并不退让，一板一眼地说了下面这一番话：“不错，上帝的确赋予陛下极其丰富的知识和无与伦比的天赋；但是，陛下对于英格兰王国的法律并不精通。法官要处理的案件动辄涉及臣民的生命、继承、动产或不动产，只有自然理性是不可能处理好的，更需要人工理性。法律是一门艺术，在一个人能够获得对它的认识之前，需要长期的学习和实践。”这段话在西方法律史上广为流传，成为一段至理名言。

柯克与英王詹姆斯一世的这次冲突，成为英国法律职业化历史上的一座重要里程碑。

此后，英国的司法便成了职业法律家的垄断领域，继而法律职业化成为一种世界性的趋势和潮流，法律职业化程度也成为判断一个国家法治发展程度的标志。不只是英国，在当今的西方各国，从事法律职业都要以正规法律院校的高等法学或法律教育为前提。

三、法律职业的信仰

一个人如果没有信仰，如同行尸走肉；一个民族如果没有信仰，不可能自立于世界民族之林。可见，信仰之于任何一个人、一个民族的重要性。同样，一种职业能独立于其他职业长期存在，也应有自己独特的信仰。否则，就不可能应对各种各样的困难和挑战。

法律信仰，是法律人从心灵深处对法律的价值认同和群体共同的精神追求。现代法治的价值在于以人文精神为根，并在其滋养下对人自身命运的深切关怀。作为社会主体的人基于对自身价值、个人尊严和幸福理想的执着追求，必然要求法治之法以保障、促进个人自由为核心之法。理想的法治是通过法律实现的公共权力与公民权利相和谐的状态。因此，树立对法律之治的信仰是当代法律人的神圣使命。

古人云：“徒法不足以自行。”法律人是法律机器的操作者，是社会秩序有效运作机制的维护者，更是法治精神与法治文明的传播者。如果法治运行的主体本身缺乏法治信仰和精神追求，没有规则至上的信念、没有权利本位与权力控制观念，那么法治就会成为泡影。我们要建设一个法治国家，作为法治运行主体的法律人确立法律职业信仰是十分关键的。法律活动本身是一项专业性、技术性很强的活动，对法律人有着特别高的要求。然而，法律人首先是一个个平平常常的人，他们不是在脱离社会环境的真空状态下从事法律工作，经常会面对来自各方面的不良因素的干扰。当前我国的廉政制度建设还不够健全完善，“对法律人来说，如果没有对法律的坚定信仰，就容易在原则和是非问题上混淆不清、动摇信念乃至犯错误，亵渎法律的原则和精神，违背社会公平正义，甚至陷入权力欲的极度膨胀中，搞权钱交易，滥用权力，玩忽职守，堕落腐化。与法律职业信仰相背离的司法腐败，直接影响着公平正义价值的实现，影响着人们对法律人职业品格的信赖度和司法机关的公信力。曾经有人将法律人和普通社会公众在法律信仰方面的差异进行比较。结果表明，前者的法律信仰不像后者那么模糊，他们基于对法律的理解、运用或研究，而深切地认知和感悟着法律，并将其根植于心中。前者的作用要远远大于后者，对推动全社会的法治进步具有巨大的推动作用”[①]。反之，法律人如果要背弃法律信仰，其危害也远甚于普通公民的违法犯罪。史尚宽先生指出："虽有完美的保障审判独立之制度，有彻底的法学之研究，然若受外界之引诱，物欲之蒙蔽，舞文弄墨、徇私枉法，则反而以其法学知识为其作奸犯科之工具，有如为虎附翼，助纣为虐，是以法学修养虽为切要，而品格修养尤为重要。"[②]正所谓小人无才不足以乱国。没有一个具有坚定法律信仰的法律职业共同体，遏制司法腐败难免成为一句空话。

法律信仰离不开法律人的共同维护。我国的历史传统具有浓厚的人治色彩，权力本位和重刑主义思想影响了中华民族数千年。而即便如此，中华优秀传统法律文化的传承并没有中断。无论是从春秋战国时期倡导变法的法家，到清末志在图强的戊戌六君子；还是从铁面无私的包拯，到执法如山的海瑞，无不透射着中国古人对法律的执着追求和法律信仰的光芒，他们的行为影响和激励着一代又一代的中国人。信仰法治，就是信奉法律权威，坚持权力约束、权利保障，崇尚正义为内核的法律精神，尊重法律职业。信仰法治，就要追求民主，保障人权，唯法为尊，成为法治的自觉坚守者和忠实捍卫者。

四、法律职业共同体及其构建

共同体的存在形式有很多种，比如有民族共同体、利益共同体、职业共同体、语言共同体、文化共同体、学术共同体、道德共同体、信仰共同体等。

法律职业共同体，是由以法律为业的人——法官、检察官、律师等，因为职业的接近和目标（对社会正义的追求）的一致而自然地或者通过一定制度的力量形成的职业群体。法律职业共同体首先是一种职业共同体，是一个拥有共同专业的法律知识结构、独特的法律思维方式，具有强烈的社会正义感和法律信仰的整体。由于他们以服务公众为宗旨，所以不同于虽有一定技巧但完全追逐私利的工匠。法律职业共同体几乎没有任何地理疆界的限制，有时甚至比民族共同体更加强大、更具有凝聚性，它不仅是一个独立的职业共同体和利益共同体，还是一个具有辐射性的政治共同体、精神共同体、语言共同体、文化共同体、

① 李诗灿：《法律信仰是法律职业的灵魂》，2008 年 1 月 4 日《检察日报》。

② 史尚宽：《宪法论丛》，（台北）荣泰印书馆 1973 年版，第 335～336 页。

道德共同体、信仰共同体。

一般说来，法律职业共同体的主要特征体现在它的成员具有或应当具有一些有别于其他社会职业的特质。根据唐永春教授的观点，法律职业共同体成员具有以下六个方面的群体特质：首先，受过专门法律教育、通过统一严格的专业化考试选拔出来，是一个富有文化底蕴和人文气息的社会群体。其次，具有一致的价值理想和信念追求。共同体内部的协作是功能意义上的，即其行为方式虽不同甚至是对立的，但其所要达到的根本目标是一致的——只能是维护正义。第三，具有共同的法治理念，诸如法律至上、良法善治、尊重人权、权力制约、权利本位、正当程序等等。第四，具有共同的思维方式，诸如罪刑法定、无罪推定、权利推定、义务法定、职权法定、职责推定等等。第五，具有共同的文化气质，诸如求实精神、科学精神、逻辑精神、表现精神（即展示公正）等等。第六，具有共同的专业语言——法言法语。[①]

当代社会法律运行的大厦是由法官、检察官和律师等法律人共同支撑的，法律的正义价值也是在法律职业共同体内部的有序对立和理性合作中实现的。因此，法官、检察官和律师等法律人应当有大致相同的教育背景，在共同训练、一体化培养的模式下产生，有统一的是非标准和价值取向，这样在实施法律时才不致由于标准不一和思维方式不同而产生不公正，损害法律的正义性。早在200多年前，法国政府曾派遣一位年轻的贵族到美国新大陆考察刑法和监狱制度。这位年轻的贵族回国后，写了一部流传很广的著作《论美国的民主》，在书中对法律家阶层作了精辟的总结。他说："学习以及对法律专业知识的拥有使得一个人获得社会中的特殊地位，并使得法律家形成某种程度上的特权化的知识阶层……他们自然要形成一个阶层；这并非因为他们以前的融洽关系，也并非因为有把他们导向共同的目标的协议；他们学习内容的相似和方法的一致将他们的心灵结合在一起，如同一种共同的利益可以联合他们的力量。"[②]这位因该书而闻名于世的年轻贵族名叫托克维尔。

现代法治社会的实现，离不开健康发展的法律职业共同体的推动。然而，"法律职业共同体"这一名词虽然常常挂在我们嘴边，实践中却是既看不见也摸不着的东西。现实生活中反倒常常发生法官、检察官、律师之间的职业庇护或者职业报复等不正常现象。由于观念、传统以及体制等种种因素的制约，我国的法律职业内部目前仍处于一种离散和冲突的状态，尚未真正形成严格意义上的法律职业共同体。这种冲突和离散现象，主要体现在：(1)法律职业与法律教

① 参见唐永春：《法律职业伦理的几个基本问题》，《求是学刊》2003年第5期。

② [法]托克维尔：《论美国的民主》上卷，董果良译，商务印书馆1988年版，第303页。

育的社会断层。法律教育本应成为法律职业的源头活水，为法律职业源源不断地输送优秀人才。法律职业则应通过自己伸向社会的触角，随时向法律教育反馈自己的现实需求。然而，目前在这两者之间出现了严重的脱节。(2)律师与司法官之间的职业隔阂。20 世纪 80 年代中期以来的律师体制改革，促进了律师职业的大发展，但同时在一定程度上加剧了法律人内部的分化。改革之前，律师与司法官同为国家的法律工作者，属于在同一条战壕里并肩作战的战友关系，在职业性质和角色定位上没有多少差异，都是站在国家立场上的法律代言人，自然形成了一种身份的共同体，法律职业内部的流动渠道比较畅通。改革之后，律师由国家的法律工作者转变为向当事人提供法律服务的自由职业者，由国家法律的代言人转变为当事人的委托人。这种身份上的转变，引发了律师职业的一系列变化，这些变化势必引发律师与国家司法官之间身份共同体的解体，法律职业内部产生了许多人为的阻隔，难以有序流动。(3)共同理念和原则的缺失。法律职业共同体成员之间应当具有基本的身份认同，分享共同的法治理念和原则，习惯于运用法治思维和法治方式思考和解决问题，共同肩负实现法治的历史使命。然而，这种信念意义上的法律职业共同体在我国还远未形成。目前，我国法律职业共同体的建设尚处于初级阶段，“法官、检察官、律师等各职业群体之间并没有形成良性的交流机制。相反，‘职业割据’现象明显，职业壁垒重重，鲜有优秀律师进入法官序列的个例。法学理论界和司法实务界彼此之间还存在一定的‘傲慢与偏见’，搞学术的瞧不起搞实务的过于功利实用，搞实务的也感觉搞学术的尽玩虚的曲高和寡。不同职业群体之间根深蒂固的偏见，将瓦解法律职业共同体的根基”，这种各自为阵的局面能否支撑起法治中国的大厦，现状堪忧。[①]

法治是 20 世纪中国的主要追求，是与国人的强国梦想紧密联系在一起的。从 20 世纪初的“变法”到“革命”直到今天的依法治国，对法治的探求和向往始终不改初衷。然而，在一百多年的法治探求过程中，我国法学界却忽视了一个不应被忽视的问题：一个统一、稳定的法律职业共同体对于法治中国的深层意义。这一理论上的疏忽导致的实践后果便是：法律职业群体的政治聚合取代了法律结合，群体内部成员的隔阂与离散代替了沟通与理解，法律职业的平民化取代了法律职业的精英化，等等。于是，法律人的素质和实践能力都面临大面积的滑坡，并引发了法律调整功能的衰退和社会公众对法律权威的失望。[②] 这种现

① 参见刘武俊：《法律职业共同体要和而不同》，2013 年 1 月 16 日《法制日报》。

② 参见杨海坤、黄竹胜：《法律职业共同体与当代中国的法治事业——兼论国家统一司法考试的意义》，《岳麓法学评论》2003 年第 1 期。

象对于正在加快法治国家建设的当代中国，无疑不是一个利好消息。法律职业内部的矛盾、冲突及离散现象，妨碍了我国法治事业的良性发展，带来许多弊端。首先，有损自身形象和社会信任。法律职业共同体是法治精神的塑造者和传播者，其内部的分裂和冲突，既影响了共同体的整体社会形象，也难以满足社会大众对法治精神的诉求。其次，不利于法治事业的实现。由于法律人的隔阂，影响了他们相互之间的理解和沟通，也使他们难以形成共同的事业，更不会培养出为法治事业而献身的职业精神。最后，导致法学理论与法律实践之间的断层。法学理论脱离实际，既不能获得实践的支持和校正，也难以发挥理论知识的功能；而法治实践如果缺乏正确理论的指引，很容易导致盲目的实践。[①] 总之，没有形成一个强有力的法律职业共同体，已经成为制约我国法治发展的瓶颈因素。因此，必须正视这一问题，并采取积极的措施加以应对，才能使我国的法治事业有突飞猛进的发展。

法治建设需要有一个统一、强大的法律职业共同体来支撑。当前，法律和司法权威的缺失在很大程度上是源于法律职业共同体的缺失，两者之间存在互动性的因果关系。尤其是对于实现法治的进路而言，建构法律职业共同体已成为无法回避的问题，否则，所有的法治图景及立法者与法学家的努力都将化为泡影，无法付诸实现。有鉴于此，揭示法律职业共同体的成长机理，厘清它与法治之间的互动关系，重新审视当代中国法律人的生存现状，探寻法律职业走向理性化的路径就成为无法绕过的理论问题。我国的法治建设意欲取得实质性的成效，“有法可依”的完备法律体系固然关键，但更为重要的则是良法之论证、制定和实施的法律职业共同体的整体素质。维护社会公平正义的神圣使命要求法律人必须具备三个基本条件：“其一是应当掌握和了解法学学科体系的基本知识；其二是应当具备法律职业的基本素养；其三是应当掌握从事这一职业的基本技能。这三个层面的基本要求构成‘法共体’成员的基本资质。法治的全面推进和最终实现，在一定条件下取决于法律职业共同体及其基本资质（这三个资质缺一不可，共同统一于一个个法律人的个体之中。其中职业素养居于核心地位，它使法律知识有了生命和活力，使法律职业技能有了灵魂和方向）。”[②]

完善的法律制度设计固然重要，但对于一个成熟的法治国家而言，法律职业共同体的整体职业道德水平是更重要的方面。正如丹宁勋爵所言：“如果法律因为不道德的法官或道德败坏的律师们而得不到公平的执行，就是拥有正义

① 参见杨海坤、黄竹胜：《法律职业的反思与重建》，《江苏社会科学》2003 年第 3 期。

② 霍宪丹：《法律职业素养是“法共体”的基本资质》，《法学家》2003 年第 6 期。

的法律也是没有用的。”①一旦行动的目标或方向确定之后，作为执行者的人就成为最最关键的因素。因此，“以律师、法官和检察官为主构成的法律职业共同体不仅仅是一个法律知识的共同体，而且还必须是法律精神的共同体、司法理念的共同体、法律思维的共同体、法律语言的共同体、法律解释的共同体、司法伦理的共同体和法律职业技能的共同体”②。我国自 2002 年起，通过设立统一司法考试制度，加强了法律职业共同体的组织建设。但是，在思想建设和作风建设方面还亟待加强，尤其在今天我国依法治国的大背景下，法律人的职业道德素养需进一步强调。唯如此，我们才有希望和可能建成一支德才兼备的高素质法治工作队伍。

【拓展阅读】

[1]张晓玲：《论我国高等法律教育与法律职业》，《高等教育研究》2000 年第 3 期。

[2]张文显、卢学英：《法律职业共同体引论》，《法制与社会发展》2002 年第 6 期。

[3]霍宪丹：《法律职业与法律人才培养》，《法学研究》2003 年第 4 期。

[4]王允武：《法律职业伦理培养——不应忽视的法学素质教育》，《法学家》2003 年第 6 期。

[5]李学尧：《法律职业主义》，《法学研究》2005 年第 6 期。

[6]范愉：《当代中国法律职业化路径选择——一个比较法社会学的研究》，《北方法学》2007 年第 2 期。

[7]陈羽：《法治视域中的法律职业伦理》，《中共中央党校学报》2008 年第 3 期。

[8]李学尧：《转型社会与道德真空：司法改革中的法律职业蓝图》，《中国法学》2012 年第 3 期。

[9]谭世贵、李荣珍：《我国法律职业良性互动研究》，《兰州学刊》2015 年第 8 期。

[10]陈绪纲：《法律职业与法治》，清华大学出版社 2007 年版。

[11]卢学英：《法律职业共同体引论》，法律出版社 2010 年版。

[12][美]罗伯特·N·威尔金：《法律职业的精神》，王俊峰译，北京大学出版社 2013 年版。

① 转引自杨一平：《司法正义论》，法律出版社 1999 年版，第 148 页。

② 霍宪丹：《法律职业与法律人才培养》，《法学研究》2003 年第 4 期。

结束语

作为每一个已经或即将步入法律之门的法律学人或法律爱好者，应当努力做好两件事：第一，拂去蒙在法律身上的灰尘，还她以本真面目。不可否认，社会上执法不公、司法腐败现象的大量存在，已经成为一个决心依法而治的大国所不得不面对的痛心的事实。科学立法、严格执法、公正司法、全民守法，既是国之所需、民心所求，更是我们每一位中国公民尤其是法律人义不容辞的责任。第二，在整个社会都出现道德滑坡、诚信危机、信仰缺失的抱怨声中，让我们重塑自身乃至全社会的法律信仰，不要轻言放弃！因为某些执法者的不公、司法者的腐败，并不等同于法律本身的不公。社会实践恰如美国学者伯尔曼所言："法律必须被信仰，否则它将形同虚设。"①

最后，我想以约翰·梅西·赞恩《法律的故事》序言中的几段文字和一首小诗作为本书的结尾，让我们互勉。

法律是哲学的具体实现。它综合了各个时期对人类行为规则的所有思索。她的实施，既保护作为一个有机体的社会，同时保护个人免受罪恶的侵害。

法律是人类历史的缩影。它与每个人生活息息相关，它陪伴我们从摇篮到坟墓，它是指引我们通往目的地的明灯。

法律伴随着人类进步的历程，特别是社会政治进步的整个历史，在那些无比漫长的岁月里，人类用他们流血的双脚在充满荆棘的道路上前行，由受奴役走向自由，继往开来前仆后继。

虽然，我们常会赞颂旧时代的美好，但谁也不会愿意再回到那个时代去。我们所看到的法律上的污点都是人类自己涂抹上去的，既然如此，人类同样也可以将那些污点抹去。

地球上的人类第一次像今天这样在环顾自己这块大地的同时，放眼整个文明世界，对法律的未来充满信心。这么好的形势仍然要归功于法治，它对人类

---

① ［美］哈罗德·J·伯尔曼：《法律与宗教》，梁治平译，中国政法大学出版社2003版，第3页。

的贡献，确实超过了其他一切人类活动。

法律的故事向我们揭示了这样一个事实：演变和改革是缓慢的、循序渐进的。个人的愿望，某一个人的理论对法律只能产生极小的影响，甚至根本产生不了什么影响，因为法律必须代表广大民众的理想和愿望。

法律最偏爱的是正常的普通人。它还必须顺应那些已被证实了的原则，因为它担负着人道主义的重任。我们不能将人类本身的错误归罪于法律，它为我们提供了法则，让我们去公正、合理地援用它，当我们自己没有做到公正合理时，非但不自我反省，反而去指责它，而它却始终默默无语。

是的，我们对她求全责备，而她，
疲倦的神，已然耳聋眼花，
过度的操劳，
终于使她如此疲乏。
她不左顾右盼，
只默默地向前，向前，
肩负着巨大的，
难以承受的重担，沿着她命运的无尽轨道，
迈着她的永远不变的步伐。[①]

① 参见[美]约翰·梅西·赞恩：《法律的故事·序言》，孙运申译，中国盲文出版社2002年版，第1～2页。